プリント形式のリアル過去問で本番の臨場感！

大阪府 一般入学者選抜 公立高等学校

2025年春 受験用

解答集

本書は，実物をなるべくそのままに，プリント形式で年度ごとに収録しています。問題用紙を教科別に分けて使うことができるので，本番さながらの演習ができます。

■ 収録内容

・解答集（この冊子です）

　　書籍ID番号，この問題集の使い方，最新年度実物データ，教科別入試データ解析，解答例と解説，ご使用にあたってのお願い・ご注意，お問い合わせ

・2024（令和6）年度 ～ 2022（令和4）年度　学力検査問題

・リスニング問題音声《オンラインで聴く》　詳しくは次のページをご覧ください。

○は収録あり	年度	'24	'23	'22		
■ 問題（一般入学者選抜）		○	○	○		
■ 解答用紙		○	○	○		
■ 配点		○	○	○		
■ 英語リスニング音声・原稿		○	○	○		

全教科に解説があります

注）国語問題文非掲載：2023年度C問題の四

問題文の非掲載につきまして

　著作権上の都合により，本書に収録している過去入試問題の本文の一部を掲載しておりません。ご不便をおかけし，誠に申し訳ございません。

　本文の一部を掲載できなかったことによる国語の演習不足を補うため，論説文および小説文の演習問題のダウンロード付録があります。弊社ウェブサイトから書籍ID番号を入力してご利用ください。

　なお，問題の量，形式，難易度などの傾向が，実際の入試問題と一致しない場合があります。

K 教英出版

■ 書籍ID番号

　リスニング問題の音声は，教英出版ウェブサイトの「ご購入者様のページ」画面で，書籍ID番号を入力してご利用ください。

　入試に役立つダウンロード付録や学校情報なども随時更新して掲載しています。

書籍ID番号　**191529**　

（有効期限：2025年9月30日まで）

【入試に役立つダウンロード付録】
「ラストチェックテスト（標準／ハイレベル）」
「高校合格への道」

【リスニング問題音声】
オンラインで問題の音声を聴くことができます。
有効期限までは無料で何度でも聴くことができます。

■ この問題集の使い方

　年度ごとにプリント形式で収録しています。針を外して教科ごとに分けて使用します。①片側，②中央のどちらかでとじてありますので，下図を参考に，問題用紙と解答用紙に分けて準備をしましょう（解答用紙がない場合もあります）。

　針を外すときは，けがをしないように十分注意してください。また，針を外すと紛失しやすくなりますので気をつけましょう。

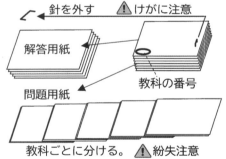

① 片側でとじてあるもの
　針を外す　⚠けがに注意
　解答用紙
　教科の番号
　問題用紙
　教科ごとに分ける。　⚠紛失注意

② 中央でとじてあるもの
　針を外す　⚠けがに注意
　解答用紙
　教科の番号
　問題用紙
　教科ごとに分ける。　⚠紛失注意

※教科数が上図と異なる場合があります。
　解答用紙がない場合や，問題と一体になっている場合があります。
　教科の番号は，教科ごとに分けるときの参考にしてください。

■ 最新年度 実物データ

　実物をなるべくそのままに編集していますが，収録の都合上，実際の試験問題とは異なる場合があります。実物のサイズ，様式は右表で確認してください。

問題用紙	Ａ３両面プリント
解答用紙	Ａ３プリント（問題表紙裏）

分野別データ			A	B	C
大問の種類	長文	論説文・説明文・評論	○	○	○
		小説・物語			
		随筆・紀行文			
	古文・漢文		○	○	○
	詩・短歌・俳句				
	その他の文章				
	条件・課題作文		○	○	○
	聞き取り				
漢字・語句	漢字の読み書き		○	○	○
	熟語・熟語の構成			○	
	部首・筆順・画数・書体		○		
	四字熟語・慣用句・ことわざ		○		
	類義語・対義語				
文法	品詞・用法・活用		○	○	○
	文節相互の関係・文の組み立て				
	敬語・言葉づかい				
文章の読解	長文	語句の意味・補充	○	○	○
		接続語の用法・補充	○		○
		表現技法・表現の特徴			
		段落・文の相互関係		○	
		文章内容の理解	○	○	○
		人物の心情の理解			
	古文・漢文	歴史的仮名遣い	○	○	
		文法・語句の意味・知識			○
		動作主			○
		文章内容の理解	○	○	○
	詩・短歌・俳句				
	その他の文章				

形式データ	A	B	C
漢字の読み書き	8	8	6
記号選択	9	8	11
抜き出し	5	3	
記述	3	3	3
作文・短文	1	1	1
その他			1

2025年度入試に向けて

A問題は基本的な読解が中心だが，語句の知識や文法，指示語など，多様な問題が含まれる。本文全体に関わる読み取りも求められるので，筆者の言いたいことがまとまっている段落を見つけよう。B問題の長文では，やや抽象的な概念についての理解も求められるが，設問の内容は標準的。難しい言葉が出てきてもあわてずに，問われていることと本文の内容をていねいに照合しながら答えていこう。C問題では，古典も含め，高度な読解力が求められる。細かい言い回しにも注意しながら論の展開を追い，全体として何を言っているのかをとらえよう。記述問題は本文中の言葉を使うのが基本。キーワードをどう組み立てるかを意識し，端的にまとめよう。

分類		A	B	C	問題構成	A	B	C
式と計算	数と計算	○	○	○	小問	②(1)式の値 (2)整数の個数 (3)不等式 (4), (7)計算問題	②(1), (3)計算問題 (2)正負の判別 (4)平方根	①(1)～(3)計算問題 (5)有理数 (7)文字式の文章問題
	文字式	○	○	○				
	平方根	○	○	○				
	因数分解				大問	①計算問題	①計算問題	
	1次方程式			○				
	連立方程式	○						
	2次方程式	○	○	○				
統計	データの活用	○	○		小問	②(8)標本調査	②(7)標本調査	
					大問			
	確率	○	○	○	小問	②(5)2つのさいころ	②(5)5枚のカード	①(6)箱とカード
					大問			
関数	比例・反比例	○		○	小問	②(6)比例，反比例のグラフ (9)放物線の式	②(8)放物線，直線，線分の長さ	①(4)変域 (8)座標平面 放物線，直線，双曲線，四角形
	1次関数	○		○				
	2乗に比例する関数	○	○	○				
	いろいろな関数				大問	③文章問題 垂れ幕を並べたときの列の長さ（1次関数）	③文章問題 垂れ幕を並べたときの列の長さ（1次関数）	
	グラフの作成							
	座標平面上の図形		○	○				
	動点，重なる図形							
図形	平面図形の性質	○	○	○	小問	②(10)直方体，三角すい	②(6)円と角度	
	空間図形の性質	○	○	○				
	回転体	○		○				
	立体の切断			○				
	円周角		○					
	相似と比	○	○	○	大問	④平面図形 三角形，長方形	④平面図形，空間図形 三角形，正方形，三角柱，三角すい	②平面図形 円，三角形 ③空間図形 四角柱の内部にできる立体
	三平方の定理	○	○	○				
	作図							
	証明	○	○	○				

2025 年度入試に向けて

A，Bでは最初の方に多くある基礎問題でどれだけ得点できるかが重要である。Cでは，図形問題でどれだけ得点できるかが，合否の分かれ目となる。A，B，Cすべてに共通して，図形問題では相似と三平方の定理をうまく使いこなさなければならないので，問題集で練習しておこう。

分野別データ		A	B	C
音声	発音・読み方			
	リスニング	○	○	○
文法	適語補充・選択	○	○	○
	語形変化	○	○	
	その他			
英作文	語句の並べかえ	○	○	
	補充作文			
	自由作文		○	○
	条件作文	○	○	
読解	語句や文の補充	○	○	○
	代名詞などの指示内容	○	○	○
	英文の並べかえ			
	日本語での記述			
	英問英答	○	○	○
	絵・表・図を選択			
	内容真偽	○	○	○
	内容の要約			
	その他			

形式データ		A	B	C
リスニング	記号選択	8	8	7
	英語記述			1
	日本語記述			
文法・英作文・読解	読解 会話文	1	1	
	読解 長文	1	1	4
	読解 絵・図・表	2	2	3
	記号選択	17	11	25
	語句記述	4	6	
	日本語記述			
	英文記述	5	4	1

2025 年度入試に向けて

A問題は基本的な文法問題(1や2)で確実に得点できるよう，教科書に出てくる単語を覚えよう。
B問題は読解問題に難しいものもあるが，文法や自由作文，語句の並べかえ，英訳の問題は比較的簡単なので，確実に得点できるよう過去問や問題集をくり返し解こう。
A・B問題のリスニングは解答用紙に書かれた選択肢の内容を把握してから放送を聞けると有利。
C問題は問題指示を含めてすべてが英語で書かれている。問題の難易度が高い上に，1文1文が長く，さらに長文の量も多いので，しっかりとした対策が必要。過去問はもちろん，難易度の高い問題集で練習しよう。C問題のリスニングでは，長い会話文を聞き取ってまとめる問題が出題される。特別な練習が必要である。

分野別データ		2024	2023	2022	形式データ	2024	2023	2022
物理	光・音・力による現象	○	○	○	記号選択	21	24	26
	電流の性質とその利用				語句記述	6	7	6
	運動とエネルギー	○		○	文章記述	5		3
化学	物質のすがた	○	○	○	作図			
	化学変化と原子・分子		○	○	数値	7	7	9
	化学変化とイオン	○			化学式・化学反応式			
生物	植物の生活と種類	○	○					
	動物の生活と種類	○	○	○				
	生命の連続性と食物連鎖	○		○				
地学	大地の変化	○						
	気象のしくみとその変化		○					
	地球と宇宙		○	○				

2025 年度入試に向けて

問題文中に考え方や答えとなる内容が含まれており，一見難しそうに見えても，問題文をよく読むことで答えが出てくるところもあるだろう。ただし，全体的に文章量や解答数が多く，時間のかかる計算問題もあるため，これを時間内にやりきるには，十分な準備が必要である。設問を見て反射的に答えられる問題が多くなるように，同じ問題でも繰り返し解き直して，必要な知識を確実に定着させておこう。過去問を使って実際に時間をはかりながら練習し，どのような方法で本番に臨むかを決めておくとよいだろう。

大阪府 公立高校入試データ解析 社会

分野別データ		2024	2023	2022	形式データ	2024	2023	2022
地理	世界のすがた	○	○		記号選択	12	8	7
	世界の諸地域（アジア・ヨーロッパ・アフリカ）	○	○	○	語句記述	2	3	3
	世界の諸地域（南北アメリカ・オセアニア）	○	○	○	文章記述	1	1	3
	日本のすがた	○	○	○	作図			
	日本の諸地域（九州・中国・四国・近畿）	○		○	計算	1		
	日本の諸地域（中部・関東・東北・北海道）	○	○	○				
	身近な地域の調査			○				
歴史	原始・古代の日本	○	○	○	記号選択	11	7	11
	中世の日本	○	○	○	語句記述	2	7	4
	近世の日本	○		○	文章記述	1	1	1
	近代の日本	○	○	○	並べ替え	1	1	1
	現代の日本	○	○	○				
	世界史	○	○	○				
公民	わたしたちと現代社会		○	○	記号選択	9	8	7
	基本的人権	○	○	○	語句記述	6	4	5
	日本国憲法	○	○	○	文章記述	1	2	1
	民主政治	○	○	○				
	経済	○	○	○				
	国際社会・国際問題	○		○				

2025 年度入試に向けて

　地理は基本的な問題が多い。日本地理も世界地理も教科書レベルの資料問題に対応できれば十分である。歴史については資料が少なく，知識を問う基本問題が多い。各時代のできごとを年代の古い順に並べる記号問題は頻出なので，重要事項を前後の関係とともに覚えたい。公民については，複数の資料を読み取り，指定語句を用いて記述する問題がよく出ている。類題や過去問にふれて簡潔にまとめる練習が必要である。

━《2024　A問題　国語　解答例》━

一　1．(1)こうかい　(2)あいさつ　(3)こころ　(4)あつか　(5)弓　(6)重　(7)資格　(8)背景　　2．ウ

二　1．ア　　2．a．都合の悪い環　b．変えたり、広げたりする　　3．イ

　　4．a．同じ年に同じ株にできた　b．全滅する危険

三　1．イ　　2．かえば　　3．a．イ　b．ア

四　1．ウ　　2．a．抽象的で漠然　b．回答の糸口さ　　3．エ

　　4．完全に示したことにはならないが、部分的に明らかにする　　5．イ

五　〈作文のポイント〉

　　・最初に自分の主張、立場を明確に決め、その内容に沿って書いていく。

　　・わかりやすい表現を心がける。自信のない表現や漢字は使わない。

　　さらにくわしい作文の書き方・作文例はこちら！→https://kyoei-syuppan.net/mobile/files/sakupo.html

━《2024　B問題　国語　解答例》━

一　(1)はさ　(2)へだ　(3)ゆうきゅう　(4)げんしゅく　(5)柱　(6)巣穴　(7)案外　(8)夜半

二　1．ア　　2．ウ　　3．イ　　4．a．明白なる達成を刻印する　b．さっぱりと

三　1．といていわく　　2．ウ　　3．イ　　4．a．手本　b．相手のせりふを聞いた時に思い出してせりふを言う

四　1．A　　2．ウ　　3．情景や心に感じたことを十七音の言葉の組み合わせに変換し、読者が、それを読み取っ
　　て自分の頭の中に詠み手の感じた情景や気持ちを再現する　　4．ウ

五　上の〈作文のポイント〉を参照

━《2024　C問題　国語　解答例》━

一　1．エ　　2．鶯が春まだ浅いのに雪の降りかかる梅の枝で鳴いているという事実を、春になったので
　　鶯が雪を梅の花と見まちがえているのだろうかという理屈の枠組みのなかにあてはめる　　3．イ
　　4．ウ

二　1．ア　　2．A．エ　B．ウ　C．ウ　　3．同じような体験をした

三　1．(1)こと　(2)てい　(3)ちょうそ　(4)反　(5)報　(6)骨子　　2．右漢文

四　1．C　　2．イ　　3．ウ

　　4．自立したイメージ的な全体性をもち、現在と断ちきられたものとなり、自分たちの時代や社会を
　　総体的、多角的に映し出す　　5．エ

五　上の〈作文のポイント〉を参照

（右欄・漢文）

水濁則無掉尾之魚。

━《2024　A問題　数学　解答例》━

1　(1)8　　(2)−12　　(3)10　　(4)$5x+1$　　(5)$6x^2y$　　(6)$4\sqrt{2}$

2　(1)13　　(2)7　　(3)イ　　(4)$x=-1$　$y=8$　　(5)$\dfrac{1}{9}$　　(6)ウ　　(7)$x=2$，$x=7$　　(8)38　　(9)$\dfrac{5}{16}$

　　(10)①エ　②35

3　(1)(ア)405　(イ)720　　(2)$105x-15$　　(3)20

4　(1)ウ　　(2)$90-a$　　(3)ⓐBAD　ⓑADB　ⓒウ　　※(4)$\dfrac{12\sqrt{5}}{5}$　　※の求め方は解説を参照してください。

1　(1)-5　(2)$7x+y$　(3)$-3ab$　(4)$2x-9$　(5)$15+4\sqrt{14}$

2　(1)-8　(2)ウ　(3)$x=\dfrac{7\pm\sqrt{29}}{2}$　(4)11　(5)$\dfrac{3}{10}$　(6)$90-a$　(7)520　※(8)$\dfrac{8}{7}$

3　(1)①(ア)405　(イ)720　②$105x-15$　③20　(2)12

4　[Ⅰ](1)△ＧＡＦと△ＦＢＣにおいて

四角形ＡＢＣＤは正方形だから　∠ＧＡＦ＝∠ＦＢＣ＝90°…⑦

∠ＥＦＣ＝90°だから

∠ＡＦＧ＝180°−∠ＥＦＣ−∠ＣＦＢ＝90°−∠ＣＦＢ…④

∠ＢＣＦ＝180°−∠ＦＢＣ−∠ＣＦＢ＝90°−∠ＣＦＢ…⑦

④，⑦より，∠ＡＦＧ＝∠ＢＣＦ…①

⑦，①より，2組の角がそれぞれ等しいから　△ＧＡＦ∽△ＦＢＣ

(2)①$2\sqrt{10}$　②$\dfrac{8\sqrt{10}}{15}$

[Ⅱ](3)ウ，エ　(4)①$2\sqrt{21}$　②$\dfrac{9\sqrt{21}}{4}$　　　　　※の求め方は解説を参照してください。

1　(1)$\dfrac{8x-y}{12}$　(2)$5-3\sqrt{6}$　(3)$x=7$，$x=11$　(4)aの値…8　bの値…0　(5)$\dfrac{60}{7}$　(6)$\dfrac{5}{9}$　(7)839，947

　※(8)aの値…$\dfrac{1}{2}$　bの値…$\dfrac{5}{2}$

2　(1)①$\dfrac{1}{90}\pi a$

②△ＢＤＯと△ＡＥＣにおいて

同じ弧に対する円周角は等しいから　∠ＤＢＯ＝∠ＥＡＣ…⑦

$\overset{\frown}{\text{ＡＢ}}=2\overset{\frown}{\text{ＢＤ}}$だから　∠ＡＯＢ＝2∠ＢＯＤ　よって　∠ＢＯＤ＝$\dfrac{1}{2}$∠ＡＯＢ…④

一つの弧に対する円周角の大きさは，その弧に対する中心角の大きさの半分だから　∠ＡＣＥ＝$\dfrac{1}{2}$∠ＡＯＢ…⑦

④，⑦より　∠ＢＯＤ＝∠ＡＣＥ…①

⑦，①より，2組の角がそれぞれ等しいから　△ＢＤＯ∽△ＡＥＣ

(2)①$\sqrt{7}$　②$\dfrac{2\sqrt{22}}{3}$

3　(1)①$\dfrac{32\sqrt{2}}{3}\pi$　②6　③$\dfrac{12}{5}$　(2)①$\dfrac{7}{2}$　②$\dfrac{83}{3}$　　　　※の求め方は解説を参照してください。

1　(1)ア　(2)ウ　(3)ア　(4)ウ　(5)ア　(6)イ　(7)ウ　(8)ア　(9)イ　(10)イ

2　[Ⅰ](1)some foreign tourists　(2)イ　(3)エ　(4)エ

　[Ⅱ]①I enjoyed it very much.　②I have never visited there.　③How about visiting there tomorrow?

3　(1)イ　(2)gave me this bicycle　(3)I didn't know　(4)ア　(5)coming to school by bicycle　(6)ウ　(7)ウ

　(8)①Yes, he does.　②They will take her to the park.

＜リスニング＞　Ｂ問題と共通

　　1．ア　　2．エ　　3．ウ　　4．エ　　5．(1)イ　(2)ウ　　6．(1)イ　(2)ア

1　(1)イ　(2)how long does it take to　(3)ウ　(4)ア　(5)イ　(6)would be easier　(7)many roads only for bicycles

　(8)ウ　(9)ウ，オ

2 ［Ⅰ］(1)エ　　(2)ア　　(3)projects for designing parks　　(4)he saw gave him　　(5)ア　　(6)me explain what　　(7)イ

(8)エ　　(9)①Yes, she did.　②They mean systems which stay effective for many years.

［Ⅱ］①It was a good chance to learn about the person.　　②(Yes, I do.の例文) I feel excited when I try new things.
Even if I fail many times, I learn many things from them.

＜リスニング＞　　A問題と共通

── 《2024　C問題　英語　解答例》 ──

1　(1)ウ　　(2)ア　　(3)イ　　(4)ア　　(5)エ　　(6)ウ

2　(1)ウ　　(2)エ　　(3)ア

3　(1)エ　　(2)ア　　(3)エ　　(4)イ　　(5)イ

4　(1)エ　　(2)ア　　(3)イ　　(4)エ　　(5)ウ

5　(1)イ　　(2)ウ　　(3)イ　　(4)ウ　　(5)エ　　(6)エ

6　I think an important thing to achieve a goal is to learn from past results.　I learned this from my experience of making an effort to win the basketball game against a very strong team.　To win the game, our team watched the videos of our past games together.　After that, we shared ideas about our weak parts.　Then, we could focus our attention to improve those parts during practice, and it helped us win the game.　So, I think learning from past results is important to achieve a goal.

＜リスニング＞

【Part A】　1．イ　　2．ウ　　3．ア　　4．ウ　　5．イ

【Part B】　6．(1)エ　(2)エ

【Part C】　The thing they chose is paper.　Thanks to paper, people can keep a record easily.　By making a record on paper, people don't have to remember everything.　They can make records about things which happened or things which they heard.　Paper made sharing ideas among people easier.　Paper is light, so it's easy to carry it. Especially in old times, without paper, it was difficult to send their ideas to others who lived far away.　Paper has become the material used for making products we often use.　For example, boxes made of paper are used everywhere.　Our lives wouldn't be convenient if we didn't use paper as the material for such products.

── 《2024　理科　解答例》 ──

1　(1)ⓐア　ⓑウ　　(2)エ　　(3)れき　　(4)オ　　(5)①示相　②イ　　(6)ⓔ2　ⓕ3　　(7)砂の層に挟まれている　　(8)5

2　(1)ウ　　(2)2.6　　(3)等速直線運動　　(4)1.5　　(5)①2.2　②ⓐイ　ⓑウ　　(6)①ウ　②慣性
(7)運動エネルギーは等しい

3　(1)イ　　(2)エ　　(3)①胚珠　②ウ　　(4)どちらか一方しか現れない　　(5)ウ　　(6)ア　　(7)イ　　(8)ア，イ，ウ

4　(1)エ　　(2)中性子　　(3)10　　(4)ア，エ　　(5)電子を放出して陽イオン　　(6)ⓓイ　ⓔオ　　(7)エ
(8)水溶液中のイオンを通過させる

── 《2024　社会　解答例》 ──

1　(1)エ　　(2)ウ　　(3)ⓐイ　ⓑウ　　(4)エ　　(5)①ⓐイ　ⓑエ　ⓒ朱印　②カ　　(6)ア，ウ　　(7)①政党　②日本の
貿易上の黒字が増加し続けた

2　(1)①イ　②エ　　(2)①オタワ　②ⓐア　ⓑエ　③ウ　　(3)①ⓐア　ⓑカ　②ア　③茶　　(4)ウ，エ

3　(1)①ウ　②幸福追求　　(2)①エ　②製造物責任法　③(a)間接　(b)株主　　(3)①ⓐイ　ⓑウ　(2)(a)ウ　(b)エ　③15～
64歳の人口が減少しており，15～64歳の人々の負担が増加している

4　(1)①エ　②イ　③ⓐア　ⓑ住民投票　　(2)①ⓐイ　ⓑウ　②国際連合　　(3)ア　　(4)ⓐア　ⓑエ　　(5)ⓐエ　ⓑク
ⓒ経営耕地面積が拡大している

══《2024　Ａ問題　国語　解説》══

一　2　「無我夢中」の「夢中」は「物事に熱中する」ということ。「霧」を用いた四字熟語「五里霧中」の「霧中」
は「霧の中にいるようにぼんやりとして見通しが立たない」こと。

二　1　「場」の部首は「つちへん」。漢字に直すと、ア「栽培」、イ「提起」、ウ「懐中」。よって、アが適する。

　　2　a　直後に「暑さや寒さなどの都合の悪い環境を耐えしのぐこと」とある。　　b　次の段落に、「タネの大切
な役割」として更にもう一つ、「生育する場所を変えたり、生育地を広げたりすること」とある。

　　3　直後に、硬く厚い皮をもつタネが発芽するためには、皮をやわらかくするために「多くの水がなければなりま
せん」とある。また、2段落後に、「硬くて厚い種皮は、土壌に多くの微生物がいると分解され」ること、微生物
がいるということは「水分があり、肥沃な土壌」で、「発芽後の芽生えの成長に都合がいい場所」だと書かれてい
る。つまり、「多くの水」と「多くの微生物」の両方が存在する場所が、発芽に最も適しているということになる。
よって、イが適する。

　　4　a　「いろいろな場所で、何年にもわたってバラバラと発芽がおこる」ことについて、本文の最後から3段落目
に、「同じ年に同じ株にできたタネであっても～いろいろな場所で、何年にもわたってバラバラと発芽がおこりま
す」と述べられている。　　b　その次の段落に、いろいろな場所で、何年にもわたってバラバラと発芽すること
は、「全滅する危険を避けるのに役立ちます」とある。

三　1　続く文に「焼炭は夏買へばやすし、晒などは冬かへば大ぶん下直な」とある。焼炭は暖房に、吸水性や通気
性の良い晒は夏に主に使うと考えられるから、季節外れのものは、「やすし」「下直」、つまり「安い」ということ。
反対に「その時ときに至っては」（＝その季節になって）買うものは値段が高くなる（＝高直）のである。

　　2　古文で言葉の先頭にない「はひふへほ」は、「わいうえお」に直す。

　　3　a　この前の部分を受けて、「いやいやさふいやるな（＝いやいやそうおっしゃるな）」と言っているので、前の
部分をよく読む。物を買うなら、それを使う季節は高い値段になるので、それ以外の季節に買うと安いという内容
である。　　b　この後に「蠟燭を昼買ひにやつたけれど、夜買ふと同じねじやあつた（蠟燭を昼に買いに行かせ
たけれど、夜に買うのと同じ値段だった）」とあるので、アが適する。最初の語り手は、物を買う時に「必要とな
るとき」を、「必要な季節」という意味で言っているが、それを聞いた人が、（一日のうちで）「必要な時間」とい
う意味でとらえ、一日の中で日用品の値段が変わるはずがないのに、蠟燭は夜と昼で値段が変わらなかったと反論
している。ここにこの話の面白みがある。

【古文の内容】

　　概して物を買うなら、（必要な）その時になると値段の高い物であるので、焼炭は夏に買えば安い、晒布などは
冬に買えばだいぶん値段が安いのだよ。万事に気をつけて、春に必要なものは秋に買えば安い。冬に必要なものは
夏に買えば、どんなものでも安い。いやいやそうおっしゃるな。近ごろ蠟燭を昼に買いに行かせたけれど、夜に買
うのと同じ値段だった。

四　1　「進まない」とウの「来ない」の「ない」は打ち消しの助動詞。「進まぬ」「来ぬ」のように「ぬ」に置き換え
ることができる。ア、イ、エは有無の無を表す形容詞「ない」。

　　2　「このようなとき」は前の部分を受けた言葉なので、前の段落をよく読む。「○○とは何か」というような問
いは「あまりに抽象的で漠然とした大きな問い」とあり、そのような問いに「すぐに回答することはおろか、回答

の糸口さえつかめない」と述べている。

3 　 ③ の前では「時間を直線で表すというのはある種の比喩」と述べられている。それについて、後の部分では、「時間を直線で喩（たと）える」ことについて、「どこまで文字どおりに理解してよいのでしょうか」と疑問を示していることから、エの「しかし」が適する。

4 　「時間の本質」については、この問いに答えるだけでは「何であるのかを完全に示したことにはならない」ということと、「部分的に明らかにすることはでき」るということが述べられている。この2点をまとめるとよい。

5 　 ⑤ の前で「小さな問い」は「考える糸口を与えてくれている」と述べられていることから、第2段落の「（大きな）問いをより具体的な小さな問いへ置き換えて考えてみる」とよいという提案に対する締めくくりであると判断する。

━━《2024　B問題　国語　解説》━━━━━━━━━━━━━━━━━━━━━━━

二 1 　「到達（とうたつ）」は「到（いた）る＋達（たっ）する」で似た意味の字の構成。　ア.「修繕（しゅうぜん）」は「修（おさ）める（＝なおす・つくろう）＋繕（つくろ）う」で似た意味の字の構成。　イ.「避暑（ひしょ）」は「避ける＋暑さを」で「（下の漢字）を（上の漢字）する」の構成。　ウ.「送迎（そうげい）」は「送る＋迎える」で反対の意味の字の構成。　エ.「密封（みっぷう）」は「密に＋封じる」で、上の漢字が下の漢字を修飾している構成。

2 　「本歌取り」について、直後にあるように「創造性がないということになる」のはどのような考え方においてであるのかを問う問題。「独創を是（ぜ）（＝良いこと・正しいこと）とする」考え方だと、「本歌取り」は「創造性がないということになる」から、ウが適する。

3 　先人が残したものに個を重ねることを重視した、イが適する。第2段落の後半に「時代を経て人々の意識の中に残ってきたものに、自分という個を重ね合わせていくことで見えてくる差異の中に、創造性を見出（みいだ）そうという着想がそこにある」と、ほぼ同じ内容が書かれている。　ア.「言葉を生み出す技術よりもむしろ、過去に詠まれた歌に対する知識の方が必要」という点が間違い。　ウ.「自ずと生まれてきた相似反復からではなく」が間違い。　エ.「普遍的な美を超えた個の創造性を見立てようという意識」が間違い。

4 a 　第1段落の終わりに「創造や創発という行為が携えているイメージは、この未踏の地を踏むような手応えなのかもしれない」とあり、その手応えについて、直前で「明白なる達成がそこに刻印される」と表現している。

b 　傍線部③の直後に「自身の創作意欲を十全に発露しながらも～さっぱりと個を始末し、普遍に手を伸ばそうとする姿勢」とある。

三 1 　古文で言葉の先頭にない「はひふへほ」は、「わいうえお」に直す。

2 　「答へて曰く」とは「答えて言うことには」の意。ある役者が藤十郎（とうじゅうろう）にたずねて言ったことに対して、藤十郎が答えて言うことには、と考えると、ある役者が「我も人も、初日にはせりふなま覚えなるゆゑか、うろたえるなり（なり）也～いか成る御心入りありてや承りたし（私も（他の）人も、（舞台の）初日にはせりふを生覚えであるからか、うろたえるのである～どのようなお心掛けがあってのことなのかお聞きしたい）」とたずね、藤十郎が「我も初日は同～初日には忘れて出でる（私も初日は同じく～初日には忘れて（舞台に）出るのだ）」と答えている。

3 　「かねて」は「以前から」の意。「たくみ」は「たくらむこと」。直後の「相手のいふ詞（ことば）を聞き、此方（こちら）初めて返答心にうかむ（相手の言う言葉を聞いて、こちらは初めて返事が心に浮かぶ）」と同じ内容である。

4 a 　本文の最後から2行目に「狂言は常を手本とおもふ故（狂言は日常を手本と思うから）」とある。

b 　傍線部②の1～2行前に「舞台にて～せりふを云（い）ふなり（舞台で相手のせりふを聞いて、その時に思い出してせりふを言うのである）」とある。

【古文の内容】

　　ある役者が、藤十郎にたずねて言うことには、「私も（他の）人も、（舞台の）初日にはせりふを生覚えであるからか、うろたえるのである。（それにひきかえ）あなたは十日も二十日も、演じ慣れている狂言をなさるようである。どのようなお心がけがあってのことなのかお聞きしたい。」ウ（藤十郎が）答えて言うことには、私も初日は同じく、うろたえるのだ。しかしながら、他人の目には演じ慣れている狂言をするように見えるのは、けいこの時に、せりふをよく覚えて、初日には、もとから忘れて、舞台で相手のせりふを聞いて、その時に思い出してせりふを言うのである。そのわけは、いつも人と寄り合って、あるいは喧嘩口論（けんか）するときに、前もって言うことを考えるということはない。相手の言う言葉を聞いて、こちらは初めて返事が心に浮かぶ。狂言は日常を手本と思うから、けいこの時にはよく覚え、初日には忘れて（舞台に）出るのだ」ということである。

四　1　A．「込め」はマ行下一段活用動詞「込める」の未然形。連用形も「込め」であるが、ここでは後に受身の助動詞「られ（る）」が接続することから未然形と判断できる。B〜Dはいずれも連用形。連用形は後に「ます」「た」「て」が続く場合が多い。　　B．「受け」はカ行下一段活用動詞「受ける」の連用形。　C．「伝え」はア行下一段活用動詞「伝える」の連用形。　D．「言え」はア行下一段活用動詞「言える」の連用形。

　2　「したがって」とあることから、前の内容を受けて「文字で表現された内容もデジタルな情報であると言えるのです」と述べていると考えられる。よって、デジタルな情報とは何かということを述べた後の、ウが適する。

　3　まず、第5段落より、「エンコーダー」とは「アナログな情報をデジタル情報に変換する」もので、「デコーダー」とは「デジタル情報から世界や他者に関するアナログな情報を復元する」ものだということを理解しておく。このことを踏まえた、「俳句を通したコミュニケーション」については、第4段落に「俳句を詠むということは情景や心に感じたアナログな情報を、デジタル情報である十七音の言葉の組み合わせに変換している操作」、「読者が十七音を読み取って〜情景や気持ちを再現し、自分の状況に重ねていると言える」と述べられている。

　4　最後の段落の内容と一致する、ウが適する。　ア．「歳時記に記載される季語やその意味が〜変わることがない」が、第1段落の「歳時記に記載される季語やその意味も更新されていきます」と合致しない。　イ．このような事は書かれていない。本文では「多様な言葉の意味を知っていることはもちろんのこと」、その上で「歳時記で意味が解説されている季語」を「共有知識」とすると述べられている。　エ．「鑑賞者がその句に詠まれた季語の本意本情を知らなかったとしても〜豊かな世界を伝えることができる」の部分が第1段落の内容に合致しない。本文では「本意本情」が共有されることで、さまざまな心情を伝えることができると述べている。

═《2024　C問題　国語　解説》═

一　1　①のある段落で述べた「前者の『万葉』の歌」は、本文の最初で述べた「『万葉集』の歌が感動をそのまま表そうとする」という例として取り上げられたものである。これは、「感動を一ひねりして言い表そうとする〜感動を、ある理屈の枠組みにはめこんで再構成する」という『古今集』の歌とは異なる、ストレートなものだと言える。よって、エが適する。

　2　「　　ことにより再構成し」とあるので、Ⓧの『古今集』の歌に見られる「再構成」がどのようなことかを読みとる。まず、「再構成」とは、「感動を、ある理屈の枠組みにはめこんで再構成する」というものである。Ⓧの『古今集』の歌の「再構成」については、──線②のある段落の直前の段落で「鶯が春まだ浅いのに雪の降りかかる梅の枝で鳴いているという事実を、『……なので……なのだろうか』という理屈の枠組みのなかにあてはめて表現している〜再構成されているのである」と説明している。この部分を用いてまとめるが、「……なので……なの

だろうか」の部分を具体的に書く必要がある。それは、さらに直前の段落に「『古今』の歌は、春になったので鶯が雪を梅の花と見まちがえているのだろうか〜の意」とある。

　　3　「のどけき」（のどけし）は、のどかだ、天気が良く静かで穏やかだ、という意味。「静 心 なく」は、静かで落ち着いた心もなく、という意味。よって、イの「対照的」が適する。

　　4　──線②のある段落で「従来、『古今集』の歌の表現について〜理知的といわれたり、また感動の間接的な表現とか、あるいは観念的な表現とかいわれてきた。しかし、そうであるからとて〜感動がこもっていないということには、けっしてならない〜『万葉集』と『古今集』とでは、歌における感動のしかたが異なっているにすぎない」と述べていることに、ウが適する。アの「梅の花は鶯を誘い出すために香ぐわしくなるという理屈によって」、イの「不安な憂愁だけではなく」、エの「思考から喚起される」は適さない。本文中では「不安な憂愁を正面からいうのではなく」、「思考を喚起するように仕組まれている」と述べている。

二　1　「さまで（然まで）」は、それほどまで、という意味。「おもはざりし」は、「ざり」が打ち消しの助動詞（「ず」の連用形）、「し」が過去の助動詞（「き」の連体形）で、思わなかった、という意味になる。よって、アが適する。

　　2 A　「不二はいづくの雲のあなたにかあたりて見ゆる」は、「ともなへる人」に対して筆者が聞いたことである。よって、エが適する。　　B・C　筆者の質問に対して、指をさして「あしこの雲のうちにこそ」と教えたのは、「ともなへる人」である。よって、ウが適する。

　　3　「師の歌」に対する「さまでの秀逸ともおもはざりし」（それほど秀逸であるとも思わなかった）という評価が、「めで聞こえたりき」（賞賛し申し上げた）という評価に変わったのはなぜかを考える。筆者は、「師の歌」に詠まれたことと同じような体験をしたことで、実感をもって解釈できた、「師の歌」の良さがわかったということ。

【古文の内容】

> 私の師匠の(詠んだ)歌に(次のような歌がある)、
> 　　(雲に隠れた富士山の頂上はあのあたりかと)当て推量で見た白い雲の向こうにあったのは麓であって、
> 　　(雲が晴れて見てみると)予想よりもはるかに空高く見晴らせる富士の山頂であったよ
> この歌は、それほど秀逸であるとも思わなかったが、さる文化四年、私が伊豆の温泉に入りに行くついでに、熊坂の里に住んでいる竹村茂雄のところへ行こうと思い立って旅立ったとき、熱海の温泉を出て、弦巻山の頂上にさしかかったところ、浮き雲(空に浮いて漂う雲)が西の空にわいて幾重にも重なったので、一緒にいる人に向かって、「富士山(の頂上)はどこの雲の向こうにあたる(見える)のだろうか」と聞いたところ、遠くを指さして、「あそこの雲の中に(あるでしょう)」と話しているうちに、いつのまにか浮き雲は晴れてなくなったが、(富士山は)前述の指をさして教えた雲のところよりはるかに高く、空高くにそびえて顔を上げて見るほどだったので、さてその瞬間に、師匠の歌を思い出して賞賛し申し上げた。

三　2　「水濁れば 則 ち」は、漢文の上から順に「水濁則」なので返り点は不要。「尾を掉ふの魚無し」が、漢文の「無掉尾之魚」である。まず、「尾」から「掉」に一字返ることを示す「レ点」を入れる。次に、「魚」から「無」に二字以上へだてて返ることを示す「一・二点」を入れる。

四　1　Aの「はっきり」、Bの「かえって」、Dの「まさに」は副詞。Cの「いわゆる」は連体詞。副詞と連体詞は、いずれも自立語で活用がないものだが、副詞は主に用言(動詞・形容詞・形容動詞)を修飾する、連体詞は体言(名詞)を修飾するというちがいがある。

　　2　①.　①　の前の「歴史〜現在とはっきり断ちきられることによってかえって格別な意味をもってくる〜特別な様相をもったものとしてあらわれてくる」という二文は、本文の主題となる筆者の主張である。そのことについ

て、 ① の後で「歴史が過去の出来事を現在と断ちきれたかたちで扱い描き出すことは〜<u>有害でこそあれ益のな</u><u>いものとする根拠にもされた</u>」という面を取り上げている。よって、どちらか一方を選択する「もしくは」ではなく、「たしかに」が適する。 ③. ③ のある一文は、本文最初の二文で提示した主題に立ち返って、その理由の考察に導いている。よって、「それにしても」が適する。

3 ——線②の直前の「そのような過去の事実や出来事の扱い方」の「そのような」が指す内容を読みとる。それは、直前の段落の「科学に範をとった実証主義的な方法〜歴史的な事実や出来事は〜科学の対象である物体と同じように明確に、しかしまったく対象化されて〜イメージ的全体性を失ったものとしてとらえた」から読みとれる。この内容に、ウが適する。アの「科学的な意味での厳密な知識を得ることにより」、イの「〜ととらえることによって〜現在と無関係なものとして扱う」、エの「一回性をもった出来事としてではなく〜生きたつながりをもったものとして扱う」は適さない。

4 ——線④の「鏡」がどのようなもので、どのような働きをするのかを読みとる。それは、——線④のある段落で「私たちは〜<u>自分たちの時代、自分たちの社会をできるだけ総体的に、また、できるだけ多角的に映し出す鏡</u>を求める〜歴史とは〜そういう鏡〜このような鏡であるためには〜<u>自立したイメージ的な全体性をもったもの</u>でなければならないし〜<u>現在とはつながらずにはっきり断ちきられた過去</u>でなければならない」と述べていることから読みとれる。下線部のことばを使ってまとめる。

5 ③ のある段落の後半で「私たちにおいて経験は、さまざまの〜制度を仲立ちにして行われ〜新しい事実や出来事を生じさせていく〜私たちの一人一人にいっそう多くの、いっそう込み入った問題を課するだろう」と述べていることに、エが適する。アの「空想によって着色され、歪(ゆが)められているから<u>ではなく</u>」、イの「歴史は、想像力は用いず」、ウの「自分たちに共通した問題として」は適さない。

《2024 Ａ問題 数学 解説》

1 (1) 与式＝$6-(-2)=6+2=8$

(2) 与式＝$9\times\left(-\dfrac{4}{3}\right)=-12$

(3) 与式＝$25-15=10$

(4) 与式＝$x-3+4x+4=5x+1$

(6) 与式＝$6\sqrt{2}-2\sqrt{2}=4\sqrt{2}$

2 (1) $3a-5$に$a=6$を代入すると、$3\times6-5=18-5=13$

(2) -4.8より大きく、2.2より小さい整数は、-4、-3、-2、-1、0、1、2の7個ある。

(3) 重さ$a$kgの荷物1個と重さ$b$kgの荷物1個の重さの合計は、$a\times1+b\times1=a+b$(kg)である。これが5kgより重いので、イの$a+b>5$が正しい。

(4) $5x+2y=11\cdots$①、$x+2y=15\cdots$②とする。①－②でyを消去すると、$5x-x=11-15$　　$4x=-4$　　$x=-1$　　$x=-1$を②に代入して、$-1+2y=15$　　$2y=16$　　$y=8$

(5) 【解き方】さいころを2つ使う問題では、右のような表にまとめるとよい。

2つのさいころの目の出方は全部で$6\times6=36$(通り)ある。6を2つの整数の積で表すと、1×6または2×3だから、条件にあう出方は表の○印の4通りである。よって、求める確率は、$\dfrac{4}{36}=\dfrac{1}{9}$

	2つ目					
	1	2	3	4	5	6
1						○
2			○			
3		○				
4						
5						
6	○					

(6) 関数$y=\dfrac{a}{x}$は反比例の式であり、グラフは双曲線となる。ア〜エのうち双曲線のグラフはウ、エであり、$a>0$だから、$x>0$のとき$y>0$、$x<0$のとき$y<0$

となる。よって，適するグラフは**ウ**である。

(7) 与式より，$(x-2)(x-7)=0$　　$x=2$，$x=7$

(8) 【解き方】製品A 400個のうち，不良品が3個含まれていたから，生産された製品A全体の個数と，そこに含まれる不良品の個数の比は 400：3 になると推定できる。

5000個の製品Aに含まれる不良品は，$5000×\dfrac{3}{400}=37.5$ より，**38** 個と推定できる。

(9) 放物線 $y=ax^2$ はAを通るから，放物線の式にAの座標（-4，5）を代入すると，$5=a×(-4)^2$ より，

$a=\dfrac{5}{16}$ である。

(10)① 　ＡＤ，ＢＦはそれぞれＡＢと垂直，ＦＧはＡＢとねじれの位置にある。

平行な辺は**エ**のＨＧである。

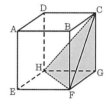

② 【解き方】底面が△ＧＨＦ，高さがＣＧの三角すいとして，体積を求める。

$△ＧＨＦ=\dfrac{1}{2}×ＧＨ×ＧＦ=\dfrac{1}{2}×6×5=15$（cm²）だから，求める体積は，

$\dfrac{1}{3}×15×7=$ **35**（cm³）である。

3 (1) $x=4$ のときの y の値は，$x=2$ のときの y の値より $105×(4-2)=210$ 大きいから，$195+210=$ **405** である。

$x=7$ のときの y の値は，$x=4$ のときの y の値より $105×(7-4)=315$ 大きいから，$405+315=$ **720** である。

(2) 垂れ幕が x 枚のとき，垂れ幕が1枚のときよりも列の長さは $\{105(x-1)\}$ cmだけ長いから，

$y=90+105(x-1)=$ **105x-15** となる。

(3) (2)で求めた式に $y=2085$ を代入すると，$2085=105x-15$ となり，これを解くと，$x=$ **20** となる。

4 (1) 四角形ＡＢＣＤは長方形である。長方形を，1辺を軸に1回転させてできる立体は，**ウ**の円柱になる。

(2) 【解き方】△ＦＢＤの内角の和が $180°$ であることを利用する。

△ＦＢＤの内角の和より，$∠ＢＤＦ=180°-∠ＤＦＢ-∠ＦＢＤ=180°-90°-a°=90°-a°$ だから，

$(90-a)°$ である。

(3) 証明の穴埋め問題では，すでに書かれていることがヒントになるのでそれをよく読んで，論理的な説明になるように空欄を埋めていこう。答えがすぐにわからない場合は，仮定を図にかきこみ，問題の内容に応じて，図形の性質，平行線の同位角・錯角などからわかることも図にかきこんで，答えを考えよう。

(4) 【解き方】△ＦＢＥと△ＡＢＤの相似比を利用する。

△ＡＢＤにおいて，三平方の定理より，

$ＢＤ=\sqrt{3^2+6^2}=3\sqrt{5}$（cm）

ＢＣ＝ＣＥより，$ＢＥ=2ＢＣ=2×6=12$（cm）

$△ＦＢＥ∽△ＡＢＤ$ より，$ＦＢ：ＡＢ＝ＢＥ：ＢＤ$

$ＦＢ：3=12：3\sqrt{5}$　　これを解くと，$ＦＢ=\dfrac{12\sqrt{5}}{5}$（cm）

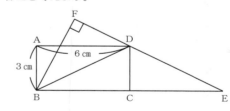

━《2024　Ｂ問題　数学　解説》━

1 (1) 与式 $=1-6=$ **-5**

(2) 与式 $=3x-27y+4x+28y=$ **7x+y**

(3) 与式 $=-\dfrac{2b×6a^2}{4a}=$ **-3ab**

(4) 与式 $=(x^2-9)-(x^2-2x)=x^2-9-x^2+2x=$ **2x-9**

(5) 与式 $=(\sqrt{7})^2+2×\sqrt{7}×2\sqrt{2}+(2\sqrt{2})^2=7+4\sqrt{14}+8=$ **15+4$\sqrt{14}$**

2 (1) $8×(-3)+4^2=-24+16=$ **-8**

(2)　ア．(負の数)×(正の数)＝(負の数)だから，ａｂは負の数である。

イ．(負の数)＋(正の数)の符号は一定ではない。

ウ．－(負の数)＋(正の数)＝(正の数)＋(正の数)＝(正の数)だから，－ａ＋ｂは正の数である。

エ．(負の数)－(正の数)＝(負の数)だから，ａ－ｂは負の数である。

以上より，値が常に正となるものは，**ウ**である。

(3)　2次方程式の解の公式より，$x=\dfrac{-(-7)\pm\sqrt{(-7)^2-4\times1\times5}}{2\times1}=\dfrac{7\pm\sqrt{29}}{2}$

(4)　$\sqrt{44n}=2\sqrt{11n}$だから，11nが自然数の2乗となればよい。そのような最小のnの値は，**n＝11**である。

(5)　【解き方】b－aの値が偶数となるのは，a，bがともに偶数，またはともに奇数のときである。

2枚のカードの数がともに偶数のとき，ａ，ｂはともに偶数だから，ｂ－ａは偶数である。

2枚のカードのうち，1枚が偶数，もう1枚が奇数のとき，ａは奇数，ｂは偶数だから，ｂ－ａは奇数である。

2枚のカードの数がともに奇数のとき，ａは偶数，ｂは奇数だから，ｂ－ａは奇数である。

以上より，条件にあうのは2枚のカードの数がともに偶数のときである。

右の樹形図より，2枚のカードの取り出し方は10通りあり，このうち条件にあう取り出し方は○印の3通りだから，求める確率は，$\dfrac{3}{10}$である。

(6)　【解き方】右図のように補助線ＡＤを引く。

同じ弧に対する円周角は等しいから，∠ＡＤＢ＝∠ＡＥＢ＝a°

ＡＣが直径だから，∠ＡＤＣ＝90°　　よって，∠ＢＤＣ＝**(90－a)°**

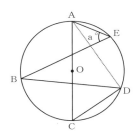

(7)　30個無作為に取り出したときの赤色と青色のビー玉の個数の比は，

(30－4)：4＝13：2だから，初めに袋に入っていた赤色のビー玉と，80個の青色のビー玉の個数の比も13：2になると推定できる。よって，初めに袋に入っていた赤色のビー玉の個数は，およそ$80\times\dfrac{13}{2}=$**520(個)**である。

(8)　【解き方】ＡＢ，ＢＣの長さをそれぞれtを用いて表し，方程式を立てる。

Ａはm上の点であり，x座標がtだから，Ａのy座標は$y=\dfrac{7}{4}t^2$である。

Ｃはℓ上の点であり，x座標がtだから，Ｃのy座標は$y=-2t-1$である。

ＡＢ＋1＝ＢＣより，$\left(\dfrac{7}{4}t^2-0\right)+1=0-(-2t-1)$　　$\dfrac{7}{4}t^2-2t=0$

これを解くと，$t=0,\ \dfrac{8}{7}$　　$t>0$より，$t=\dfrac{8}{7}$である。

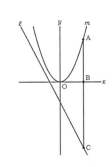

3　(1)①　【解き方】a＝15のとき，xの値が1増えるごとにyの値は15＋90＝105ずつ増える。

$x=4$のときのyの値は，$x=2$のときのyの値より105×(4－2)＝210大きいから，195＋210＝**405**である。

$x=7$のときのyの値は，$x=4$のときのyの値より105×(7－4)＝315大きいから，405＋315＝**720**である。

②　垂れ幕がx枚のとき，垂れ幕が1枚のときよりも列の長さは$\{105(x-1)\}$cmだけ長いから，

$y=90+105(x-1)=$**105x－15**となる。

③　(2)で求めた式に$y=2085$を代入すると，2085＝105x－15となり，これを解くと，**$x=20$**となる。

(2)　【解き方】21枚の垂れ幕の幅の合計は90×21＝1890(cm)である。

垂れ幕の列の長さが2130cmのとき，垂れ幕どうしの間かくの合計は2130－1890＝240(cm)である。垂れ幕どうしの間かくの数は20だから，20a＝240より，**a＝12**である。

4　[Ⅰ](1)　まず，問題文の仮定を図にかきこんで，証明のために必要な条件を探そう。条件が足りない場合は，問題

の内容に応じて，図形の性質，平行線の同位角・錯角などからわかることもかきこんでみよう。

(2)① 【解き方】△ＧＡＦ∽△ＦＢＣであることを利用する。

△ＦＢＣにおいて，三平方の定理より，ＦＣ$=\sqrt{3^2+9^2}=3\sqrt{10}$(cm)

したがって，△ＦＢＣの3辺の比は$3:9:3\sqrt{10}=1:3:\sqrt{10}$であり，

△ＧＡＦ∽△ＦＢＣより△ＧＡＦも同様なので，

$GF=\dfrac{\sqrt{10}}{3}AF=\dfrac{\sqrt{10}}{3}(9-3)=2\sqrt{10}$(cm)

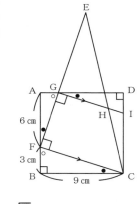

② 【解き方】ＨＩ＝ＩＧ−ＧＨで求める。ここまでをふまえると右図のように等しい角がわかるので，△ＦＢＣ∽△ＩＤＧである。したがって，△ＩＤＧの3辺の比は$1:3:\sqrt{10}$である。

$AG=\dfrac{1}{3}AF=\dfrac{1}{3}\times6=2$(cm)，ＤＧ$=9-2=7$(cm)だから，

$IG=\dfrac{\sqrt{10}}{3}DG=\dfrac{7\sqrt{10}}{3}$(cm)

△ＥＦＣにおいてＥＦ：ＦＣ＝5：3であり，ＦＣ//ＧＨより，

△ＥＦＣ∽△ＥＧＨだから，ＥＧ：ＧＨ＝5：3である。

$EF=\dfrac{5}{3}FC=\dfrac{5}{3}\times3\sqrt{10}=5\sqrt{10}$(cm)，

$EG=EF-GF=5\sqrt{10}-2\sqrt{10}=3\sqrt{10}$(cm)だから，$GH=\dfrac{3}{5}EG=\dfrac{3}{5}\times3\sqrt{10}=\dfrac{9\sqrt{10}}{5}$(cm)

したがって，$HI=IG-GH=\dfrac{7\sqrt{10}}{3}-\dfrac{9\sqrt{10}}{5}=\dfrac{8\sqrt{10}}{15}$(cm)

[Ⅱ](3) 【解き方】三角柱ＡＢＣ-ＤＥＦにおいて，辺ＡＢと同じ面上にある辺(図1の×印の辺)は，辺ＡＢと交わるか平行なので，ねじれの位置にはない。

辺ＡＤ，辺ＤＥ，辺ＡＣは図1で×印をつけた辺なので，ねじれの位置にはない。辺ＥＦ，辺ＣＦはそれぞれ辺ＡＢと平行ではなく，延長したとき辺ＡＢと交わらない。よって，この2本は辺ＡＢとねじれの位置にあるので，**ウ**，**エ**が正しい。

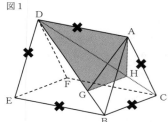
図1

(4)① △ＡＢＣは図2のような二等辺三角形だから，$BI=\dfrac{1}{2}BC=2$(cm)である。

△ＡＢＩにおいて，三平方の定理より，$AI=\sqrt{5^2-2^2}=\sqrt{21}$(cm)なので，

$△ABC=\dfrac{1}{2}\times4\times\sqrt{21}=2\sqrt{21}$(cm²)

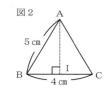
図2

② 【解き方】三角すいＡＤＧＨと三角すいＡＤＢＣにおいて，底面をそれぞれ△ＤＧＨ，△ＤＢＣとしたときの高さが等しいので，体積比は△ＤＧＨ：△ＤＢＣとなることを利用する。

三角すいＡＤＢＣの底面を△ＡＢＣとして考えると，

体積は$\dfrac{1}{3}\times2\sqrt{21}\times6=4\sqrt{21}$(cm³)である。

ＧＨ//ＢＣより，△ＤＧＨ∽△ＤＢＣで，相似比はＧＨ：ＢＣ＝3：4だから，面積比は相似比の2乗の比の$3^2:4^2=9:16$となる。

よって，(三角すいＡＤＧＨの体積)：(三角すいＡＤＢＣの体積)＝△ＤＧＨ：△ＤＢＣ＝9：16なので，(三角すいＡＤＧＨの体積)＝

$4\sqrt{21}\times\dfrac{9}{16}=\dfrac{9\sqrt{21}}{4}$(cm³)

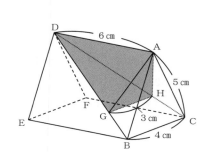

《2024　C問題　数学　解説》

1 (1) 与式$=\dfrac{3(2x-3y)+2(x+4y)}{12}=\dfrac{6x-9y+2x+8y}{12}=\dfrac{8x-y}{12}$

(2) 与式$=(1+2\sqrt{6}+6)-(\sqrt{4}+\dfrac{10\sqrt{6}}{2})=7+2\sqrt{6}-2-5\sqrt{6}=5-3\sqrt{6}$

(3) 与式より，$(x-7)\{(x-7)-4\}=0$　　　$(x-7)(x-11)=0$　　$x=7$，$x=11$

(4) $y=-\dfrac{1}{4}x^2$に$x=-6$を代入すると，$y=-\dfrac{1}{4}\times(-6)^2=-9$となり，$-16$と一致しないので，$x=$aのとき，$y=-16$となる。よって，$-16=-\dfrac{1}{4}$a^{2}よりa$=\pm8$　　　a>-6だからa$=8$である。このとき，xの変域に0を含むから，yの最大値はb$=0$となる。

(5) 【解き方】xを分数と考え，分子の最小値と分母の最大値をそれぞれ考える。
$\dfrac{35}{12}$と$\dfrac{21}{20}$は約分できないので，$\dfrac{35}{12}x$と$\dfrac{21}{20}x$がともに自然数となるためには，xの分子が12と20の公倍数であればよい。xの分子の最小値は12と20の最小公倍数の60である。xが最小となるためにはxの分母が最大であればよく，35と21の最大公約数の7であればよい。したがって，最も小さいxの値は$\dfrac{60}{7}$である。

(6) 【解き方】取り出した2枚のカードの数によって，a，b，cの値はすべて1通りに決まる。カードの取り出し方は全部で$3\times3=9$（通り）のみなので，a，b，cの値を具体的に表にまとめて考える。

A，Bのそれぞれから取り出したカードに書かれた数を(A，B)のように表すと，右の表のようにまとめられる。a$<$c$<$bとなるのは，表で色をつけた列のように取り出す場合だから，5通りあるので，求める確率は$\dfrac{5}{9}$である。

(A，B)	a	b	c
(1，4)	8	14	5
(1，6)	8	12	7
(1，8)	8	10	9
(3，4)	6	14	7
(3，6)	6	12	9
(3，8)	6	10	11
(5，4)	4	14	9
(5，6)	4	12	11
(5，8)	4	10	13

(7) 【解き方】aの百の位，十の位，一の位をそれぞれx，y，z（x，y，zはそれぞれ$1\leqq x\leqq9$，$1\leqq y\leqq9$，$0\leqq z\leqq9$を満たす自然数）とおくと，a$=100x+10y+z$，b$=100y+10x+z$と表せる。与えられた2つの条件から，x，y，zについての式をそれぞれ立て，条件を満たす値を考える。
$\dfrac{\text{a}-\text{b}}{2}=\dfrac{\{100x+10y+z-(100y+10x+z)\}}{2}=45(x-y)$だから，$\sqrt{\dfrac{\text{a}-\text{b}}{2}}=\sqrt{45(x-y)}=3\sqrt{5(x-y)}$と表せる。
$3\sqrt{5(x-y)}$は自然数だから，$5(x-y)$は自然数の2乗なので，$x-y=5\times$k^2（kは自然数）とおける。
$x-y$の最大値は$9-1=8$だから，kの値は1に決まり，$x-y=5$となる。この式を満たすようなx，yの組み合わせは，$(x，y)=(6，1)(7，2)(8，3)(9，4)$の4通りある。

次に，aの各位の数の和が20であり，$0\leqq z\leqq9$だから，$x+y$の値は$20-9=11$以上，20以下となる必要がある。この条件を満たすのは，$(x，y)=(8，3)$のとき，$z=20-(8+3)=9$，$(x，y)=(9，4)$のとき，$z=20-(9+4)=7$の2通りなので，求めるaの値は839，947である。

(8) 【解き方】ℓの傾きと，四角形ABCDの面積のそれぞれについて，a，bを用いて表し，連立方程式を立式する。四角形ABCDはBC//ADの台形である。
Aはn上の点で，x座標が1だから，y座標は$y=\dfrac{\text{b}}{1}=$bとなり，A(1，b)である。
Bはm上の点で，x座標が-3だから，y座標は$y=$a$\times(-3)^2=9$aとなり，B(-3，9a)である。
ℓの傾きについて，$\dfrac{\text{b}-9\text{a}}{1-(-3)}=-\dfrac{1}{2}$より，b$=9a-2\cdots$①
Cはx軸上の点で，x座標がBと等しく-3だから，C(-3，0)である。
直線BOは傾きが$\dfrac{9\text{a}}{-3}=-3$aだから，直線の式は$y=-3$axである。
DとAのx座標は等しく1だから，Dのy座標は$y=-3$a$\times1=-3$aとなり，D(1，-3a)である。

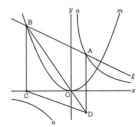

以上より，AD＝b－（－3a）＝b＋3a（cm），BC＝9a－0＝9a（cm）であり，

台形ABCDの高さは，（AとBのx座標の差）＝1－（－3）＝4（cm）だから，四角形ABCDの面積について，

$\frac{1}{2}$×｛（b＋3a）＋9a｝×4＝17　　整理して，24a＋2b＝17…②となる。

①，②を連立方程式として解くと，a＝$\frac{1}{2}$，b＝$\frac{5}{2}$

2　(1)① 円Oの半径は$\frac{1}{2}$BC＝2（cm）だから，（おうぎ形ODCの面積）＝2²π×$\frac{a}{360}$＝$\frac{1}{90}$πa（cm²）

② まず，問題文の仮定を図にかきこんで，証明のために必要な条件を探そう。条件が足りない場合は，問題の内容に応じて，図形の性質，平行線の同位角・錯角，円周角の定理などからわかることもかきこんでみよう。

(2)① 【解き方】△BDO∽△AECを利用して，ACの長さを先に求める。

BE＝1cmだから，EO＝BO－BE＝1（cm），EC＝EO＋OC＝1＋2＝3（cm）

△BDO∽△AECで△BDOが二等辺三角形なので，△AECも二等辺三角形だから，AC＝EC＝3cm

△ABCにおいて，三平方の定理より，AB＝$\sqrt{4^2－3^2}$＝$\sqrt{7}$（cm）

② 【解き方】(2)①でABの長さを求めたので，△ABFについて，三平方の定理を用いてBFを求めることを考える。手順としては，FC→AF→BFの順に求める。

OC＝OAより，△OCAは底角が∠FCOの二等辺三角形である。

また，△FOCについて，(1)②より，∠FCO＝∠BODであり，

∠FOC＝∠BODだから，△FOCは∠FCO＝∠FOCの二等辺

三角形である。よって，△OCA∽△FOCなので，

OA：FC＝CA：OC　　2：FC＝3：2　　FC＝$\frac{4}{3}$（cm）

AF＝AC－FC＝3－$\frac{4}{3}$＝$\frac{5}{3}$（cm）だから，△ABFにおいて，

三平方の定理より，BF＝$\sqrt{(\sqrt{7})^2＋(\frac{5}{3})^2}$＝$\frac{2\sqrt{22}}{3}$（cm）

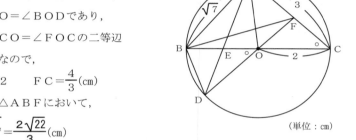

（単位：cm）

3　(1)① 【解き方】BからFCに引いた垂線とFCの交点をPとすると，回転体は

右の図1のように，合同な円すいを2つつなげた立体になる。

△BCFは直角二等辺三角形だから，△PFBも直角二等辺三角形となるので，

PF＝PB＝$\frac{1}{\sqrt{2}}$FB＝2$\sqrt{2}$（cm）である。よって，求める回転体の体積は，

$\frac{1}{3}$×（2$\sqrt{2}$）²π×2$\sqrt{2}$×2＝$\frac{32\sqrt{2}}{3}$π（cm³）

② △ADEにおいて，三平方の定理より，DE＝$\sqrt{2^2＋4^2}$＝2$\sqrt{5}$（cm）

△CDEにおいて，三平方の定理より，EC＝$\sqrt{(2\sqrt{5})^2＋4^2}$＝6（cm）

③ 【解き方】EI＝JK＝xcmとおき，△CEFと△CIJの相似比からxについての方程式を立てる。

CI＝EC－EI＝6－x（cm），CF＝$\sqrt{2}$BC＝4$\sqrt{2}$（cm）

JK／／FBより，△KCJ∽△BCFなので，△KCJは直角二等辺

三角形である。よって，CJ＝$\sqrt{2}$JK＝$\sqrt{2}$x（cm）

EF／／IJより，△CEF∽△CIJなので，CE：CI＝CF：CJ

6：（6－x）＝4$\sqrt{2}$：$\sqrt{2}$x

これを解くと，x＝$\frac{12}{5}$だから，EI＝$\frac{12}{5}$cmである。

(2)① 【解き方】台形ABCDについて，図3のように作図する。

図1

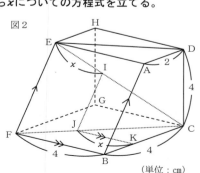

図2

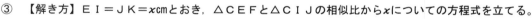

（単位：cm）

ＢＣ／／ＯＭより，△ＤＢＣ∽△ＤＱＭだから，ＢＣ：ＱＭ＝ＤＣ：ＤＭ

４：ＱＭ＝４：３　　よって，ＱＭ＝３（cm）

平行線と線分の比の定理より，ＡＯ：ＯＢ＝ＤＭ：ＭＣ＝３：１

ＡＤ／／ＯＱより，△ＢＡＤ∽△ＢＯＱだから，ＡＤ：ＯＱ＝ＢＡ：ＢＯ

２：ＯＱ＝（３＋１）：１　　よって，ＯＱ＝$\frac{1}{2}$（cm）

したがって，ＯＭ＝ＯＱ＋ＱＭ＝$\frac{1}{2}$＋３＝$\frac{7}{2}$（cm）

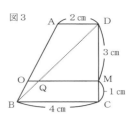

図３

② 【解き方】立体ＯＢＣＭ‐ＮＦＧＬを，図４のよう

に四角柱ＯＢＣＭ‐ＲＦＧＳ，四角すいＮ‐ＲＯＴＵ，

三角柱ＮＵＴ‐ＬＳＭの３つの立体に分け，それぞれの

体積を求める。

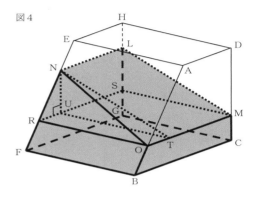

図４

（台形ＯＢＣＭの面積）＝$\frac{1}{2}$×（$\frac{7}{2}$＋４）×１＝$\frac{15}{4}$（cm²）だから，

（四角柱ＯＢＣＭ‐ＲＦＧＳの体積）＝$\frac{15}{4}$×４＝１５（cm³）…⑦

台形ＥＦＧＨについて，補助線ＦＨを引き，(2)①と同様に

してＮＬの長さを求めると，ＮＬ＝２×$\frac{3}{4}$＋４×$\frac{1}{4}$＝$\frac{5}{2}$（cm）

ＲＵ＝ＲＳ－ＵＳ＝ＯＭ－ＮＬ＝１（cm），ＮＵ＝ＬＧ－ＳＧ＝

２（cm）だから，（四角すいＮ‐ＲＯＴＵの体積）＝$\frac{1}{3}$×１×４×２＝$\frac{8}{3}$（cm³）…①

（三角柱ＮＵＴ‐ＬＳＭの体積）＝$\frac{1}{2}$×２×４×$\frac{5}{2}$＝１０（cm³）…⑦

したがって，（立体ＯＢＣＭ‐ＮＦＧＬの体積）＝⑦＋①＋⑦＝$\frac{83}{3}$（cm³）

《2024　Ａ問題　英語　解説》

1 (1) 「冷たい」はア cold である。　　(2) 「映画」はウ movies である。　　(3) 「４月」はア April である。

(4) 「滞在する」はウ stay である。　　(5) 「食べた」はア ate である。　　(6) 主語が your sister 「あなたの姉」

（＝三人称単数）で一般動詞の疑問文だから，文頭にイの Does を付ける。　　(7) 「～している」は現在進行形〈be

動詞＋～ing〉で表す。ウ painting が適切。　　(8) 「～することができる」は，助動詞 can で表す。アが適切。

(9) 「もう～しましたか？」は現在完了"完了"の疑問文〈Have/Has＋主語＋過去分詞?〉で表す。イ finished が適

切。　　(10) 感嘆文は〈What a/an＋形容詞＋名詞（＋主語＋動詞)!〉と〈How＋形容詞（＋主語＋動詞)!〉の２種類

がある。ここでは直後にa tall building（形容詞・名詞）が続くからイ What が適切。

2 [Ⅰ] 【本文の要約】参照。

(1) 代名詞は，前に出てきた単語や文を指す。ここでは，同じ文の前半の some foreign tourists を指す。

(2) 直後にマンホールのふたのデザインの例が続くことに着目する。　　「例えば」＝For example

(3) to 不定詞〈to＋動詞の原形〉が後ろから○○を修飾する形にする。　　・○○＋to ～「～する（ための）○○」

(4) 第３段落２～３行目と一致するエが適切。

【本文の要約】

　今日私は，マンホールのふたについて話そうと思います。道にはたくさんのマンホールのふたがあります。しかしな
がら，人々は普段それらに注意を向けません。ある日私は道で，マンホールのふたの写真を撮っている女の子を見かけ
ました。そのマンホールのふたにはお城のデザインが施されていました。私は彼女に，そのデザインは面白いと伝えま
した。すると彼女は，外国人観光客の中には，面白いデザインのマンホールのふたを見たくて日本にやって来る人がい
るのだと言いました。私は彼女と話したあと，面白いデザインのマンホールのふたに興味を持つようになりました。そ

こで，インターネットでそれらについての情報を探しました。

私は，多くの街にさまざまなデザインのマンホールのふたがあることがわかりました。①ィ例えば（＝For example），ある街には人気の漫画のキャラクターがデザインされているマンホールのふたがありました。その漫画の作者がその街で生まれたのです。私は，マンホールのふたから，その町についてもっと多くのこと②ェを知る機会（＝a chance to learn）を得られるのだと思いました。

先週末，私は町を散策してさまざまなデザインのマンホールのふたを見つけました。中には昔の町の港のデザインのものもありました。⑷ェそのデザインから私は，昔は多くの船がその港を訪れたのだと想像しました。あなたの町のマンホールのふたは，あなたの町についての面白いことを教えてくれることでしょう。

[Ⅱ]　【本文の要約】参照。

①　「～を楽しんだ」＝enjoyed ～　　②　「～したことがありません」は現在完了の文〈主語＋have/has＋never＋過去分詞〉で表す。　「(場所)を訪れる」＝visit＋場所

③　話の流れから，マンホールのふたを見に行く日を提案する文が適切。How about ～?「～するのはどうですか？」の他に，Why don't we ～?「～しませんか？」や Let's ～.「～しましょう」などを使ってもよい。

【本文の要約】

あなた：ねえ，麻衣。あなたのスピーチは素晴らしかったね。①私はそれをとても楽しんだよ。（＝I enjoyed it very much.）私も昔の町の港のデザインが施されたマンホールのふたを見てみたいな。

麻衣　：デパートの近くで見つけることができるよ。

あなた：へえ。②私はそこを訪れたことがないの。（＝I have never visited there.）一緒にそこを訪れてくれない？

麻衣　：いいよ。じゃあ，いつそこに行くか決めよう！

あなた：そうだね。③(例文)明日そこを訪れるのはどう？（＝How about visiting there tomorrow?）

麻衣　：いいね！

3　【本文の要約】参照。

⑴　「君のもの」を一語で表すィ yours が適切。

⑵　「祖父が私にこの自転車をくれた」の部分を英語にする。「(人)に(もの)を与える」＝give＋人＋もの

⑶　「～を知りませんでした」＝didn't know ～

⑷　井田先生から「オランダでは人口より自転車の数の方が多い」と聞いた花が驚いて，アダムに「それは本当？」と尋ねた場面。直後のアダムの説明より，肯定文で答えるアが適切。イ「違うよ」，ウ「それは残念だね」，エ「いい計画だね」は不適切。

⑸　代名詞は，直前にある名詞や文を指すことが多い。ここでは直前の文の coming to school by bicycle を指す。

⑹　井田先生とアダムがオランダの天候について話している場面だから，ウが適切。ア「そこにはどうやって行けますか？」，イ「その国はどれくらい大きいですか？」，エ「その国は日本からどれくらい離れていますか？」は不適切。

⑺　代名詞は，直前にある名詞や文を指すことが多い。ここでは直前のアダムの発言の2文目を指すから，ウが適切。

⑻①　質問「井田先生は学校に自転車で来ますか？」…Does Mr. Ida ～?の質問には Yes, he does. または No, he doesn't. で答える。井田先生の3回目の発言より，Yes, he does. と答えればよい。

②　質問「花がアダムの家族の元を訪れるなら，彼らは彼女をどこに連れて行ってくれますか？」…アダムの最後の発言の最後の文より，アダムの家族は花を公園に連れて行ってくれるから，They will take her to the park. と答えればよい。　・take＋人＋to＋場所「(人)を(場所)に連れて行く」

【本文の要約】

アダム：花，おはよう。この自転車は①ィ君のもの（＝yours）？すてきだね。

花　　：おはよう，アダム。うん，私のだよ。私が中学校を卒業した時に，②私の祖父が私にこの自転車をくれたの（＝My grandfather gave me this bicycle）。

アダム：いいね！君は自転車に乗るのが好きなの？

花　　：うん。自転車に乗っている時は気分がいいよ。だから時間があるときはよくサイクリングを楽しむよ。たくさんの人が自転車に乗っているのを見かけるよ。サイクリングは日本では人気があるんだよ。

アダム：③それは知らなかったな。（＝I didn't know that.）

花　　：あなたの国の人はどう？たくさんの人が自転車に乗る？

アダム：うん，そうだね。

先生　：おはよう，花，アダム。何を話しているのですか？

アダム：おはようございます，井田先生。花が，日本ではたくさんの人が自転車に乗っているということを話してくれました。そして今，彼女が僕の国の自転車事情について知りたがっているところです。

先生　：オランダでは自転車は大変人気がありますよね？オランダでは，住んでいる人の数よりも自転車の数の方が多いと聞きましたよ。

花　　：わあ，それは本当なの，アダム？

アダム：④アそうだよ。（＝Yes , it is.）オランダには約 1700 万人が暮らしているけど，自転車は約 2300 万台あるよ。僕の国では，仕事やショッピングに自転車で行く人が多いんだ。彼らは日常生活で自転車を使うよ。僕の国の土地はほとんどが平らだから，自転車で移動するのが簡単なんだ。

花　　：それはいいね！日本には平らではない場所がたくさんあるの。私が学校に行く途中にも丘があるよ。だから自転車で学校に来るのは大変なの。かばんに教科書がたくさん入っている時は④それ（＝coming to school by bicycle）はもっと大変だよ！

先生　：⑧①私も自転車で学校に来ていますよ。だから君の気持ちはわかります。私にとっては暑い夏が大変です。オランダの夏は涼しいと聞きました。⑤ウ気候はどうですか？（＝How is the weather there?）

アダム：あまり暑くありません。それに夏はあまり雨が降りません。ですから，夏でもほとんどの日は快適にサイクリングできるんです。

先生　：オランダでのサイクリングはよさそうですね。

アダム：はい，いいです。そこでは観光客も大勢サイクリングを楽しんでいます。自転車に乗っている間に，面白い建物や美しい花を見ることができます。

先生　：自転車でオランダを旅行するのはとても人気があると聞きましたよ。

アダム：はい。オランダでは遠いところに出かける時に，電車や船に自転車を持ち込みます。

花　　：⑥ウそれ（＝bringing their bicycles when they ride a train or a ship）は便利そうだね。それなら，オランダでは自転車でいろいろな所に行けるね。自転車でいろいろな所に行けるなんてすごくいいね。私は将来オランダに行ってみたいな！

アダム：僕の家族の元を訪れてよ。僕の家の近くには美しい公園があって，僕の家族はよく自転車でそこに行くんだ。⑧②君が来たら，その公園に連れて行ってあげるよ。

花　　：うれしい！

リスニング〔A問題・B問題〕

1　ティム「やあ，美香。僕は昨日ピアノのコンサートに行ったよ」→美香「コンサートはどうだった，ティム？」に続くことばだから，コンサートの感想を答えるア「楽しかったよ」が適切。

2　「この写真を見てください。私は休暇中にこの場所を訪れました。自然の中で過ごすのを楽しみました。写真には高い山々とたくさんの木々が見えますね。車や建物はありません」…下線部から，エが適切。

3　【放送文の要約】参照。　誕生日にもらった茶色の犬，以前から飼っていた白い犬，叔父から譲り受けた黒い犬の合計3匹である。ウが適切。

【放送文の要約】

エリック：やあ，舞香。あの茶色の犬は君の犬なの？

舞香　　：ハーイ，エリック。うん，とっても可愛い犬でしょ？先月の誕生日にもらったの。

エリック：彼女はすごく可愛いね！でも，君は別の犬を飼ってなかった？大型の白い犬だったよね？

舞香　　：そうだよ。実は今，もう一匹飼ってるよ。叔父から黒い犬を譲り受けたの。叔父は海外に移住したために犬を飼えなくなってしまったの。

4　【放送文の要約】参照。月曜日が祝日，木曜日は午前が授業・午後は準備，金曜日が運動会である。エが適切。

【放送文の要約】

エイミー：健太，来週の学校の予定について聞いてもいい？

健太　　：もちろんいいよ，エイミー。君は風邪をひいて2，3日学校に来なかったからね。知りたいことは何でも聞いて。

エイミー：ありがとう。水曜日までは午前も午後も授業があるんだよね？

健太　　：そうだよ。

エイミー：つまり，月曜日から水曜日までは特別なことはないということだね。

健太　　：あ，月曜日は学校がないよ。祝日だからね。

エイミー：そうだったね。それから，私の記憶が正しければ，木曜日と金曜日の授業は午前中だけだよね？

健太　　：木曜日については合っているよ。午後は翌日（＝金曜日）に行われる体育祭の準備をするよ。

エイミー：あ，私の勘違いを気づかせてくれたんだね。体育祭は土曜日に行われると思ってたよ。

健太　　：土曜日は授業も行事もないよ。

エイミー：ありがとう，健太。

5　【放送文の要約】参照。

（1）　質問「恵介が言ったことはどれですか？」…イ「彼は中学生の時，トランペットを演奏していた」が適切。

（2）　質問「恵介によると，カードに書かれていたメッセージの意味は何ですか？」…ウ「友達はたとえ会えなくても，ずっと友達でいられる」が適切。

【放送文の要約】

　こんにちは，僕は恵介です。僕がとてもうれしくなったプレゼントについて話そうと思います。(1)イ僕は中学生の時，アメリカに住んでいました。僕は学校でブラスバンド部に入っていて，何人かのメンバーと仲良くなりました。僕たちはみんなトランペットを演奏していました。日本に帰国する前，アメリカでの最終日に，僕は彼らからプレゼントをもらいました。そのプレゼントはメッセージが書かれたカードでした。メッセージには，「いい友達とは星のようなものだよ。星は昼間見えないけど，いつでも空にあるよ」僕はそのメッセージを読んだ時，感動しました。(2)ウ僕らが遠く離れて暮らして会えないとしてもずっと友達だよ，と伝えたいのだと思いました。僕らはお互いのことを思いやることによって友達でいられます。僕は日本に戻って以来，彼らのところには行っていませんが，僕たちは時々，オンラインでメッセージを送り，お互いの生活について話を共有しています。彼らが僕にくれたプレゼントは，僕に友情についての大切なことを教えてくれました。

6　【放送文の要約】参照。　（1）　質問「アマンダによると，健斗のプレゼンテーションで大切なこととは何ですか？」

…イ「彼自身の考えを他の人に話すこと」が適切。

(2)　質問「健斗は最終的にプレゼンテーションのトピックとしてどれを選びましたか？」…第2候補の「紙」と迷ったが，最終的には第1候補に決めたから，ア「インターネット」が適切。健斗の最後の発言の「それなしではスマートフォンやタブレットは役に立たない」もヒントとなる。

【放送文の要約】

アマンダ：健斗，何をしているの？

健斗　　：やあ，アマンダ。英語の授業のプレゼンテーションの準備をしているよ。人間が発明した重要なものについてプレゼンテーションしなければならなくて。今はプレゼンテーションのトピックを選ぼうとしているところだよ。

アマンダ：何か考えはあるの？

健斗　　：⑵ア第1候補はインターネットだよ。インターネットなしでは簡単に情報を得られないからね。でも他にもたくさんの生徒がそれを選ぶと思うんだ。だから，今は昔発明されたものについて考えているところだ。

アマンダ：例えば，紙みたいなもの？

健斗　　：わあ，驚いたな，それはまさしく僕の第2候補だよ。紙は，多数の人と考えを共有するのに役立ったよね？

アマンダ：興味深いね。でも私は，他の人と考えを共有することを可能にしているものは言語だと思う。たとえ紙があっても言語がなければ考えを共有するのは簡単ではないよ。

健斗　　：そうかもしれない。うーん，トピックを選ぶのは難しいな。

アマンダ：そうだね，健斗。あなたは選択を変える必要はないかもしれないね。第1候補でいくのがいいと思うよ。たとえ他の生徒とあなたが同じトピックを選んだとしても，大きな問題ではないよ。⑴ィプレゼンテーションで大切なのは，あなた自身の考えを他の人に話すことじゃない？

健斗　　：そうだね。⑵ァよし，最初のトピックを選ぶことに決めたよ。それなしではスマートフォンやタブレットは役に立たないからね。それは確かに人間が発明した大事なものだよ。アマンダ，どうもありがとう！

アマンダ：どういたしまして！

《2024　Ｂ問題　英語　解説》

1　【本文の要約】参照。

(1)　感嘆文は〈What a/an＋形容詞＋名詞（＋主語＋動詞)!〉と〈How＋形容詞（＋主語＋動詞)!〉の2種類がある。ここでは直後にa hot dayが続くからイ What が適切。

(2)　かかる時間を表す文の主語は it を使う。　　「～するのにどれくらい時間がかかりますか？」＝how long does it take to ～?

(3)　花が3回目の発言で述べた登校手段と合うものを選ぶ。ウが適切。　　・both A and B「AとBの両方」

(4)　オランダの人口と自転車の数を比べる文にする。直後のアダムの発言より，人口が 1700 万，自転車の数が2300 万で，自転車の数の方が多いから，アが適切。

(5)　アダムの8回目の発言のあとに入れる。「（オランダでは）自転車を電車に持ち込むことができる」→「それなら，電車に乗る前に自転車を駐輪する必要がない」という流れ。

(6)　現実ではないことを表す仮定法過去〈If＋主語＋動詞の過去形＋～，主語＋would＋動詞の原形〉「もし～ならば，…するのに」の文。would のあとは be 動詞の原形の be を置く。　　「より簡単」＝easier

(7)　代名詞は，直前にある名詞や文を指すことが多い。ここでは同じ文の前半の many roads only for bicycles を指す。

(8)　直前の発言で井田先生は，オランダの道路標識に書かれた as guests の意味を説明している。先生の発言内容を要約したウが適切。ア「自転車に乗っている人は自動車が通り過ぎるまで待つべきだ」，イ「お客さんは訪問先

の家の前に自動車を駐車することができる」，エ「お客さんは訪問先の家で，そこに住む人のことを考えずに好きなことができる」は不適切。

(9) ア×「オランダでは電車がとても便利なので，アダムは電車で通学していた」…本文にない内容。・イ「井田先生は×アダムが話したときに初めてオランダでは自転車がとても人気があることを耳にした」　ウ○「アダムは面白いフレーズが書かれた標識は自転車と自動車の両方が利用できる道路上で見つけられると言った」　エ「アダムは井田先生にオランダの道路上の標識に書かれたフレーズを×どうやって説明したらよいか尋ねた」　オ○「花は，オランダの道路の設計が自転車での移動を便利にしていることを学んだ」

【本文の要約】

花　　　：おはよう，アダム。①ィ何て暑い日なの！(＝What a hot day!)

アダム：おはよう，花。そうだね，暑いね。

花　　　：あれ，今日は自転車で学校に来たの？

アダム：うん！自転車に乗るのが好きなんだよ。君は歩いて登校するよね？

花　　　：③ゥ実は家から駅まで自転車に乗り，そこに自転車をとめて電車に乗るの。電車を降りたあとは学校まで歩くよ。

アダム：そっか。②そうすると，学校に来るのにどれくらい時間がかかるの？(＝Then, how long does it take to come to school?)

花　　　：だいたい1時間くらいかかるよ。

アダム：それは長いね。

先生　　：おはよう，花，アダム。何を話しているのですか？

アダム：おはようございます，井田先生。僕たちは花の通学手段について話しています。彼女は，③ゥ通学に自転車と電車の両方を使うんだそうです。

先生　　：そうか，君は学校から遠い所に住んでいるんですね？

花　　　：そうです，井田先生。それに，この学校は駅から少し離れていますよね。

先生　　：そうだね，その通りだ。

花　　　：アダム，あなたは今，自転車で通学しているけど，オランダではどうやって通学していたの？

アダム：オランダでも自転車通学だったよ。僕の国では，学校や仕事に自転車で行く人が多いんだ。自転車はとても人気があるよ。

先生　　：以前，それを聞いたことがあります。オランダの自転車の数は，そこに暮らす人間の数④ァよりも多い(＝larger than)んですよね？

アダム：その通りです。(4)ァオランダには約1700万人が暮らしていますが，自転車は1700万台以上あります。驚くべきことに，自転車は約2300万台あります。

花　　　：え，本当？そこではなぜ自転車はそんなに人気があるの？

アダム：僕が思うに，オランダでは自転車で移動するのがすごく便利なんだよ。例えば，電車に自転車を持ち込むことができるよ。

花　　　：へえ！⑤ィそれなら電車に乗る前に自転車を駐輪する必要がないね。それに，電車を降りたあとにも自転車を使うことができるね。それは間違いなく便利なシステムだよ。この地域にもそんなシステムがあったらな。もし私がこの学校に来るのに同じシステムを使ったら，⑤学校に来るのがより簡単だろうな(＝coming to school would be easier)。

アダム：あと，オランダには自転車専用道がたくさんあって，⑥それら(＝many roads only for bicycles)が各都市を結んでいるよ。自転車で遠くの都市まで移動する人にとって便利なんだ。そういった道路の数は増加してるよ。

花　　　：そうなのね。オランダでは自転車でいろいろなところに行くことができるんだね。

アダム：そうなんだ。⑼ウ<u>そういえば，自転車と自動車の両方が利用できる道路上では興味深いフレーズの書かれた標識を見かけると思うよ。</u>英語だとそれは，自動車はお客さんという意味なんだ。そして，「自動車はお客さん」というフレーズは人々に，自動車はお客さんとして道路を使っていい，ってことを伝えているよ。例えば，道路上では，自動車は自転車が通り過ぎるまで待つべきなんだ。

花　：なるほど。でも，「お客さんとして」が何を意味するのかまだわからないよ。

先生：そうですね，こんな風に考えてみたらどうでしょう？⑻ウ<u>君がお客さんとして誰かの家にいる状況を想像してごらん。君はそこに暮らす人のことを考えることなく，自分のしたいように振る舞ったりしないよね。彼らの気持ちを尊重しようと考えるはずだね。</u>つまり，そのフレーズはおそらく人々に，自動車の運転手は道路上で同じように考えるべきだと伝えているんじゃないかな。

花　：先生がおっしゃるのは，⑥ウ<u>自動車の運転手は道路上で，自転車に乗る人の気持ちを尊重すべきだ</u>ということですか？

先生：そう，私が思ったのはそういうことだよ。

アダム：先生のおっしゃる通りだと思います。

花　：なるほど，理解できたよ！その標識は面白いね！

アダム：よかった！標識のフレーズをどう説明したらいいかと思ってたんだ。井田先生，ありがとうございます。

花　：アダム，⑼オ<u>オランダの道路は自転車での移動が便利になるよう設計されているのがわかって面白かったよ。</u>それについて教えてくれてありがとう。いつかオランダを訪れて自転車であちこち移動してみたいな。

アダム：僕がいろいろ面白い場所に案内してあげるよ！

2　[Ⅰ]【本文の要約】参照。

(1)　「（人）に～してほしい」＝want＋人＋to～

(2)　同じ文の前半の「夢が叶った」より，アが適切。イ「彼は海外に行きたくなかったが，ドイツで勉強した」，ウ「最終的に，彼は林学を勉強するためにドイツから日本に渡った」，エ「彼は日本で林学を学んだことがなかったのでドイツで勉強した」は不適切。

(3)　代名詞は，直前にある名詞や文を指すことが多い。ここでは直前の文の projects for designing parks を指す。

(4)　「彼が見たもの」は〈省略可能な関係代名詞（＝which/that）＋語句（＝he saw）〉でうしろから名詞（＝things）を修飾して表す。　「（人）に（もの）を与える」＝give＋人＋もの

(5)　（ⅰ）の However「しかし」，（ⅲ）の That meant ～「つまり，～」などを手がかりにして並べかえる。

(6)　「（人）に～させる／（人）が～するのをゆるす」＝let＋人＋動詞の原形

(7)　ア「木の選び方」，ウ「線路を作るために切った木」，エ「さまざまな地域における列車の運行」は話の流れに合わない。

(8)　ア×「本多静六は東北地方の線路を守る方法を見つけたかったので，林学の学校に入学した」…本文にない内容。　イ×「本多静六は『公園の父』と呼ばれる男性に会い，彼から線路を守る方法を学んだ」…本文にない内容。ウ「本多静六は東北地方で鉄道の運行が×始まる前に線路を守る方法を提案した」　エ○「本多静六は人々に線路を守るシステムとそのシステムを維持する方法の両方を教えた」

(9)①　質問「理香は祖父母と一緒に博物館へ行きましたか？」…Did Rika ～?の質問には Yes, she did.または No, she didn't.で答える。第1段落1～2行目より，Yes, she did.と答えればよい。

②　質問「理香によれば，社会にとって素晴らしいシステムとは何を意味しますか？」…理香は，一時的ではなく長期間に渡って効果があるシステムこそが素晴らしいと考えている。最終段落の最後から2文目より，They mean systems which stay effective for many years.と答えればよい。

［Ⅱ］【あなたと理香の会話の要約】参照。条件をよく読み，語数に注意し，ミスのない文にする。
①　「それは～だった」＝it was ～　　「～する良い機会」＝a good chance to ～
②　「やったことがないことに挑戦したいか？」という質問に自分で考えて答える。「わくわくする」＝feel excited
「～するとき」＝when＋主語＋動詞　　「たとえ～でも」＝even if ～

【本文の要約】

⑼①去年の夏，私は祖父母に会うため，埼玉県内のある都市に行きました。滞在中，祖父母はその都市出身のひとりの男性についての博物館に連れていってくれました。その人の名前は本多静六と言います。私は博物館で彼について学んだことで，彼が多くの偉業を成し遂げたことを知りました。①ェ私はもっと多くの人に彼のことを知ってほしい（＝I want more people to know about him）と思い，今日のスピーチのトピックにこの人物を選びました。私のスピーチを聞いて，この人物に興味を持ってもらえたらうれしいです。

　本多静六は，1866 年江戸時代の終わりに，農家の家に生まれました。彼は熱心に勉強し，17 歳で東京の林学の学校に入学しました。林学の勉強を続けるうちに，彼はさらに学ぶために海外で勉強したいと思い始めました。彼の夢は現実のものとなり，②ァ最新の林学を学ぶためにドイツに行きました。日本に戻った後，彼は林学についての本を 50 冊以上書き，大学で林学を教えました。また当時，日本では公園の設計をする複数のプロジェクトが計画されていました。彼は⑧それら（＝projects for designing parks）の多くに取り組みました。ですから彼は現在，日本で「公園の父」として知られています。彼は大阪のいくつかの公園を含む，100 以上の公園の設計に携わりました。

　彼はまた，社会を支援する事業も行いました。そのひとつが東北地方に残っています。19 世紀後半，その地域で鉄道の運行が始まりました。しかしながら，ひとつ重大な問題がありました。その地方では，冬にたくさん雪が降ったのです。大雪のため，列車の運行はしばしば中止になり，駅と駅の間で列車が何時間も動かないこともありました。静六はこの問題のことを聞いたとき，海外で同じような状況を見たことを思い出しました。③彼が見たものが彼にいくつかの手がかりを与えました。（＝The things he saw gave him some hints.）それらの手がかりのおかげで，彼はいい解決策を提案しました。それは，線路に沿って木を植えることでした。彼は，それが横からの強風で飛ばされた雪が原因で度々起こる問題であることを知っていました。④(ii)強風は線路上に大量の雪を運びました。(i)しかし，線路に沿って木を植えることで，木が風に飛ばされる雪から線路を守ってくれました。(iii)つまり，木が線路を覆ってしまう雪の量を減らしてくれたのです。この単純な解決策は実にうまく機能しました。木で線路を守るシステムは，冬に大雪が降る多くの地方に広まりました。東北地方のある町では，線路沿いに植えられた木が 100 年以上の間，雪から線路を守っています。

　木で線路を守るというのは素晴らしいシステムでした。そして驚いたことに，そのシステムは経済的に持続可能なものでもありました。⑤それが何を意味するか私に説明させてください。（＝Let me explain what that means.）⑻ェ彼は人々に木で線路を守るシステムだけでなく，そのシステムを長期間持続させる方法も教えたのです。線路沿いに植えられた木は時の経過とともに成長します。すると，一部の木は切って売ることもできます。⑥ィ木を売ることで得たお金は，別の場所への植林やその地域の列車の運行支援に使うことができます。このようにして，彼はそのシステムを維持するためのお金を得る方法を作り出しました。彼は線路を守るシステムを提案したとき，持続可能なシステムも作ろうとしていたのです。私は彼が提案したシステムについて学ぶことを通して，社会を支援するシステムに興味を持つようになりました。社会にとって素晴らしいシステムとは，短期間しか効果がないシステムを意味しているのではないと思います。⑼②それは，長期間に渡って効果があるシステムを意味しているのです。ご清聴ありがとうございました。

【あなたと理香の会話の要約】

あなた：理香，あなたのスピーチは面白かったよ。①それはその人について学ぶ良い機会だったよ。（＝It was a good chance to learn about the person.）

理香　：それを聞いてうれしいな。彼は当時では新しかったことにいろいろ挑戦したよ。あなたも，今までやったことが

ないことに挑戦したいと思う？

あなた：(Yes の例文)うん，挑戦したいよ。新しいことに挑戦するときはわくわくするよ。何度も失敗したとしても，そこか
らたくさんのことを学べるよ。（＝Yes, I do.　I feel excited when I try new things.　Even if I fail many times, I learn
many things from them.）

理香　：なるほど。

リスニング　A問題の解説参照。

＝《2024　C問題　英語　解説》＝

1　適切な句を選んで文を完成させる問題。

(1)　文意「人の助けがあれば心強いよ」…・with＋名詞「〜があれば」　　・feel＋形容詞「…と感じる」

(2)　文意「この本には私を勇気づけてくれた言葉が詰まっている」…「私を勇気づけてくれた言葉」は〈関係代名詞（＝
that）＋語句（＝encouraged me）〉で後ろから名詞（＝words）を修飾して表す。　　・be full of 〜「〜でいっぱいだ／〜が詰まっ
ている」

(3)　文意「窓の近くに座っている男性は君のお兄さんにちがいない」…「窓の近くに座っている男性」は〈現在分詞（＝
sitting）＋語句（＝close to the window）〉で後ろから名詞（＝man）を修飾して表す。　　・must be 〜「〜にちがいない」

(4)　文意「もっと大きな箱があれば，ここに置かれている全部を持ち運べたのに」…仮定法過去〈If＋主語＋動詞の過去形
〜，主語＋could …〉「もし〜なら，…できるのに」を倒置した文。　　everything put here の部分は〈過去分詞（＝put）＋語句
（＝here）〉が後ろから everything を修飾する形。

(5)　文意「この金色の時計は誰のものだろうか」…間接疑問文だから，I wonder whose watch のあとは肯定文の語順にする。

(6)　文意「私がパリで撮影したこの写真は，私に昔を思い出させる」…「私がパリで撮影したこの写真」は〈省略可能な関
係代名詞（＝which/that）＋語句（＝I took in Paris）〉で後ろから名詞（＝picture）を修飾して表す。　　・remind＋人＋もの／こと
「（人）に（もの／こと）を思い出させる」

2　【本文の要約】参照。本文を読んで，①，②に適する答えを選び，(3)の文を完成させる適切な答えを選ぶ問題。

(1)　数値に着目し，前後の文をつなぐのに適する文を選ぶ。ウが適切。ア「回答者の１％未満が答えとして『ラジ
オ』を選んだ」，イ「回答者の３％未満が『ラジオ』『雑誌』『本』のうちのどれかを答えとして選んだ」，エ「答え
として『テレビ』を選ばなかった回答者の割合は 50％未満だった」は不適切。

(2)　【表】から，答えとして「新聞」を選んだ回答者の割合が，「インターネット」を選んだ回答者の割合よりも
高い年代を探す。エ「60〜69 歳」以外は「インターネット」の割合の方が高い。

(3)　「本文と表によれば，　　　　」…第１段落１〜２行目より，ア「この調査は，スマートフォンやソーシャルメ
ディアの利用者数の変化による，メディアの利用の変化を知るために実施された」が適切。イ「回答者は表の質問
に答えるため，『その他』を含む７つの選択肢から，×１つまたは，複数を選択した」　ウ「表の×すべての年齢グ
ループで，『テレビ』を選んだ回答者の割合が最も高かった」…20〜29 歳はインターネットの割合の方が高い。
エ「表の質問への答えに『雑誌』を選んだ回答者は 20 歳以上では×一人もいなかった」

【本文の要約】

(3)ァスマートフォンやソーシャルメディアを使う人の数が増えたので，2022 年，日本政府はメディアの利用について，
それがどのように変化したのか調査をしました。13 歳から 69 歳の 1500 人が，メディアの利用についていくつかの質問
をされました。調査の質問の１つは，「社会の出来事やニュースについて信頼できる情報を得るために，あなたはどの
メディアを使いますか？」というものでした。この質問に答えるために，回答者は「テレビ」「ラジオ」「新聞」「雑誌」
「書籍」「インターネット」「その他」という７つの選択肢から答えを１つ選びました。次の表は，各年代の回答者が選

んだ答えを表しています。

　この表から複数のことがわかります。最初に，表の 13 歳から 69 歳の回答者の割合を見てください。回答者の半分以上が答えとして「テレビ」を選びました。⚓ウ回答者の 30%以上は答えとして「インターネット」を選びました。⚓つまり，回答者の 80%以上が，この 2 つのどちらかを選んだということです。次に，②エ 60～69 歳の回答者の割合を比較すると，答えとして「新聞」を選んだ回答者の割合の方が，「インターネット」を選んだ回答者の割合よりも高いことがわかります。

3　【本文の要約】参照。英文を読み，⑴～⑸の文を完成させる適切な答えを選ぶ問題。

　⑴　　①　　の動詞の目的語が a similar problem he saw in Canada「カナダで見た同様の問題」だから，エ「～を思い出した」が適切。ア「～に影響を与えた」，イ「～を変えた」，ウ「～を隠した」は不適切。

　⑵　線路上にたくさんの雪が積もり列車の運行を阻害する問題は，横からの強風で飛ばされた雪が原因だから，線路沿いに植林することでア「線路を覆ってしまう雪の量」が減ったという流れ。イ「人々がつくらなければならなかった線路の数」，ウ「線路を守るために必要な木の数」，エ「その地域の列車の運行」は不適切。

　⑶　第 3 段落 2～4 行目参照。静六が提案した線路沿いへの植林は，線路に雪が吹き飛ぶのを防いだだけでなく，木材として販売することで資金にもなったと書かれており，このシステムが経済的に「持続可能」だったことがわかる。エが適切。ア「不可能な」，イ「記念の」，ウ「同様の」は不適切。

　⑷　「本文よると，線路沿いへの植林は＿＿＿＿＿＿解決策だ」…第 2 段落 6～8 行目より，イ「本多静六がカナダで学んだことのおかげで提案することができた」が適切。ア「本多静六がドイツやカナダなどの他の国にもたらした」，ウ「本多静六が，列車の運行開始前に東北地方にもたらした」，エ「本多静六が東京の林学の学校の学生だった時に学んだ」は不適切。

　⑸　「本文よると，＿＿＿＿＿＿＿」…第 2 段落より，イ「本多静六は雪が列車の運行に影響する問題を解決しようとした」が適切。ア「本多静六は最初にドイツで林学を学び，そこで林学を教えた」，ウ「東北地方の線路の問題により，本多静六は海外留学を志した」，エ「本多静六が提案したシステムは，彼がドイツで出会った人々によって経済的にうまく機能するように改良された」は本文にない内容。

【本文の要約】

　本多静六は，林学を勉強し，社会を支援する事業を数多く成し遂げた人物です。彼は 1866 年に農家の家に生まれました。17 歳の時東京の林学の学校に入学し，卒業後，さらなる勉学のためにドイツに渡りました。日本に戻った後，彼は林学についての本をたくさん書き，大学で林学を教えました。

　彼が社会を支援するために行った事業のひとつが東北地方に残っています。19 世紀後半，その地域で初めて鉄道事業が始まりました。しかしながら，ひとつ重大な問題がありました。その地方では，冬にたくさん雪が降ったために，列車の運行はしばしば中止になり，駅と駅の間で列車が何時間も動かないこともありました。静六はこの問題を聞いた時，カナダで見た同様の問題①エを思い出しました（＝remembered）。⑷イドイツから日本に戻る途中，彼はカナダを訪れ，線路が雪の問題に直面しているのを見たのです。その時彼は，人々がその問題にどのように対処していたかを学びました。彼はカナダで学んだことに導かれ，東北地方の線路に沿って木を植えるという解決策を提案しました。その線路に関する問題は横からの強風で飛ばされた雪が原因でたびたび起こるものであることを，彼はわかっていました。強風が線路上に大量の雪を運んでいたのです。しかし，線路に沿って木を植えることで，木が風に飛ばされる雪から線路を守ってくれました。その結果，②ア線路を覆ってしまう雪の量を減らすことができたのです。この単純な解決策は実にうまく機能し，冬に大雪が降る多くの地方に広まりました。

　本多静六は線路を守るシステムを提案した時，それを経済的に長期間機能するシステムにもしていました。線路沿いに植えられた木の一部は成長したあと，切って売ることができました。木を売ることで得たお金は，別の場所への植林やその地域の列車の運行支援に使うことができました。このようにして，線路を木で守るシステムは経済的に③エ持続

可能に（＝sustainable）なったのです。彼は，人々に木で線路を守るシステムだけでなく，そのシステムを長期間に渡って効果的なものにする方法も教えたのです。

4 【本文の要約】参照。英文を読み，⑴～⑸の文を完成させる適切な答えを選ぶ問題。

　⑴　「特別な折り方で折られた紙は[　　　　]」…エ「２つの対角線上の角を引っ張ることで素早く広げることが可能だ」が適切。ア「折り紙のヒントを得ることで再び素早く折ることが可能だ」，イ「中央を押すことで再び素早く折ることが可能だ」，ウ「別の折り方を使うことで素早く広げることが可能だ」は不適切。

　⑵　直前に was がある受け身の文。「あるイギリスの雑誌で[　　　　]から世界中で有名になった」より，ア「紹介されて」が適切。イ「発明されて」，ウ「除去されて」，エ「探索されて」は不適切。

　⑶　接続詞の However「しかしながら」に着目。太陽光パネルは，宇宙に着くまでは小さく折られた状態が望ましいが，到着後は問題なく広げられる必要がある，という流れとなるＢに入れる。

　⑷　「both という言葉は[　　　　]ということを意味している」…この both はそれまでに出てきた２つのものを指す代名詞で，ここでは直前の文の One is と the other is のあとの部分を指すから，エ「パネルが人工衛星の小さなスペースに収まるように折ることと，宇宙で問題なくパネルを広げること」が適切。

　⑸　「本文によると，[　　　　]」…最終段落１行目より，ウ「太陽光パネルに使われた特別な折り方は，現在，他の製品にも使われている」が適切。ア「その研究者は新しい紙製品の開発中に特別な折り方を生み出した」，イ「1990 年台後半に宇宙に送られた人工衛星に使われた折り方は，その研究者に特別な折り方を生み出すヒントを与えた」，エ「様々な分野の新しい技術が折り紙の新たな折り方を提供している」は不適切。

【本文の要約】

　折り紙は日本文化のひとつとして有名で，日本では多くの人が様々な方法で折り紙をした経験があります。折り紙の経験を自分の研究に生かしている科学者もいます。

　ある科学者の折り紙の経験が役に立った研究の例を紹介しましょう。ある宇宙開発分野の研究者が，宇宙で容易に折ったり広げたりすることができる構造物を研究していました。その研究の中で彼は自分の折り紙の経験から得たヒントを使い，特別な折り方を生み出しました。⑴エこの特別な折り方を使うと，対角線上の２つの角を同時に紙の中心に向かって押すことによって，大きな紙でさえ素早く折ることができます。この折り方はあるイギリスの雑誌で①ア紹介されて（＝introduced）から，世界的に有名になりました。

　のちに，その特別な折り方は，1990 年代後半に宇宙に送られた人工衛星の太陽光パネルに用いられました。太陽光パネルは，人工衛星用のエネルギーを生み出す目的で，太陽から光を得るために使われる大きな構造物です。人工衛星が宇宙に送られる前，太陽光パネルは折られた状態で人工衛星内の小さなスペースに収まっている必要があります。Ｂしかしながら，宇宙に到着後は問題なく広げられなければいけません。もし広げられなければ，宇宙で機能するのに十分なエネルギーを得ることができません。宇宙にある間は，それらに問題が起きても，パネルを広げようと支援するのは簡単ではありません。ですから，太陽光パネルに使われる折り方は２つのことを達成しなければいけないのです。ひとつは，⑷エパネルが人工衛星の小さなスペースに収まるように折ること，もうひとつは，⑷エ宇宙で問題なくパネルを広げることです。この特別な折り方は，これらの２つを可能にする折り方として採用されたのです。

　⑸ウこの特別な折り方は現在，地図のような私たちが使う製品にも使われています。他の折り方も，プロダクトデザインや医療分野といった様々な分野で生かされています。これらの折り方は，人々の生活を向上させるような新しい製品や技術を生み出すのに役立っています。

5 【本文の要約】参照。英文を読み，⑴，⑵，⑸，⑹の文を完成させる適切な答えを選び，⑶，⑷の質問への答えを選ぶ問題。

　⑴　「当時の復元像と現代の復元像を[　　　　]れば，恐竜についての考えが多くの点で変わったことがわかります」

より，イ「～を比べる」が適切。ア「～を引き起こす」，ウ「～を発展させる」，エ「～を無駄にする」は不適切。

(2)　For example から始まる以降の文に，1850 年台に作られた像と現代の復元像の具体的な違いが説明されているから，ウが適切。

(3)　接続詞や代名詞をヒントに並べかえる。(ⅱ)の they と(ⅲ)の their は科学者を，（ⅰ）の he は芸術家を指す。

(4)　Ⓐ…1850 年台も現代も，情報がない部分に関して実在の動物をヒントに想像している点は同じである。

Ⓑ…200 年弱の間に多くの化石が発見され，新しい技術も生まれたから，科学者を取り巻く環境は異なる。ウが適切。

(5)　「本文によると，1850 年台の科学者は [　　　　] 」…第2段落2～3行目より，エ「芸術家が恐竜の復元像を作るのを手助けするために，恐竜に関するアドバイスを与えた」が適切。ア「恐竜は巨大だったため，ハ虫類ではなかったと考えた」，イ「実物大の恐竜の復元像を見たことがあったので，恐竜がどれくらい大きいか知っていた」，ウ「芸術家が作った像が恐竜に関して誤った考えを示していることを人々に教えた」は不適切。

(6)　「本文によると， [　　　　] 」…最終段落4～7行目より，エ「科学者は私たちが恐竜に持つ概念に影響を与えるような新しい情報を随時入手しているので，将来の人々が持つ概念は私たちとは違ったものになるかもしれない」が適当。ア「当時の芸術家は本物の恐竜と同じ大きさの像を作る技術を持っていなかったため，1850 年台に恐竜の復元像を作るのは困難だった」，イ「1850 年台に作られた恐竜の像は，当時の多くの人がその像と本物の恐竜との違いを知るのに役立った」，ウ「1850 年台に作られた恐竜の像から，私たちは当時の科学者は恐竜に関する情報が皆無だったことがわかる」は不適切。

【本文の要約】

　私たちの多くが恐竜はどのような姿だったのか想像できます。私たちは生きている本物の恐竜を実際に見ることは決してできませんが，本やテレビ番組，博物館の像などから，恐竜がどんな特徴を持っていたかを学ぶことができます。そのような写真や像は恐竜の復元像と呼ばれており，多くの科学者による研究の助けを借りて作られています。

　1850 年代，1 人の芸術家がロンドンの公園に恐竜の像を作りました。彼が作った像は世界初の実物大の復元像でした。⑸ェそれを作るために，その芸術家は当時恐竜についての最新情報を持っていた科学者たちからアドバイスをもらいました。しかしながら，当時は恐竜の化石は少数しか見つかっておらず，科学者ですら恐竜についてほとんどわかっていなかったため，恐竜の復元像を作るのはとても困難でした。科学者たちは，恐竜がハ虫類だということは確信していました。また，彼らは恐竜が巨大であったことも知っていました。その化石が恐竜のからだのそれぞれの部分が巨大であることを示していたからです。多くの人は，太古の昔に巨大なハ虫類が存在していたことさえ知りませんでした。そのような状況の下で，ロンドンに作られたその復元像は人々にとって大きな驚きだったのです。今ロンドンでは 1850 年代に作られた復元像を見ることができ，それが現代の復元像とは違うこともわかります。当時の像と現代の復元像 ①ィを比べ（＝compare）れば，恐竜についての考えが多くの点で変わったことがわかります。

　その芸術家が 1850 年代にロンドンに作った像のひとつは，メガロサウルスの像です。私たちは， その像と現代のメガロサウルスの復元像にいくつかの違いを 見つけることができます。例えば，1850 年代の像にはワニのような小さな頭がついていて，それは4本の大きな足で歩く巨大なトカゲのように見えます。しかしながら，現代のメガロサウルスの復元像は，その恐竜にはもっと大きな頭があって，2本足で歩いていたことを示しています。これらの違いは，以下のような理由から現れました。

　1850 年代，恐竜のからだについて多くの情報が欠けていました。また，恐竜を取り巻く環境について，ほとんど情報がありませんでした。芸術家が像を完成させるのを手助けするために，科学者たちは，持っていたほんの少しの情報を使って，恐竜のからだの部分がどんな様子だったかを想像する必要がありました。③ィ(ⅱ)彼らがしたことは，1850 年代に地球上に暮らしていた，ワニやトカゲのようなハ虫類の特徴をいくつか使うことでした。なぜなら彼らは恐竜がハ虫類だということは知っていたからです。(ⅲ)科学者の助言により，芸術家はこのようなハ虫類のからだの部分の大きさを恐竜の大きさに合うように変えて，復元像のからだの部分を作りました。(ⅰ)彼はこうやって作ったからだの部分を

使い，復元像を完成させたのです。これは，実際当時の復元像の作り方では最もよい方法でした。科学者たちは今でも，恐竜の復元像を作るために，現在地球上に暮らしている動物の情報を使っています。これは，これまでに見つかった化石から特定の部分の情報が見つからない時，科学者が恐竜のからだのその部分を想像するのに役立つのです。ですから，1850年代に科学者たちが像を完成させるために使った方法と，現代の科学者たちが復元像を作るために使っている方法はその点では⑥ｧ同じ（＝the same）です。一方，1850年代の科学者たちの状況と現代の科学者を取り巻く状況は⑥ｨ異なります（＝different）。1850年代の科学者たちには研究する化石も情報もわずかしかありませんでしたが，現代の科学者たちは多くの化石からより多くの情報を手に入れることができ，新しい技術も彼らの研究に役立っています。

　恐竜についての多くの新しい情報のおかげで，私たちは今，1850年代の恐竜に関する一部の考えが間違っていることがわかりました。しかしながら，その像により，当時恐竜について何も知らなかった人々が，恐竜について少し情報を得ることができました。像はまた，当時の科学者たちが恐竜についてどのような考えを持っていたのかを知るのに役立ちます。⑹ｴ1990年代以降，科学者たちは，いくつかの種類の恐竜が羽毛を持っていたことを示す化石を発見しています。新しい情報が恐竜についての私たちの概念を変えているのです。将来の人々は，今私たちが信じていることとまったく異なることを信じるかもしれません。

6　英文を読み，英語で自分の答えを書く問題。

　英作文は，①与えられた条件（語数など）を守ること，②質問の内容をしっかり理解して，適切な答えを書くこと，③自分が「書きたい内容」ではなく，自信のある表現を使った「自分が書ける内容」であること，④単語や文法の不注意なミスをしないこと，が大事。問題文の指示に従い，一貫した内容のまとまった英文を書こう。

　（英文の訳）「あなたが目標を達成するために努力した経験について考えてみてください。目標を達成するために大事なこととは何でしょうか？あなたの経験から，自分の考えを書き，なぜそう考えるのか説明しなさい」

　（例文）「目標を達成するために大事なことは，過去の結果から学ぶことだと思います。私はバスケの試合で強豪チームに勝つために努力した経験からこれを学びました。私たちのチームは試合に勝つために，自分たちの過去の試合の動画を一緒に見ました。その後，自分たちの弱点について意見を共有しました。それで，練習中にそれらの部分を改善することに意識を集中させることができ，おかげで試合に勝つことができました。ですから私は，目標を達成するためには過去の結果から学ぶことが大事だと思います」

リスニング【Part A】

　会話の流れと状況を把握し，音声に登場する人物の考えや状況を的確に聞き取ろう。先に選択肢に目を通して，質問を予想しておくとよい。

　1　質問「ジェイムズは何を意味していますか？」…エリカ「ジェイムズ，あなたはとうとう，行きたがってた美術館に行ったんだってね。どうだった？」→ジェイムズ「それがね，エリカ。あまりに良すぎて，その良さを表現する言葉が見つからなかったよ」より，イ「彼は，その美術館は素晴らしいと思った」が適切。

　2　質問「この会話について，どれが正しいですか？」…ジェイムズ「エリカ，僕がイベントのためにつくったポスターを確認してくれてありがとう。何か，改善すべき点はあった？」→エリカ「すごく魅力的なポスターだよ，ジェイムズ。でも，何か所か変えたらもっと良くなると思うな」→ジェイムズ「どこを変えたらいいか，教えてよ」→エリカ「何か所か下線を引いたよ。それらの箇所には重要な情報が含まれているから，文字サイズを大きくしたほうがいいと思う。あと，スペルミスがある単語を丸で囲んだよ」より，ウ「エリカはスペルミスがある単語にマークをつけた」が適切。

　3　質問「この会話について，どれが正しいですか？」…ジェイムズ「エリカ，向こうでジョギングしている男性は君のおじいさんじゃない？」→エリカ「そうだよ，ジェイムズ。祖父は毎朝ジョギングに行くよ。70歳だなんて信じられないよ」→ジェイムズ「わあ，僕はその歳になったら走れないと思うよ」→エリカ「祖父は年齢なんて関

係ない，強い意志を持つことが大事だって言ってるよ」→ジェイムズ「本当に尊敬するよ」より，ア「エリカの祖父は強い意志を持つことが大事だと考えている」が適切。

4　【放送文の要約】参照。質問「ジェームズの友達の何人が日曜日のボランティア活動に参加しましたか？」…クラスメート4人とサッカー部員3人が来たので，ウ「7人」が適切。

【放送文の要約】

エリカ　　　：ジェームズ，日曜日はボランティア活動に参加できなくてごめんね。

ジェームズ：いいよ，エリカ。君は妹さんのピアノコンサートに行かないわけにはいかなかったもんね。

エリカ　　　：うん。あなたが誘った他の友達はみんな活動に来たの？

ジェームズ：君以外にクラスの6人を誘ったけど，リサとケントは来れなかったよ。他の4人は来たよ。

エリカ　　　：活動にはもっと多くの人が必要だったでしょ。その活動には6人より多く必要だって言ってたよね？

ジェームズ：ああ，実は，サッカー部の友達が3人来てくれたよ。

エリカ　　　：よかったね。次回は私も絶対参加するね。

5　【放送文の要約】参照。　質問「エリカが尊敬している人物について，エリカが話したことはどれですか？」…イ「その人物は研究者として宇宙計画に取り組んだ」が適切。

【放送文の要約】

ジェームズ：エリカ，何してるの？

エリカ　　　：あ，ジェームズ。英語の授業のスピーチを作ってるよ。

ジェームズ：作業の邪魔をしてたらごめんね。

エリカ　　　：大丈夫。あのね，もし時間があるなら，私の考えをまとめるのを手伝ってくれない？

ジェームズ：喜んで手伝うよ。

エリカ　　　：ありがとう。自分が尊敬する人について話すの。私は，クラスメートがおそらく知らない女性を選んだよ。彼女について言いたいことが複数あるんだけど，情報がそれで足りるかどうかわからないの。

ジェームズ：じゃあ，その人について僕に話してみてよ。

エリカ　　　：わかったわ。その人は学生の時，数学がとても得意だったの。彼女はのちに研究者になって，アメリカで宇宙計画に取り組んだ。彼女は宇宙飛行士として宇宙に行くことはなかったけど，宇宙に行く宇宙飛行士のために重要な役割を果たしたよ。

ジェームズ：彼女は立派な人のようだね。何か例を挙げるともっといいスピーチになると思うよ。それから，君がなぜその人を尊敬しているのか詳しく知りたいな。

【Part B】　【放送文の要約】参照。

6(1)　質問「ワールドミュージックデーの歴史について，どれが正しいですか？」…エ「1982年にフランスで開催された音楽祭が最初のワールドミュージックデーのイベントだった」が適切。

(2)　質問「ラジオ番組で放送されたことで，正しくないのはどれですか？」…「正しくないこと」を選ぶから，第3段落の2～3行目と異なるエ「オンラインイベントは，その年のワールドミュージックデーの前に収録された音楽ショーだけを提供する」が適切。

【放送文の要約】

　皆さん，こんにちは。今日は番組を聞いてくれてありがとうございます。今日は6月21日ですが，皆さんはなぜ今日が特別なのか知っていますか？そうです，今日はワールドミュージックデーです。様々な種類の音楽を楽しむ日です。約120か国の1000以上の都市で，この日をお祝いします。その国には，フランス，アメリカ，オーストラリア，インドなどが含まれます。今日は道や公園，公共の場所で，様々な音楽を楽しむことができます。様々な場所で，聴衆のた

めにたくさんの無料コンサートが開かれます。

　さて，ワールドミュージックデーの歴史について学びましょう。歴史の浅いイベントだと思っているかもしれませんが，実は，音楽を祝う日を設定しようという最初のアイデアは，1976年にフランスで提案されました。のちに，ある調査によると，フランスでは約5百万人の人が楽器を演奏したそうです。その数は当時のその国の人口のおよそ9％に相当しました。フランス政府は，その人達が，他の人達のために音楽を演奏して楽しめるような方法を模索しました。(1)ェ1982年フランスは，プロの演奏家とプロではない演奏家の両方を含むすべてのミュージシャンに開かれた音楽祭を始めました。これが最初の，ワールドミュージックデーのイベントでした。

　みなさんは自分の町のワールドミュージックデーのイベントだけでなく，オンラインで行われるイベントにも参加可能です。(2)ェオンラインイベントでは，その瞬間にミュージシャンが演奏している音楽ショーのライブを経験できます。みなさんが参加するワールドミュージックデーのイベントでは，今までに聞いたことがない，新しい種類の音楽を見つけて楽しむことができるでしょう。

【Part C】【プレゼンテーション活動に関する情報の要約】と【放送文の要約】参照。最初に問題用紙にある，英語の授業でのプレゼンテーション活動に関する情報を読み，その後ジェームズとエリカの会話を聞いて，質問に答える英文を作る問題。

質問「ジェームズとエリカがプレゼンテーションのトピックに選んだものは何ですか？また，なぜ彼らは，それが人間が発明した重要なものだと考えるのですか？この2つの質問に対し，あなたの答えを英語で書きなさい」…設問の指示に合った解答にすること。文法やつづりのミスがない文にすること。

(例文)「彼らが選んだものは紙です。　人は紙のおかげで簡単に記録することができます。紙に記録することで，すべてを覚えておく必要はありません。出来事や，自分たちが聞いたことを記録することができます。　紙は人々が考えを共有するのを容易にしました。紙は軽いので，運ぶのが容易です。特に昔は紙がなかったので，遠くに住む人に自分の考えを伝達するのは大変でした。　紙は私たちがよく使う製品を作るために使われる素材になっています。例えば，紙でできた箱はいたるところで使われています。そのような製品の素材として紙を使わなければ，私たちの生活は不便だったことでしょう」

【プレゼンテーション活動に関する情報の要約】
英語の授業でのプレゼンテーション活動

トピック：人間が発明した重要なもの

・パートナーと一緒にプレゼンテーションを行う

・プレゼンテーションでは，なぜ，人間が発明した重要なものとしてそれを選んだかを説明する

【放送文の要約】

ジェームズ：やあ，エリカ。英語の授業のプレゼンテーションでは僕が君のパートナーだよね？

エリカ　　：そうだよ，ジェームズ。トピックに何を選ぶか決めて，プレゼンテーションの準備をしよう。

ジェームズ：うん，さっそく始めよう。まず，トピックに何を選べばいいかな？何か考えはある？

エリカ　　：そうだなあ，インターネットやコンピューターのようなものが考えられるけど，それらのような現代技術を選ぶ生徒は他にもたくさんいそうだね。

ジェームズ：そうかもしれないね。昔発明されたものを選ぶのはどうだろう？

エリカ　　：いい考えね。そうだ，紙はどう思う？

ジェームズ：面白そうだね，でもなぜ君は，紙は人間が発明した重要なものだと思うの？

エリカ　　：ええと，人は紙のおかげで簡単に記録することができるよ。

ジェームズ：そうだね。紙に記録することによって，人はすべてを覚えておく必要がないね。出来事や，自分たちが聞

いたことを記録できるよね。

エリカ　　　：そうだよね。だから，これが紙を選んだ一つの理由だよ。

ジェームズ：うん。それに，紙は人々が考えを共有するのを容易にしてくれたよ。

エリカ　　　：なぜ紙は人間が発明した重要なものかを説明するもう一つの理由はそれだね。紙は軽いから持ち運ぶのが
　　　　　　　簡単だよ。特に昔は紙がなかったから，遠くに住む人に自分の考えを伝達するのは大変だったよね。

ジェームズ：その通りだね。最近では，僕たちはスマートフォンのような機器を持ってるけど，昔はそんな機器はなか
　　　　　　　ったもんね。

エリカ　　　：私もそう思う。三つ目としては，紙は，私たちがよく使う製品を作るために使われる素材になっているよ。

ジェームズ：あ，そうだね。例えば，紙でできた箱はいたるところで使われているね。そのような製品の素材として紙
　　　　　　　を使わなかったら，僕たちの生活は不便だっただろうね。うん，なぜ紙が大事なものなのかを説明するの
　　　　　　　に十分な理由がそろったと思うよ。よし，トピックは紙にしよう。

エリカ　　　：そうだね。紙にしよう。じゃあ，私たちの考えをプレゼンテーション用にまとめよう。

═《2024　理科　解説》═

1　(1)　ⓐ水の流れが速いほど侵食や運搬の作用が大きくなり，水の流れがゆるやかになるところで堆積の作用が大き
　　　くなる。　ⓑ粒の小さいものほど遠くに運ばれる。

　　(2)　エは二酸化ケイ素の殻をもった生物の死がいが堆積してできる堆積岩である。なお，ア～ウはマグマが冷え固
　　　まってできる火成岩である。

　　(3)　地層は，ふつう，古いものほど下に，新しいものほど上にある。

　　(4)　れき（直径が2㎜以上），砂（直径が0.06㎜～2㎜），泥（0.06㎜以下）は粒の大きさで区別される。

　　(5)①　示相化石に対し，地層が堆積した時代を推定するのに役立つ化石を示準化石という。

　　(6)　ⓔ標高はB点が40m，C点が42mだから，B点の方が42－40＝2(m)低い。　ⓕれきの層と砂の層との境界
　　　面の地表面からの深さはB点が2m，C点が5mだから，B点の方が5－2＝3(m)浅い。

　　(8)　各地点の火山灰の層の上面の標高に着目する。れきの層以外の地層の厚さは各地点で同じだから，【Uさんが
　　　B点とC点の柱状図について調べたこと】より，火山灰の層の上面（砂の層と火山灰の層との境界面）の標高は，れ
　　　きの層と砂の層との境界面の標高と同じように，B点よりC点の方が1m低い（B点の方が1m高い）とわかる。地
　　　層の傾きの角度がBC間とCD間で等しく，BC間とCD間の距離は等しいから，火山灰の層の上面の標高はC点
　　　よりD点の方が1m低い。C点の火山灰の層の上面の標高は42－6＝36(m)だから，D点では36－1＝35(m)で
　　　あり，D点の標高は40mなので，地表面からの深さは40－35＝5(m)である。

2　(1)　物体の運動の向きは，アは水平面に沿って右向き，イは斜面に沿って右下の向き，ウは真下の向きである。

　　(2)　向きが反対の2力の合力は，2力の大きさの差に等しいから，6.0－3.4＝2.6(N)である。なお，合力の向き
　　　は力が大きい方の向きと同じなので，右向きとなる。

　　(4)　AからCまでの1.2＋1.2＝2.4(m)を1.6秒で移動したから，平均の速さは$\frac{2.4}{1.6}$＝1.5(m/s)である。

　　(5)①　〔仕事(J)＝力の大きさ(N)×力の向きに動かした距離(m)〕より，1.8×1.2＝2.16→2.2Jである。

　　②　ⓑ〔仕事率(W)＝$\frac{仕事(J)}{仕事に要した時間(s)}$〕より，仕事に要した時間が長いほど，仕事率は小さくなる。

　　(6)①　つり合いの関係にある2力は，同じ物体にはたらいている。よって，物体にはたらく重力（地球が物体を引
　　　く力）とつり合っているのは，糸が物体を引く力である。

　　(7)　物体の位置エネルギーの大きさは，物体の基準面からの位置が高いほど大きく，物体の質量が大きいほど大き
　　　い。また，物体の運動エネルギーの大きさは，運動の速さが大きいほど大きく，物体の質量が大きいほど大きい。
　　　物体の質量は実験1と2で等しいから，高い位置にある実験2の図Vのときの物体の方が位置エネルギーは大きい。

また，物体の速さが等しい実験1の図Ⅲと実験2の図Ⅴのとき，運動エネルギーは等しい。力学的エネルギーは位置エネルギーと運動エネルギーの和だから，実験2の図Ⅴの方が力学的エネルギーが大きいと言える。

3　(1)　アはコケ植物，イは被子植物，ウは裸子植物，エはシダ植物に分類される。

(2)　ア～エはすべて無脊椎動物であり，アは軟体動物，イは環形動物，ウは節足動物のクモ類，エは節足動物の昆虫類に分類される。

(3)②　ア×…進化とは，生物が長い時間をかけて多くの代を重ねる間に変化することである。　イ×…減数分裂とは，生殖細胞をつくるときに行われる染色体の数がもとの細胞の半分になる細胞分裂のことである。　エ×…無性生殖とは，体細胞分裂によって新しい個体をつくるふえ方のことである。

(5)　遺伝子の組み合わせがＡａどうしの個体をかけ合わせると，得られた種子(子)の遺伝子の組み合わせとその比は，右表より，ＡＡ：Ａａ：ａａ＝1：2：1となる。よって，Ａａとなるものは全体の約$\frac{2}{1+2+1}×100＝50$（％）と考えられる。

	A	a
A	AA	Aa
a	Aa	aa

(6)　カボチャの色を黄色にする遺伝子をＡと表すから，カボチャの色が黄色になる純系の個体の遺伝子の組み合わせはＡＡである。

(7)　受精卵が体細胞分裂を行った直後の2個の細胞は，それぞれ受精卵と同じ遺伝子をもつ。

(8)　【ＥさんとＧ先生の会話】からもわかるように，受粉後にできたカボチャの果実(皮)は親(雌花)の一部である(親と同じ遺伝子をもつ)。したがって，受粉させた雌花の個体がもつ遺伝子に，果実の皮の色を黄色にする遺伝子のＡが含まれていれば，カボチャの果実の皮は黄色になる。よって，ア，イ，ウを選べばよい。なお，受粉後にできたカボチャの種子は受精卵が成長してできた子なので，遺伝子の組み合わせとその比は，アやイでは^{黄色}ＡＡ：^{黄色}Ａａ＝1：1，ウやエでは^{黄色}Ａａ：^{緑色}ａａ＝1：1，オでは^{緑色}ａａのみとなる。

4　(2)(3)　原子核は＋の電気をもつ陽子と，電気をもたない中性子でできている。また，電子は－の電気をもっていて，1個の原子がもつ陽子と電子の数が等しいため，原子全体では電気的に中性になっている。マグネシウム原子〔Mg〕がもつ電子の数は陽子の数に等しく12個であり，マグネシウムイオン〔Mg^{2+}〕は，マグネシウム原子が電子を2個放出してできた陽イオンなので，マグネシウムイオンがもつ電子の数は12－2＝10（個）である。

(4)　表Ⅱの実験②で起こった化学変化より，銅イオン〔Cu^{2+}〕が電子を受け取って銅原子〔Cu〕になり，亜鉛原子〔Zn〕が電子を放出して亜鉛イオン〔Zn^{2+}〕になったとわかる。よって，試験管内では銅イオン〔Cu^{2+}〕と亜鉛原子〔Zn〕が減少したと考えられる。

(6)　ⓓ導線に電流が流れると，導線につながれたモーターは回転する。　ⓔ金属板の表面に銅が付着するとき，〔$Cu^{2+}＋\ominus\ominus→Cu$〕の化学変化(銅イオンが電子を受け取る変化)が起きるから，銅が付着した両方の金属板の表面でこの変化が起きていたと考えられる。なお，図Ⅴの装置の結果から，亜鉛板の表面では〔$Zn→Zn^{2+}＋\ominus\ominus$〕の化学変化が起き，このとき放出された電子の一部が亜鉛板の表面で，それ以外の電子が導線を通って移動した銅板の表面で，水溶液中の銅イオンと結びついて銅原子となったと考えられる。

(7)　電子は－極から＋極に流れるので，－極(A)をイオンになりやすい(電子を放出しやすい)亜鉛板，＋極(B)を銅板にすればよい。亜鉛板を入れるＹ水溶液を硫酸銅水溶液にすると，実験②と同じ反応が亜鉛板と硫酸銅水溶液の間で起こり，電子の移動がこれらの間でのみ行われ，導線に電流が流れない。これより，Ｙ水溶液を硫酸亜鉛水溶液，Ｚ水溶液を硫酸銅水溶液とすればよい。このとき，亜鉛板(A)で〔$Zn→Zn^{2+}＋\ominus\ominus$〕の化学変化が起こり，このとき放出された電子が導線を通り，銅板(B)で〔$Cu^{2+}＋\ominus\ominus→Cu$〕の化学変化が起こるから，亜鉛板は溶けだし，銅板には銅が付着する。

(8)　仕切りの役割は，硫酸亜鉛水溶液と硫酸銅水溶液を混ざらないようにすることと，水溶液中の電気的な偏りを調整することである。硫酸亜鉛水溶液と硫酸銅水溶液が混ざると，図Ⅴの亜鉛板で起こった変化と同じ変化が起こり，電流を長く流すことができなくなる。また，仕切りが水溶液中のイオンを通過させないガラスなどだと，反応

が進むにつれて，亜鉛板側の水溶液中に陽イオンが増加し，銅板側の水溶液中に陽イオンが減少することで，電気的に偏りができて電流が流れにくくなる。仕切りが小さな穴の開いた素焼きの板やセロハンの膜だと，亜鉛板側の水溶液中の陽イオン(亜鉛イオン)が仕切りの穴を通って銅板側に移動し，銅板側の水溶液中の陰イオン(硫酸イオン)が仕切りの穴を通って亜鉛板側に移動して，電気的な偏りを調整することができる。

═《2024　社会　解説》═

1　(1)　エ　　天智天皇の弟の大海人皇子と，天智天皇の子の大友皇子による皇位継承争いが壬申の乱である。勝利した大海人皇子が天武天皇として即位した。持統天皇は天武天皇の妻。桓武天皇は長岡京・平安京に遷都した天皇。

(2)　ウ　　摂関政治は，藤原道長・頼通親子のときに全盛期を迎えた。執権政治は，鎌倉時代の北条氏による政治。

(3)　ⓐ＝イ　ⓑ＝ウ　　チンギス＝ハンはモンゴル帝国の建国者。防人は，律令制での北九州を警備する兵役。

(4)　エ　　種子島は鹿児島県に属する(右図参照)。

(5)①　ⓐ＝イ　ⓑ＝エ　ⓒ＝朱印　江戸幕府のしくみについては，右図参照。徳川家康は，日本の商船に海外へ渡ることを許可する朱印状を与えた。西日本の大名や京都・堺・長崎などの豪商が朱印船で貿易を行い，東南アジアの港町に日本町が形成された。　②　カ　　田沼意次の政治→天明の飢饉→松平定信の寛政の改革→天保の飢饉→水野忠邦の天保の改革の順番を覚えておく。

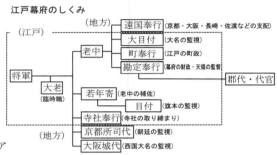

江戸幕府のしくみ

(6)　ア，ウ　　甲午農民戦争が起こったのは 1894 年，ドイツ帝国の成立は 1871 年。非暴力・不服従運動が起こったのは 1920 年，フランスで人権宣言が発表されたのは 1789 年。

(7)①　政党　　大隈内閣は初の政党内閣，原内閣は初の<u>本格的な</u>政党内閣である。　②　1980 年代，日米貿易において，日本の輸出額が輸入額を大幅に上回る貿易摩擦が起こった。特に自動車の輸出量が多かったため，日本の自動車メーカーは，アメリカ本土に生産工場を建設し，貿易摩擦の解消に努めた。

2　(1)①　イ　　青森県は青森市，静岡県は静岡市，長野県は長野市が県庁所在地である。

②　エ　　夏の南東季節風は四国山地を越える際に南四国に雨を降らせ，冬の北西季節風は中国山地を越える際に山陰地方に雪を降らせるため，1 年を通して，雨や雪

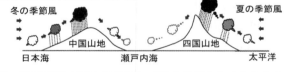

が降ったあとの乾いた風が瀬戸内地方に吹き込む。そのため，瀬戸内地方は 1 年を通して降水量が少なくなるため，農業用水を確保するためのため池がつくられている。

(2)①　オタワ　　オタワはカナダ南東部のオンタリオ州にある。　②　ⓐ＝ア　ⓑ＝エ　　五大湖周辺では，デトロイト(自動車)，シカゴ(車両・農業機械)，ピッツバーグ(鉄鋼・重機械)などで重工業が盛んであった。

③　ウ　　ア．誤り。オランダはヨーロッパ連合に加盟している。イ．誤り。スペインもポルトガルもヨーロッパ連合に加盟し，ユーロを導入している。エ．誤り。イギリスはヨーロッパ連合に加盟していない(2020 年に離脱)。

(3)①　ⓐ＝ア　ⓑ＝カ　　2020 年の小麦の生産量第 1 位は中国，バナナの生産量第 1 位はインドである。2019 年に日本が輸入した鉱産資源において，石炭はオーストラリア，インドネシア，石油はサウジアラビア，アラブ首長国連邦の順に輸入量が多い。　②　ア　　右図において，アは南アメリカ大陸，イはアフリカ大陸，ウは南極大陸，エはオーストラリア大陸，オは北アメリカ大陸である。

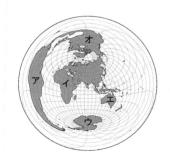

③ 茶　　　上位にケニア，スリランカがあることから，茶と判断する。

(4) ウ，エ　　　ア．誤り。ＧＤＰは２倍以上に増加しているが，人口は約 17 億人の増加で 20 億人以下である。イ．誤り。Ｇ７以外のＧＤＰの額は，2000 年が 11.76 兆ドル，2020 年が 46.915 兆ドルだから，ＧＤＰの額は 35.155 兆ドルの増加で 50 兆ドル以下である。

3 (1)① ウ　　　経済活動の自由には，「居住・移転・職業選択の自由」「財産権の不可侵」がある。

② 幸福追求　　　日本国憲法第 13 条である。

(2)① エ　　　リンカンは南北戦争，ウィルソンは第一次世界大戦，ワシントンはアメリカ建国のときの大統領。

③(a) 間接　　　貸す側の意思が反映されない融資を間接金融という。企業が株式を発行して資金を集めることは，直接金融にあたる。　　(b) 株主　　　株主は株主総会において，保有する株式数に応じた議決権をもつ。また，会社が倒産したとき，株主は出資額以上の負担を負う必要がない(株主の有限責任)。

(3)① ⓐ＝イ　ⓑ＝ウ　　　租税の分類については右表参照。

②(a) ウ　　　ア，イ，エは国会の権限である。

		直接税	間接税
国税		所得税 法人税 相続税など	消費税 酒税 関税など
地方税	道府県税	道府県民税 自動車税など	地方消費税など
	市町村税	固定資産税など	入湯税など

(b) エ　　　予算の議決，内閣総理大臣の指名，条約の承認において，衆議院と参議院が異なる議決をした場合，必ず両院協議会が開かれる。　　③　　　社会保障給付費の大部分は，15〜64 歳の世代が負担する社会保険料と税金でまかなわれていることを【調べた内容】から確認する。そのうえで社会保障給付費が年々増加しているなか，それらを負担する 15〜64 歳の人口が減少し続けていることを【調べた資料】から読み取り，15〜64 歳の世代の 1 人当たりの負担が増えていると考える。

4 (1)① エ　　　都道府県知事と参議院議員の被選挙権は満 30 歳以上である。　② イ　　　国から地方公共団体に配分される資金には，使い道が限定される国庫支出金と限定されない地方交付税交付金がある。　③ ⓐ＝ア　ⓑ＝住民投票　　　直接請求については右表参照。

	必要な署名数	請求先
条例の制定・改廃請求	有権者の 50 分の 1 以上	首長
監査請求		監査委員
議会の解散請求		選挙管理委員会
首長・議会の議員の解職請求	※有権者の 3 分の 1 以上	
副知事・副市町村長・選挙管理委員・ 公安委員・監査委員の解職請求		首長

※有権者数が 40 万人以下の場合。
議会と首長・議会の議員については，住民投票を行い，その結果，有効投票の過半数の同意があれば解散または解職される。

(2)① ⓐ＝イ　ⓑ＝ウ　　　中国の南北朝時代は，隋が中国を統一するまで続いた。江田船山古墳は熊本県にある古墳であり，「獲□□□鹵大王」と刻まれた鉄刀が出土したことから，大和政権の勢力が九州にまで及んでいたことがわかる。　② 国際連合　　　UNESCO は，国連教育科学文化機関の略称である。

(3) ア　　　P．正しい。海面漁業によるぶり類の漁獲量が多い上位 5 道県の中で，日本海に面している道県は，北海道・長崎県・島根県，海面養殖業によるぶり類の収穫量が多い上位 5 県の中で，瀬戸内海に面している県は愛媛県・大分県である。Q．正しい。海面養殖業によるぶり類の収穫量のうち，九州地方の県(鹿児島県，大分県，宮崎県，長崎県)の収穫量の合計は 84862 千 kg で，約 62％を占める。

(4) ⓐ＝ア　ⓑ＝エ　　　古今和歌集は平安時代に紀貫之らによってまとめられた。新古今和歌集は鎌倉時代に藤原定家らによってまとめられた。浮世草子は，江戸時代前半に井原西鶴らによって広められた。

(5) ⓐ＝エ　ⓑ＝ク　ⓒ＝経営耕地面積が拡大している　　　総数が減少し続け，団体数が増加し続けているから，2020 年の割合が最も高く，その割合は，43÷349×100＝12.3…(％)より，約 12％になる。農業経営体の総数は，2005 年から 2020 年の間に 30％以上減少しているが，経営耕地面積は 5％程度しか減少していないことから，一経営体当たりの経営耕地面積は増えているとわかる。

═══《2023　A問題　国語　解答例》═══

一　1.(1)しゅくしゃ　(2)えいかん　(3)つ　(4)すす　(5)起　(6)保　(7)宇宙　(8)救急　　2.C

二　1.イ　　2.a.単なる1枚の木の板　b.膨張することによって板が反り返る　　3.a.末広がりの形
　　b.余計な力を受けない　c.取っ手としての役割

三　1.とおられければ　2.イ　3.a.きる　b.日がてりやぬぐ

四　1.ア　　2.ウ　　3.(1)a.何もないということ　b.どれが意味があり、何が無価値であるかを考えなおす
　　c.一種の鏡の国　(2)エ

五　　　私の考える読書の魅力は、様々な世界や時代に行ったような疑似体験ができることだ。たとえば、『赤毛のアン』
　　は、十九世紀のカナダのプリンス・エドワード島が舞台だ。実在する島だが、簡単には行けないし、十九世紀に戻
　　ることは不可能だ。しかし、読書をすれば、まるでタイムマシンに乗るかのように、その世界や時代に飛び立つこ
　　とができる。この楽しさは、読書ならではの魅力だ。

═══《2023　B問題　国語　解答例》═══

一　1.A　　2.a.過去に存在　b.観察や実験を行い、データを集め、それを分析する　　3.ウ　　4.イ

二　1.a.他の書　b.わからなかった事もわかる　　2.たちかえりつつ　　3.イ

三　1.(1)えいよ　(2)かきょう　(3)つの　(4)たずさ　(5)保　(6)支　(7)救急　(8)領域　　2.ア

四　1.ウ　　2.ウ　　3.a.はさみ込まれていた葉は、紙魚を防ぐためのものだった　b.何かいとわしいもの
　　c.かすかな痕跡

五　　　私は、国語は乱れていると思う。資料から読み取れるように、敬語や慣用句、ことわざなどを正しく使えていな
　　い人が多いことや、若者言葉や新語、流行語が多用されていることが理由として挙げられる。近年、国語の乱れに
　　寛容な人の割合が増えているという記事を読んだことがある。しかし、私はできるだけ国語の乱れは修正した方が
　　良いと考える。国語は、長年受け継がれてきた大切な母国語であるし、言葉を正確に使うことで、円滑なコミュニ
　　ケーションを図ることができ、そのことが良い人間関係を築くことにつながると思うからだ。

═══《2023　C問題　国語　解答例》═══

一　1.a.「木ざはし」という季語を使って句を作ったが、珍夕の句に同じ季語を見つけたため、自分の句からそれ
　　を削った　b.愛情のこも　　2.ウ　　3.a.俳句をずり　b.わずかな変

二　1.ウ　　2.イ　　3.a.尋常の事　b.昨日まで見ていた月ではなくて、今夜新たに出て来た月である

三　1.(1)かか　(2)がんちく　(3)しゅぎょく　(4)領域　(5)単刀　(6)要　　2.イ

四　1.ウ　　2.惜日の姿そ　　3.空間の具体的なディテールと物理的な構造を切り捨てる一方で、その連続によっ
　　て、空間と人間の精神的関係のディテールや、都市や建築とその時代の文化総体との関係の構造を伝えようとする
　　4.エ

五　　　私は、「美しさを感じる言葉」とは、相手に対する思いやりややさしい気持ちがこめられたものだと考える。資
　　料からも、「美しい日本語」とは、「思いやりのある言葉」だと回答している人の割合が最も高いことがわかる。た
　　とえば、私が美しさを感じる言葉に「大丈夫？」という問いかけがある。つらい時や苦しい時に「大丈夫？」と問
　　いかけられると、自分のことを気にかけてくれる人がここにいると思い、安心したり、勇気をもらえたりする。ま
　　た、まだ自分はがんばれると前向きになれることもある。この言葉には、相手のことを思いやる気持ちや、相手の
　　ことを気にかけるやさしさがこめられているので、美しさを感じるのだと思う。

1　(1)-13　　(2)5.9　　(3)32　　(4)$10x-1$　　(5)$-6y$　　(6)$4\sqrt{5}$

2　(1)ウ　　(2)9　　(3)エ　　(4)$2a+7b$　　(5)540　　(6)5　　(7)$x=4$　$y=-2$　　(8)$x=-5$，$x=7$　　(9)$\dfrac{1}{12}$

　　(10)$\dfrac{2}{5}$　　(11)イ

3　(1)①(ア)822　(イ)786　②$-6x+840$　　(2)65

4　(1)エ　　(2)$8x$　　(3)ⓐＤＧＣ　ⓑＧＣＤ　ⓒウ　　※(4)$2\sqrt{13}$　　　　　　※の求め方は解説を参照してください。

1　(1)-22　　(2)$6a-7b$　　(3)$3b$　　(4)$2x^2+1$　　(5)17

2　(1)-4　　(2)$x=2$，$x=9$　　(3)26　　(4)-2　　(5)$\dfrac{7}{15}$　　(6)イ，オ　　(7)11　　※(8)$\dfrac{5}{18}$

3　(1)①(ア)822　(イ)786　②$-6x+840$　③$65$　　(2)ｓの値…114　ｔの値…78

4　[Ⅰ](1)△ＡＥＤと△ＧＢＥにおいて

　　ＡＤ∥ＢＧであり，平行線の錯角は等しいから　∠ＤＡＥ＝∠ＥＧＢ…⑦

　　∠ＡＥＤ＝∠ＤＥＢ－∠ＡＥＢ＝$90°$－∠ＡＥＢ…⑦

　　∠ＧＢＥ＝∠ＡＢＣ－∠ＡＢＥ＝$90°$－∠ＡＢＥ…⑦

　　△ＡＢＥはＡＢ＝ＡＥの二等辺三角形だから　∠ＡＥＢ＝∠ＡＢＥ…⑦

　　⑦，⑦，⑦より　∠ＡＥＤ＝∠ＧＢＥ…⑦

　　⑦，⑦より，２組の角がそれぞれ等しいから　△ＡＥＤ∽△ＧＢＥ

　　(2)①$\dfrac{4}{3}$　②$\dfrac{4}{9}$　　[Ⅱ](3)ア　(4)①$\dfrac{12}{5}$　②$\dfrac{32\sqrt{3}}{25}$　　　　　※の求め方は解説を参照してください。

1　(1)$6a^2$　　(2)$8-\sqrt{2}$　　(3)ａの値…2　もう一つの解…-5　　(4)ａの値…$\dfrac{4}{9}$　ｂの値…-1　　(5)49

　　(6)$\dfrac{7}{20}$　　(7)15，57　　※(8)$\dfrac{1-\sqrt{21}}{2}$

2　(1)①$\dfrac{2S}{a}$

　　②△ＤＨＥと△ＢＦＥにおいて

　　∠ＤＥＨ＝∠ＢＥＦ(共通)…⑦

　　また，△ＤＣＨと△ＣＢＧにおいて

　　仮定より　ＣＨ＝ＢＧ…⑦　四角形ＡＢＣＤはひし形だから　ＤＣ＝ＣＢ…⑦

　　ＡＢ∥ＤＣであり，平行線の同位角は等しいから　∠ＤＣＨ＝∠ＣＢＧ…⑦

　　⑦，⑦，⑦より，２組の辺とその間の角がそれぞれ等しいから　△ＤＣＨ≡△ＣＢＧ

　　よって　∠ＤＨＣ＝∠ＣＧＢ＝$90°$　だから　∠ＤＨＥ＝$90°$…⑦　ＢＦ⊥ＤＥだから　∠ＢＦＥ＝$90°$…⑦

　　⑦，⑦より　∠ＤＨＥ＝∠ＢＦＥ…⑦

　　⑦，⑦より，２組の角がそれぞれ等しいから　△ＤＨＥ∽△ＢＦＥ

　　(2)①$2\sqrt{6}$　②$\dfrac{18\sqrt{30}}{13}$

3　(1)①イ，エ，オ　②$\dfrac{\sqrt{5}}{3}$　③$\dfrac{19}{6}$　　(2)①$\sqrt{11}$　②$\dfrac{23\sqrt{11}}{3}$　　　　　※の求め方は解説を参照してください。

1　(1)イ　　(2)ア　　(3)ア　　(4)イ　　(5)ウ　　(6)イ　　(7)ウ　　(8)ウ　　(9)ウ　　⑽ア

2　［Ⅰ］(1)ア　(2)many interesting things　(3)ウ　(4)エ

　　［Ⅱ］①Have you ever made it?　②That is a good idea.　③I will make a card.

3　(1)イ　　(2)I have never　　(3)ア　　(4)the curry he makes　　(5)some people in Indonesia　　(6)ウ　　(7)エ

　(8)①Yes, she did.　②He used the Internet.

＜リスニング＞　Ｂ問題と共通

　　1．イ　　2．エ　　3．イ　　4．ウ　　5．(1)エ　(2)エ　　6．(1)ア　(2)ア

1　(1)イ　　(2)some interesting information　　(3)エ　　(4)イ　　(5)If I had a picture　　(6)ア　　(7)ウ

　(8)am glad that I could　　(9)イ，オ

2　［Ⅰ］(1)ウ　(2)helped me repair my broken　(3)エ　(4)ア　(5)didn't want anyone to find　(6)イ　(7)a way of repairing

　(8)ウ　(9)①No, she didn't.　②Because she wanted to hide broken parts.

　　［Ⅱ］①How long did it take to repair the broken cup?

　②（Yes, I do.の例文）We throw away many things that can still be used.　If we keep using these things, we can reduce

　waste.

＜リスニング＞　Ａ問題と共通

1　(1)ウ　　(2)エ　　(3)ア　　(4)エ　　(5)ウ　　(6)イ

2　(1)ア　　(2)イ　　(3)イ

3　(1)エ　　(2)ウ　　(3)エ　　(4)ア　　(5)エ

4　(1)イ　　(2)エ　　(3)ア　　(4)エ　　(5)ウ

5　(1)イ　　(2)ア　　(3)ウ　　(4)ア　　(5)エ　　(6)ウ

6　I think it helps us learn many things that we didn't know before.　For example, by reading a book about people's lives in the old days, I can understand how they lived at that time.　To know the difference between the things they had and the things we have now is interesting.　In addition, by reading a book written by a sport player, I can learn what effort the player has made.　It makes me become more interested in the sport.　In this way, reading books helps us know new things.

＜リスニング＞

【Part A】　1．ウ　　2．イ　　3．ウ　　4．エ　　5．ウ

【Part B】　6．(1)イ　(2)ア

【Part C】　The event on the Internet doesn't take much time.　Students who join the event don't need to spend much time in a plane.　They don't need to prepare for traveling.

　　They can learn about each other's countries.　They can easily imagine people's lives and their cultures with some photos.　They can learn more things by asking questions.

　　The students in this school can improve their English skills because, during the game, they have to speak English without preparing what they say.　And, they have to communicate without using a dictionary.

━━《2023　理科　解答例》━━━━━━━━━━━━━━━━━━━━━━━━━━━━━━━━━━━━━

1　(1)ⓐア　ⓑエ　(2)①ⓒイ　ⓓウ　②1：20　(3)エ　(4)ⓔイ　ⓕウ　(5)①対照　②ア　(6)イ

2　(1)①ウ　②全　(2)平行な光　(3)エ　(4)10.0　(5)虚　(6)ⓐウ　ⓑ0.8　(7)ア　(8)イ

3　(1)D　(2)年周　(3)イ　(4)エ　(5)①寒冷　②エ　(6)b　(7)14

4　(1)ⓐア　ⓑエ　(2)①イ　②水上　(3)ウ　(4)0.6　(5)エ　(6)0.8　(7)2.1

━━《2023　社会　解答例》━━━━━━━━━━━━━━━━━━━━━━━━━━━━━━━━━━━━━

1　(1)①(a)イ　(b)ＯＰＥＣ　(c)ⓐア　ⓑウ　②自給率　③エ　④(a)イ　(b)エ　(2)ウ　(3)軽いものの輸送に用いられる

2　(1)ア　(2)①ⓐア　ⓑ公共の福祉　②(a)公職選挙法　(b)ウ　(c)イ　(d)ア　③ウ　(3)ⓐ与　ⓑ野　(4)①直接
　②エ

3　(1)①Ａ　②ブラジリア　③イ　(2)①ア　②オ　③管領　(3)①ⓐ江戸　ⓑ文明開化　②ウ　③ⓐ一般の銀行に国
　債を売る　ⓑ一般の銀行は資金量が減る　④イ，エ

4　(1)①鉄　②ⓐイ　ⓑエ　(2)租　(3)①ⓐア　ⓑエ　②(a)徳政　(b)ア　(4)①ウ　②ⓐリンカン　ⓑイ　(5)地方
　圏から労働力が不足していた三大都市圏へ人が移動した

━《2023　Ａ問題　国語　解説》━

一　2　ＡとＢの「の」は、連体修飾語であることを表す「の」である。Ｃの「の」は、「の」を「が」に置き換えても意味が通るので、準体言助詞の「の」である。よって、Ｃが適する。

二　2　指示語が指す内容は、たいてい直前に書かれている。「そんな現象」が指す内容を簡単に言うと、直前の一文に書かれているように、<u>「片側だけ膨張した板」</u>が反り返ることである。そして、板が反り返るのは、鍋の蓋に<u>「単なる１枚の木の板を使った」</u>場合である。

　　3ａ　「『蟻』と呼ばれる構造」について説明している部分を探す。文章中に「このように末広がりの形で組み合わせる構造を〜『蟻』と呼びます」とある。　　ｂ　空欄の直前の「蓋が膨張しても桟から」という部分に着目する。文章中に「<u>蓋が膨張しても桟から余計な力を受けない</u>」とある。　　ｃ　空欄の直前の「反り止めとして不可欠な桟が」という部分に着目する。文章中に「<u>反り止めとして不可欠な〜桟が〜取っ手としての役割</u>も果たしています」とある。

三　1　古文で言葉の先頭にない「はひふへほ」は、「わいうえお」に直す。

　　2　傍線部②は、馬子が一句詠みましたと言ったことへの宗祇の返事の一部である。また、直後で馬子が自分の詠んだ句を答えている。このことから、どんな句を詠んだのかを尋ねていることがわかるので、イが適する。

　　3ａ　馬子が詠んだ句に「かはらの石も頭巾<u>きる</u>」とある。　　ｂ　宗祇が詠んだ句に「日がてりや(頭巾)<u>ぬぐ</u>」とある。

【古文の内容】

　　宗祇法師が、十一月ごろ、雪の降る日に馬に乗り、東国へ下られた。越川を通られたところ、馬子が言うには、「宗祇さま、この雪に一句詠みました」と言う。「どのような句を作ったのか」と問われたところ、「雪降れば河原の石も頭巾をかぶる」と言う。宗祇は、下の句を付けようということで、「日が照るとぬぐ」と言われた。

四　2　　ウ　の直前の二文では、砂漠は「私にとって衝撃そのものだった」とあるように、砂漠を「私」にとっての「反世界」だととらえている。一方、　ウ　の直後には「そして」とあり、日本の風土を「反世界」だととらえている。相反する内容を「そして」でつなぐのは不自然であり、　ウ　に「けれど」から始まる一文が入ることで、自然なつながりになる。よって、ウが適する。

　　3(1)ａ　文章中に<u>「何もないということがとうぜんのようになってくると、逆に、なぜ日本の生活にはあんなにもたくさんのものがあるのか、奇妙に思えてくる」</u>とある。　　ｂ　文章中に「余分なもののなかで、<u>どれが意味があり、何が無価値であるか、それをもういちど考えなおす</u>必要がありはしまいか」とある。　　ｃ　文章中に「砂漠とは、こうした反省を私にもたらす世界である」とあり、その少し後に「一種の鏡の国」というたとえの表現が出てくる。　　(2)　この発言は、その前のＢさんとＣさんの発言をもとに、その内容をまとめたものになっている。よって、エが適する。

━《2023　Ｂ問題　国語　解説》━

一　1　Ａは、自立語で活用がなく、名詞を修飾する語なので、連体詞である。他は、自立語で活用があり、動作や作用、存在などを表す語なので、動詞である。よって、Ａが適する。

　　2ａ　同じ段落に「多くの学問分野では、研究対象は、<u>過去に存在していたか</u>、<u>現在存在しているか</u>のどちらかで

す」とある。　　　b　傍線部①を含む一文と、その直前の一文の内容を読み取る。傍線部①の「それ」が指すのは、「事実や現実に関」する「新しいこと」である。この「事実や現実に関」する「新しいこと」は、「研究対象を観察したり」「実験を行ったり」して「データを集め」、これらを「分析することによ」ってわかる。

３　抜けている一文は「しかし」から始まっているので、この一文の前には「研究において想像力を用いること」に対する否定的な内容、または相反する内容が書かれていると推測できる。　ウ　の直前には、「広く受け入れられている科学的手法から判断すると、知識を主観的な想像力から生み出すことなど、一見、認められないことのように思われるかもしれません」とあり、「研究において想像力を用いること」に対する否定的な内容が書かれている。よって、ウが適する。

４　４段落目に「未来学は『演繹的思考方法』と『想像力』を用います」とある。５～７段落目には、「過去や現在との『類似の部分』」については「多くの学問分野に存在する知識を演繹的に活用して明らかにしようとし」、「まったく新しい部分」については「未知の事柄を思い描く力である想像力を使」って考察することが書かれている。よって、イが適する。

二　１ａ　傍線部①の後に「他の書にうつり、これやかれやと読みては」とある。　　　ｂ　傍線部①の３～４行後に「始めに聞こえざりし事も、そろそろと聞こゆるやうになりゆくもの也」とある。

２　古文で言葉の先頭にない「はひふへほ」は、「わいうえお」に直す。

３　古文の最後の「心にまかせて～有りぬべし」と一致するイが適する。

【古文の内容】

> どの書物を読むとしても、初心のころは、片っ端から文の意味を理解しようとすべきではなく、まず大まかにさらっと見て、他の書物に移り、あれこれと読んでは、また前に読んでいた書物に戻りながら、何度も読むうちに、はじめにわからなかったことも、だんだんとわかるようになるものである。そうしてそれらの書物を、何度か読む間に、その他の読むべき書物のことも、学び方なども、だんだんと自分の考えができてくるものであるので、その細かいところは、いちいち教える必要はなく、心のままに、力の及ぶ限り、古いものも新しいものも、広く読むのもよく、また要点をしぼって、それほど広くは読まないこともあってよい。

三　２　「レ点」は、下の１字からすぐ上の１字に返って読む場合に使う。「一・二点」は、２字以上へだてて返って読む場合に使う。また助詞と助動詞はひらがなに直すため、打ち消しの助動詞「不」はひらがなに直す。

四　１　少し後に「ような」とあるので、ウが適する。

２　前の段落に、「名勝の地を訪れたおり～きれいな一葉をひろって、ささやかな記念としたり、落葉の時季に～紅葉の葉を手にして、読みさしの本のあいだにはさんだりするのは、よくあることだろう」とある。しかし、傍線部②の本、つまり『童子問』には、葉が「執拗にはさみ込」まれていて、「とても何かのよすがに、などというものではない」と筆者は感じている。よって、ウが適する。

３ａ　「枯葉の記」の引用部分の直後に、「そうか、あれ（＝『童子問』にはさみ込んであった木の葉）は紙魚を防ぐためのものだったのか。ひとたび分かってみれば」とある。　　　ｂ　文章中に「次々と見つかるその黒ずんだ葉が、何かいとわしいものに思えてきて、見つけ次第、窓から投げ棄てていった」とある。　　　ｃ　文章中に「あの枯葉は、はるか昔、今よりもずっと貴重であった本をいとおしんだ心遣いの、かすかな痕跡であったのだ」とある。

━《2023　Ｃ問題　国語　解説》━━━━━━━━

一　１　「珍夕にとられ候」がどういうことなのかを、端的に述べているのは第３段落の「『珍夕にとられ候』も珍夕に対する愛情のこもった軽口なのだ。芭蕉としては、珍しい季語『木ざはし』を使っていい句ができたと思って

いた。しかし珍夕の句の中にその季語を見つけたので〜自分の句からそれを削って、そのことをおもしろく『珍夕にとられ候』といった」の部分。

2 ②の5行前から、直前までを参照。すでに珍夕が「木ざはし」という季語を使っていたことで、芭蕉は「せっかく輝いて見えた季語も、やや色褪せて感じられた。もう捨ててもいい」と感じただろうと筆者は想像し、「自分の類句を作られてしまったので、自分の句を捨ててしまうことに似ている。芭蕉は、人に使われたことで『木ざはし』の鮮度を見限り、それを捨てて他の言葉で作品の再生をはかった」と述べている。これらの部分から、②には、自分の句が類句となることを良しとせず、他の言葉を探した芭蕉の、妥協を許さない厳しい態度を表した言葉が入る。よって、ウが適する。「自省」は自己を反省すること、「相貌」は物事の様子という意味。

3 最後の段落を参照。「木ざはしや」を「桐の木に」に、「坪の内」を「塀の内」と変えたことについて、「わずかな改変のようでも、句の焦点がくっきりと際立ち、品位が上がる」「そこには芭蕉独特の、俳句をずり上げていくような推敲の様態が見られる」とまとめている。

二 1 冒頭から傍線部①の直前までが、篤好が問うたこと。「いかなる」は「どのような」という意味。白居易の「三五夜中新月色」という詩句の「新月」をどう解釈するのかを尋ねている。

2 4〜7行目の「月大空に照りわたりて〜二千里外の人も、此の月を見るらむと思ひ出でられたる情に聞こゆる也」を参照。

3 a 「尋常」は普通、当たり前という意味。 b 篤好は、「二千里外故人心」と詠まれているのだから、「新月」は、山の稜線から出たばかりの月ではなく、遠くにいる友人にも見えるような、澄み渡る深夜の空に輝く月であると考え「昨日まで見し月にはあらで、今夜新たに出で来たる月なり」という気持ちを表現したものだと解釈した。あらでの「で」は打ち消しの接続助詞。「〜なくて」という意味。

【古文の内容】

〝三五夜中新月色〟という詩句の新月とは、どのような月のことかと、ある儒学を学んでいる人に尋ねたところ、山の稜線から輝き出したばかりの月を言うのだと言った。そうであるかは知らないが、篤好(=私)の思うことは異なる。この次の句で〝二千里外故人心〟と詠んだのは、今稜線から出た月を見ての気持ちとは思えない。月が大空に照り渡って、空に塵ほどの雲もなく、澄み渡っている深夜の様子が、身に染みて非常に遠く離れたところにいる人も、この月を見ているのだろうと思い出された気持ちに思える。それゆえ新月とは、今夜の月が明るく澄んだ様子が並ぶものがないほどすばらしいので、昨日まで見た月ではなくて、今夜新たに出てきた月であると思う気持ちを、思わせることばであろう。だから、美しいとか澄んでいるなどといっては、やはり当たり前の(月の)ことになって、今夜の月の明るく澄んだ様子を言い表すことばがないので、新月と言われたのだろう。実にすばらしいというべきである。

三 2 「レ点」は、下の1字からすぐ上の1字に返って読む場合に使う。「一・二点」は、2字以上へだてて返って読む場合に使う。また助詞と助動詞はひらがなに直すため、打ち消しの助動詞「不」と、可能の助動詞の「可し」はひらがなに直す。

四 著作権上の都合により文章を掲載しておりませんので、解説も掲載しておりません。ご不便をおかけし、誠に申し訳ございません。

《2023　Ａ問題　数学　解説》

1　(1)　与式＝－20＋7＝**－13**

(2)　与式＝3.4＋2.5＝**5.9**

(3)　与式＝2×16＝**32**

(4)　与式＝8x－3＋2x＋2＝**10x－1**

(5)　与式＝－18xy×$\dfrac{1}{3x}$＝**－6y**

(6)　与式＝$\sqrt{5}$＋3$\sqrt{5}$＝**4$\sqrt{5}$**

2　(1)　$-\dfrac{7}{4}=-1\dfrac{3}{4}$より，$-2<-\dfrac{7}{4}<-1$となる。よって，正しいものは**ウ**である。

(2)　a＝－3のとき，4a＋21＝4×（－3）＋21＝**9**

(3)　【解き方】値が常に3の倍数になるとき，3m（mは整数）の形で表すことができる。

3n＋6＝3（n＋2）となり，nは整数だからn＋2も整数である。よって，正しいものは**エ**である。

(4)　a gのビー玉2個の重さは2a g，b gのビー玉7個の重さは7b gだから，合計は（**2a＋7b**）gである。

(5)　【解き方】n角形の内角の和は180°×（n－2）で求められる。

正五角形の内角の和は，180°×（5－2）＝**540°**である。

(6)　【解き方】箱ひげ図からは，右図のようなことがわかる。

最小値　第1四分位数　中央値（第2四分位数）　第3四分位数　最大値

四分位範囲は箱ひげ図の箱の長さであり，

（四分位範囲）＝（第3四分位数）－（第1四分位数）で

求めることができる。よって，四分位範囲は55－50＝**5**（回）である。

(7)　x－3y＝10…①，5x＋3y＝14…②とする。

①＋②でyを消去すると，x＋5x＝10＋14　　6x＝24　　**x＝4**

①にx＝4を代入すると，4－3y＝10　　－3y＝10－4　　－3y＝6　　**y＝－2**

(8)　与式の左辺について，積が－35，和が－2である2つの整数を探すと，5と－7が見つかる。

よって，与式より，（x＋5）（x－7）＝0　　**x＝－5，x＝7**

(9)　【解き方】2つのさいころを投げたとき，目の数の和の最大値は6＋6＝12だから，目の数の和が11または12になる確率を求めればよい。

2つのさいころの出る目の数をそれぞれa，bとすると，a＋bの値が11または12となるのは，（a，b）＝（5，6）（6，5）（6，6）の3通り。2つのさいころを投げたときの目の出方は全部で6×6＝36（通り）あるから，求める確率は，$\dfrac{3}{36}$＝**$\dfrac{1}{12}$**である。

(10)　A，Bはともに放物線y＝ax^2上の点だから，Aのy座標はa×3^2＝9a，Bのy座標はa×（－2）^{2}＝4aである。Aのy座標はBのy座標より2大きいから，9a－4a＝2よりa＝**$\dfrac{2}{5}$**となる。

(11)　ア，ウ．辺ＡＢは面ＡＢＣＤ上にも，面ＡＥＦＢ上にもあるから，それぞれと垂直ではない。

イ．∠ＡＢＣ＝90°，∠ＡＢＦ＝90°だから，辺ＡＢと面ＢＦＧＣは垂直に交わる。

エ．辺ＡＢと面ＥＦＧＨは延長しても交わらないので平行である。

以上より，正しいものは**イ**である。

3　(1)①　x＝3のとき，減った水は6×3＝18（mL）だから，y＝840－18＝**822**である。

また，$x＝9$のとき，減った水は$6×9＝54(mL)$だから，$y＝840－54＝$**786**である。

② 水の量は一定の割合で減っていくので，xとyは1次関数の関係にある。よって，$y＝ax＋b$とすると，$x＝0$のとき，$y＝840$となるので，$b＝840$である。また，xの値が1増えると，yの値は6減るので，$a＝－6$となる。よって，$y＝－6x＋840$である。

(2) t分後のタンクの水の量が$450mL$だから，(1)②の式より，$450＝－6t＋840$を解くと，$t＝$**65**となる。

4 (1) △DCGを，DGを軸として1回転させてできる立体は図ⅰのような**円すい**である。

(2) 【解き方】四角形ABCDは平行四辺形だから，**面積は(底辺)×(高さ)で求められる。**
平行四辺形ABCDの底辺をADとすると，高さはDGだから，面積は**8x**㎠である。

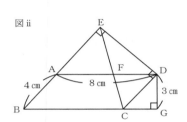

図ⅰ

(3) 証明の穴埋め問題では，すでに書かれていることがヒントになるのでそれをよく読んで，論理的な説明になるように空欄を埋めていこう。答えがすぐにわからない場合は，仮定を図にかきこみ，問題の内容に応じて，図形の性質，平行線の同位角・錯角などからわかることも図にかきこんで，答えを考えよう。

(4) 【解き方】△EAD∽△GCDの相似比と，三平方の定理を利用する。
DC→DE→ECの順に長さを求める。
平行四辺形の対辺の長さは等しいから，$DC＝AB＝4cm$
また，△EAD∽△GCDより，$DE：DG＝DA：DC＝2：1$
よって，$DE＝2DG＝2×3＝6(cm)$
$∠EDC＝90°$だから，三平方の定理より，$EC＝\sqrt{4^2＋6^2}＝2\sqrt{13}(cm)$

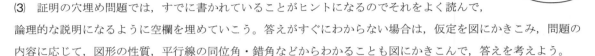

図ⅱ

—《2023 B問題 数学 解説》—

1 (1) 与式$＝－6－16＝$**－22**

(2) 与式$＝10a＋5b－4a－12b＝$**6a－7b**

(3) 与式$＝2a×9ab×\dfrac{1}{6a^2}＝$**3b**

(4) 与式$＝x^2＋2x＋1＋x^2－2x＝$**2x^2＋1**

(5) 与式$＝(2\sqrt{5})^2－(\sqrt{3})^2＝20－3＝$**17**

2 (1) $a^2－8b＝(－6)^2－8×5＝36－40＝$**－4**

(2) 与式より，$(x－2)(x－9)＝0$　　$x＝$**2**，$x＝$**9**

(3) 【解き方】nは自然数だから，$\dfrac{78}{n}＞0$である。よって，$5－\dfrac{78}{n}$が自然数となるとき，$5－\dfrac{78}{n}$の値は1以上4以下の自然数だから，$\dfrac{78}{n}$は1以上4以下の自然数である。

nが最小となるとき，$\dfrac{78}{n}$の値が最大となる。よって，$\dfrac{78}{n}＝4$とすると，$n＝19.5$となり，適さない。$\dfrac{78}{n}＝3$とすると，$n＝26$となり，適する。よって，求めるnの値は**26**である。

(4) 【解き方】(変化の割合)$＝\dfrac{(yの増加量)}{(xの増加量)}$で求める。
xの増加量は$5－1＝4$である。また，$x＝1$のとき，$y＝\dfrac{10}{1}＝10$，$x＝5$のとき，$y＝\dfrac{10}{5}＝2$だから，yの増加量は$2－10＝－8$である。よって，求める変化の割合は$\dfrac{－8}{4}＝$**－2**である。

(5) 【解き方】表や図にまとめて考える。
すべてのカードの取り出し方は右の表のように15通りある。そのうち$\dfrac{b}{a}$が1より大きく4より小さくなるのは色をつけた7通りだから，求める確率は，$\dfrac{7}{15}$

(6) **【解き方】**箱ひげ図からは，右図のようなことがわかる。

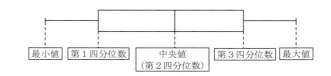

ア．記録が60回以上の部員は剣道部と卓球部に少なくとも1人以上いる。よって，正しくない。

イ．（四分位範囲）＝（第3四分位数）－（第1四分位数）で求められる。記録の四分位範囲は，剣道部が50－45＝5（回），水泳部が55－50＝5（回）で等しい。よって，正しい。

ウ．（記録の範囲）＝（最大値）－（最小値）で求められる。記録の範囲が最も大きいのは剣道部だから，正しくない。

エ．第1四分位数が最も小さいのは剣道部の記録だから，正しくない。

オ．卓球部の中央値は55回より大きい。これはデータの半数以上が55回以上であることを示すので，正しい。

以上より，正しいものは**イ，オ**である。

(7) **【解き方】**右図のように円柱の展開図で考える。

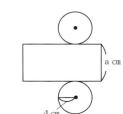

円柱の底面積は$4^2\pi=16\pi$（㎠）である。

また，円柱の側面の長方形の横の長さは底面の円の円周の長さと等しいから，$2\pi\times4=8\pi$（㎝）となるので，側面積は$a\times8\pi=8\pi a$（㎠）である。

よって，$8\pi a+16\pi\times2=120\pi$より，a＝**11**となる。

(8) **【解き方】**A，B，C，Dの座標を必要ならばaの文字式を用いて求め，四角形ABCDの面積をaの式で表す。

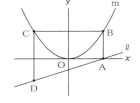

$y=\dfrac{1}{3}x-1$にAのy座標の$y=0$を代入すると，$0=\dfrac{1}{3}x-1$より$x=3$となる。

よって，A（3，0）

Bのx座標はAと等しく3だから，Bのy座標は$a\times3^2=9a$より，B（3，9a）

Cはy軸についてBと対称だから，C（－3，9a）

Dのx座標はCと等しく－3であり，Dは直線$y=\dfrac{1}{3}x-1$上の点だから，

Dのy座標は$\dfrac{1}{3}\times(-3)-1=-2$　　よって，D（－3，－2）

AB∥CDより，四角形ABCDは台形だから，（四角形ABCDの面積）＝

$\dfrac{1}{2}(AB+CD)\times BC=\dfrac{1}{2}\{(AとBのy座標の差)＋(CとDのy座標の差)\}\times(BとCのx座標の差)＝

$\dfrac{1}{2}\{9a-0+9a-(-2)\}\times\{3-(-3)\}=3(18a+2)$となる。よって，$3(18a+2)=21$より$a=\dfrac{5}{18}$

3 (1)① 　$x=3$のとき，減った水は$6\times3=18$（mL）だから，$y=840-18=$**822**である。

また，$x=9$のとき，減った水は$6\times9=54$（mL）だから，$y=840-54=$**786**である。

② 　水の量は一定の割合で減っていくので，xとyは1次関数の関係にある。よって，$y=ax+b$とすると，$x=0$のとき，$y=840$となるので，b＝840である。また，xの値が1増えると，yの値は6減るので，a＝－6となる。よって，$y=$**－6x＋840**である。

③ 　②の式より，$450=-6x+840$を解くと，$x=$**65**である。

(2) **【解き方】**時間と消費した水の量について，sとtの連立方程式を立てる。

2つのモードで使用した時間の合計は192分だから，$s+t=192$…㋐

2つのモードで消費した水の量の合計は840mLだから，$6s+2t=840$より，$3s+t=420$…㋑

㋑－㋐より t を消去して，$3s-s=420-192$　　$2s=228$　　s＝**114**

s＝114を㋐に代入して，$114+t=192$　　$t=192-114=$**78**

4 ［Ⅰ］(1) 　まず，問題文の仮定を図にかきこんで，証明のために必要な条件を探そう。条件が足りない場合は，問題

の内容に応じて，図形の性質，平行線の同位角・錯角，円周角の定理などからわかることもかきこんでみよう。

(2)① △ＡＢＧについて，ＡＧ＝$\sqrt{3^2+4^2}$＝5（cm）　　ＡＥ＝ＡＢ＝4cmだから，ＥＧ＝ＡＧ－ＡＥ＝1（cm）

△ＡＥＤ∽△ＧＢＥで，ＡＤ：ＧＥ＝ＡＥ：ＧＢより，ＡＤ：1＝4：3　　これを解いて，ＡＤ＝$\frac{4}{3}$cmとなる。

② 【解き方】△ＡＢＧの3辺の長さの比は3：4：5であり，ＡＢ//ＤＣより，
△ＡＢＧ∽△ＨＣＧだから，△ＨＣＧの3辺の長さの比も3：4：5である。

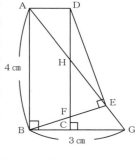

①より，ＢＣ＝ＡＤ＝$\frac{4}{3}$cmだから，ＣＧ＝3－$\frac{4}{3}$＝$\frac{5}{3}$（cm）

よって，ＨＣ＝$\frac{5}{3}$×$\frac{4}{3}$＝$\frac{20}{9}$（cm），ＧＨ＝$\frac{5}{3}$×$\frac{5}{3}$＝$\frac{25}{9}$（cm）より，

ＨＥ＝$\frac{25}{9}$－1＝$\frac{16}{9}$（cm）

ＡＢ//ＨＦより，△ＡＢＥ∽△ＨＦＥだから，△ＨＦＥは二等辺三角形なので，

ＨＦ＝ＨＥ＝$\frac{16}{9}$cm　　ＦＣ＝$\frac{20}{9}$－$\frac{16}{9}$＝$\frac{4}{9}$（cm）

[Ⅱ](3) ＥＨはＡＤ，ＣＤとはそれぞれＥ，Ｈで交わるのでねじれの位置ではない。また，ＥＨ//ＡＣより，ＡＣ
ともねじれの位置ではない。ＡＢとは平行でなく，交わらないのでねじれの位置といえる。よって，**ア**である。

(4)① 【解き方】ＥＦ＝ＥＧのとき，ＥＦ//ＤＢ，ＥＧ//ＦＢ，∠ＧＢＦ＝90°だ
から，四角形ＥＧＢＦは正方形である。正方形ＥＧＢＦの1辺の長さを$x$cmとする。

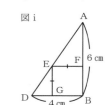
図ⅰ

ＡＢ//ＥＧより，△ＡＤＢ∽△ＥＤＧだから，ＡＢ：ＥＧ＝ＤＢ：ＤＧ

6：x＝4：（4－x）　　これを解いて，x＝$\frac{12}{5}$となる。よって，ＥＧ＝$\frac{12}{5}$cm

② 【解き方】立体ＥＨＤＢを底面が△ＢＨＤの三角すいとして考えると，
ＡＢと平面ＢＣＤが垂直でＡＢ//ＥＧだから，高さはＥＧである。

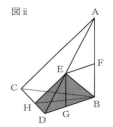
図ⅱ

①より，ＡＤ：ＥＤ＝ＤＢ：ＤＧ＝4：（4－$\frac{12}{5}$）＝5：2

ＡＣ//ＥＨより，△ＡＣＤ∽△ＥＨＤで，ＣＤ：ＨＤ＝ＡＤ：ＥＤ＝5：2だから，

ＨＤ＝$\frac{2}{5}$ＣＤ＝$\frac{8}{5}$（cm）

また，△ＢＣＤは1辺の長さが4cmの正三角形だから，図ⅲのようになり，

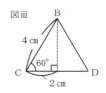
図ⅲ

高さは2×$\frac{\sqrt{3}}{1}$＝$2\sqrt{3}$（cm）だから，

△ＢＨＤ＝$\frac{1}{2}$×ＨＤ×$2\sqrt{3}$＝$\frac{1}{2}$×$\frac{8}{5}$×$2\sqrt{3}$＝$\frac{8\sqrt{3}}{5}$（cm²）である。

したがって，立体ＥＨＤＢの体積は$\frac{1}{3}$×$\frac{8\sqrt{3}}{5}$×$\frac{12}{5}$＝$\frac{32\sqrt{3}}{25}$（cm³）である。

— 《2023　Ｃ問題　数学　解説》 —

1 (1) 与式＝$-a×4a^2b^2×(-\frac{3}{2ab^2})$＝$6a^2$

(2) 与式＝$\frac{6\sqrt{2}+\sqrt{16}}{2}$＋4－$4\sqrt{2}$＋2＝$3\sqrt{2}$＋2＋6－$4\sqrt{2}$＝$8-\sqrt{2}$

(3) 与式にx＝3を代入して，$a×3^2+4×3-7a-16=0$　　これを解いて，a＝2

a＝2を与式に代入して，$2x^2+4x-7×2-16=0$　　これを解いて，x＝-5，3だから，もう一つの解は
x＝-5である。

(4) 【解き方】a＞0より，放物線$y＝ax^2$は上に開いているので，yの値はx＝0で最小値，x＝-3で最大値を
とる。したがって，c＝0である。

直線$y＝bx+1$はb＜0より，右下がりの直線である。x＝1のときyは最小値0をとるから，$0＝b×1+1$よ

りb＝－1　　$x＝－3$のときyは最大値dをとるから，d＝－（－3）＋1＝4

放物線$y＝ax^2$において，$x＝－3$のときyは最大値d＝4をとるから，　$4＝a×（－3）^2$より$a＝\dfrac{4}{9}$となる。

(5)　【解き方】$n≦\sqrt{x}≦n＋1$より，$\sqrt{n^2}≦\sqrt{x}≦\sqrt{（n＋1）^2}$だから，$n^2≦x≦（n＋1）^2$…①となる。

nは自然数だから，n^2，$（n＋1）^2$も自然数である。よって，①を満たす自然数xの個数が100個であるとき，

n^2から$（n＋1）^2$までの連続する自然数の個数が100個ということだから，$（n＋1）^2－n^2＋1＝100$

これを解いて，n＝49である。

(6)　【解き方】すべてのカードの引き方は右の樹形図のようになる。aとbの最大公約数が1になる組み合わせに〇印をつけ，場合分けして考える。

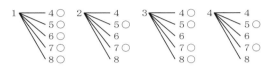

aとbの最大公約数が1のとき，a＋bが偶数となるのは，aとbがともに奇数，またはともに偶数の場合である。

よって，樹形図で〇印がついているうち，（a，b）＝（1，5）（1，7）（3，5）（3，7）の4通りが条件にあう。

aとbの最大公約数が1以外のとき，$\sqrt{2ab}$が偶数となるための条件を考える。$\sqrt{2ab}$が自然数となるために

は，ab＝$2m^2$（mは整数）となればよく，このとき$\sqrt{2ab}＝2m$となり必ず偶数になる。a≦bより，ab＝

$2m^2$となるのはb＝2aのときだから，条件に合うものは（a，b）＝（2，4）（3，6）（4，8）の3通りである。

以上より，得点が偶数となるのは4＋3＝7（通り），カードの引き方の総数は20通りだから，求める確率は，

$\dfrac{7}{20}$である。

(7)　【解き方】aの十の位の数をx，一の位の数をy（x，yは1以上9以下の自然数）とおくと，a＝$10x＋y$，

b＝$10y＋x$とおけるから，x，yの関係式をつくり，条件に合う値を探す。

$\dfrac{b^2－a^2}{99}＝\dfrac{（b＋a）（b－a）}{99}＝\dfrac{11（y＋x）×9（y－x）}{99}＝y^2－x^2$となる。よって，$y^2－x^2＝24$より，$x^2＋24＝y^2$

1から9までの自然数の2乗に24を足すと，別の1から9までの自然数の2乗になるようなx，yの組み合わせを

探すと，$1^2＋24＝5^2$，$5^2＋24＝7^2$より，（x，y）＝（1，5）（5，7）が見つかる。

したがって，求めるaの値はa＝15，57であり，これらは条件に合う。

(8)　【解き方】DC＝（DとCのy座標の差），EA＝（AとEのx座標の差）だから，

tを用いてこれらの長さを表し，方程式を立てて，tの値を求める。

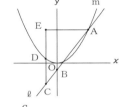

Aはm上の点だから，y座標は$\dfrac{1}{5}×5^2＝5$より，A（5，5）である。

ℓの直線の式を求めると，切片は－1であり，傾きは$\dfrac{5－（－1）}{5－0}＝\dfrac{6}{5}$だから，

ℓの直線の式は$y＝\dfrac{6}{5}x－1$となる。よって，Cはℓ上の点であり，x座標がtだから，C（t，$\dfrac{6}{5}t－1$）である。

Dはm上の点で，x座標がtだから，D（t，$\dfrac{1}{5}t^2$）となるので，DC＝$\dfrac{1}{5}t^2－（\dfrac{6}{5}t－1）＝\dfrac{1}{5}t^2－\dfrac{6}{5}t＋1$（cm）

である。また，E（t，5）となるから，EA＝$5－t$（cm）である。

したがって，DC＝EA－3より，$\dfrac{1}{5}t^2－\dfrac{6}{5}t＋1＝5－t－3$　　これを解いて，$t＝\dfrac{1±\sqrt{21}}{2}$

$t＜0$より，$t＝\dfrac{1－\sqrt{21}}{2}$である。

2　(1)①　【解き方】四角形ABCDはひし形だから，面積は$\dfrac{1}{2}×AC×BD$で求められる。

AC＝$a$cm，（四角形ABCDの面積）＝Scm^{2}だから，

$\dfrac{1}{2}×a×BD＝S$より，BD＝$\dfrac{2S}{a}$（cm）となる。

② まず，問題文の仮定を図にかきこんで，証明のために必要な条件を

探そう。条件が足りない場合は，問題の内容に応じて，図形の性質，

平行線の同位角・錯角などからわかることもかきこんでみよう。

図 i

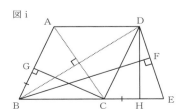

⑵①　【解き方】△ＤＨＥ∽△ＢＦＥを利用する。

ＣＨ＝ＧＢ＝2cm，ＤＣ＝ＡＢ＝7cmだから，△ＤＣＨで，ＤＨ＝$\sqrt{7^2-2^2}=3\sqrt{5}$(cm)

ＨＥ＝3cmだから，△ＤＨＥで，ＤＥ＝$\sqrt{(3\sqrt{5})^2+3^2}=3\sqrt{6}$(cm)

ＢＥ＝ＢＣ＋ＣＨ＋ＨＥ＝7＋2＋3＝12(cm)であり，△ＤＨＥ∽△ＢＦＥだから，ＨＥ：ＦＥ＝ＤＥ：ＢＥ

3：ＦＥ＝$3\sqrt{6}$：12　　これを解いて，ＦＥ＝$2\sqrt{6}$(cm)である。

②　【解き方】△ＢＩＣと△ＪＩＤの相似比を利用する。

手順としては，ＦＤ→ＪＤ→ＢＦ→ＢＪ→ＩＪの順に求める。

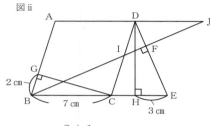

図ⅱ

ＦＤ＝$3\sqrt{6}-2\sqrt{6}=\sqrt{6}$(cm)であり，ＢＥ//ＤＪだから，

△ＢＦＥ∽△ＪＦＤで，相似比はＦＥ：ＦＤ＝$2\sqrt{6}$：$\sqrt{6}$＝

2：1である。よって，ＪＤ＝$\dfrac{1}{2}$ＢＥ＝6(cm)

また，△ＤＨＥ∽△ＢＦＥより，ＤＨ：ＢＦ＝ＨＥ：ＦＥ

$3\sqrt{5}$：ＢＦ＝3：$2\sqrt{6}$　　これを解くと，ＢＦ＝$2\sqrt{30}$(cm)　　ＢＪ＝$2\sqrt{30}\times\dfrac{2+1}{2}=3\sqrt{30}$(cm)

次に，ＢＣ//ＤＪだから，△ＢＩＣ∽△ＪＩＤで，相似比はＢＣ：ＪＤ＝7：6である。

よって，ＩＢ：ＩＪ＝7：6だから，ＩＪ＝$3\sqrt{30}\times\dfrac{6}{7+6}=\dfrac{18\sqrt{30}}{13}$(cm)である。

3　⑴①　【解き方】立体ＡＢＣＤ‐ＥＦＧＨは一見，四角すいを切断してできる角すい台のように見えるが，四角形ＡＢＣＤが正方形で四角形ＥＦＧＨが長方形なので，角すい台ではない。以降の問題のためにも，直線ＡＥ，ＢＦ，ＣＧ，ＤＨがそれぞれ交わるのか，交わるとしたら交点がどこにあるのかを確認しておく。

四角形ＡＥＦＢは等脚台形だから，直線ＡＥと直線ＢＦは交わり，その交点をＰとする。

△ＰＡＢ∽△ＰＥＦだから，ＰＢ：ＰＦ＝ＡＢ：ＥＦ＝2：6＝1：3

これより，ＰＢ＝$\dfrac{1}{3-1}$ＢＦ＝2(cm)だから，△ＰＡＢ（と△ＰＥＦ）は正三角形である。

四角形ＢＦＧＣは等脚台形だから，直線ＢＦと直線ＣＧは交わり，

その交点をＱとする。

△ＱＢＣ∽△ＱＦＧだから，ＱＢ：ＱＦ＝ＢＣ：ＦＧ＝2：4＝

1：2　　これより，ＱＢ＝$\dfrac{1}{2-1}$ＢＦ＝4(cm)だから，

△ＱＦＧはＱＦ＝ＱＧ＝8cmの二等辺三角形である。

したがって，右のように作図できる。

よって，辺ＢＦと辺ＤＨは交わらないので，辺ＢＦとねじれの

位置にある辺は**イ，エ，オ**である。

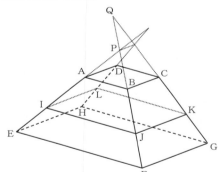

②　【解き方】△ＪＦＧと△ＪＥＦでは辺ＪＦが共通なので，ＪＦの長さに関わらず，ＪＦを底辺としたときの高さの比が面積比と等しくなる。①をふまえ，右図のように展開図の一部で考える。求める面積比はＳＧ：ＲＥと等しい。

△ＰＥＦは正三角形だから，ＲＥ＝$\dfrac{\sqrt{3}}{2}$ＥＦ＝$3\sqrt{3}$(cm)

△ＱＦＧは二等辺三角形だから，ＦＴ＝$\dfrac{1}{2}$ＦＧ＝2(cm)なので，

ＱＴ＝$\sqrt{QF^2-FT^2}=\sqrt{8^2-2^2}=2\sqrt{15}$(cm)

△ＱＦＧの面積について，$\dfrac{1}{2}\times$ＱＦ$\times$ＳＧ＝$\dfrac{1}{2}\times$ＦＧ$\times$ＱＴ

$\dfrac{1}{2}\times8\times$ＳＧ＝$\dfrac{1}{2}\times4\times2\sqrt{15}$　　ＳＧ＝$\sqrt{15}$(cm)

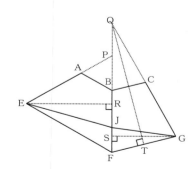

よって，△ＪＦＧ：△ＪＥＦ＝ＳＧ：ＲＥ＝$\sqrt{15}$：$3\sqrt{3}$＝$\sqrt{5}$：３だから，△ＪＦＧの面積は△ＪＥＦの面積の$\frac{\sqrt{5}}{3}$倍である。

③　【解き方】ＢＪ＝$a$cmとし，①で作図した三角形の相似関係を利用して，ＩＪとＪＫの長さをaの式で表す。ＩＪ＋ＪＫ＝$\frac{15}{2}$cmであることから，aの方程式を立てる。

△ＰＩＪ∽△ＰＥＦだから△ＰＩＪは正三角形なので，ＩＪ＝ＰＪ＝（２＋a）cm

△ＱＪＫ∽△ＱＦＧだから，ＪＫ：ＦＧ＝ＱＪ：ＱＦ　　ＪＫ：４＝（４＋a）：８　　ＪＫ＝$\frac{4+a}{2}$

ＩＪ＋ＪＫ＝$\frac{15}{2}$より，（２＋a）＋$\frac{4+a}{2}$＝$\frac{15}{2}$　　$a＝\frac{7}{3}$　　よって，ＪＫ＝（４＋$\frac{7}{3}$）×$\frac{1}{2}$＝$\frac{19}{6}$（cm）

⑵①　【解き方】四角形ＡＥＦＢは等脚台形だから，右のように作図できる。

ＭＵ＝ＶＦ＝（６－２）÷２＝２（cm）

ＢＵの長さは，⑴②のＱＴの長さの$\frac{1}{2}$だから，$\frac{2\sqrt{15}}{2}$＝$\sqrt{15}$（cm）

ＢＭ＝$\sqrt{BU^2-MU^2}$＝$\sqrt{(\sqrt{15})^2-2^2}$＝$\sqrt{11}$（cm）

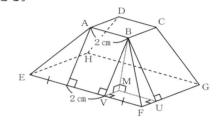

②　【解き方】立体ＡＢＣＤ－ＥＮＯＨを，面ＥＦＧＨに垂直でＡＢ，ＤＣそれぞれを通る２つの平面で切断して，右図のように３つに分ける。真ん中にできる立体は台形ＡＢＷＸを底面とする四角柱である。残り２つ（図で色をつけた立体）は，図形の対称性から体積が等しいので，立体ＡＢＷＸＥＮの体積を求める。この立体は，四角すいＮ－ＡＢＷＸと，三角すいＡ－ＥＮＸに分けられる。

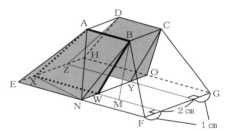

ＸＷ＝６÷２＝３（cm）だから，台形ＡＢＷＸの面積は，

$\frac{1}{2}$×（２＋３）×$\sqrt{11}$＝$\frac{5\sqrt{11}}{2}$（cm²）

四角柱ＡＢＷＸ－ＤＣＹＺの体積は，$\frac{5\sqrt{11}}{2}$×２＝$5\sqrt{11}$（cm³）

四角すいＮ－ＡＢＷＸの体積は，$\frac{1}{3}$×$\frac{5\sqrt{11}}{2}$×１＝$\frac{5\sqrt{11}}{6}$（cm³）

三角すいＡ－ＥＮＸの体積は，$\frac{1}{3}$×（$\frac{1}{2}$×３×１）×$\sqrt{11}$＝$\frac{\sqrt{11}}{2}$（cm³）

よって，求める体積は，$5\sqrt{11}$＋（$\frac{5\sqrt{11}}{6}$＋$\frac{\sqrt{11}}{2}$）×２＝$\frac{23\sqrt{11}}{3}$（cm³）

═《2023　Ａ問題　英語　解説》═══════════

1　⑴「音楽家」はイ musician である。　　　⑵「春」はア spring である。　　　⑶「～をそうじします」はア clean である。　　　⑷「役に立つ」はイ useful である。　　　⑸「ゆっくり」はウ slowly である。　　　⑹主語が Those notebooks on the table「机の上のあれらのノート」で複数だから，対応する be 動詞は，イ are が適切。　　　⑺「最も高い」は，最上級で表すから，high の最上級のウ highest が適切。　　　⑻「～するために」は，to 不定詞〈to＋動詞の原形〉で表すから，ウ to play が適切。　　　⑼「書かれた」は，〈be 動詞＋過去分詞〉の受け身の形で表すから，write の過去分詞のウ written が適切。　　　⑽「とても速く走ることができる女性」は〈関係代名詞（＝who）＋語句（＝can run very fast）〉でうしろから名詞（＝woman）を修飾して表す。修飾する名詞が「人」のときに使う関係代名詞のア who が適切。

2　［Ⅰ］【本文の要約】参照。

　⑴「～を卒業する」＝graduate from ～

(2)　代名詞は，前に出てきた単語や文を指す。ここでは，直前の文の many interesting things を指す。

(3)　「～している○○」は〈現在分詞＋語句〉で後ろから○○を修飾して表すから，現在分詞のウ wearing が適切。

(4)　第２段落の最後の２行と一致するエが適切。アは「２年生」，イは「実際にちょうちんを作ってみた」，ウは「空気を通さない」が本文と合わない。

【本文の要約】

　今日は伝統的な日本の紙についてお話しします。日本語では「和紙」と呼ばれています。私は友達から面白い話を聞きました。彼女は中学校①ｱを卒業する（＝graduated from）前に，和紙を作りました。彼女の中学校では，３年生は和紙を作るのです。その和紙は卒業証書に使われます。私は，和紙は伝統的なもの，例えば障子やちょうちんを作るためだけに使われるものだと思っていました。自分たちの卒業証書のために和紙を作ることは，生徒にとって素晴らしい体験だと思います。

　私は和紙に興味を持ったので，和紙についての本を数冊読みました。興味深いことがたくさん見つかりました。Ⓐそれら（＝many interesting things）のうちのひとつをお話しします。和紙は服を作るのに使われています。私はこのことを知って驚きました。和紙で作られた服にはいい点がたくさんがあります。３つお伝えします。まず，軽いので②ｳ着ている人（＝people wearing them）は動きやすいです。２つ目は，和紙は空気がよく通るので，その服を着ていると，夏に涼しく感じます。最後に，和紙は木や植物からできているため，その服は簡単に自然に戻ります。これは環境にいいということです。(4)ｴ私は，和紙でできている服はすばらしいと思います。私はいつかこのような服を着てみたいです。あなたはどうですか？着てみたいと思いますか？ご清聴ありがとうございました。

[Ⅱ]　【本文の要約】参照。

①　条件１より，「～したことがありますか？」という，「経験」を尋ねる現在完了の疑問文〈Have/Has＋主語＋ever＋過去分詞?〉にする。　②　条件２より，That is a good idea.となる。

③　作った和紙で何を作るつもりかを書く。萌の質問が What will you ～?だから，I will ～.の形で答える。

【本文の要約】

あなた：やあ，萌。君のスピーチは面白かったよ。僕は和紙作りに興味があるよ。

　　　　①君は作ったことがある？（＝Have you ever made it?）

萌　　：いいえ，ないけど挑戦してみたいな。美術の先生にやり方を聞いてみようよ。

あなた：②いい考えだね。（＝That is a good idea.）

萌　　：和紙を作った後，その和紙で何を作るつもり？

あなた：③カードを作るつもりだよ。（＝I will make a card.）」

萌　　：なるほど。

3　【本文の要約】参照。

(1)　まず，①のある文の動詞が eat だから，Do か Does を使う。主語がpeople in Indonesiaだから，イ Do が適切。

(2)　「一度も～ない」は現在完了の文〈主語＋have/has never＋過去分詞〉で表す。

(3)　直後にサリが食べ方を説明しているから，方法を尋ねるア「テンペはどうやって食べるのですか？」が適切。イ「テンペは何を意味しますか？」，ウ「いつテンペを買いますか？」，エ「どこでテンペを食べますか？」は不適切。

(4)　「彼が作るカレー」は〈省略された関係代名詞（＝which/that）＋語句（＝he makes）〉で後ろから名詞（＝curry）を修飾して表す。

(5)　代名詞は，直前にある名詞や文を指すことが多い。ここでは同じ文の前半の some people in Indonesia を指す。

(6)　直前で広志が場所を尋ねたからウ「学校の近くのスーパーで見つけたよ」が適切。ア「それは他の国々でも食べられていると思ってたよ」、イ「学校の図書室でそれに関する本を読んだよ」、エ「テンペと納豆を食べた時、それらは違うものだとわかったよ」は不適切。

(7)　サリは直前の広志の発言に同意しているということだから、エ「サリは、自分の国と他の国の食品について知るのは面白いと思っている」が適切。

(8)①　質問「サリは広志と江藤先生にテンペの写真を見せましたか？」…Did Sari ~?の質問にはYes, she did.またはNo, she didn't.で答える。サリの5回目の発言より、Yes, she did.と答えればよい。

②　質問「広志は昨日、納豆の情報を見つけるために何を使いましたか？」…広志の2回目の発言より、インターネットを使ったから、He used the Internet.と答えればよい。

【本文の要約】

広志　　：サリ、君に質問があるんだ。

サリ　　：広志、質問って何かな？

広志　　：⑻②昨日納豆についての情報を見つけようと、インターネットを使っていた時、面白い情報を見つけたんだよ。それによると納豆は発酵大豆食品のひとつで、世界には他にもたくさんの発酵大豆食品があるんだって。インドネシアの人は発酵大豆食品を食べる？

サリ　　：うん。インドネシアでは「テンペ」と呼ばれる食品を食べるよ。

広志　　：テンペ？その言葉を一度も聞いたことがないよ。納豆に似ているの？

サリ　　：うーん、そうでもないよ。

江藤先生：やあ、広志、サリ。何を話しているのかな？

サリ　　：江藤先生こんにちは。広志が発酵大豆食品について知りたいと思っていて、私に質問していました。

江藤先生：へえ、インドネシアには発酵大豆食品があるのかな？

広志　　：はい。サリが言うには、彼女の国の人はテンペと呼ばれる食品を食べるそうです。

江藤先生：それは知らなかったな。サリ、その食べ物についてもっと話してくれるかい？

サリ　　：はい。テンペと納豆はどちらも発酵大豆食品です。でも、違いがあります。⑻①写真をお見せしますね。

広志　　：うわ！この写真の食品はケーキみたいだ。

江藤先生：これがテンペなのかな？テンペと納豆は全然似ていないね。

サリ　　：そうです。テンペと納豆は食べ方も違います。日本では納豆はごはんと食べる人が多いですよね？

江藤先生：そうだね。③ァテンペはどうやって食べるのかな？

サリ　　：私たちは通常、テンペを炒めます。そして様々な方法で料理します。例えば、私の兄はテンペでカレーを作ります。

広志　　：おー、テンペのカレー？おいしいの？

サリ　　：うん！私は彼が作るカレーが好きだよ。インドネシアの一部の人は家庭で料理するためにテンペを常備していて、④彼ら（＝some people in Indonesia）は毎日のようにそれを食べています。

江藤先生：テンペはインドネシアでは人気の食品なんだね？

サリ　　：はい！

広志　　：テンペを食べてみたいな。

サリ　　：あ、日本でテンペが売られているのを見たよ。

広志　　：本当に？どこでテンペを見かけたの？

サリ　　　：⑤ウ学校の近くのスーパーで見つけたよ。たぶん，日本でも人気になってきているんだね。

広志　　　：テンペを買って食べたいな。そうすればテンペと納豆を比べることができるよ。

サリ　　　：今週末そこにテンペを買いに行こうよ。

広志　　　：サリ，ありがとう。君はテンペについて興味深いことを教えてくれたね。僕は世界の発酵大豆食品について
　　　　　　もっと興味がわいたよ。そして納豆についてももっと知りたくなったよ。自分の国と他の国の両方の食べ物
　　　　　　について学ぶのはおもしろいね。

サリ　　　：私もそう思う。私はテンペについてもっと知りたくなったよ。テンペと納豆の違いについて話すのは楽しか
　　　　　　ったね。

江藤先生：私たちは他の国について知ることによって自分の国について学ぶことがあるね。サリ，テンペについて教え
　　　　　　てくれてありがとう。

リスニング〔Ａ問題・Ｂ問題共通〕

1　トム「リカ，この本はすごく難しいよ。理解するためには何回も読まなければならないよ」→リカ「何回読んだの，
　　トム？」に続くから，回数を答えているイ「4回だよ」が適切。

2　天気予報「おはようございます。現在曇っています。午後3時ごろから雨が降り出すでしょう。しかし，夜8時ご
　　ろには雨がやむでしょう。<u>明日は一日中晴れるでしょう</u>」…下線部から，明日は晴れの予報だから，エが適切。

3　【放送文の要約】参照。

【放送文の要約】

ジェニー：高志，助けてくれる？明日学校に何を持っていく必要があるかを教えてほしいよ。先生が言ったことを聞き
　　　　　逃しちゃったの。当然，教科書は必要だよね。でも，他には何が必要？

高志　　：ええと，<u>英語の授業で辞書が必要だよ</u>，ジェニー。あ，それと，<u>いつも体育の授業で履いている体育館シュ
　　　　　ーズが必要だよ</u>。

ジェニー：体育館シューズ？明日は体育の授業はないよね？

高志　　：体育館で集会があるから必要だよ。

ジェニー：わかった。色鉛筆は必要？前回の授業で美術の先生が持ってくるように言ってたと思うんだけど。

高志　　：明日は必要ないよ。それらが必要なのは来週の授業だよ。

ジェニー：わかった。ありがとう。

4　【放送文の要約】参照。今日は16日だから，翌週の土曜日は24日である。ウが適切。

【放送文の要約】

華　　　：こんにちは，サイモン。元気？

サイモン：元気だよ，華。あ，この町でフェスティバルが開催されるんだよ。一緒に行かない？

華　　　：いいね。それはいつ開催されるの？

サイモン：今週末と来週末だよ。<u>今日は12月16日の金曜日だね</u>。明日行くのはどうかな？

華　　　：ええと…。毎週土曜日はピアノのレッスンがあるの。今週の日曜日はどうかな？

サイモン：18日は友達に会う予定があるよ。でも25日ならOKだよ。

華　　　：うーん…25日は家族で祖父母のところに行く予定なの。あ，今思い出し出んだけど今年は17日が最後のピ
　　　　　アノのレッスンだよ。だから，<u>来週の土曜日に行けるよ</u>。

サイモン：よかった！その日に行こうね。

5　【放送文の要約】参照。　(1)　質問「この学校にはいくつの部活がありますか？」…エ「20の部活」が適切。

(2) 質問「エリが自分の学校について述べたことは何ですか?」…エ「学校祭の最後に全生徒が歌を歌う」が適切。

【放送文の要約】

オーストラリアから来た 12 名のみなさんにお会いできてうれしいです。私はエリといいます。英語部の部員です。滞在中,わが校で何を楽しむことができるかについて説明します。まず,部活動を楽しむことができます。(1)エこの学校には 20 の部活があります。例えば,サッカー部,音楽部などです。部活動は 3 つ選択することができます。放課後,部のメンバーと部活動に参加できます。次に学食でお昼ご飯を楽しむことができます。最も人気のメニューはスペシャルカレーです。本当においしいです!スペシャルカレーは金曜日しか販売されません。ぜひ食べてくださいね。最後に,学校祭について話します。各クラスが,体育館のステージで演劇や踊りを披露します。(2)エ学校祭の最後には,全生徒が一緒に歌を歌います。学校祭はみなさんの滞在期間の最終日に行われるので,歌を練習して一緒に歌いましょう。みなさん,わが校に滞在する 10 日間で大いに楽しんでくださいね。

6 【放送文の要約】参照。 (1) 質問「ホワイトさんの娘は今どこにいますか?」…ア「学校にいます」が適切。

(2) 質問「由美が友達を夕食に招待するとしたら,何時にホワイトさんに電話をしなければなりませんか?」…夕食(= 7 時)の 2 時間前だから,ア「5 時に」が適切。

【放送文の要約】

由美　　　：ホワイトさん,初めまして。

ホワイトさん：由美,ようこそ我が家へ。今日は君にとってアメリカ滞在の初日だ。くつろいでね。何か困ったことがあれば,知らせてほしい。

由美　　　：ありがとうございます。実は,明日ひとりで学校に行くのが不安です。

ホワイトさん：心配ないよ。私の娘と一緒に行けばいいよ。(1)ア彼女は今学校にいるから,彼女が帰ってきたら学校について聞くといいね。

由美　　　：よかったです。早く彼女に会いたいです。

ホワイトさん：長いフライトの後で疲れているかな?

由美　　　：いいえ。飛行機の中でよく寝ましたから。

ホワイトさん：それはよかった。では,最初に家の中を案内するよ。ついておいで。

由美　　　：はい。

ホワイトさん：まず,君の部屋に行こう。ここが君の部屋だ。娘の部屋の隣だよ。君の部屋の前にはトイレがあるよ。

由美　　　：はい。

ホワイトさん：次に,ここがキッチンだよ。(2)ア夕食はいつも夜の 7 時に食べるんだ。何か食べられないものはある?

由美　　　：いいえ,ありません。心遣いありがとうございます。夕食の支度を手伝わせてください。

ホワイトさん：うん,ありがとう。私は 5 時 30 分くらいに仕事から戻るから,夕食の支度は 6 時に始めるよ。もし晴れていたら,庭で食べることもあるんだ。

由美　　　：わあ,楽しそうですね!

ホワイトさん：そうなんだ!楽しいよ。夕食には友達を連れてきてもいいよ。(2)アその場合は夕食の 2 時間前に電話してほしい。

由美　　　：わかりました。楽しみです。

ホワイトさん：さあ,お茶の時間だ。一息入れよう。

由美　　　：ありがとうございます。

1 【本文の要約】参照。

(1) look for ～「～を探す」より，イが適切。

(2) 代名詞は直前の名詞や文を指すことが多い。ここでは直前の文の some interesting information を指す。

(3) 直前のグリーン先生の発言内容を広志が自分の言葉に言い換えている場面である。エが適切。

(4) 直前に広志が「アジアの発酵大豆食品についての情報を見つけようと思います」と言ったのを受けて，グリーン先生はインドネシア出身のサリに話を聞くことを提案したと判断する。イが適切。

(5) 「もし～なら…できるでしょうに」は，現実ではない願望を表す仮定法過去の文〈If＋主語＋動詞の過去形 ～，主語＋could …〉で表す。よって「もし今私が１枚のテンペの写真を持っていたら」は If I had a picture of *tempeh* now となる。

(6) either は否定文に付けて「～も」を表す。ここでは，グリーン先生は，サリの発言の *tempeh* isn't sticky を受けて，「それ（＝タイで作られている発酵大豆食品）もねばねばしていなかったよ」と言ったと考えられる。アが適切。

(7) 直前の「テンペは最近，日本でも人気になってきているの」という発言の補足説明となるウ「私は学校の近くのスーパーで見かけたよ」が適切。

(8) 「～してうれしい」＝be glad that＋主語＋動詞

(9) ア×「広志はグリーン先生に，アメリカの人々はどこに発酵大豆食品を買いに行くか尋ねた」…本文にない内容。　イ○「グリーン先生は，アジアにはいくつかの種類の発酵大豆食品があることを知っている」　ウ「サリはテンペと納豆の見た目が違うことは知っているが，×一度も納豆を食べたことはない」　エ「サリは，テンペは×インドネシアの人々の間だけで人気があると思っている」　オ○「広志は他の国の食べ物について学ぶことは，自分の国の食べ物を学ぶことにつながると思っている」

【本文の要約】

広志　　　　：グリーン先生，質問があります。

グリーン先生：やあ，広志，質問って何かな？

広志　　　　：昨日，僕は納豆のような発酵大豆食品についての情報①ィを探しました（＝looked for）。すると，面白い情報を見つけました。Ⓐそれ（＝some interesting information）によると，納豆は発酵大豆食品のひとつで，世界には他にもたくさんの発酵大豆食品があるそうです。アメリカにも発酵大豆食品はありますか？

グリーン先生：そうだなあ，納豆はアメリカのスーパーでもよく売られているけれど，他の発酵大豆食品が売られているかはわからないな。⑼ィでもアジアに他の発酵大豆食品があることは知っているよ。

広志　　　　：本当ですか？なぜ知っているのですか？

グリーン先生：実は３年前にタイに行った時，タイで作られている発酵大豆食品を食べたんだよ。私は大学でアジア文化を研究していて，⑼ィいくつかのアジアの国と地域に似たような食品があることがわかったんだ。気候や木や植物が似ているから同じような食品を作ることができるんだね。

広志　　　　：興味深いです。②ェアジアの中で違う地域や国に住んでいる人々であっても，気候や木や植物が似ているために，同じような食品を作ることができるということですよね？

グリーン先生：その通りだよ！

広志　　　　：グリーン先生，ありがとうございます。アジアの発酵大豆食品についての情報を見つけようと思います。

グリーン先生：何か見つかるといいね。お，あそこにサリがいる。彼女はインドネシア出身だよ。何か知っているんじゃないかな。③ィ彼女に聞いてみたらどうだろう？

広志　　　　：そうですね！聞いてみます。やあ，サリ。

サリ　　　　：こんにちは，広志，グリーン先生。

広志	：サリ，君はインドネシア出身だよね？今先生と，世界の発酵大豆食品について話していたんだよ。インドネシアには発酵大豆食品がある？
サリ	：うん。「テンペ」と呼ばれる食品があるよ。
広志	：テンペ？納豆みたいなもの？
サリ	：テンペと納豆はまったく似てないよ。写真を持っていたら，あなたに見せられるのに。
広志	：ちょうどタブレットで写真を見つけたよ。これを見て。この写真の食品はケーキみたいだね。
グリーン先生	：これがテンペなのかな？
サリ	：はい，これがテンペです。テンペと納豆は全然似ていないですよね？テンペはねばねばしていません。納豆を初めて食べた時，ねばねばしていて驚きました！
広志	：テンペがねばねばしていないと知って驚きました。
グリーン先生	：サリ，君がどう感じたか理解できるよ。広志に，タイで作られている発酵大豆食品を食べたことを伝えたよ。ァそれもねばねばしていなかったよ。だから納豆を初めて食べた時，私もサリのように驚いたよ。ねばねばした食べ物を食べるのは私にとって初めての経験だったからね。
広志	：なるほど。他の人が納豆を食べた時にどう感じたかを知るのは，面白いですね。
グリーン先生	：そうだね。
広志	：テンペはインドネシアでは人気がある食品なの？
サリ	：うん！インドネシアの一部の人は家庭で料理するためにテンペを常備していて，毎日のように食べていると思うよ。
グリーン先生	：テンペはどうやって料理するの？
サリ	：普通はテンペを炒めます。例えば，私の家族はさまざまな野菜と一緒に炒めます。
グリーン先生	：それは面白いね。日本では，普通，納豆はごはんと食べるよね？人々は様々な方法で様々な発酵大豆食品を食べているんだね。
広志	：僕はテンペの味が想像できませんが。でもいつかテンペを食べてみたいです。
サリ	：テンペは最近，日本でも人気になってきているの。⑤ゥ私は学校の近くのスーパーで見かけたよ。
広志	：本当？近所でテンペが買えるなんて思ってもみなかったよ。テンペを食べて，テンペと納豆を比べてみたいよ。
サリ	：今週末そこに行こうよ。
広志	：うん！サリ，ありがとう。自分の国と他の国の両方の食べ物について学ぶのは面白かったよ。そして，ますます納豆に興味がわいたよ。(9)ォ他の国の食べ物について学ぶことは，自分の国の食べ物を学ぶことにつながると思う。
サリ	：私もそう思う。あなたにテンペについて話ができてうれしいよ。
グリーン先生	：サリ，テンペについて教えてくれてありがとう。そして広志，面白い話題を共有してくれてありがとう。

2 【本文の要約】参照。

[Ⅰ](1)　「～を落とす」という意味のウ drop が適切。

(2)　「(人)が～するのを手伝う」は〈help＋人＋動詞の原形〉の原形不定詞の文で表す。

(3)　文中に for more than 3,000 years「3000 年以上の間」とあるから，継続を表す現在完了の文〈have/has＋過去分詞＋for＋期間〉「…の間ずっと～している」が適切。よって，エが適切。

(4)　代名詞や接続詞をヒントに，内容がつながるように並べかえる。

(5)　「（人）に～してほしい」＝want＋人＋to～　→　「誰にも見つけてほしくなかった」＝didn't want anyone to find

(6)　全く同じ継ぎめのカップは２つとしてないから，イ impossible「不可能な」が適切。

(7)　代名詞は，直前の名詞や文を指すことが多い。ここでは直前の文の a way of repairing を指す。

(8)　壊れたカップを金継ぎで修復することで得られる結果が書かれた，ウ「また使えるようになるし，世界でたったひとつのものになります」が適切。

(9)①　質問「美香は兄が話す前から『金継ぎ』という言葉を知っていましたか？」…第２段落１～２行目より，No, she didn't.と答える。　　②　質問「なぜ当初，継ぎめを金粉で装飾するという考えは美香にとって奇妙でしたか？」…第４段落１～２行目の so より前の部分を引用し，Because she wanted to hide broken parts.と答える。

[Ⅱ]①　条件１より，かかった時間を尋ねる文にする。「時間」を表す文では，主語は it を使う。「～するのにどれくらい時間がかかりましたか？」＝How long did it take to～？　　②　条件２より，「ものを長い間使うことはいい考えだと思うか？」という質問に対する自分の答えとその理由を書く。理由は 20 語程度で書くこと。

【本文の要約】

　お気に入りのカップを持っていると想像してください。あなたは毎日それを使います。しかしある日，それ①ウを落として（＝drop）壊してしまいます。悲しくなりますよね？その時，その壊れたカップをどうしますか？たぶん捨てるでしょう。あるいは接着剤で破片を接着するかもしれません。しかし，伝統的な修復方法があるのです。その方法は「金継ぎ」と呼ばれています。今日はその金継ぎについてお話しします。

　去年お気に入りのカップが壊れてしまった時，兄が金継ぎについて教えてくれました。私は金継ぎという言葉をその時初めて聞きました。彼は，私が壊れたカップを金継ぎの方法で直すのを手伝ってくれました。彼は伝統的な接着剤である漆を使って破片を接着し，その後，継ぎめに金粉を振りかけました。私はそれを見て驚きました。彼が継ぎめを隠さなかったからです。私は彼になぜ金粉を振りかけるのか聞きました。彼は「継ぎめを装飾するためだよ」と言いました。カップを修復し終えるまでに時間はかかりましたが，金粉の継ぎめは美しく見えました。私は金継ぎが面白いと思ったので，それについてもっと知りたくなり，本を何冊か読みました。

　ものを金継ぎで直す時は通常，漆と金粉が使われます。漆は漆の木から採取します。日本の人々は，ものを接着するのに 3000 年以上の間漆を使ってきました。16 世紀，茶道が一部の人たちの間で人気となり，茶会では特別な茶碗が使われました。(4)(ⅱ)当時，それらの茶碗は非常に高価で新しい茶碗を買うのは容易ではなかったため，人々はその茶碗をとても慎重に扱いました。(ⅰ)しかし，茶碗が壊れることがあったので，人々は壊れたカップを直すことで使い続けることができると考えました。(ⅲ)そこで，茶碗を使い続けるために，漆で壊れた部分を接着したのです。人々は壊れた茶碗を直した後，継ぎめ部分を金粉で飾ればもっと美しくなると考えました。当時，芸術の世界では，金粉を使ってものを装飾することはすでに知られていました。ですから人々は継ぎめを金粉で装飾し始めたのです。このようにして，金継ぎは多くの人に知られるようになりました。

　私は普段からものが壊れた時，それを長く使うために直します。しかし実際は，壊れた部分は隠したかったので，当初は金粉で継ぎめを装飾するという考えは奇妙に思えました。しかしながら，金継ぎについて学ぶことにより，継ぎめが修復されたものを特別にしてくれるのだろうと想像できました。私は自分の考えについて兄と話しました。すると兄は自分の経験を語ってくれました。金継ぎについて学ぶ前，彼はどの部分が直されたのかを誰にも見つけてほしくありませんでした。修復された部分は，それがかつて壊れたものだったことを示してしまいます。しかし金継ぎが彼の考え方を変え，今では彼は修復された部分は美しいと思っています。彼の経験談を聞いた後，私は自分の修復されたカップをよく見ました。カップにはたくさん継ぎめがありました。継ぎめは，そのカップが修復前に使っていたカップよりも

特別なものであるように感じさせてくれました。また，他のだれかが同じ継ぎめのものを手に入れることは⑥ィ不可能（＝impossible）なので，そのカップは特別だと思いました。私はそのカップを再び使えることがうれしかったです。

　私は初めて金継ぎという言葉を聞いた時，それはただの修復方法だと思いました。しかし今では金継ぎは私にとって④それ（＝a way of repairing）以上のものです。お気に入りのカップのようなものが壊れた時，何をすればいいかわからない人もいれば，もう使えないからと捨ててしまう人もいます。しかし，もし金継ぎで修復すれば，⑦ゥまた使えるようになるし，世界でたったひとつのものになります。それはすばらしいことだと思います。

【あなたと美香の会話の要約】

あなた：こんにちは，美香。興味深い話を教えてくれてありがとう。金継ぎに興味がわいたよ。その壊れたカップを直すのにどれくらい時間がかかったの？（＝How long did it take to repair the broken cup?）

美香　：約２か月かかったよ。すばらしい体験だったよ。金継ぎはものを長い間使う方法の１つだと思うな。あなたはものを長い間使うのはいい考えだと思う？

あなた：(Yes の例文)うん，そう思うよ。私たちはまだ使えるたくさんのものを捨てているよ。もしそれらを使い続ければ，ごみを減らすことができるよ。（＝Yes, I do.　We throw away many things that can still be used.　If we keep using these things, we can reduce waste.）

美香　：なるほどね。

リスニング　A問題の解説参照。

《2023　C問題　英語　解説》

1　適切な句を選んで文を完成させる問題。

　(1)　文意「私は，近所の人がみんなあなたに親切だということを聞いてうれしい」…「感情」の原因を表す to 不定詞の副詞的用法の文〈be glad to＋動詞の原形〉にする。　・hear that＋主語＋動詞「～だということを聞く」

　(2)　文意「父がくれた本は，私が難しい数学の問題に答えるのに役立った」…「父がくれた本」は〈省略可能な関係代名詞（＝which/that）＋語句（＝my father gave me）〉で後ろから名詞（＝book）を修飾して表す。　・help＋人＋動詞の原形「(人)が～するのに役立つ／～するのを手助けする」

　(3)　文意「もっと練習する時間があれば，兄と同じくらい上手にバスケットボールができるのに」…仮定法過去〈If＋主語＋動詞の過去形 ～，主語＋could …〉「もし～なら，…できるのに」を倒置した文。　・as … as ～「～と同じくらい…」

　(4)　文意「多くの人に愛されるサッカー選手が日本にやってきた」…「多くの人に愛される選手」は〈関係代名詞（＝who）＋語句（＝is loved by many people）〉で後ろから名詞（＝player）を修飾して表す。　・be 動詞＋過去分詞＋by ～「～によって…される」（受け身）

　(5)　文意「私たちのグループで共有されたアイデアは素晴らしいもののようだ」…「私たちのグループで共有されたアイデア」は〈過去分詞（＝shared）＋語句（＝in our group）〉で後ろから名詞（＝idea）を修飾して表す。　・sound＋形容詞「～に聞こえる／～そうだ」

　(6)　文意「私は飛行機でロンドンに行くのに何時間かかるか知りたい」…間接疑問文だから，I want to know how many hours のあとは肯定文の語順にする。　「～するのに(時間)がかかる」＝it takes＋時間＋to ～

2　【本文の要約】参照。本文を読んで，①，②に適する答えを選び，(3)の文を完成させる適切な答えを選ぶ問題。

　(1)　「なぜ歩きながらスマートフォンを使うのですか？」という質問に対し，過半数が To send or read messages と答えた年代だから，ア「18 歳から 29 歳」が適切。　　(2)　60～84 歳の回答者の割合が最多の項目だから，イ「ゲームをするため」が適切。　　(3)　「調査によれば　　　　　」…第１段落４～５行目より，「はい」と答えた人が

（54）

1000 人中 332 だから，過半数となる 668 人が「いいえ」と答えたことになる。よって，イ「全回答者の過半数が『あなたは歩きながらスマートフォンを使いますか』という質問に『いいえ』と答えた」が適切。ア「大阪府は ×自分のスマートフォンを所有している人の割合を知るために調査を行った」　ウ「『なぜ歩きながらスマートフォン使うのですか？』という質問に，『何も考えずに』と答えた回答者は，×各年齢グループで 10%以下だった」エ「最初の質問に『はい』と答えた回答者の 80%以上は『歩きながらスマートフォンを使うのは危険だと思いますか？』という質問には『はい』と×答えなかった」

【本文の要約】

2021 年，大阪府は，歩きながらスマートフォンを使うことについて人々がどう思っているかを調査しました。調査グループのメンバーは，18 歳以上の 1000 人にいくつか質問をしました。それぞれの質問に答えるにあたり回答者は調査グループが用意した選択肢から自分の答えを選びました。(3)ィ「あなたは歩きながらスマートフォンを使いますか？」が最初の質問でした。1000 人のうち 332 人が「はい」を選び，残りの人は「いいえ」を選びました。「はい」を選んだ人たちは他にも質問されました。その中に「なぜ歩きながらスマートフォンを使うのですか？」という質問がありました。表には，各年齢のグループの回答者がこの質問にどんな答えを選んだのかが表されています。各回答者は答えをひとつだけ選びました。

この表からわかることがいくつかあります。まず，どの年齢のグループの中でも「メッセージを送ったり読んだりするため」と答えた人が最も多いです。①ァ 18 歳から 29 歳 では半数以上の人がこの答えを選んでいます。次に，②ィ「ゲームをするため」と答えた人の割合を比べてみると，60 歳から 84 歳の回答者の割合が最多でした。

この調査によると，最初の質問に「はい」を選んだ人たちの 80%以上が，「歩きながらスマートフォンを使うことは危険だと思いますか？」という質問にも「はい」を選んでいます。歩きながらスマートフォンを使うのはやめましょう。

3　【本文の要約】参照。英文を読み，(1)～(5)の文を完成させる適切な答えを選ぶ問題。

(1)　第 2 段落の①のある文以降には，AI がどのように農業に役立つかの具体例が挙げられているから，エ「～を支える」が適切。ア「～を満たす」，イ「～を発明する」，ウ「～を受け取る」は不適切。

(2)　②のある文の前半に「データを使用して生産量の計画を立てることが可能」とあるので，その結果，廃棄はウ「減る」と考えられる。ア「買われる」，イ「増える」，エ「着られる」は不適切。

(3)　「ＡＩによって分析されたデータは　　　　　　」…第 2 段落最後の 1 文より，エ「農業を始めたばかりの農家に，自分の農場でどの作業をすべきか，また，それをいつすべきかを教えてくれる」が適切。ア「過去の人々が使っていた特別なスキルを習得するのにどれくらいの時間がかかるかを示す」，イ「必要でないにもかかわらず，農家が農場に大量の水をまくのを手助けする」，ウ「農家が集会で集まったときにインターネットを介して共有することしかできない」は不適切。

(4)　「本文によると，スマート農業は農家が　　　　　　のに役立つ」…第 2 段落 2～3 行目より，ア「労働時間を短縮する」が適切。イ「捨てられてしまう食べ物を生産する」，ウ「農場の状態を悪化させる」，エ「より多くの化学肥料を使う」は不適切。

(5)　「本文よると，　　　　　　」…最終段落最後の 1 文より，エ「ＡＩやドローンのような技術は人と環境にとって有用な可能性がある」が適切。ア「農家はスマート農業に使われる技術を使わなければ特別なスキルを習得できない」，イ「日本では農業の仕事をする人の数は増加し続けている」，ウ「日本の人々はスマート農業を用いてすべての問題を解決することができる」は不適切。

【本文の要約】

スマート農業は新しい農業の形式です。それは機械，ＡＩ（人工知能），その他の技術を使います。

スマート農業は多くの点で農家①ェを支える（＝support）ことができます。ひとつの例は，大農場で働く機械です。そ

の機械は農家が運転する必要がありません。悪天候の時でさえ作業してくれます。⑷ァそういった機械は農家の仕事を助け，労働時間を短縮してくれます。また別の例は，さまざまな種類のデータの活用です。スマート農業には天気の情報のようなさまざまな種類のデータが使われます。インターネットを使うことで，農家同士がお互いに話をしなくても，このようなデータが容易に多くの農家に共有されます。さらに，ＡＩが分析したデータを使うことができれば，農家はさまざまなことを容易に判断することができます。例えば，農場にどれくらいの水をまけばいいかを判断できます。いつ野菜を収穫すればいいかも判断できます。過去には，農家はこれらのことを自分たちの特別なスキルによってのみ判断してきました。農家がこのような特別なスキルを習得するために，多くの時間と経験が必要でした。つまり，農業を始めたばかりの農家にとって，多くのことを判断するのは難しいということです。⑶ェしかし，ＡＩが分析したデータを使えば，農業を始めたばかりの農家でも，どの作業をするべきか，また，いつそれをするべきかを簡単に判断することができるのです。

スマート農業はまた，環境にもいいです。例えば，カメラを搭載したドローンを使うことによって，農場の自然環境をよい状態に保つことができます。ドローンは，農場のどの部分が本当に化学肥料を必要といているかを簡単に把握し，そこに飛んで行き，その場所だけに化学肥料をまくことができるので，余計な化学肥料を使わずに済みます。また，作物が生産過剰になった場合は，その一部は放置されてただ捨てられてしまいます。しかし，将来どれくらいの作物が必要なのかを示すさまざまなデータを使うことにより，農家は自分たちの農場でどれくらい作るべきか計画を立てることが可能になり，作物の廃棄量が②ゥ減る（＝be reduced）のです。

実際日本では，農家の数は減少傾向で，その多くは高齢者です。これは日本の農業にとって重大な問題となっています。今では多くの人が環境に注目しています。⑸ェスマート農業で日本の問題すべてが解決できるわけではありませんが，これは人と環境の双方にとっての選択肢のひとつとなる可能性があります。

4 【本文の要約】参照。英文を読み，⑴～⑸の文を完成させる適切な答えを選ぶ問題。
   ⑴ 「金継ぎで壊れた茶碗を直したいとき，通常□□□□を使う」…第１段落２～４行目より，イ「漆と金粉」が適切。
   ⑵ 「茶碗を大事に使っていたが割れることがあった」→「直して使い続けられると考えた」→「漆で接着した」の流れだから，Ｄに入れるのが適切。
   ⑶ ①のある文の２文語に，継ぎめを金粉で装飾し始めたとあるから，ア「～を加えること」が適切。
   ⑷ 「a new idea という言葉は□□□□□□□ということを意味している」…Ⓐのある文の２文後と同じ内容の，エ「継ぎめは，修復されたものが世界にひとつだけのものだということを示す」が適切。
   ⑸ 「本文よると，□□□□□□□」…ウ「金継ぎは割れた茶碗のようなものを直し，それを特別なものにする手段だ」が適切。ア「茶会を楽しむ人が茶会用の茶碗を入手するのが簡単だったため，茶会は人気となった」，イ「継ぎめを金粉で装飾するという考えは，どの部分が修復されたかを他人に気づいてほしい人にとって奇妙に聞こえる」，エ「金粉で装飾された継ぎめはどこに継ぎめがあるのか誰にもわからないので，金継ぎで修復されたものは特別なものにならない」

【本文の要約】

茶碗など壊れたものを修復する日本の伝統的な方法があります。それは「金継ぎ」と呼ばれています。⑴ィ金継ぎで何かを修復する時，通常２つのものが使われます。そのひとつが漆です。漆は漆の木から採取され，破片を接着するために使われます。もうひとつは金粉です。金粉は継ぎめを装飾するために使われます。

日本の人々は 3000 年以上の間，割れたものをつなげるために漆を使ってきました。16 世紀，一部の人たちの間で茶道が人気となり，茶会では茶碗が使われました。当時，それらの茶碗は高価なものでした。新しい茶碗を手に入れるのは容易ではなかったため，人々はその茶碗を慎重に扱いました。しかしながら茶碗は壊れることがありました。Ｄ人々

は壊れた茶碗を直すことにより使い続けることができると考えました。そこで漆を使って破片を接着し，それを使い続けたのです。そして，人々は，継ぎめの部分に金粉①ァを加えること（＝adding）で茶碗は美しくなると思いました。当時，芸術の世界では，金粉を使っての装飾はすでに知られていました。ですから人々はものを修復した際に継ぎめを金粉で装飾し始めたのです。このようにして，金継ぎは多くの人に知られるようになりました。

茶碗など壊れたものを修復する時，継ぎめを隠したがる人がいます。継ぎめによってそれがかつて壊れたものだったことがわかるからです。そのような人にとって，継ぎめを金粉で修飾するという考えは奇妙に聞こえるかもしれません。しかしながら，金継ぎは人々に新しい考えを与えてくれました。茶碗などの壊れたものを金継ぎで直せば，多くの継ぎめがはっきりと見えます。⑵ェしかし，その継ぎめは，他のだれかが同じ継ぎめのものを手に入れることは不可能で，その茶碗が世界でたったひとつのものだということを示しています。金継ぎで修復された茶碗は人々に，修復された茶碗は割れる前に使っていたものよりももっと特別なものだと感じさせてくれます。

⑸ゥ金継ぎは単なる修復方法以上のものです。金継ぎでものを修復しようとする人は，継ぎめを隠したりしません。彼らは，継ぎめがそれらを特別なものにしているのだと信じているのです。

5 【本文の要約】参照。英文を読み，⑴，⑵，⑷，⑸，⑹の文を完成させる適切な答えを選び，⑶の質問への答えを選ぶ問題。

　⑴　nudging が意味することだから，イが適切。ア「物事をさらに難しくするような状況を作ること」，ウ「行動に影響を与えることなく誰かに何かをさせること」，エ「誰かにすべきことを尋ね，そのやり方を伝えること」は不適切。

　⑵　ベッドから出ずに時計を止められるのは，時計がベッドの近くにある場合である。アが適切。

　⑶　接続詞や代名詞をヒントに並べかえる。

　⑷　翌朝起床できるようめざまし時計を遠くに置く，というのは，「小さなちがいを作る」ことだと考えられる。イ「失敗」，ウ「技術」，エ「願い」は不適切。

　⑸　「本文によると，コンビニエンスストアＢでは□□□□□」…第２段落 10～11 行目のコンビニエンスストアＢの調査結果より，エ「無料のビニール袋を受け取らなかった買い物客の数が以前よりも増えた」が適切。ア「コンビニエンスストアの店員は買い物客に無料のビニール袋を受け取らずに買い物するよう伝えた」，イ「買い物客は無料のビニール袋が必要ない場合，店員に『辞退カード』を提示した」，ウ「買い物客はビニール袋を購入したいとき，店員に『要求カード』を提示した」は不適切。

　⑹　「本文によると，□□□□□」…最終段落最後の２文より，ウ「世界の多くの人が『nudging』は様々な問題を解決するのに使えると考えている」が適切。ア「人は誰かをそっと押すときにその人に話しかける」，イ「nudge 理論によると，人はいつもすべきことをする」，エ「日本政府は，人々が買い物をする際，無料のビニール袋を受け取りやすくするために調査を行った」は不適切。

【本文の要約】

　あなたは「nudge」という言葉を聞いたことがありますか？これは英語で，「人の注意を引くためにその人を軽く押す」という意味です。人は，話しかけずに誰かに何かをしてもらいたいときにたいてい nudge します。しかし，この言葉は「nudge 理論」と呼ばれる理論においては，より広い意味を持つのです。この理論によると，人は簡単なことをする方を選択する傾向にあります。人は，それをするのが少し難しいという理由ですべきことをしない場合があります。しかし，それをすることが簡単になる特別な状況があれば，その特別な状況は人の行動に影響を与え，人はそれをするようになります。この理論の中で「nudging」とは，①ィ人がするべきことをする手助けになる，特別な状況を作ることを意味しています。

　多くの人の行動に影響を与える「nudging」の例を紹介しましょう。2020 年，日本政府は，人々が買い物をする際に

使用するビニール袋の数を減らすのを，政府がどのように手助けできるかを見いだすための調査をしました。その調査の中で，政府は調査に加わったコンビニエンスストアのための特別な状況を作りました。コンビニエンスストアＡでは，もし買い物客が無料のビニール袋を必要としない時，店員に「辞退カード」を提示します。そのカードを提示しないと，買い物客は買い物の会計をする際に無料のビニール袋を受け取ります。コンビニエンスストアＢでは，無料のビニール袋が欲しい時は店員に「要求カード」を提示します。そのカードを提示しないと，買い物客は無料のビニール袋を受け取れません。２つのコンビニエンスストアにはそれぞれ「辞退カード」か「要求カード」のどちらかのカードのみがあります。以下がその調査の結果です。コンビニエンスストアＡでは，無料のビニール袋を受け取らなかった買い物客の数は，以前とあまり変わりませんでした。(5)エしかしながら，コンビニエンスストアＢでは，その数は明らかに増えました。調査前は，無料のビニール袋を手に入れるために，買い物客は何もしませんでした。しかし，調査中は，何もしないことが特別な状況の一部になりました。コンビニエンスストアＡでは，何もしないことは無料のビニール袋を受け取りたいという意味でした。コンビニエンスストアＢでは，何もしないことは無料のビニール袋を受け取りたくないという意味でした。コンビニエンスストアＢの特別な状況は，より多くの人が買い物をする時に使うビニール袋の数を減らすのに役立ちました。

　「nudging」によって，あなたはするべきことができるようになります。朝５時に起きて学校に行く前に１時間勉強したい状況を想像してください。朝，めざまし時計が５時に鳴ります。時計がベッドの②ア近く（＝close）にあったら，あなたはベッドから出ることなく，簡単に時計を止めることができます。その後，また寝てしまうかもしれません。しかしながら，もし状況を少し変えれば，あなたは５時に起きて勉強できるのです。例えば，寝る前に，めざまし時計をベッドから離れたところに置いて，時計の隣に教科書を置きます。翌朝，めざまし時計が鳴った時，ベッドの中にいたのでは時計を止めることはできません。③ウ(iii)時計を止めるためには，ベッドから起き上がり，そこまでいかなければいけません。(i)止めた後，めざまし時計の隣に置いてある教科書に気づき，勉強しなければいけないことを思い出します。(ii)すると，あなたはベッドには戻らず，勉強を始めます。この場合，特別な状況を作るというのは，めざまし時計をベッドから離れたところに置いて，教科書をその隣に置くことを意味します。この特別な状況が，あなたがベッドから出て勉強を始めるのに役立つかもしれません。

　「nudging」は時として，その状況に小さな④アちがい（＝difference）をもたらすことですが，人の行動に非常に大きな影響を与える場合もあるのです。(6)ウ今では世界の多くの人が「nudging」に興味を持っています。彼らは「nudging」をさまざまな問題を解決するひとつの方法と考え，問題解決のために nudging をどのように使えるかを学ぼうとしています。

6　英文を読み，英語で自分の答えを書く問題。

　英作文は，①与えられた条件（語数など）を守ること，②質問の内容をしっかり理解して，適切な答えを書くこと，③自分が「書きたい内容」ではなく，自信のある表現を使った「自分が書ける内容」であること，④単語や文法の不注意なミスをしないこと，が大事。問題文の指示に従い，内容が一貫したまとまった分量の英文を書こう。

　（英文の訳）「読書は私たちの人生において重要であり，多くの場面で助けになると言う人がいます。それは人生の中でどのように役立ちますか？あなたの考えを書き，そのあと，あなたの考えを支持する例や経験を書きなさい」

　（例文）「私は，それは以前知らなかったことを学ぶのに役立つと思います。例えば，昔の人々の生活についての本を読むことで，当時彼らがどのように生活していたかわかります。彼らが所有していたものと，現在私たちが所有しているものの違いを知るのは興味深いです。また，スポーツ選手によって書かれた本を読むことで，その選手がどういった努力をしたかを学ぶことができ，よりスポーツに興味がわきます。このように，読書は私たちが新しいことを知るのに役立ちます」

リスニング

【Part A】

　会話の流れと状況を把握し，音声に登場する人物の考えや状況を的確に聞き取ろう。先に選択肢に目を通して，質問を予想しておくとよい。

　1　質問「トムは何を意味していますか？」…カナ「トム，これを見て。この絵は私が美術の授業で描いたよ」→トム「わあ，素敵な絵だね！写真みたいだ！君が描いたなんて信じられないよ，カナ」より，ウ「トムは，カナが本当に素晴らしい絵を描いたことに驚いている」が適切。

　2　質問「この会話について，どれが正しいですか？」…カナ「あ，トム。どうしたの？」→トム「なんでそんなことを聞くの，カナ？」→カナ「だってうれしそうだから。何かいいことが起きたんでしょ」→トム「実は，その通りだよ。昨日，叔父から大好きな歌手のコンサートのチケットをもらったんだ」→カナ「なるほどね」より，イ「昨日トムにいいことが起きた」が適切。

　3　質問「この会話について，どれが正しいですか？」…カナ「トム，何を食べるか決めた？手助けが必要なら，メニューに何て書かれているか英語で説明するよ」→トム「あ，大丈夫だよ，カナ。メニューの写真が何を食べるか選ぶのに役立っているよ。美味しそうだね！」→カナ「このメニューが日本語と英語の両方で書かれていたら，あなたは理解しやすいのにね」より，ウ「トムは，メニューの写真は役に立つと思った」が適切。

　4　【放送文の要約】参照。質問「この会話について，正しいのはどれですか？」…エ「カナもトムも 24 日は用事がない」が適切。

【放送文の要約】

トム：やあ，カナ。音楽部の数人の部員が，学校の近くにある公園のステージでコンサートを開催する予定だよ。

カナ：楽しそうだね，トム。それはいつ開催されるの？

トム：今週の土曜日の 12 月 24 日と，日曜日の 12 月 25 日だよ。僕は土曜日は用事がないよ。土曜日に一緒に行かない？

カナ：ああ…私は毎週土曜日にピアノのレッスンがあるよ。25 日はどうかな？

トム：25 日はホストファミリーと映画館に行く予定なんだ。

カナ：そっか。あ，今年最後のピアノのレッスンは 17 日の土曜日だったのを思い出したよ。だから，今週の土曜日は用事がないよ。

トム：わー，よかった！

　5　【放送文の要約】参照。　質問「この会話について，正しいのはどれですか？」…ウ「インタビューでは 38 人の生徒がもっと一生懸命やってみたいこととして『友達作り』を選んだ」が適切。

【放送文の要約】

トム：カナ，何をしているの？

カナ：4 月に私が学校でしたインタビューについてのレポートを書いているよ。

トム：インタビュー？面白そうだね！

カナ：うん。1 年生 100 人にいくつか質問をしたよ。そして 3 つの選択肢から 1 つ選んでもらったの。

トム：どんなことを聞いたの？

カナ：最初に彼らに聞いたのは，「もっと一生懸命やってみたいことは何ですか？」だよ。選択肢は「勉強」「友達作り」「部活動」だよ。一番多くの生徒に選ばれたのがどれか，当てられる？

トム：そうだな…「友達作り」だと思うよ。

カナ：えっと，<u>38人がそれを選んだよ</u>。でもそれより多くの生徒が「勉強」を選んだよ。

トム：へえ。他の質問は？

カナ：「学校で最も楽しんでいることは何ですか？」と質問したよ。選択肢は「勉強」「友達との会話」「部活動」だよ。

トム：最も多くの生徒は「部活動」を選んだんじゃないかな。

カナ：その答えを選んだのは，部活動に入っている1年生だったよ。でも多くの1年生はまだ部活動に入っていないの。だから，「友達と話す」を選んだ生徒の方が多かったよ。

トム：なるほどね。

【Part B】　【放送文の要約】参照。

　　6(1)　質問「先生が言ったことに関して，どれが正しいでしょうか？」…イ「11月に学校祭が開催される」が適切。

　　(2)　質問「生徒が劇のためにする必要なこととして，正しくないのはどれですか？」…「正しくないこと」を選ぶから，先生の話の6〜7行目と異なるア「生徒は物語を10分よりも長くしなければならない」が適切。

【放送文の要約】

　では今日の英語の授業を始めましょう。この学校では，毎年，2年生が英語劇を作りクラスで発表します。今，みなさんは5人または6人のグループで座っていますね。グループの人たちと英語劇を作ってください。そして各クラスから1つのグループが<u>(1)ィ11月の学校祭で</u>その英語劇を披露します。では，授業でするべきことを説明します。今日の授業では物語を作ってください。大切なことを2つ言います。まず，自分たちの独自の物語を作らなければいけません。つまり，本や映画の物語を使ってはいけないということです。<u>(2)ァ次にその物語は10分以内におさめなければいけません</u>。次回の授業では，劇の練習を始めます。来週の3回の授業で劇を練習する必要があります。劇中は，はっきり，すらすらと話さなければいけません。各自が自分のセリフを覚える必要があります。来月の最初の授業ではクラス内で劇を鑑賞します。ひとりにつき1点持っているものとし，他のグループを見てよかったと思うグループに1点あげてください。そして，もっとも多くの点を獲得したグループが学校祭で劇を披露することになります。

【Part C】　【イベントに関する情報の要約】と【放送文の要約】参照。最初に問題用紙にある，韓国とオーストラリアの生徒とのイベントに関する情報を読み，その後トムとカナの会話を聞いて，質問に答える英文を作る問題。

　　質問「トムとカナによれば，インターネットのイベントのいい点とは何ですか？英語で書きなさい」…設問の指示に合った解答をすること。文法やつづりのミスがない文にすること。

　　(例文)インターネット上のイベントはあまり時間がかかりません。イベントに参加する生徒は飛行機内で長時間過ごす必要がありません。旅行の支度をする必要もありません。　　彼らはお互いの国々について学ぶことができます。写真のおかげで人々の生活や文化を簡単に想像することができます。質問をすることでより多くのことを学ぶことができます。　　この学校の生徒は，ゲーム中は話す内容を準備せずに英語を話さなければならないので，英語のスキルを磨くことができます。また，彼らは辞書を使わずにコミュニケーションを取らなくてはなりません。

【イベントに関する情報の要約】
韓国とオーストラリアの生徒とのオンラインイベントに参加しましょう！

日時：5月15日　3時30分〜5時30分

予定：1.それぞれの国についての英語のスピーチ

　　2.質疑応答

　　3.ゲーム

　　　日本についてのスピーチ，スピーチに使う写真，一緒にプレーするゲームを用意する必要があります

トム：やあカナ，先生がくれた情報を読んだ？インターネット上で行う，韓国とオーストラリアの生徒とのイベントについてだよ。面白そうだよ。一緒に参加しない？

カナ：決心できないよ，トム。英語のスキルを磨きたいけど，忙しくて。

トム：スピーチの準備には時間がかかると思う。でもインターネットのイベントはそんなに時間がかからないよ。君はいつも海外に行きたいって言っているじゃないか。韓国とオーストラリアに行くには，もっと時間がかかるよ。

カナ：そうだね…。あなたの言う通りだね。それがこのイベントのいいところだよね。たった２時間だもん。このイベントに参加する生徒は飛行機内で何時間も過ごさなくて済むね。それに旅行の支度をする必要もないし。でも実際にその国に行ったら，もっと多くのことが学べると思うな。

トム：まあそれはそうだね。でもイベントでも生徒はお互いの国について学ぶことができるよ。それがこのイベントのもうひとつのいいところさ。スピーチをする生徒は写真を見せるから，人々の生活や文化が簡単に想像できるよ。それに，質問をすることでもっと知ることができるよ。

カナ：なるほど。スピーチを聞いていろいろ質問したいな。でもそのイベントに参加することについてはまだ決められないよ。英語でゲームをするなんて難しそう。

トム：難しいかもしれないけれど，この学校の生徒はゲームをして英語のスキルを磨けるんだよ。僕は，それもこのイベントのいい点だと思うよ。

カナ：生徒が，英語が上達するのはわかるわ。だってゲーム中は話す内容を準備せずに英語を話さなければならないんだから。

トム：その通り。それに，辞書なしで話さなければいけないからね。

カナ：英語を話して間違えるのが怖いな。

トム：心配ないよ。僕たちはお互いに助け合えるよ。このイベントは君にとって素晴らしい経験になるよ！

カナ：そうだね！私もそのイベントに参加するね！

── 《2023　理科　解説》 ══════════

1　(1)　図Ⅰのように，ダイズの葉は葉脈が網目状になっていることから，ダイズは双子葉類に分類されるとわかる。

(2)① カビやキノコのなかまは菌類に分類される。　② 図Ⅲにおいて，LはKの５倍の長さである。また，それぞれの顕微鏡の倍率から，ミジンコを観察した視野の直径はコウジカビを観察した視野の直径の$\frac{400}{100}=4$（倍）である。よって，K（コウジカビの長さ）：L（ミジンコの長さ）＝１：（５×４）＝１：20である。

(3)　エのすい液は，デンプン，タンパク質，脂肪のすべてを分解するはたらきをもつ。なお，だ液はデンプン，胃液はタンパク質，胆汁は脂肪を分解するはたらきをもつ。

(4)　ヨウ素液をうすいデンプン溶液に加えると，ヨウ素液の色は青紫色に変化し，ベネジクト液をうすい麦芽糖水溶液に加えて加熱すると，赤褐色に変化する。

(5)② デンプンを分解した微生物は１種類だったことを調べる。AとBの結果の比較によって，コウジカビがデンプンを分解したことがわかり，AとCの結果の比較によって，酵母菌はデンプンを分解しないことがわかるので，デンプンを分解した微生物はコウジカビだけだとわかる。

(6)　表ⅠのCとFより，酵母菌はデンプンを分解しないが，麦芽糖にはたらいてエタノールをつくることがわかる。よって，イが正答である。

2　(1)① 光がガラスから空気に進むとき，ガラス側の角が入射角，空気側の角が屈折角になるので，入射角＜屈折角である。

(2)　光軸に平行な光は，凸レンズを通ったあとに焦点を通る。

(3)　物体の先端から出て凸レンズで屈折した光は，実像の先端に集まるので，エが正答である。

(4)　光源が凸レンズの焦点距離の2倍の位置にあるとき，反対側の焦点距離の2倍の位置にスクリーンを置くと，光源と同じ大きさの実像ができるので，表ⅠでAとBがそれぞれ20.0cmのときに着目し，焦点距離は10.0cmである。

(5)　光源を焦点の内側に置くと，スクリーン側から凸レンズを通して虚像が見られる。

(6)　表ⅠのAの値が15.0cmのとき，倍率は（B÷A）＝30.0÷15.0＝2.0（倍）になっている。20.0cm，30.0cmのときも同様の関係が成り立つので，A＝35.0，B＝14.0のとき，倍率は14.0÷35.0＝0.40（倍）になり，スクリーンにできる実像の高さは2.0×0.40＝0.8（cm）になる。

(7)　図Ⅴのように黒い紙で凸レンズの一部を覆うと，凸レンズを通ってスクリーンに集まる光の量が少なくなるので，像全体が暗くなるが，像が欠けることはない。

(8)　ルーペで見られる像は虚像，カメラで光を集めてできる像は実像である。

3 (1)　地軸の北極側が太陽の方向に傾いているので，地球がAの位置にあるときが夏至の日である。よって，地球の公転の向きから，Bが秋分の日，Cが冬至の日，Dが春分の日である。

(2)　年周運動は地球の公転によって起こる天体の見かけの動きである。

(3)　問題文の式に緯度（34.5°）と地軸の傾きの角度（23.4°）の値を入れて計算すると，90－34.5－23.4＝32.1（°）である。

(4)　地軸の傾きが小さくなると，夏至の日の昼間の長さは短くなり，冬至の日の昼間の長さは長くなる。地軸の傾きがなくなると，1年を通して昼間と夜の長さが同じになる。

(5)①　南西方向に伸びる前線は寒冷前線，東方向に伸びる前線は温暖前線である。　　②　日本列島の西にある高気圧に着目する。日本列島上空に吹く偏西風の影響で，移動性高気圧は西から東へ移動するので，図Ⅳの日の翌日に，近畿地方を覆ったと考えられる。

(6)　問題文の式より，春分の日の太陽の南中高度〔90°－緯度〕に緯度（34.5°）の値を入れて計算すると，90－34.5＝55.5（°）である。太陽光に対して垂直に近い角度で設置された板ほど，単位面積あたりに太陽光から受け取るエネルギーは大きいので，黒い面の表面温度が最も高かった板は35°に傾けたbである。

(7)　$11×150×\dfrac{1}{120}＝13.75→14$ J

4 (1)　電気をよく通すのは金属に共通する性質である。また，磁石に引き付けられるのは鉄などの一部の金属だけに見られる性質で，アルミニウムは磁石に引き付けられない。

(2)①　アは水素，イは酸素，ウは二酸化炭素が発生し，エは気体が発生しない。　　②　酸素のような水に溶けにくい気体は水上置換法で集める。

(3)　結びついた酸素の質量は，加熱後の粉末の質量から，加熱する前の粉末の質量を引いて求める。4回目以降は加熱後の粉末の質量が2.16gで一定になっているので，2.16－1.30＝0.86（g）である。

(4)　図Ⅱより，マグネシウム0.9gと結びつく酸素の質量は0.6gとわかる。

(5)　化学反応式をかくときは，反応の前後で原子の種類と数が等しくなるように係数をつける。反応後のマグネシウム原子と酸素原子が2個ずつあるので，反応前の数が同じエが正答である。

(6)　図Ⅲより，0.3gのマグネシウムと結びつく酸素の質量は0.2gであり，0.2gの酸素と結びつく銅は0.8gとわかる。よって，0.3gのマグネシウムに含まれる原子の数と，0.8gの銅に含まれる原子の数は等しいと考えられる。

(7)　立方体に含まれる原子の数は結びつく酸素の質量に比例するので，表Ⅱの結びつく酸素の質量より，銅の立方体に含まれる原子の数は，マグネシウムの立方体に含まれる原子の数の約2.3÷1.1＝2.09…→2.1倍である。

1　(1)①(a)　イ　　西アジアの産油国からの輸入が多い。

(b)　ＯＰＥＣ　　石油輸出国機構には，西アジアやアフリカの産油国や南アメリカのベネズエラが加盟している。

(c)　ⓐ＝ア　ⓑ＝ウ　　オーストラリアの鉱産資源の分布は右図を参照。

② 自給率　　日本の食料自給率は，カロリーベースで約 38％であり，特に大豆や小麦の自給率が低い。

③　エ　　東京湾沿いの東京から千葉にまたがる工業地域を京葉工業地域という。アは北九州工業地帯(域)，イは阪神工業地帯，ウは中京工業地帯が含まれる地図である。

④(a)　イ　　アは山形県，ウは青森県，エは福島県の伝統的工芸品。　　(b)　エ　　日本海側の気候は，季節風の影響を受けて冬の降水量が多くなる。アは南西諸島の気候の那覇市，イは太平洋側の気候の高知市，ウは内陸の気候の松本市の雨温図である。

(2)　ウ　　Ｐ．誤り。輸出総額の増加額は 77－61＝16(兆円)，輸入総額の増加額は 79－49＝30(兆円)だから，輸入総額の増加額の方が大きい。Ｑ．正しい。北アメリカに対する輸出額と輸入額は，2004 年は輸出額が 61×0.238＝14.518(兆円)，輸入額が 49×0.156＝7.644(兆円)，2019 年は輸出額が 77×0.211＝16.247(兆円)，輸入額が 79×0.126＝9.954(兆円)だから，いずれも輸出額が多い貿易黒字になっている。

(3)　小型軽量で単価の高い工業製品が航空機輸送に適している。

2　(1)　ア　　権利章典は，名誉革命(1688 年)後の 1689 年に制定された。ロックは，『市民政府二論(統治論)』で知られるイギリスの思想家である。

(2)①　ⓐ＝ア　ⓑ＝公共の福祉　　経済活動の自由には，職業選択の自由のほか，居住・移転の自由，財産権の保障などがある。職業選択の自由が公共の福祉によって制限される例として，医師や看護師の資格などがある。

②(b)　ウ　　地方公共団体においては，地方議会議員も首長もともに住民による直接選挙で選出される。これを二元代表制という。　　(c)　イ　　ア，ウ，エはいずれも内閣が行う。　　(d)　ア　　Ｐ．正しい。表Ⅰより，20 歳代の投票率の 2 倍は 61.92％だから，60 歳代の投票率に届かないことがわかる。Ｑ．正しい。投票数は 60 歳代が 1629×0.6358＝1035.7…(万人)，20 歳代が 1184×0.3096＝366.5…(万人)だから，その差は約 1036－367＝669(万人)であり，人口の差の 1629－1184＝445(万人)より大きい。

③　ウ　　裁判員裁判では，被告人が有罪か無罪かを判断し，有罪と判断した場合にはその量刑も決める。

(3)　ⓐ＝与　ⓑ＝野　　2023 年 7 月現在の与党は，自由民主党と公明党の連立与党であり，野党第一党は立憲民主党である。

(4)①　直接　　直接請求権の要件は右表を参照。

②　エ　　民生費は 24.3％，公債費は 15.5％だから，目的別歳出額で最も多いのは民生費である。防衛費はＹが 100％になっているので，Ｙが国とわかる。

	必要な署名数	請求先
条例の制定・改廃請求	有権者の 50 分の 1 以上	首長
監査請求		監査委員
議会の解散請求	＊有権者の 3 分の 1 以上	選挙管理委員会
首長・会議の議員の解職請求		
副知事・副市長村長・選挙管理委員 公安委員・監査委員の解職請求		首長

＊有権者数が 40 万人以下の場合。
議会と首長・議会の議員については，住民投票を行い，その結果，有効投票の過半数の同意があれば解散または解職される。

3　(1)①　Ａ　　北半球にあるのはＡ，Ｂ，Ｄの 3 つである。日本の標準時子午線が東経 135 度でイギリスのロンドンを本初子午線が通るから，東経 30 度は日本とイギリスの間にあり，日本よりイギリスに近い場所と判断できる。

②　ブラジリア　　ブラジルでは，リオデジャネイロからブラジリアに首都が移された。同じように首都を移した

国として，臨時首都であったメルボルンからキャンベラに移したオーストラリアがある。

③　イ　　Bはガンジス川の流域に位置する。チグリス川とユーフラテス川の流域はイラクあたりになる。

(2)①　ア　　桓武天皇は，寺院などの旧勢力を政治から遠ざけようとして，784 年，都を平城京から，水陸の交通の便利な長岡京(現在の京都府長岡京市あたり)に移し，ついで 794 年，平安京(現在の京都府京都市)に移した。

②　オ　　(ⅲ)平安時代初頭→(ⅰ)平安時代中期→(ⅱ)平安時代後期

③　管領　　室町幕府の将軍の補佐役が管領，鎌倉幕府の将軍の補佐役が執権である。

(3)①　ⓐ＝江戸　ⓑ＝文明開化　　ⓐ「改称」とあることから，東京が江戸時代に何と呼ばれていたか考える。
ⓑ文明開化の象徴として，ガス灯・レンガ造りの洋館・鉄道馬車・洋装・洋傘などがよく取り上げられる。

②　ウ　　下級裁判所を含むすべての裁判所が，司法権の属する裁判所である。

③　ⓐ＝一般の銀行に国債を売る　ⓑ＝一般の銀行は資金量が減る　　景気を抑えるときは，一般の銀行の資金量が減るように，一般の銀行に国債を売る「売りオペレーション」を行い，景気を刺激するときは，一般の銀行の資金量が増えるように，一般の銀行がもつ国債等を買う「買いオペレーション」を行う。

④　イ，エ　　ア．誤り。図Ⅱを見ると，夜間人口が 40 万人以下である区は，1985 年から 1995 年までは夜間人口が減少し，2000 年から 2015 年までは夜間人口が増加していることがわかる。イ．正しい。図Ⅰを見ると昼夜間人口比率が最も高いのはW区であること，図Ⅱを見ると夜間人口が最も少ないのがW区であることがわかる。ウ．誤り。図Ⅰを見ると，Z区の昼夜間人口比率は 100 に達していないから，夜間人口より昼間人口の方が少ないことがわかる。エ．正しい。W区の夜間人口は約 15 万人，昼夜間人口比率は約 450 だから，昼間人口は 15×4.50＝67.5(万人)，X区の夜間人口は約 25 万人，昼夜間人口比率は約 400 だから，昼間人口は 25×4.00＝100(万人)，Y区の夜間人口は約 34 万人，昼夜間人口比率は約 250 だから，昼間人口は 34×2.50＝85(万人)，Z区の夜間人口は約 72 万人，昼夜間人口比率は約 90 だから，昼間人口は 72×0.90＝64.8(万人)。よって，X区の昼間人口が最も多い。

4　(1)①　鉄　　青銅は鉄に比べてもろいため，農具や武器には鉄が使われた。

②　ⓐ＝イ　ⓑ＝エ　　ⓐ『魏志』倭人伝に，邪馬台国と卑弥呼の記述があり，朝貢した卑弥呼に対して，「親魏倭王」の称号と，銅鏡 100 枚，金印などがおくられたと書かれていた。　ⓑ志賀島で発見された金印に「漢委奴国王」と刻まれていたことで，『後漢書』に記された印の実物と判断された。

(2)　租　　律令にもとづく税については右表を参照。

(3)①　ⓐ＝ア　ⓑ＝エ　　ⓐ株仲間は，江戸時代に営業を独占した同業者の組織。ⓑ出雲阿国は，かぶき踊りを始めた女性。

名称		内容	納める場所
租		収穫した稲の約3%	国府
調		布または特産物	都
庸		10 日間の労役に代わる布	都
雑徭		年間 60 日以内の労役	
兵役	衛士	1 年間の都の警備	
	防人	3 年間の九州北部の警備	

②(a)　徳政　　「土地の返却や借金の帳消しなどを認める」から徳政と判断する。　(b)　ア　　1492 年，コロンブスの船隊が西インド諸島に到達した。イは 13 世紀，ウは 14 世紀，エは 16 世紀。

(4)①　ウ　　マルクスは『資本論』の中で，資本主義経済を否定し，社会主義経済を提唱した。

②　ⓐ＝リンカン　ⓑ＝イ　　1861 年，奴隷制度の存続と自由貿易を主張する南部と，奴隷制度の廃止と保護貿易を主張する北部の対立から南北戦争が起きた。

(5)　図Ⅰを見ると，1965 年から 1974 年にかけて，三大都市圏の有効求人倍率は，地方圏の有効求人倍率の 2～3 倍であったことが読み取れる。また，地方圏の有効求人倍率は 1.00 を下回っていることから，地方圏では労働力に余剰が生じていたことがわかる。

《2022　A問題　国語　解答例》

一 1．(1)か　(2)いた　(3)ほうそう　(4)まんきつ　(5)積　(6)針　(7)筋肉　(8)打破　　2．ウ

二 1．イ　　2．イ　　3．ア　　4．a．自分の知っ　b．端々ににじみ出る書き手の意識や人間性

三 1．ア　　2．おもい　　3．ウ

四 1．イ　　2．ウ　　3．自分がまったく知らなかった世界を知りたい

　　4．(1)a．生活は明ら　b．どんな書店　(2)エ

五 (例文)

　　私は、太陽の位置の変化によって季節を感じる。私は毎日夕方同じ時間に愛犬の散歩をしている。すると、季節によって太陽の位置が全く違うのだ。夏は、太陽の位置が高いため、日陰になる道を選んで歩く。帰宅する時もまだ太陽は出ていて、時期によっては夕焼けがとてもきれいだ。冬は、太陽が沈む直前に歩き始めるので、日なたはほとんどなく、家に帰るころには完全に沈んでいる。

《2022　B問題　国語　解答例》

一 1．ウ　　2．エ　　3．「意図」の集積としてできあがっており、これからも変化を続けていく

　　4．現在という

二 1．イ　　2．ア　　3．もうけ　　4．④わざ　⑤法

三 1．(1)ほうそう　(2)ゆうかん　(3)ふせ　(4)と　(5)針　(6)築　(7)相談　(8)律詩　　2．ウ

四 1．ア　　2．a．人が手揉みして生地を染める　b．自分たちの身近なふるまい

　　3．(1)イ　(2)a．紅葉と時雨　b．枯れ葉が落ちることをさも花の盛りが去るように惜しむ

五 (例文)

　　資料から、海外在住の外国人の多くが関心を持っている日本の文化は、食文化や自然環境、生活様式などで、芸術的なものは上位に入っていないことが読み取れる。そこで、私が、外国の人たちに伝えたいと考える日本の文化は書道だ。姿勢を整えて心を落ち着かせ、墨をすり、筆で文字を書き始めると、徐々に集中力が高まっていく。書道は字がきれいに書けるようになるだけでなく、自分の気持ちを整えたり、感動を表現したりする魅力がある。芸術性があり、日本人の精神性を反映している書道は、外国の人たちに伝える日本文化としてふさわしいものだと思う。

《2022　C問題　国語　解答例》

一 1．B　　2．a．すっかり無　b．すべて「私　　3．さよならと　　4．a．その主語の支配が「振り返った時」で終わり、それ以降は前文の主語が潜在的に働いている　b．無駄な主語

二 1．イ　　2．ア　　3．a．西こそ秋の初め　b．ウ　c．エ

三 1．(1)さと　(2)す　(3)もうら　(4)快　(5)律詩　(6)修築　　2．エ

四 1．社会通念としての美を生み出すために、現実世界の理想的な模倣物を作り出すこと。　　2．ウ

　　3．a．作り手の姿　b．創造性と模

五 (例文)

　　資料から、「相手や場面を認識する能力」と答えた人の割合が大幅に増えたことがわかる。また、全体的に見て、知識以上に能力を重視する人が多いことも特徴的だ。これからの時代は、価値観の多様化、国際化、情報化などが

急速に進み、その変化に対応していかなければならない。コロナ禍をきっかけに、オンライン授業が増えたり、仕事がリモートになったりしてコミュニケーションの手段が、対面によるものではなくなりつつある。また、外国の人たちとのコミュニケーションもひんどが増えると思う。そのような背景を考えた時、相手や場面を正しく認識し、適切な言葉を選んで説明したり発表したりすることのできる知識や能力が必要だと思う。

―《2022　Ａ問題　数学　解答例》――――――――――――――――――――――

1　(1)10　　(2)-15　　(3)-9　　(4)$7x+3$　　(5)$6x^2$　　(6)$11\sqrt{3}$

2　(1)26　　(2)5.7　　(3)イ　　(4)$x=4$　$y=-9$　　(5)$x=3$，$x=5$　　(6)28　　(7)$\dfrac{2}{9}$　　(8)ウ　　(9)$\dfrac{7}{36}$
　(10)①エ　②$18a$

3　(1)①(ア)365　(イ)425　②$15x+305$　(2)21

4　(1)$90-a$　　(2)$5\sqrt{2}$　　(3)ⓐＩＧＤ　ⓑＩＤＧ　ⓒウ　　※(4)$\sqrt{29}$

　　　　　　　　　　　　　　　　　　　　　　　　　　　※の求め方は解説を参照してください。

―《2022　Ｂ問題　数学　解答例》――――――――――――――――――――――

1　(1)16　　(2)$7a-20b$　　(3)$2b^2$　　(4)$5x+23$　　(5)$8-\sqrt{3}$

2　(1)$\dfrac{7b-4}{5}$　　(2)$x=\dfrac{3\pm\sqrt{17}}{4}$　　(3)エ　　(4)$\dfrac{5}{12}$　　(5)673　　(6)$2a-b$　　(7)24　　※(8)$-\dfrac{7}{18}$

3　(1)①(ア)365　(イ)425　②$15x+305$　③21　　(2)ｓの値…9　ｔの値…30

4　(1)△ＢＣＥと△ＤＦＨにおいて，
　　ＣＥ⊥ＡＢ，ＦＨ⊥ＡＨだから，∠ＣＥＢ＝∠ＦＨＤ＝90°…⑦
　　四角形ＡＢＣＤは平行四辺形だから，∠ＥＢＣ＝∠ＡＤＣ…⑦
　　対頂角は等しいから，∠ＨＤＦ＝∠ＡＤＣ…⑦
　　⑦，⑦より，∠ＥＢＣ＝∠ＨＤＦ…⑦
　　⑦，⑦より，2組の角がそれぞれ等しいから，△ＢＣＥ∽△ＤＦＨ
　(2)①$\dfrac{12}{5}$　②$\dfrac{25\sqrt{21}}{16}$　　(3)ウ，エ　　(4)①$\dfrac{13}{3}$　②$\dfrac{52\sqrt{2}}{3}$

　　　　　　　　　　　　　　　　　　　　　　　　　　　※の求め方は解説を参照してください。

―《2022　Ｃ問題　数学　解答例》――――――――――――――――――――――

1　(1)$\dfrac{7a+b}{12}$　　(2)$x=\dfrac{2}{3}$　$y=\dfrac{4}{3}$　　(3)$20\sqrt{3}$　　(4)ウ　　(5)$\dfrac{5}{9}$　　(6)8　　(7)17，28，39　　※(8)$-1+\sqrt{10}$

2　(1)$\dfrac{1}{4}\pi a^2$

　(2)△ＡＢＣと△ＣＯＧにおいて，
　　ＥＣ／／ＡＢであり，平行線の錯角は等しいから，∠ＢＡＣ＝∠ＯＣＧ…⑦
　　仮定より，∠ＡＢＣ＝90°…⑦
　　△ＤＥＣは∠ＤＥＣ＝90°の直角二等辺三角形だから，∠ＣＤＦ＝45°…⑦
　　一つの弧に対する中心角の大きさは，その弧に対する円周角の大きさの2倍だから，∠ＣＯＧ＝2∠ＣＤＦ…⑦
　　⑦，⑦より，∠ＣＯＧ＝90°…⑦
　　⑦，⑦より，∠ＡＢＣ＝∠ＣＯＧ…⑦
　　⑦，⑦より，2組の角がそれぞれ等しいから，△ＡＢＣ∽△ＣＯＧ

(3)① $\dfrac{5\sqrt{34}}{6}$　② $\dfrac{25}{4}$

3　(1)① $8\sqrt{21}$　② $\dfrac{\sqrt{26}}{2}$　③ $\dfrac{5}{3}$　(2)① $\dfrac{16}{5}$　② $\dfrac{96\sqrt{21}}{5}$

※の求め方は解説を参照してください。

══《2022　A問題　英語　解答例》══

1　(1)ウ　　(2)ウ　　(3)イ　　(4)ア　　(5)イ　　(6)イ　　(7)ア　　(8)ウ　　(9)ウ　　(10)ア

2　［Ⅰ］(1)エ　(2)two fresh apples　(3)ウ　(4)ウ

　　［Ⅱ］①Your speech was very interesting.　②What do you usually buy?　③I like to drink coffee.

3　(1)ア　　(2)エ　　(3)will show you　　(4)how it was made　　(5)エ　　(6)the special events　　(7)ア

　　(8)①No, he didn't.　②It became a National Park.

＜リスニング＞　　B問題と共通

　　1．ウ　　　2．ア　　　3．ウ　　　4．ア　　　5．(1)イ　(2)エ　　　6．(1)エ　(2)イ

══《2022　B問題　英語　解答例》══

1　(1)エ　　(2)ア　　(3)ウ　　(4)things that we can feel　　(5)ア　　(6)made me believe the fact　　(7)イ

　　(8)something interesting about Lake Biwa　　(9)イ，ウ

2　(1)ア　　(2)understood how they could move　　(3)エ　　(4)other sea animals　　(5)Have you tried to open　　(6)イ

　　(7)エ　　(8)イ　　(9)①Yes, they are.　②We can use the power of the strong muscle.

3　①Let's make the plan together.　Do you have any ideas?

　　②I think the mountain is better because we can enjoy climbing it together.　We can make our friendship stronger there.

＜リスニング＞　　A問題と共通

══《2022　C問題　英語　解答例》══

1　(1)ウ　　(2)ア　　(3)エ　　(4)イ　　(5)ア　　(6)イ

2　(1)ウ　　(2)ア　　(3)イ

3　(1)ウ　　(2)ア　　(3)ウ　　(4)ア　　(5)エ

4　(1)エ　　(2)イ　　(3)エ　　(4)ウ　　(5)イ

5　(1)ウ　　(2)エ　　(3)ア　　(4)ウ　　(5)イ　　(6)エ

6　I think making an effort helps me.　In my experience, I become very nervous when I don't practice or prepare well.　For example, I made several mistakes in a speech contest because I didn't practice hard.　However, when I practice many times with my friends, I don't become nervous.　I need to practice and prepare well to overcome my nervous feeling and do my best.　Making an effort encourages me to try the things I need to do to achieve my goal.

＜リスニング＞

【Part A】　　1．ウ　　　2．エ　　　3．ア　　　4．ア　　　5．イ

【Part B】　　6．(1)エ　(2)ウ

【Part C】　　Ken thinks the system is good for various people.　People who buy the food can get the food at low prices. People who produce the food can sell the food soon after they take the food.

　　　　　　He thinks the system uses less energy.　People don't need to carry the food to far places.　The system is good for the environment.

He thinks the system helps children learn about their local food.　School lunch is a good chance for students. They can learn how the food is grown in the local area.　The system will let them become interested in the food they eat.

—《2022　理科　解答例》———————————————————————————

1　(1)①ア　②ⓐイ　ⓑエ　(2)①ア　②ウ　(3)①ⓒイ　ⓓエ　②ウ　(4)人間　(5)エ　(6)①ア　②分解
(7)カ

2　(1)①エ　②純粋な物質〔別解〕純物質　(2)ア　(3)水の状態変化に利用された熱量　(4)25　(5)ウ
(6)ⓓイ　ⓔエ　(7)エ

3　(1)日食〔別解〕日蝕　(2)ウ　(3)①ア　②エ　(4)イ　(5)自転　(6)イ　(7)11　(8)①イ　②ウ
(9)西から東へ移動

4　(1)2.5　(2)11　(3)フックの法則〔別解〕弾性の法則　(4)ⓐ4　ⓑ1.2　(5)①ア　②ウ
(6)①1.0　②1.9　③1.8　(7)鉄のおもりの一部を切り離すことで，浮力と重力がつり合うようにしている。

—《2022　社会　解答例》———————————————————————————

1　(1)エ　(2)経済特区　(3)①ウ　②ア　(4)イ　(5)①エ　②輸入に頼っているため，臨海部に製鉄所が立地している　(6)①メキシコ　②シリコンバレー　(7)国内の工場を外国に移した

2　(1)①イ　②オ　(2)①ウ　②(a)ア　(b)ウ　(3)NPO　(4)①ⓐア　ⓑウ　②自衛隊　③火山灰が降る

3　(1)職業選択　(2)①ⓐイ　ⓑエ　②政令　③最高　④イ，オ，カ　(3)①社会的責任　②エ　③預金の金利より貸し出しの金利を高くする　(4)①イ，ウ　②ウ

4　(1)①エ　②口分田　③イ　(2)ⓐ地頭　ⓑ承久　(3)エ　(4)①イ　②ⓐア　ⓑカ　(5)①ア　②ⓐウ　ⓑカ
(6)地主から土地を買い上げ，小作人に売り渡した

━《2022　A問題　国語　解説》━

二　1　「ふと」は副詞。副詞は、おもに、後にくる用言を修飾する。「ふと」（思いがけず、不意に）どうするのかと考えると、イの「思い返して」にかかるとわかる。

2　「そういうこと」が指す内容を問われている。──②の直前の一文にある「その人（書くべき対象となる本人）にとって最も核となる部分は、本人でも言葉にできないぼんやりとした感覚的なものであるということ」を指しているので、この部分と同じことを述べている、イが適する。

3　③.「自分自身について〜そう思いますし、自分の最も身近な人について〜そうなんだろうと感じます」ということを根拠に、「ましてやインタビューなどの形で〜話を聞いたぐらい」の人についても、同じ心構えが必要だということを述べている。よって、「だから」が適する。　④.「人が何を考えているか、どんなことで悩んでいるのか、本当のところは知り得ない」「決してわかった気になってはいけない」という心構えが必要だが、だからといって書かないわけにはいかず、「どうしても何らかの形を浮かび上がらせないといけないし〜一つの物語を紡ぎあげる必要があります」と述べている。よって、「それでも」が入る。

4　書き手にとって大切なことが、最後の2段落でまとめられている。　a　| a |　の直後に「を持ちながら、書いて伝えられることの限界を意識しつつ最高のものを書こうとする」とあるのを手がかりに、同様のことを述べている部分を探す。すると、最後の段落に「書き手が、自分の知っていることはわずかでしかないという謙虚さを持ち、かつ書いて伝えられることの限界を意識しつつ最高のものを書こうとすれば」とある。下線部が25字。

b　| b |　は、「読み手が惹かれたり心を動かされたりする上で重要」なものである。このことを手がかりに、同様のことを述べている部分を探す。すると、最後の段落で「そうして（ちょっとした表現や言葉遣い、語尾といった文章の端々に）微かにでもにじみ出る書き手の意識や人間性こそ、文章の命である〜そういった部分こそ、読み手がその文章に惹かれたり、心を動かされたりする上で重要であるのだ」と述べている。下線部を中心に、「文章の」につながるようにまとめる。

三　1　──①の直後の「おれは」から、「番して下され」までが、たのんだ事の内容。「〜と、いふて」（〜と、言って）とあることから、「と」の前までだと判断できる。「おれは三丁目まで用事があって行ってくるので、この場所でこの鰹（かつお）を、猫がとらないように見張っていて下さい」と言っているので、アが適する。

2　古文で言葉の先頭にない「はひふへほ」は、「わいうえお」に直す。

3　【古文の内容】を参照。「ふうふうといつておどした」（ふうふうと鳴いておどした）が、ウの「威嚇（いかく）」（威力（いりょく）を示しておどすこと）にあたる。

【古文の内容】

> 鰹を料理しているところに、となりの男が来たので、「これこれ、たのみたい事がある。おれは三丁目まで用事があって行ってくるので、この場所でこの鰹を、猫がとらないように見張っていて下さい」と言って出かけた。となりの男は、座って見張り番をしながら、じっと鰹を見ていて、「それにしても新鮮なものだ。これはちょっと、自分のものにしよう」と思い、食べようとしたところ、向かいで（鰹を）ねらっていた猫が、ふうふうと鳴いて（となりの男を）おどしたのだった。

四　1　ア.「書店に行くことはなかった」が誤り。本文中には「写真集コーナー以外には近づいたこともなかった」とあるので、書店には行っていたのである。　イ. 本文中に「はたしてどの作家から、どの本から読んでいいのか見当もつかなかった〜本当に手当たり次第に手にとって、ぱらぱらとめくり、冒頭を読んでみることを繰り返した」とあることに、適する。　ウ. 本文中には「日本で〜紹介されていない本のほうがまるで多い。その上僕はアメリ

カの作家の名前を数えるほどしか知らないのだから」とあるが、「日本で紹介されていない本」を選んだとは書かれていない。　エ．「はじめて本を読むことが好きだと感じた」が誤り。本文中には「僕はやはり本が好きなのだと、改めて感じたりもした」とあり、「中学三年のとき」の、本が好きになったきっかけが語られている。

　２　直前に「友人はＳＦ小説のファンで～あちこちの文庫本を指さしながら説明してくれた」とあるので、「作家の名前」もたくさん知っているのだと考えられる。よって、ウの「すらすら」が適する。

　３　ニューヨークの書店で知らない本に囲まれて感じたのは、「まさに未知の世界にずぶりと入っていく瞬間のような気がした」ということである。この感覚を「以前どこかで体験したことのある感覚～中学生の頃に感じたそれだ」と気づき、当時のことを説明しているのである。「中学三年のとき」に思ったことを、□□□の直前に「いままで」とあることを手がかりにして探す。すると、「いままで自分がまったく知らなかった世界を、友人が深く知っていることをとてもとてもうらやましく思い、自分も～それらを知りたかった」とある。

　４(1)ａ　直前でＢさんが言った「それ以降（駅前の書店に行ってから）は、書店に行くようになったり、友人と本の話をしたりするようになっている」という内容は、本文中の「その日（友人に連れられて駅前の書店に行った日）を境にして僕の生活は明らかに変わった。書店に行くようになったし、いつでも文庫本をカバンの中に入れ～友人と読んだ本の話など当たり前のようにするようになった」という部分をふまえている。下線部が11字。

　ｂ　□ｂ□の直前の「その書店はなくなってしまったけど、自分の中では」という表現を手がかりに、同様のことを述べている部分を探す。すると、最後の段落に「その駅前の書店は～とっくになくなってしまったけど、僕の中ではどんな書店よりもずっと心に残っている」とある。下線部が18字。　　　(2)━━━の前で出た「駅前の小さな書店に行ったことで、本と関わるようになっていったということだね」「それは、筆者にとって印象に残る特別なことだったんじゃないかな」という意見をまとめていると言えるので、エが適する。

━《2022　Ｂ問題　国語　解説》━━━━━━━━━━━━━━━

一　１　━━①のある一文は、ここまでに述べてきたことのまとめになっている。著者がいて何らかの「意図」のもとに書かれた「書物」と、「多様な『意図』の総量として、都市空間はできている」ということを重ね、「都市空間は、多数の著者がいる書物のようなものだ」と述べている。これは、本文の最初の「あらゆる都市空間は『意図』を持って造られています。どんなに自然発生的に見える空間でも～そこには何らかの『意図』があるのです」ということを言うために、書物にたとえて説明しているのである。よって、ウが適する。

　２　直前の段落で述べた「都市空間のそれぞれの部分を子細に眺めていくと～明らかな『意図』がある」ということの例として、「住宅街」にも「意図」があるということを説明しているので、エの「たとえば」が適する。

　３　本文では、都市が「実際の書物と異なるところも多々あります」と述べ、二つの点を取り上げている。「ひとつは、都市という書物には無数の著者がいる～それぞれの部分を子細に眺めていくと～明らかな『意図』がある～こうした『意図』の集積として都市の空間ができあがっているのです」「もうひとつ～異なる点があります。それは、都市という書物はこれからも書き継がれる書物だ～都市空間はこれからも変化を続けていきます」とある。それぞれのポイントとなる下線部を用いてまとめる。

　４　都市空間の性質について述べてきた本文の最後で、「こう考えると、現時点のわたしたちの立場も明らかになります」と述べていることに着目する。「現時点のわたしたちの立場」をくわしく説明した、「つまり、過去から未来へと続く長い都市の歴史の中の、現在という一時点の読者であり、著者であるということです」という一文と、□□□の直前の内容を照らし合わせる。下線部が20字。

二　１　「しるべ」は、道案内をするもの、教え導くもの、という意味。ここでは「法となす」（したがうべき事柄とする）ものであるから、イの「てびき」。

　２　「ことわり」は、道理、理屈、説明、という意味。「さる事」は、そのようなこと、もっともなこと、もちろ

んのこと、という意味。ここでの「ながら」は、～けれども、という逆接の意味。まとめると、「(その道理は)も っともなことであるが」という意味になるのである。では、何について「もっともなことである」と言っているの か。それは、——②の前の「こは」(このことは)が指す内容である。その前までの本文で「万事につけて、どんな わざ～人々も認めるようである」(【古文の内容】参照)と述べていることに、アが適する。

3　古文の「ア段＋う」は、「オ段＋う」に直す。よって、「まう」は「もう」。

4　直前で述べた「そのわざがあってなおそのうえに、法というものが生じるようである」ということを理由に、 この一文を結論としている。よって、「わざ」が「本(もと)」で、「法」が「末(すえ)」。

【古文の内容】

> 　万事につけて、どんなわざ(行い、技芸)であっても、昔から法(したがうべき事柄)とするてびきがあって、それ に基づかないような場合は、本当の精神(真髄、本質)を理解するのが難しいが、その法を身につけている場合は、 本式であるとして、人々も認めるようである。このことは、昔から、もっともなことであるが、深くそのおおもと を考えてみると、あらゆることは、初めに法を用意しておいて、その後にわざを行い始めるのではなく、そのわざ があってなおそのうえに、法というものが生じるようである。こういうことであるから、わざは根本であって、法 は結果なのである。

三　2　漢文の最初の「其ノ」が、書き下し文の「其の」なので、返り点は付かない。漢文の「接スル物ニ」を「物に接 する」と読むので、「物」から「接」に一字返ることを示すレ点を入れる。漢文の「也」は、日本語の助詞にあたる ので、書き下し文ではひらがなになっている。書き下し文の「春陽の温なるが」は、漢文の「春陽之温ナルガ」。この 部分から「如シ」に返って読むので、二字以上へだてて返る場合に使う、一・二点を入れる。よって、ウが正解。

四　2a　「もみつ」が何に由来する表現なのかを読み取る。本文中で「『もみつ』とは『揉み出づ』のこと。昔の染 め物は～揉むようにして色を染めていましたから、まるで人が手揉みして生地を染めるように、木々が葉を紅や黄 に染めているようだとたとえたのではないでしょうか」と述べていることから、下線部が 13 字。　　b　「古(いにしえ) の人は植物の生態に心を動かされたとき」に、何に「見立ててとらえていた」のかを述べている部分を探す。「古 の人は植物の生態に目を見はるたび、自分たちの身近なふるまいに見立て、なぞらえながら受けとめていたのでは と思わされます」より、下線部が 12 字。

3(1)　直前でBさんが「時雨は紅葉をもたらすものだと言えるね」と言ったことを受けて、「時雨は紅葉を散らす ものでもあるということがわかるよね」ということを加えている。よって、イが適する。　　(2)a　Aさんは、B さんが「時雨は紅葉をもたらすものだと言えるね」、Cさんが「時雨は紅葉を散らすものでもあるということがわ かるよね」と言ったのを受けて、「だから」と、筆者が述べていることをまとめている。筆者は本文中で「紅葉を もたらすのも、散らすのも、そんな時雨であり」と述べているが、この部分では指定字数に合わないので、同じこ とを意味する 17 字の表現を探す。すると、「紅葉と時雨の季節が重なり合っている」とある(「手折らずて～」の 歌の２行前)。　　b　 b の後に「葉を花に見立てる歌心」とあるのを手がかりに、同様のことを述べている 部分を探す。すると、本文の最後で「それをさも花の盛りが去るように惜しむ気持ちのどこかに、葉を花に見立て る人の歌心が働いているかのようです」とある。「それ」が指す内容(前行の「時雨に打たれて枯れ葉が落ちる」こ と)を補う必要があるが、 b の直前が「時雨によって」であることが、そのヒントになっている。

═《2022　Ｃ問題　国語　解説》═

一　1　A～Dは、いずれも下一段活用の動詞。下一段活用は「え/え/える/える/えれ/えろ(えよ)」のように活 用し、未然形と連用形の活用語尾が同じなので、接続している言葉で判断する。　A．助動詞の「よう」に接続し ているので、未然形。　B．助詞の「て」に接続しているので、連用形。　C．助動詞の「られる」に接続してい るので、未然形。　D．助動詞の「ない」に接続しているので、未然形。

2　引用文の背景にある文脈について説明している部分を探す。すると、本文4〜5段落目に「あの場面はこういう文脈を背負ってあの位置に置かれた〜<u>すっかり無口になって別れをかみしめている　踊子の姿を印象的に描いている</u>。引用文中の『やはり』はそういう文脈を受けており」「しかも、このあたり一帯、<u>すべて『私』が見た対象の描写が続いているのだ</u>。そういう文脈の流れを背景にしたこの一文で」とある。これらを根拠にすれば、うなずいた人物が踊子であると明確に判断できるということを述べているのである。

3　直前の「作者の<u>助詞の正確な使用に注目したい</u>」に着目する。「さよならを」の「を」（助詞）が、他の助詞ではなく「を」であるからこそ、という話をしているのである。次行に「前者（　①　）ならサヨナラという語に限られる」とあるので、「さよならと」。「さよならを言う」だと、「さよなら」そのものだけでなく、さよならと同じことを意味する「別れの挨拶という意味合いが強くなる」。踊子が何を言おうとしたのか、様子を見ている「私」には、「さよなら」そのものかどうか特定はできないが、それが別れの挨拶であろうことは、状況から判断できる。だから、踊子の様子として「さよならを言おうとした」という表現に、矛盾はないのである。

4ａ　「『私は』でなく『私が』」ということについては、本文最後の段落で述べている。「もしも『振り返った』のも〜『うなずいて見せた』のも同じ人物であるならば〜『私は』と書く〜<u>『私が』と書いたのは、その主語の支配が『振り返った時』で終わり</u>〜それ以降は別の主語すなわち踊子を想定していたことは確実〜あえて『踊子は』という主語を書かなかったのは〜直前の文に『踊子は……見つめていた』とあり、その主語の支配が次の文にまで及んでいるからだ。すなわち〜<u>前文の主語が潜在的に働いている</u>という判断である」とあることから、要点となる下線部を用いてまとめる。　　ｂ　この問いでは、「作者が（あえて）『さよならを』の前に主語を書かなかった」理由についての考察をまとめているのである。よって、「をしなかったのだろう」に続く　ｂ　には、あえて主語を書くこと、という意味の言葉が入ると判断できる。本文最後の3行「再度『踊子は』という<u>無駄な主語を重ねて駄目を押すくどい書き方を</u>〜川端の美意識が許さなかったのだろう」より、下線部が20字。

二　1　少将の内侍が「このかえでに、初紅葉がしていた（その秋に初めて色づいた紅葉があった）のだけれど、散ってなくなってしまったわ」と言ったのを聞いた、頭の中将の質問である。その紅葉は「どちらの方角にございましたか」と言っているので、イが適する。

3　蔵人の永継は、「古今和歌集」の歌をふまえて「西の枝にこそ候ひけめ」と言ったのである。古歌の内容をふまえた発言をした永継にも、その趣を理解して感動した右中将実忠朝臣にも、知的センスや教養が感じられる、素敵な出来事だったということ。

【古文の内容】

> 少将の内侍が、台所の庭のかえでの木を見て、「このかえでに、初紅葉がしていた（その秋に初めて色づいた紅葉があった）のだけれど、散ってなくなってしまったわ」と言ったのを、頭の中将が聞いて、「どちらの方角にございましたか」と言って、枝の先を見上げたので、ほかの人たちも皆じっと見つめていたところ、蔵人の永継がすぐさま、「西の枝にございましたのでしょう」と申し上げたのを、右中将実忠朝臣が、御剣のお役目で参上して、同じくその場所にお仕えしていたのだが、その（永継の）言葉に感動して、「近ごろは、このようなことを察して口にする人はまれであるのに、（永継は）風流でございますなあ」と言って、感心のあまりうなると、ほかの人たちも皆（たいしたものだと）興に乗り（＝おもしろく思って）、その場にいる全員が感心してほめたのだった。ほんとうに、（永継が）即座に口にしたことも、また、それを聞いて（実忠朝臣が）心にとめたのも、たいそう風流なことでございました。「古今和歌集」の歌に、
>
> 　同じ木の枝なのに、特にその葉が色づいたのは、西こそが秋の初め（秋は西からくるもの）だからなのだなあ
>
> とございますのに思いを致して言ったのでしょう。

四　1　「<u>これ</u>がその後、微妙に誤解されてゆく〜目的と手段の順序が乱れてくる」とあるので、「これ」の指す内容が、問われている「芸術における本来の目的と手段」にあたる。また、──①の直後には、「目的と手段の順序が

乱れ」た結果、「現実の美しさを模倣することのできる技巧をもつこと」が目的化したということが書かれている。つまり、本来は、「現実世界の理想的な模倣物を作り出すこと」が手段なのであり、そうして作られたものが「共有されることで社会通念としての美が作り出されてゆく」とある。言いかえると、「社会通念としての美」を生み出すためには、「現実世界の理想的な模倣物を作り出すこと」が必要だった、ということになる。だから、「描かれ共有されないかぎり、美は生まれないのだ」と言えるのである。

2　ア．本文中では「問題なのはその写真が、見る者に対象との一体感を作り出している<u>かどうか</u>なのである」「自動的にできてしまうものに対して〜同期を意識している<u>かどうか</u>が、その鍵となる」と述べている。よって、「写真は〜同期を意識しているため〜模倣を作っているわけではない」とは言い切れない。　イ．本文中では「現実の美しさを模倣することのできる技巧をもつことが、人間の知的な活動であると考える〜<u>これが、写真の発明で逆転を迫られるのだ</u>」と述べているので、誤り。　ウ．本文中で「写真は〜現実の三次元空間にある光の強さの分布がレンズを通して記録された物体にすぎない〜その写真が、見る者に対象との一体感を作り出しているかどうか〜それが起こらないかぎり〜光の分布の複製物にすぎない」と述べていることに、合う。　エ．本文に出てくる「『<ruby>噛<rt>か</rt></ruby>み合って』いるかどうか」は、「見る者に対象との一体感を作り出しているかどうか」「読み手のもつ受容体との同期」ができているかどうか、という意味である。「写っている対象と現実に存在している対象とが『噛み合って』いる」といった内容は、本文中で述べられていない。

3　a　本文中で「真の模倣とは、その姿形の複写ではなく、それを超えて<u>作り手の姿勢や考えを学び、使うこと</u>をいうのであり」と述べていることから、下線部が 17 字。　　b　本文中で「模倣することは〜芸術行為ではないと結論されてしまった〜現代の芸術観の誕生〜他者の表現をまねることは、最も忌避すべき行為であり、芸術家は〜他にはない表現を行う独創的な創造者でなくてはならない〜これは<u>創造性と模倣に対する誤解</u>ではないだろうか」と述べていることから、下線部が 12 字。

《2022　Ａ問題　数学　解説》

1　(1)　与式＝－ 2 ＋12＝10

(3)　与式＝40－49＝－ 9

(4)　与式＝x－ 3 ＋ 6 x＋ 6 ＝ 7 x＋ 3

(5)　与式＝$\dfrac{48x^3}{8x}$＝ 6 x^2

(6)　与式＝$\sqrt{2^2 \times 3}$＋ 9 $\sqrt{3}$＝ 2 $\sqrt{3}$＋ 9 $\sqrt{3}$＝11$\sqrt{3}$

2　(1)　与式に a ＝－ 6 を代入すると，－ 2 ×（－ 6 ）＋14＝12＋14＝26

(2)　求める気温は，（Ａ市の最低気温）－（Ｂ市の最低気温）＝5.3－（－0.4）＝5.7（℃）

(3)　1 袋に a 個のみかんが入った袋を 3 袋買うと，みかんは a × 3 ＝ 3 a （個）になる。これが20個より多いのだから，「イ　3 a ＞20」となる。

(4)　7 x＋y＝19…①，5 x＋y＝11…②とする。①－②でyを消去すると，7 x－ 5 x＝19－11　　2 x＝ 8　　x＝ 4
②にx＝ 4 を代入すると，5 × 4 ＋y＝11　　y＝－ 9

(5)　与式より，（x－ 3 ）（x－ 5 ）＝ 0　　x＝ 3 ，5

(6)　【解き方】7 ÷ 2 ＝ 3 余り 1 より，中央値は，大きさ順に並べたときの 4 番目の記録である。
記録が小さい順に並べると，26回，27回，27回，28回，…となるので，中央値は28回である。

(7)　【解き方】樹形図にまとめて考える。
Ａ，Ｂから同時にカードを 1 枚ずつ取り出すとき，取り出し方は全部で
3 × 3 ＝ 9 （通り）ある。そのうち積が 16 となるのは，右樹形図の☆印

```
 A   B      A   B      A   B
 2 < 4      3 < 4      4 < 4☆
     6          6          6
     8☆         8          8
```

の２通りだから，求める確率は，$\dfrac{2}{9}$である。

(8) 【解き方】直線y＝ax＋bについて，a，bはそれぞれ，グラフの傾きと切片を表す。

傾きは負の数(右下がり)で，切片は正の数だとわかるので，aは負の数でbは正の数である。よって，ウが正しい。

(9) 放物線y＝ax²はA(－6，7)を通るから，7＝a×(－6)²　　36a＝7　　a＝$\dfrac{7}{36}$

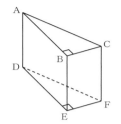

(10)① 【解き方】辺ACと同一平面上にあり，交わらない辺が，辺ACと平行な辺である。

辺ACと平行な辺は，「エ 辺DF」である。「ア 辺AB」は辺ACと交わり，

「イ 辺BE」と「ウ 辺DE」は辺ACとねじれの位置にある辺である。

② 立体ABC‐DEFは三角柱であり，底面積が，$\dfrac{1}{2}$×AB×BC＝$\dfrac{1}{2}$×9×4＝18(㎠)，

高さがAD＝acmなので，体積は，18×a＝18a (㎤)と表せる。

3 (1)① 【解き方】「コーンの個数」は，x＝1のときと比べて，x＝4のとき4－1＝3増え，x＝8のとき8－1＝

7増えている。

x＝4のとき，y＝320＋15×3＝(ア)365，x＝8のとき，y＝320＋15×7＝(イ)425

② x＝1のときy＝320であり，xが1増えるごとにyは15増えるので，y＝320＋15(x－1)　　y＝15x＋305

(2) 【解き方】(1)②で求めたy＝15x＋305の式に，x＝t，y＝620を代入する。

620＝15t＋305　　15t＝315　　t＝21

4 (1) 三角形の内角の和は180°だから，∠BAE＝180°－∠ABE－∠BEA＝180°－90°－a°＝90°－a°

(2) 【解き方】正方形FGDHに対角線FDをひくと，△GFDはGF＝GD＝5cmの直角

二等辺三角形になる。

直角二等辺三角形の3辺の長さの比は1：1：$\sqrt{2}$となるから，FD＝$\sqrt{2}$GF＝$5\sqrt{2}$(cm)

(3) 証明の穴埋め問題では，すでに書かれていることがヒントになるのでそれをよく読んで，論理的な説明になる
ように空欄を埋めていこう。答えがすぐにわからない場合は，仮定を図にかきこみ，問題の内容に応じて，図形の
性質，平行線の同位角・錯角，円周角の定理などからわかることも図にかきこんで，答えを考えよう。

(4) 【解き方】三角形の相似と三平方の定理を利用して，IG→FI→HI，の順で長さを求める。

△DEC∽△IDGより，DC：IG＝EC：DG＝10：5＝2：1だから，

IG＝$\dfrac{1}{2}$DC＝$\dfrac{1}{2}$×6＝3(cm)　　FI＝FG－IG＝5－3＝2(cm)

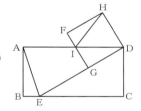

△HIFについて，三平方の定理より，HI＝$\sqrt{HF^2＋FI^2}$＝$\sqrt{5^2＋2^2}$＝$\sqrt{29}$(cm)

―《2022 Ｂ問題 数学 解説》――――――――――――

1 (1) 与式＝18－16÷8＝18－2＝16

(2) 与式＝10a－2b－3a－18b＝7a－20b

(3) 与式＝$\dfrac{14ab×ab}{7a^2}$＝2b²

(4) 与式＝x²－1²－(x²－5x－24)＝x²－1－x²＋5x＋24＝5x＋23

(5) 与式＝$(\sqrt{6})^2$－2×$\sqrt{6}$×$\sqrt{2}$＋$(\sqrt{2})^2$＋3$\sqrt{3}$＝6－4$\sqrt{3}$＋2＋3$\sqrt{3}$＝8－$\sqrt{3}$

2 (1) 与式より，7b＝5a＋4　　5a＝7b－4　　a＝$\dfrac{7b－4}{5}$

(2) 2次方程式の解の公式より，x＝$\dfrac{－(－3)±\sqrt{(－3)^2－4×2×(－1)}}{2×2}$＝$\dfrac{3±\sqrt{17}}{4}$

(3) 平均値は，(2＋3×4＋4×3＋5×2＋6＋12)÷12＝54÷12＝4.5(冊)

最頻値は，最も度数の多い冊数だから，3冊である。

$12 \div 2 = 6$ より，中央値は，大きさ順に並べたときの6番目と7番目の冊数の平均である。3冊以下が $1 + 4 = 5$（人），4冊以下が $5 + 3 = 8$（人）いるので，中央値は4冊とわかる。よって，「エ　$b < c < a$」である。

⑷　【解き方】樹形図にまとめて考える。

A，Bから同時にカードを1枚ずつ取り出すとき，取り出し方は全部で

$3 \times 4 = 12$（通り）ある。そのうち和が20の約数（1と20，2と10，

4と5）になるのは，右樹形図の☆印の5通りだから，求める確率は，

$\dfrac{5}{12}$ である。

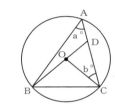

⑸　【解き方】連続する三つの整数のうち最も小さい数を n とすると，連続する三つの整数は，n，$n + 1$，$n + 2$ と表せる。

三つの整数の和は2022となるので，$n + (n + 1) + (n + 2) = 2022$　　$3n = 2019$　　$n = 673$

よって，求める数は673である。

⑹　同じ弧に対する中心角の大きさは，円周角の大きさの2倍だから，

$\angle COB = 2\angle CAB = 2a°$

△OCDについて，三角形の1つの外角は，これととなりあわない2つの内角の和に

等しいから，$\angle CDO = \angle COB - \angle OCD = 2a° - b°$

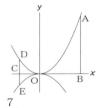

⑺　【解き方】$\sqrt{6 \times n}$ が自然数となるのは，$n = 6 \times k^2$（kは自然数）のときである。

$4 < \sqrt{n} < 5$ より，$\sqrt{16} < \sqrt{n} < \sqrt{25}$ だから，$16 < n < 25$

これを満たす n は，$k = 2$ のときの，$n = 6 \times 2^2 = 24$ である。

⑻　【解き方】Aの y 座標→ABの長さ→Cの x 座標→Dの y 座標→Eの y 座標→ a の値，の順で求める。

Aは放物線 $y = \dfrac{1}{2}x^2$ 上の点で，x 座標が $x = 3$ だから，y 座標は，$y = \dfrac{1}{2} \times 3^2 = \dfrac{9}{2}$

$CB = AB = $（Aの y 座標）$= \dfrac{9}{2}$ cmだから，（Cの x 座標）$= $（Bの x 座標）$- CB = 3 - \dfrac{9}{2} = -\dfrac{3}{2}$

Dは放物線 $y = \dfrac{1}{2}x^2$ 上の点で，x 座標が $x = -\dfrac{3}{2}$ だから，y 座標は，$\dfrac{1}{2} \times \left(-\dfrac{3}{2}\right)^2 = \dfrac{9}{8}$

$DE = 2$ cmだから，（Eの y 座標）$= $（Dの y 座標）$- DE = \dfrac{9}{8} - 2 = -\dfrac{7}{8}$

放物線 $y = ax^2$ はE$\left(-\dfrac{3}{2}, -\dfrac{7}{8}\right)$ を通るから，$-\dfrac{7}{8} = a \times \left(-\dfrac{3}{2}\right)^2$　　$\dfrac{9}{4}a = -\dfrac{7}{8}$　　$a = -\dfrac{7}{18}$

なので，体積は，$18 \times a = 18a$（cm³）と表せる。

3　⑴①　【解き方】「コーンの個数」は，$x = 1$ のときと比べて，$x = 4$ のとき $4 - 1 = 3$ 増え，$x = 8$ のとき $8 - 1 = 7$ 増えている。

$x = 4$ のとき，$y = 320 + 15 \times 3 = $ (ア)$\underline{365}$，$x = 8$ のとき，$y = 320 + 15 \times 7 = $ (イ)$\underline{425}$

②　$x = 1$ のとき $y = 320$ であり，x が1増えるごとに y は15増えるので，$y = 320 + 15(x - 1)$　　$y = 15x + 305$

③　【解き方】②で求めた $y = 15x + 305$ の式に，$y = 620$ を代入する。

$620 = 15x + 305$　　$15x = 315$　　$x = 21$

⑵　【解き方】コーンA，Bの個数の合計と，積んだコーンA，Bの高さについて，s と t の式をつくり，連立方程式として解く。

コーンA，Bの個数の合計は39だから，$s + t = 39 \cdots ①$

⑴と同様に考えると，積んだコーンAの高さは $15s + 305$（mm），コーンBの高さは $150 + 10(t - 1) = 10t + 140$（mm）と表せるので，$15s + 305 = 10t + 140$　　$15s - 10t = -165$　　$3s - 2t = -33 \cdots ②$

①×2＋②で t を消去すると，2 s＋3 s＝78－33　　5 s＝45　　s＝9

①に s＝9 を代入すると，9＋t＝39　　t＝30

4 [Ⅰ](1)　まず，問題文の仮定を図にかきこんで，証明のために必要な条件を探そう。条件が足りない場合は，問題の内容に応じて，図形の性質，平行線の同位角・錯角，円周角の定理などからわかることもかきこんでみよう。

(2)① △BCE∽△DFH より，BE：DH＝BC：DF＝6：5 だから，BE＝$\frac{6}{5}$DH＝$\frac{6}{5}$×2＝$\frac{12}{5}$（cm）

② 【解き方】△FGD＝$\frac{1}{2}$×GD×FH だから，GD，FH の長さをそれぞれ求める。

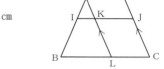

AE＝AB－BE＝7－$\frac{12}{5}$＝$\frac{23}{5}$（cm）

AB／／FC より，△EGA∽△FGD だから，GA：GD＝AE：DF＝$\frac{23}{5}$：5＝23：25

よって，AD：GD＝（23＋25）：25＝48：25 だから，GD＝$\frac{25}{48}$AD＝$\frac{25}{48}$×6＝$\frac{25}{8}$（cm）

△DFH について，三平方の定理より，FH＝$\sqrt{FD^2-DH^2}$＝$\sqrt{5^2-2^2}$＝$\sqrt{21}$（cm）

したがって，△FGD＝$\frac{1}{2}$×$\frac{25}{8}$×$\sqrt{21}$＝$\frac{25\sqrt{21}}{16}$（cm²）

[Ⅱ](3)　辺 AD とねじれの位置にある辺は，辺 AD と平行でなく交わらない辺（同一平面上にない辺）なので，「ウ　辺 EF」と「エ　辺 FB」である（他にも，辺 HG と辺 GC がある）。

(4)①　【解き方】面 ABCD について，右のように作図し，IJ＝IK＋KJ で求める。

四角形 AKJD と四角形 ALCD は平行四辺形なので，KJ＝LC＝AD＝3 cm

よって，BL＝7－3＝4（cm）

△AIK∽△ABL で，IK：BL＝AI：AB＝2：6＝1：3 だから，

IK＝$\frac{1}{3}$BL＝$\frac{4}{3}$（cm）　　したがって，IJ＝$\frac{4}{3}$＋3＝$\frac{13}{3}$（cm）

②　【解き方】立体 IFBJ は，底面を△IJB とすると，高さが FB＝9 cm の三角すいである。面 ABCD について，右のように作図し，△IJB＝$\frac{1}{2}$×IJ×IO で求める。

四角形 ABCD は AB＝DC＝6 cm の等脚台形だから，BM＋CN＝7－3＝4（cm），

BM＝CN＝4÷2＝2（cm）

△ABM について，三平方の定理より，AM＝$\sqrt{AB^2-BM^2}$＝$\sqrt{6^2-2^2}$＝$4\sqrt{2}$（cm）

△ABM∽△IBO より，AM：IO＝AB：IB＝6：（6－2）＝3：2 だから，IO＝$\frac{2}{3}$AM＝$\frac{8\sqrt{2}}{3}$（cm）

よって，△IJB＝$\frac{1}{2}$×$\frac{13}{3}$×$\frac{8\sqrt{2}}{3}$＝$\frac{52\sqrt{2}}{9}$（cm²）だから，求める体積は，$\frac{1}{3}$×$\frac{52\sqrt{2}}{9}$×9＝$\frac{52\sqrt{2}}{3}$（cm³）

━━《2022　C問題　数学　解説》━━━━━━━━━━━━━━━━━━━━━━

1 (1)　与式＝$\frac{3(3a-b)-2(a-2b)}{12}$＝$\frac{9a-3b-2a+4b}{12}$＝$\frac{7a+b}{12}$

(2)　与式より，x－16y＋10＝－8y だから，x－8y＝－10…①　　5x－14＝－8y だから，5x＋8y＝14…②

①＋②で y を消去すると，x＋5x＝－10＋14　　6x＝4　　x＝$\frac{2}{3}$

②に x＝$\frac{2}{3}$ を代入すると，5×$\frac{2}{3}$＋8y＝14　　8y＝$\frac{32}{3}$　　y＝$\frac{4}{3}$

(3)　与式＝（x＋y）（x－y）＝（$\sqrt{15}$＋$\sqrt{5}$＋$\sqrt{15}$－$\sqrt{5}$）｛$\sqrt{15}$＋$\sqrt{5}$－（$\sqrt{15}$－$\sqrt{5}$）｝＝

$2\sqrt{15}$（$\sqrt{15}$＋$\sqrt{5}$－$\sqrt{15}$＋$\sqrt{5}$）＝$2\sqrt{15}$×$2\sqrt{5}$＝$20\sqrt{3}$

(4)　【解き方】与式より，by＝－ax＋1　　y＝－$\frac{a}{b}$x＋$\frac{1}{b}$　　よって，直線の傾きは－$\frac{a}{b}$，切片は$\frac{1}{b}$となる。グラフの切片は正の数なので，$\frac{1}{b}$は正の数，つまり，b は正の数である。グラフの傾きは正の数（右上がり）なので，－$\frac{a}{b}$は正の数で，b が正の数だから，a は負の数である。よって，ウが正しい。

(5) 【解き方】a，b，cの決まり方が複雑なので，全部の場合を表にまとめる。

全部の取り出し方は右表のように9通りある。

そのうち $\frac{ac}{b}$ が自然数となるのは，○印の5通りなので，求める確率は，$\frac{5}{9}$ である。

Aのカード	Bのカード	a	b	c	$\frac{ac}{b}$ が自然数か
2，4	1	1	2	4	○
2，4	3	2	3	4	
2，4	9	2	4	9	
2，6	1	1	2	6	○
2，6	3	2	3	6	○
2，6	9	2	6	9	○
4，6	1	1	4	6	
4，6	3	3	4	6	
4，6	9	4	6	9	○

(6) 【解き方】215 cm以上220 cm未満の階級を，215〜220と表す。サッカー部員の215〜220の度数をa人として，相対度数について，aの方程式をたてる。

バレーボール部員の215〜220の度数は，サッカー部員の215〜220の度数より3人少ないから，（a－3）人と表せる。（相対度数）＝$\frac{（各階級の度数）}{（総度数）}$ であり，サッカー部員とバレーボール部員の215〜220の階級の相対度数が同じなので，$\frac{a}{32}=\frac{a-3}{20}$ 　　5a＝8（a－3）　　5a＝8a－24　　3a＝24　　a＝8

よって，サッカー部員の215〜220の度数は，8人である。

(7) 【解き方】mは2けたの自然数だから，m＝10a＋b（aは1〜9の整数，bは0〜9の整数）と表せる。このときn＝a＋bである。

11n－2m＝11（a＋b）－2（10a＋b）＝11a＋11b－20a－2b＝－9a＋9b＝9（b－a）

この値が50以上60以下となり，b－aは整数だから，9×6＝54より，b－a＝6になるとわかる。

条件に合う（a，b）は，（1，7）（2，8）（3，9）だから，条件に合うmの値は，17，28，39である。

(8) 【解き方】Dは直線ℓ上の点なので，Dの座標をtの式で表し，直線ℓの式に代入することで，tについての方程式をたてる。

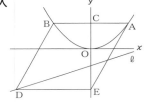

Aは放物線 $y=\frac{1}{3}x^2$ 上の点で，x座標がx＝tだから，y座標は $y=\frac{1}{3}t^2$ となる。

A$\left(t，\frac{1}{3}t^2\right)$ とBはy軸について対称なので，B$\left(-t，\frac{1}{3}t^2\right)$ である。

また，C$\left(0，\frac{1}{3}t^2\right)$ である。

CE＝4cmだから，（Eのy座標）＝（Cのy座標）－CE＝$\frac{1}{3}t^2-4$

四角形ABDEは平行四辺形なので，DE＝AB＝（AとBのx座標の差）＝t－（－t）＝2t（cm）

よって，（Dのx座標）＝（Eのx座標）－DE＝0－2t＝－2t

また，（Dのy座標）＝（Eのy座標）＝$\frac{1}{3}t^2-4$ なので，D$\left(-2t，\frac{1}{3}t^2-4\right)$

直線 $y=\frac{1}{3}x-1$ の式にDの座標を代入すると，$\frac{1}{3}t^2-4=\frac{1}{3}\times(-2t)-1$ 　　$t^2-12=-2t-3$

$t^2+2t-9=0$ 　　2次方程式の解の公式より，$t=\frac{-2\pm\sqrt{2^2-4\times1\times(-9)}}{2\times1}=\frac{-2\pm\sqrt{40}}{2}=-1\pm\sqrt{10}$

t＞0より，$t=-1+\sqrt{10}$

2 (1) 円Oの半径はOA＝$\frac{1}{2}$AC＝$\frac{1}{2}a$（cm）だから，円Oの面積は，$\left(\frac{1}{2}a\right)^2\pi=\frac{1}{4}\pi a^2$（cm²）

(2) まず，問題文の仮定を図にかきこんで，証明のために必要な条件を探そう。条件が足りない場合は，問題の内容に応じて，図形の性質，平行線の同位角・錯角，円周角の定理などからわかることもかきこんでみよう。

(3)① 【解き方】三平方の定理と△ABC∽△COGであることを利用して，AC→CO→OG，の順で求める。

△ABCについて，三平方の定理より，AC＝$\sqrt{AB^2+BC^2}=\sqrt{3^2+5^2}=\sqrt{34}$（cm）　　CO＝$\frac{1}{2}$AC＝$\frac{\sqrt{34}}{2}$（cm）

△ABC∽△COGであり，AB：BC＝3：5だから，CO：OG＝3：5より，

OG＝$\frac{5}{3}$CO＝$\frac{5}{3}\times\frac{\sqrt{34}}{2}=\frac{5\sqrt{34}}{6}$（cm）

② 【解き方】(四角形ＯＦＥＣの面積)＝△ＣＯＧ－△ＦＥＧで求められる。

△ＡＢＣ＝Ｓとし，相似な三角形の面積比は，相似比の２乗に等しいことを利用して，

△ＣＯＧ→△ＦＥＧ→四角形ＯＦＥＣ，の順に面積をＳの式で表す。

△ＡＢＣと△ＣＯＧの相似比はＡＢ：ＣＯ＝３：$\dfrac{\sqrt{34}}{2}$＝６：$\sqrt{34}$だから，

△ＡＢＣ：△ＣＯＧ＝６²：$(\sqrt{34})^2$＝18：17　　△ＣＯＧ＝$\dfrac{17}{18}$△ＡＢＣ＝$\dfrac{17}{18}$Ｓ

ＯＦ＝ＯＣ＝$\dfrac{\sqrt{34}}{2}$cmだから，　ＦＧ＝ＯＧ－ＯＦ＝$\dfrac{5\sqrt{34}}{6}$－$\dfrac{\sqrt{34}}{2}$＝$\dfrac{\sqrt{34}}{3}$(cm)

△ＣＯＧ∽△ＦＥＧ(∠ＣＯＧ＝∠ＦＥＧ＝90°，∠ＣＧＯ＝∠ＦＧＥ)だから，△ＡＢＣ∽△ＦＥＧ

△ＡＢＣと△ＦＥＧの相似比はＡＣ：ＦＧ＝$\sqrt{34}$：$\dfrac{\sqrt{34}}{3}$＝３：１だから，△ＡＢＣ：△ＦＥＧ＝３²：１²＝９：１

△ＦＥＧ＝$\dfrac{1}{9}$△ＡＢＣ＝$\dfrac{1}{9}$Ｓ

したがって，四角形ＯＦＥＣの面積は，△ＣＯＧ－△ＦＥＧ＝$\dfrac{17}{18}$Ｓ－$\dfrac{1}{9}$Ｓ＝$\dfrac{5}{6}$Ｓ

よって，四角形ＯＦＥＣの面積は，$\dfrac{5}{6}$△ＡＢＣ＝$\dfrac{5}{6}$×$\dfrac{1}{2}$×３×５＝$\dfrac{25}{4}$(cm²)

3 (1)① 【解き方】△ＤＥＦについて，右のように作図する。

△ＤＥＦはＤＥ＝ＤＦ＝10 cmの二等辺三角形なので，ＥＭ＝$\dfrac{1}{2}$ＥＦ＝４(cm)

△ＤＥＭについて，三平方の定理より，ＤＭ＝$\sqrt{ＤＥ^2－ＥＭ^2}$＝$\sqrt{10^2－4^2}$＝$2\sqrt{21}$(cm)

よって，△ＤＥＦ＝$\dfrac{1}{2}$×８×$2\sqrt{21}$＝$8\sqrt{21}$(cm²)

② 【解き方】ＡＣ∥ＨＧより，ＡＢ：ＨＢ＝ＣＢ：ＧＢ＝８：(８－６)＝４：１なので，ＡＢの長さを求める。

面ＡＤＥＢについて，右のように作図する。ＢＮ＝５－３＝２(cm)

△ＡＢＮについて，三平方の定理より，ＡＢ＝$\sqrt{ＡＮ^2＋ＢＮ^2}$＝$\sqrt{10^2＋2^2}$＝$2\sqrt{26}$(cm)

よって，ＨＢ＝$\dfrac{1}{4}$ＡＢ＝$\dfrac{1}{4}$×$2\sqrt{26}$＝$\dfrac{\sqrt{26}}{2}$(cm)

③ 【解き方】面ＡＤＥＢについて右のように作図すると，△ＩＤＰ∽△ＩＥＢとなることを利用する。

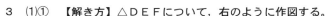

ＨＤ∥ＢＰより，ＡＤ：ＤＰ＝ＡＨ：ＨＢ＝(４－１)：１＝３：１なので，

ＤＰ＝$\dfrac{1}{3}$ＡＤ＝$\dfrac{1}{3}$×３＝１(cm)

△ＩＤＰ∽△ＩＥＢだから，ＤＩ：ＥＩ＝ＤＰ：ＥＢ＝１：５なので，ＤＩ：ＤＥ＝１：(１＋５)＝１：６

よって，ＤＩ＝$\dfrac{1}{6}$ＤＥ＝$\dfrac{1}{6}$×10＝$\dfrac{5}{3}$(cm)

(2)① 【解き方】ＡＫ：ＡＢの比から，ＫＬの長さを求める。

ＫＪ∥ＢＥより，ＡＫ：ＡＢ＝ＤＪ：ＤＥ＝４：10＝２：５

ＫＬ∥ＢＣより，△ＡＫＬ∽△ＡＢＣだから，ＬＫ：ＣＢ＝ＡＫ：ＡＢ＝２：５

よって，ＬＫ＝$\dfrac{2}{5}$ＢＣ＝$\dfrac{2}{5}$×８＝$\dfrac{16}{5}$(cm)

② 【解き方１】面ＣＦＥＢに垂直で，Ｋを通る面とＬを通る面で立体を切断すると，切断面は右図の太線部分となる。四角すいＫ－ＳＴＥＢ，四角すいＬ－ＣＦＲＱ，三角柱ＬＱＲ－ＫＳＴの体積の和で求める。

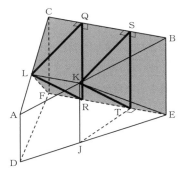

四角すいＫ－ＳＴＥＢの高さは，右図のＪＴである。

四角形ＬＫＢＣはＫＢ＝ＬＣの等脚台形なので，ＢＳ＋ＣＱ＝ＢＣ－ＫＬ＝

８－$\dfrac{16}{5}$＝$\dfrac{24}{5}$(cm)，　ＢＳ＝ＣＱ＝$\dfrac{24}{5}$÷２＝$\dfrac{12}{5}$(cm)

△ＪＥＴは(1)①の△ＤＥＭと相似で，相似比がＪＥ：ＤＥ＝３：５だから，

$JT = \dfrac{3}{5}DM = \dfrac{3}{5} \times 2\sqrt{21} = \dfrac{6\sqrt{21}}{5}$(cm)

四角形STEBの面積は，BE×BS＝$5 \times \dfrac{12}{5} = 12$(cm²)だから，四角すいK－STEBの体積は，$\dfrac{1}{3} \times 12 \times \dfrac{6\sqrt{21}}{5} = \dfrac{24\sqrt{21}}{5}$(cm³)である。四角すいL－CFRQの体積も同様に，$\dfrac{24\sqrt{21}}{5}$cm³である。

三角柱LQR－KSTは，底面積が△KST＝$\dfrac{1}{2} \times ST \times JT = \dfrac{1}{2} \times 5 \times \dfrac{6\sqrt{21}}{5} = 3\sqrt{21}$(cm²)，高さがSQ＝$\dfrac{16}{5}$cmだから，体積は，$3\sqrt{21} \times \dfrac{16}{5} = \dfrac{48\sqrt{21}}{5}$(cm³)　　求める体積は，$\dfrac{24\sqrt{21}}{5} \times 2 + \dfrac{48\sqrt{21}}{5} = \dfrac{96\sqrt{21}}{5}$(cm³)

【解き方2】面CFEBに垂直で，Bを通る面とCを通る面，2つの面と，直線LKとの交点をそれぞれU，Vとすると，右のように作図できる。三角柱VCF－UBEの体積から，三角すいL－VCFと三角すいK－UBEの体積をひいて求める。

△VCF，△UBEの面積は，【解き方1】の△KSTの面積に等しく，$3\sqrt{21}$cm²である。また，KU，LVの長さは，【解き方1】のBSの長さに等しく，$\dfrac{12}{5}$cmである。

求める体積は，$3\sqrt{21} \times 8 - (\dfrac{1}{3} \times 3\sqrt{21} \times \dfrac{12}{5}) \times 2 = 24\sqrt{21} - \dfrac{24\sqrt{21}}{5} = \dfrac{96\sqrt{21}}{5}$(cm³)

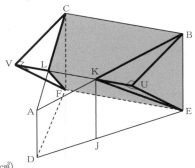

═《2022　A問題　英語　解説》═

1　(1)　「図書館」はウ library である。　　(2)　「窓」はウ window である。　　(3)　「来ました」は come「来る」の過去形，イ came である。　　(4)　「速く」はア fast である。　　(5)　「空腹」はイ hungry である。　　(6)　This「これ」の複数形 These「これら」と，his rackets「彼のラケット」が複数より，対応する be 動詞は，イ are が適切。

(7)　相手の許可を得たいときの表現「〜してもいいですか？」は，助動詞のア May が適切。あとに続く動詞は原形。

(8)　「その時，〜していました」は，過去進行形〈was/were＋動詞の ing 形〉で表すから，ウ practicing が適切。

(9)　「あのいすにすわっている少年」は，〈現在分詞（ing 形）＋語句〉が後ろから，前にある名詞を修飾して表す。現在分詞のウ sitting が適切。ここでは，sitting on that chair が後ろから，前にある boy を修飾する。

(10)　ア wouldn't が適切。「もし〜ならば，〜しないでしょうに」は，仮定法過去〈if＋主語＋動詞の過去形 〜，主語＋wouldn't＋動詞の原形 〜〉の文で表す。現実と違うことを表すから，if 節中の動詞は過去形を使う。be 動詞のときは were を使う。

2　[Ⅰ]　【本文の要約】参照。

(1)　「〜に興味を持つ」＝become interested in 〜

(2)　代名詞は，前に出てきた単語や文を指す。ここでは，同じ文で前にある two fresh apples を指す。

(3)　過去の文だから，ask「尋ねる」の過去形，ウ asked が適切。

(4)　第2段落5〜6行目の内容と一致するウが適切。アは「駅で」，イは「驚かなかった」，エは「手に入れられない」が本文と合わない。

【本文の要約】

みなさん，こんにちは。今日は自動販売機について話そうと思います。日本にはたくさんの自動販売機があります。僕は①ェそれに興味を持ちました（＝became interested in them）。世界で初めて自動販売機が使われたのはいつでしょうか？最も古い自動販売機は 2200 年前に使われていました。エジプトのあるお寺の前では，機械から水を買うことができました。人はそんな昔に機械を作って使っていたのです！

先週，駅でおもしろい自動販売機を見ました。それは生の果物を売る自動販売機だったのです。僕はそれを見てびっくりしました。僕は新鮮なリンゴを2個買って，家でホストファミリーと一緒に食べました。とてもおいしかったです。

自動販売機で新鮮な果物が買えるなんて思いもしませんでした。その日僕はホストファミリーに，日本の自動販売機について②ウ質問しました（＝asked）。それには良い点がたくさんあることがわかりました。(4)ウ夜，暗いとき，自動販売機は明かりの役目をします。おかげで暗い場所でも人は安全に感じます。また，地震のような災害が起きたときでも，自動販売機の中には作動し続けるものがあります。人は自動販売機で，必要なもの，例えば飲み物などを手に入れることができるのです。

　僕は，自動販売機は多くの点で人々の役に立っていると思います。ありがとうございました。

　　[Ⅱ]　【本文の要約】参照。

　　①　「おもしろい」＝interesting　　②　What のような疑問詞を使った文は〈What＋do you ~?〉にする。

　　たいてい」＝usually　　③　「～するのが好き」＝like to ~

【本文の要約】

あなた　　：こんにちは，エドワード。

　　　　　　①あなたのスピーチはとてもおもしろかったです。（＝Your speech was very interesting.）

エドワード：ありがとう。僕はいつもホストファミリーの家の近くにある自動販売機を利用します。

あなた　　：②あなたはたいてい何を買いますか？（＝What do you usually buy?）

エドワード：僕はたいてい温かい飲みものを買います。僕たちは自動販売機からいろいろな種類の飲み物を買うことができます。あなたが好きな飲み物は何ですか？」

あなた　　：③私はコーヒーを飲むのが好きです。（＝I like to drink coffee.）」

エドワード：なるほど。

3　【本文の要約】参照。

　　(1)　話の流れや直前の is から，受け身〈be 動詞＋過去分詞〉「～される」の文。call「呼ぶ」の過去分詞 called が適切。

　　(2)　義雄の質問は Have you ever been there?「あなたはそこに行ったことがありますか？」現在完了の"経験"を問うもの。　②　の直後の文より，サラは行ったことがないから，エの No, I haven't.が適切。

　　(3)　「(人)に○○を見せる」＝show＋人＋○○

　　(4)　I learned の後に，疑問詞を含めた疑問文（ここでは受け身の疑問文）が続く間接疑問の文。間接疑問文は語順に注意。I learned の後は〈how＋it＋was made〉の語順になる。

　　(5)　直前の義雄とサラのやり取りより，グランドキャニオンが1本の川によってできたことが読み取れるから，エが適切。

　　(6)　代名詞は，直前にある名詞や文を指すことが多い。ここでは直前の文の the special events を指す。グランドキャニオンが国立公園になった100周年を祝う特別なイベントの1つに，サラと彼女の家族は参加した。

　　(7)　ア○「サラはグランドキャニオンを訪れることによって，グランドキャニオンがどれほど素晴らしいかを実感することができた」…直前のサラの発言と一致。イ「サラはグランドキャニオンを訪れる前にグランドキャニオンについて×何も学ばなかった」　ウ「サラはある川が×約100年前にグランドキャニオンを削り始めたことがわかった」　エ×「サラはグランドキャニオンを訪れる前から，グランドキャニオンが本当に素晴らしいと実感できた」…本文にない内容。

　　(8)①　質問「義雄はこの前の日曜日に一人で琵琶湖に行きましたか？」…Did Yoshio~?の質問には Yes, he did.または No, he didn't.で答える。義雄の最初の発言よりおばと行ったから，No, he didn't.と答えればよい。

　　②　質問「1919年にグランドキャニオンは何になりましたか？」…サラの13回目の発言より，It became a National Park.と答えればよい。

【本文の要約】

義雄　　：こんにちは，サラ。この写真を見て。これは日本で最も大きな湖だよ。

　　　　　　　　琵琶湖と①ァ呼ばれているんだ（＝It is called）。⑻①先週の日曜日，おばと行ったんだよ。

サラ　　　：まあ，義雄。良かったわね。

義雄　　　：そこには行ったことがある？

サラ　　　：②ェいいえ，ないわ。（＝No, I haven't.）いつか行きたいと思っているけど。

久保先生：やあ，義雄にサラ。何を話しているんだい？

サラ　　　：こんにちは，久保先生。義雄がおばさんと琵琶湖に行ったそうです。

久保先生：本当かい？どうだった，義雄？

義雄　　　：僕が琵琶湖に着いた時，その大きさに圧倒されました。本当に大きかったので。

久保先生：楽しんだようだね。私も初めてそこを訪れた時，そう思ったよ。

サラ　　　：その感覚はわかります。ある場所を訪れると，何か新しいものを感じますよね？

義雄　　　：その通りです。琵琶湖は海みたいでした！

久保先生：サラ，君もそういう経験があるかい？

サラ　　　：はい，あります。アメリカにいた時，グランドキャニオンを訪れて，そんな風に感じました。

久保先生：君の経験を聞きたいな。

サラ　　　：はい。③私はあなたたちに１枚の写真を見せましょう。（＝I will show you a picture.）

義雄　　　：すごい！これは山ですか？

サラ　　　：山ではないんです。グランドキャニオンは谷の一種なんです。④私はグランドキャニオンを訪れる前に，それがどのようにして作られたのかを学びました。（＝Before I visited Grand Canyon, I learned how it was made.）

久保先生：おお，もっと私たちに教えてくれるかな。

サラ　　　：はい。大昔，ある川が流れ始めました。その川は何年もかけてグランドキャニオンを削っています。

義雄　　　：ある川？

サラ　　　：ええ。義雄，この写真に川があるのがわかりますか？

義雄　　　：うん，わかります。あ，待って！この川がグランドキャニオンをつくった，ってことですか？

サラ　　　：そう！それはコロラド川です。コロラド川が5，6百万年前にグランドキャニオンを削り始めました。そして，その川は今でもグランドキャニオンを削り続けています。

義雄　　　：つまり，⑤ェグランドキャニオンは１本の川によって作られたっていうことですね？

サラ　　　：その通りです，義雄。

久保先生：サラ，君はいつグランドキャニオンに行ったんだい？

サラ　　　：３年前です。

久保先生：2019年に，グランドキャニオンで特別な行事が行われたんだよね？

サラ　　　：はい。⑻②グランドキャニオンは1919年に国立公園になりました。その後100年が経った2019年に，コンサート，芸術授業，ナイトツアーなどの行事が行われました。その特別な行事には世界中から来た人々が参加しました。私も家族と参加したひとりです。

義雄　　　：楽しそうだね。

サラ　　　：グランドキャニオンに行く前に，私はたくさん勉強して，かなりの知識を得たつもりだったんです。でも，目の前でグランドキャニオンを見たら，学んだこと以上のものを感じました。グランドキャニオンは本当に素晴らしかったんです。実際行ってみないとそのすごさはわからないと思いました。私は経験を通してそれに気づきました。

久保先生：興味深い話をどうもありがとう。とても楽しかったよ。

義雄　　　：僕もです。いつかグランドキャニオンに行ってみたいです。

リスニング〔A問題・B問題〕

1 ジョー「陽子，僕は昨日，本屋でこのマンガを買ったよ。安かったんだ」→陽子「それはよかったわね，ジョー。いくらだったの？」に続くから，ウ「１ドルだよ」が適切。

2 美希の説明「こんにちは，みなさん。今日は私のお気に入りの絵を紹介します。これを見てください。小さな船に何人か乗っているのがわかりますね。川には橋が架けられています。波も描かれていますね。私はこの絵が好きです」…下線部から，美希が説明しているのはアが適切。

3 【放送文の要約】参照。演奏された歌のタイトルは「未来」→「瞬間」→「希望」の順番だから，ウが適切。

【放送文の要約】

アン：こんにちは，直人。私は昨日のコンサートを楽しんだわ。あなたは？

直人：僕も楽しめたよ。歌を３曲きいたけど，アンはどの歌が１番気に入ったの？

アン：私は２番目の歌が気に入ったんだけど，タイトルが思い出せないの。あなたは覚えている？

直人：２番目の歌？えっと，確か最初の歌が「未来」だった…。２番目の歌は「希望」だと思うんだけど。

アン：「希望」？違うわ，それ（「希望」）は３番目に演奏された歌よ。

直人：そうだね，君が正しい。それじゃあ，２番目の歌は「瞬間」だと思う。

アン：ああ，それそれ。私にとってその歌が１番だったのよ。

4 【放送文の要約】参照。動物病院は年中無休で，午後３時〜８時まで開院しているから，アが適切。

【放送文の要約】

ピーター：恵美，どこか評判の良い動物病院を知っている？僕のホストファミリーは犬を飼っているんだけど，その犬の具合が悪そうなんだ。

恵美　　：それは大変ね，ピーター。私も犬を飼っているの。駅の近くにある動物病院は評判が良いわ。そこの獣医さんはみんな良い先生ばかりよ。

ピーター：ホストファミリーと僕はその病院に，今日，犬を連れて行きたいんだけど。

恵美　　：心配いらないわ。その病院は毎日，開院しているのよ。土曜日や日曜日でもね。

ピーター：へえ。じゃあ，今日の４時過ぎに行きたい。病院は開いているかな？

恵美　　：ええ。午後３時から８時まで開いているわよ。

ピーター：ありがとう，恵美。

恵美　　：どういたしまして。お大事にね。

5 【放送文の要約】参照。　(1)　質問「班の中で，フルーツケーキを作るのは何人ですか？」…イ「３人」が適切。
　(2)　質問「生徒たちは今，何を決めるべきですか？」…エ「ケーキで使うくだもの」が適切。

【放送文の要約】

　みなさん，聞いてください。次の授業は調理実習です。チキンカレーとフルーツケーキを作ってもらいます。(1)イ１つの班は５人です。班の中で２人はカレーを作り，残りの人はケーキを作ってください。調理のあと，一緒に食べます。

　では調理実習で最初にすることを言います。チキンカレーを作る人は，まず野菜を洗ってください。もちろんそれらを切るときには注意してくださいね。フルーツケーキを作る人たちは，まずテーブルの上にケーキを作るためのものをすべて取り揃えます。準備が大事です。

　それでは，(2)エ班でこの４種類の果物から１つ選んでください。リンゴ，バナナ，オレンジ，サクランボがあります。(2)エこの話の後，班で話し合ってどの果物を使いたいか，決めてください。では話し合いを始めてください。

6 【放送文の要約】参照。
　(1)　質問「ボブのサッカーのユニフォームはどこで見つかりましたか？」…ニーナの６回目とボブの７回目の発言

より，エ「ボブのカバンの中にある弁当箱の下」が適切。

(2) 質問「ニーナは次に何をしますか？」…ニーナの最後から２番目の発言から，イ「彼女はボブのサッカーシューズを持ってスタジアムに行く」が適切。

【放送文の要約】

ボブ　：ニーナかい？助けて欲しいんだ。今家にいる？

ニーナ：ええ，ボブ。どうしたの？

ボブ　：それがさ，僕は今サッカー場にいるんだ。試合の前の練習が，あと 20 分で始まるんだけど，僕のユニフォームが見つからないんだよ。

ニーナ：何ですって？今日の試合はとても大事なんでしょ。あなたは夕べちゃんと仕度していたわよね？

ボブ　：そう思ったんだけど。でもユニフォームがないんだよ。僕の部屋に行って探してくれない？色は青だよ。

ニーナ：わかったわ，ボブ。ちょっと待って…。今，あなたの部屋に来たわ。

ボブ　：確かドアの側の箱の中にユニフォームを入れたと思うんだけど。開けてみて。

ニーナ：…いいえ，ここにはないわ。他の場所は？

ボブ　：ああ，台所のテーブルのところだ！お弁当を取りにいった時，ユニフォームを持っていたから。

ニーナ：…テーブルのところ？ここにはないわ。ボブ，本当に家に忘れたの？

ボブ　：どういうこと？

ニーナ：あなた，今気持ちが高ぶっているのよ。⑴ェもう一度カバンの中を調べてみたら？

ボブ　：わかった…うわ！ごめん，姉さんの言う通りだよ！⑴ェ弁当箱の下にあった！

ニーナ：ほらね。落ち着いて，ボブ。これで大丈夫ね。

ボブ　：うん。どうもありがとう。

ニーナ：どういたしまして。ベストを尽くすのよ！すぐに試合を見に行くから。
　　　　…あら？玄関にあなたのサッカーシューズがあるけれど。

ボブ　：しまった！⑵ィサッカーシューズを持ってくるのを忘れちゃった！

ニーナ：ボブ，心配しないで。⑵ィ車で行けば 10 分で届けられるわ。

ボブ　：ニーナ，本当にありがとう。待っているよ。

ニーナ：いいわよ。じゃあ後で。

━《2022　Ｂ問題　英語　解説》━━━━━━━━━━━━━

1　【本文の要約】参照。

(1) 話の流れや直前の have never より，「私はそこに行ったことがない」という現在完了 "経験" の否定文にするから，エが適切。　・have/has never been to ～「～に行ったことがない」

(2) 義雄は２回目の発言でサラに，「琵琶湖が日本で１番大きな湖であることは知っていたが，実際に行ってみてその大きさを実感した」と話していることから，アが適切。

(3) 英文は，久保先生の３回目の発言，We can get a lot of information without going to the place.「私たちはその場所に行かなくても多くの情報を得ることができる」に関する内容だから，ウ が適切。

(4) 日本語の内容と選択肢の that より，関係代名詞を使う文と判断する。「感じることができるたくさんのこと」
＝many things　that　we can feel
（thatの下に「関係代名詞」と注記）

(5) サラの７，８回目の発言より，サラがグランドキャニオンを訪れる前に学んでいたことだから，アが適切。

(6) 「…私にその事実を信じさせました」を英語５語で表す。「～させる」より，使役動詞 make を使った文にする。
・make＋…（目的語）＋～（動詞の原形）「…を～させる」

(7) 直前にサラが「グランドキャニオンに行く前にそれについて何も知らなかったなら，雄大な景色を作り出したのが一河川にすぎないコロラド川だという事実を実感できなかった」という内容を述べているから，イが適切。

(8) it のような代名詞は，直前の名詞や文を指すことが多い。ここでは前にある something interesting about Lake Biwa を指す。

(9) ア「義雄はおばと琵琶湖に行った時，訪れた場所から×琵琶湖全体を見ることができた」

イ○「義雄は約500万あるいは600万年前にグランドキャニオンを削り始めた川の名前を言うことができた」

ウ○「サラはグランドキャニオンを訪れた後，自分の感情に変化があると思っている」

エ「サラはグランドキャニオンを訪れる前，×それについて何も知らなかった」

オ「サラと久保先生は，ものごとを十分に理解することについて×異なる考えを持っている」

【本文の要約】

義雄　：こんにちは，サラ。この写真を見て。これは琵琶湖だよ。おばが週末に僕をそこへ連れて行ってくれたんだ。

サラ　：こんにちは，義雄。まあ！①ェ私はそこには行ったことがないわ（＝I have never been there.）

義雄　：そうなの？僕はテレビで何度も琵琶湖を見ていたし，日本で1番大きい湖だということも知っていた。でも，そこに着いた時，驚いたんだ。本当に大きかったんだよ。君も行くべきだよ。

サラ　：へえ，良さそうね。

久保先生：やあ，義雄にサラ。何を話しているんだい？

サラ　：こんにちは，久保先生。義雄が琵琶湖に行ったそうです。②ァ彼は琵琶湖がどんなに大きいか，実感したそうです（＝He felt how big it really was.）

義雄　：それでサラに行くべきだと話していました。

久保先生：その気持ちはわかるよ。私が初めて琵琶湖を訪れた時，義雄のように感じたからね。車で湖を1周したけど，半日かかったよ。

サラ　：ある場所を訪れて，そこで何らかの経験をすると，何か新しいものを感じますよね？

義雄　：その通りです。僕が訪れた場所からは，湖全体を見ることはできませんでした。琵琶湖は想像していたより遥かに大きかったんです。とても巨大でした。

久保先生：義雄，君はいいことに気がついたね。その場所に行かなくても多くの情報は得られる。ゥでもその場所に行くなら，知らなかった新しいことを感じることができる。その場所についての情報があることと，その場所での経験があることは違うんだ。

サラ　：私もそう思います。③私たちがその場所を訪れることでだけ感じることができるたくさんのことがあります。（＝There are many things that we can feel only by visiting the place.）私にもそういう経験があります。グランドキャニオンを訪れた時，そんな風に感じました。

久保先生：ぜひそのことを教えてほしい。

サラ　：わかりました。写真を1枚，お見せします。

義雄　：おお！すごい！

サラ　：(9)ィ私はグランドキャニオンに行く前に，1本の川が500万，あるいは600万年前にグランドキャニオンを削り始めたことを学びました。その川の名前を知っていますか？

義雄　：(9)ィはい，知っています。コロラド川です。

サラ　：正解です。その川がグランドキャニオンをつくった，と言えます。でも私がそこを訪れた時，それ以上のことを感じました。

義雄　：どういうことですか？

サラ　：④ァその川がグランドキャニオンをつくったことは知っていました。でもそこに訪れるまで，実際にはその

ことを十分に理解していなかったんです。

久保先生：どうしてそう思うの？

サラ　　：初めてそこに着いた時，たった１本の川があんなに雄大なものをつくったことを信じられませんでした。コ
　　　　　ロラド川はグランドキャニオンを作るには小さすぎるように私には見えたからです。⑤しかし，私の前の景
　　　　　色が私にその事実を信じさせました。（＝But the view in front of me made me believe the fact.）

義雄　　：君の考えを変えたものは何ですか？

サラ　　：その景色を見ることによって，その川がそんなにも長い年月の間，絶え間なくグランドキャニオンを削ってい
　　　　　ることが想像できたんです。川がグランドキャニオンを削り始めてからの長い時間の経過を感じたのです。そ
　　　　　れをつくるのにとてつもなく長い時間がかかったことを理解できたのです。それは本当に驚くべき経験でした。

義雄　　：素晴らしいね。

久保先生：⑼ウサラ，その経験の後，君の感情に変化はあるかい？

サラ　　：⑼ウええ，あります。その場所に訪れたことが重要なことに気づきました。なぜならそれが私に新たな感情
　　　　　を与えてくれたんですから。でももう１つ，大事なことに気づきました。

義雄　　：それは何ですか？

サラ　　：学ぶことも大事だと思います。もし私がグランドキャニオンを訪れる前に何も学んでいなかったら，そうい
　　　　　う経験はできなかった，と思うのです。

義雄　　：⑥ｲある場所について学ぶことは，その場所を訪れることと同じくらい大事だ，ということですか？

サラ　　：はい，その通りです。ものごとを本当に十分理解したいなら，経験と学ぶことの両方が必要です。

久保先生：サラの言う通りだ。最近では，インターネットを使えば，簡単に多くのことを学べる。でも世界で経験する
　　　　　機会を見つけることが必要だね。

義雄　　：本当ですね。僕たちはそのことを心に留めるべきだと思います。今，僕は琵琶湖についてもっと多くのこと
　　　　　を学んで，もう１度そこに行きたいです。

サラ　　：義雄，琵琶湖に関する興味深いことが見つかったら，私たちに話してください。

義雄　　：わかりました。

2　【本文の要約】参照。

(1)　直後に「私が驚いた理由」を述べているから，アが適切。

(2)　日本語の内容より，選択肢のhowを使った間接疑問の文にする。I understood の後は，how they could move の語順になる。（疑問詞／疑問詞＋主語＋動詞）

(3)　直前の文より，ホタテ貝は動きたい方向と反対の方向に水を出すから，エ opposite「反対の」が適切。

(4)　代名詞は，直前の名詞や文を指すことが多い。ここでは前にある other sea animals を指す。

(5)　「あなたは…開けようとしたことがありますか？」を英語５語で表す。「～したことがありますか？」より，現
在完了〈have/has＋過去分詞〉"経験"の疑問文にする。　・try to ～「～しようとする」

(6)　代名詞や接続詞をヒントに，内容がつながる文に並べかえる。

(7)　仮定法過去の文。直前の文より，もし人が二枚貝のような特別なタンパク質があれば，エ「私たちは疲れない
だろう」が適切。

(8)　ア「雅代はテレビを見て，×二枚貝の筋肉に関する情報を得た」

イ○「一晩で500ｍも動いたり，エサを捕まえるのにいい場所を探したりするホタテ貝もある」

ウ×「雅代はホタテ貝を単なるおいしい食べ物と考えていて，レポートや本を読んだ後でもその考えは変わらなか
った」…本文にない内容。

エ「二枚貝は筋肉にある特別なタンパク質が相互作用しているとき，×疲れてしまう」

(9)① 質問「ホタテ貝は二枚貝の中で最も活発ですか？」…第2段落最後の文より，Yes, they are.と答える。

② 質問「将来，科学技術がより進歩するなら，私たちは何を利用することができますか？」…第4段落3〜4行目より，We can use the power of the strong muscle.と答える。

【本文の要約】

　皆さんはホタテ貝が好きですか？ホタテ貝は二枚貝の一種です。ホタテ貝はとてもおいしくて私の好物です。ある日，夕飯にホタテ貝を食べた後，テレビでおもしろい場面を見ました。たくさんのホタテ貝が，海中で泳いだり，ジャンプしたりしていたのです！私はこれを見た時，とても驚きました。①アなぜなら（＝because）貝が素早く動けるなんて知らなかったからです。私は「どうしたらこのように動けるのだろうか？」と思いました。私は興味がわいたので，インターネットで情報を探しました。いくつかのレポートを読むことで，私はそれらがどのようにして動くことができるのかを理解しました。

　ホタテ貝はどのように動くのでしょうか？ホタテ貝は，自分の貝殻の中に水を取り込み，それを素早く押し出すことによって動きます。水の出し方によって，前にも後ろにも進めます。例えば，右に行きたいときは水を左側に押し出すのです。つまり，ホタテ貝は，行きたい方向と③エ反対側（＝the opposite side）に素早く水を押し出すことによって，動くのです。この動き方により，他の海中生物がホタテ貝を捕獲しようとするとき，敵から泳いで逃げて命を守ります。⑻イホタテ貝はエサを捕らえるのにちょうどいい場所を見つけて動きます。中には一晩で500メートルも移動するものもあります。ホタテ貝は二枚貝の中では最も活発なのです。

　さて，私はある経験を尋ねたいと思います。あなたはその2枚の貝殻を手で開けようとしたことがありますか？私は初めて開けようとした時に，容易ではないことに気付きました。⑤(ii)それはとても大変で時間がかかり，とうとう開けることができませんでした。(i)私はこの経験を忘れることができず，なぜ貝が殻を固く閉じていられるのかを知りたくなりました。(iii)そこで図書館に行き本を読み，この問いへの答えを見つけることができたのです。本によると，二枚貝には殻を閉じておくための強い筋肉があるそうです。二枚貝は海中にいるとき，貝殻を閉じておくために通常，その強い筋肉を使うのです。私たちになぞらえると，それは長時間，重いかばんを持ち続けるようなものです。もし私たちがそんなことをするなら，多くのエネルギーが必要なのでとても疲れてしまいます。ところが二枚貝は疲れません。二枚貝の筋肉は，殻を閉じておくためのエネルギーがほぼ必要ないからです。二枚貝には私たちにない特別なタンパク質があります。殻を閉じておくために，その特別なタンパク質が相互作用しているのです。このタンパク質がそういう状態のときは，二枚貝が筋肉を使うことによって疲れたりしないのです。つまり，もし私たちが二枚貝と同じ筋肉を持っているなら，⑥エ私たちは長い間重いかばんを持っていても疲れないでしょう。（＝We would not be tired by holding a heavy bag for a long time.）私は，このことを知った時，この仕組みにとても興味を持ち，また有用だと考えました。

　今では，ホタテ貝のような二枚貝は単においしい食べ物だけではないということがわかりました。ホタテ貝は素早く動くことができる活動的な貝です。また二枚貝の筋肉には，私たちにはない素晴らしい力があることもわかりました。もし将来，科学技術がさらに進歩すれば，その強い筋肉の力を使うことができるかもしれません。そうすれば重い物を運んだり介助が必要な人の世話をしたりする人の役に立つことでしょう。きっと困っている多くの人の支えになると思います。ありがとうございました。

3　【本文の要約】参照。

① 「一緒に〜しましょう」＝Let's 〜 together. 「計画を作る」＝make the plan

「何か○○はありますか？」＝Do you have any＋名詞の複数形?

② 英作文は，①与えられた条件（語数など）を守ること，②質問の内容をしっかり理解して，適切な答えを書くこと，③自分が「書きたい内容」ではなく，自信のある表現を使った「自分が書ける内容」であること，④単語や文法の不注意なミスをしないこと，が大事。

【本文の要約】

あなた：こんにちは，ティム。今度の夏，君と私は私の家族と旅行に行くよね？

　　　　①その計画を一緒に作ろうよ。何か考えがある？（＝Let's make the plan together.　Do you have any ideas?)

ティム：うん。今，海辺に行くか，山に行くか，２つの考えがあるんだ。両方ともおもしろそうだけど，決められない。

　　　　海辺と山のどっちがいいかな？いい方の場所を選んで，そこで何を楽しむことができるか，教えて。

あなた：いいよ。②山の方がいいと思うよ，一緒に登山を楽しめるから。そこで私たちの友情をもっと強めることがで

　　　　きるよ。（＝I think the mountain is better because we can enjoy climbing it together.　We can make our friendship

　　　　stronger there.)

ティム：なるほど。なぜそっちの方がいいか，わかったよ。楽しみだな。

═《2022　C問題　英語　解説》═

1　適切な句を選んで文を完成させる問題。

　(1)　文意「カバンの中に必要なものが全部ありますか？」… that と語句（＝you need in your bag）が後ろから，前にある everything を修飾する文。-thing でおわる語の関係代名詞は that を使う。

　(2)　文意「そこに立っている警官がどちらの道に行くべきかを教えてくれるでしょう」…〈standing＋there〉が後ろから，前にあるofficerを修飾する文。　・show＋人＋○○「（人）に○○を教える」　・which＋○○＋to～「どちらの○○を～すべきか」

　(3)　文意「その機械は私が自分の部屋を楽に掃除するのに役立つ」…・help＋○○＋～「○○が～するのに役立つ／～するのを手助けする」

　(4)　文意「私があなたと同じくらい流暢にフランス語を話せたらいいのに」…仮定法過去〈主語＋wish＋主語＋would/couldなど＋動詞の原形〉の文。現実が希望することと違うことを would/could などを過去形にして表す。　・as … as ～「～と同じくらい…」

　(5)　文意「彼が何年も前に失くした手紙は，彼の家で見つかった」… which と語句（＝he lost many years ago）が後ろから，前にあるletterを修飾する，受け身〈be 動詞＋過去分詞〉の文。

　(6)　文意「私は担任の先生に，文化祭でピアノを弾かせてほしいと頼んだ」…・ask＋人＋to ～「（人）に～することを頼む」　・let＋人＋～「（人）が～することを許す」let は使役動詞。

2　【本文の要約】参照。英文を読み，⑴は文章を挿入する適切な位置，①，②はそれぞれの空欄に適する答えを選ぶ問題。

　(1)　挿入する文の The other one に着目する。Bの直後の文が One is ～だから，Cが適切。ものが２つある場合，一方を one，他方を the other で表す。

【本文の要約】

　高校生の社会参加についての意見をまとめたレポートが 2021 年に作られた。このレポートにおける「社会参加」とは，校内，校外を問わず，生徒が参加するあらゆる活動を意味する。レポートによると，２つのことを知るためにある調査が行われた。１つは，高校生が社会参加についてどれくらい意識しているか，ということである。cゥもう１つは，社会参加に関する，彼らの実際の状況である。これら２つのことは，各国でどのような特徴があるかを知るために行われた。調査には，次の４か国，日本，アメリカ，中国，韓国の生徒が参加した。彼らは 28 の質問，例えば「あなたは校外の社会問題にどれくらい関心がありますか？」といった質問をされ，答えを１つ選ぶ形でそれぞれの質問に回答した。表にはその内の１つ，「あなたは学校の学級会に，積極的に参加していますか？」への回答割合を示している。

　表からいくつかのことがわかる。この質問に答えなかった生徒もいたが，もし「積極的に参加している」，または「ある程度積極的に参加している」と答えた生徒の合計の割合を比べた場合，４か国の中では①ァ日本が最も高い。②ィアメリカでは「あまり積極的に参加していない」，または「積極的に参加していない」と答えた生徒の合計の割合は

30%を超えている。

3 【本文の要約】参照。(1)は①に適する単語，(2)～(5)は適する句や文を選ぶ問題。

(1) 第2段落3～5行目の内容から，ウ「危険な」が適切。ア「より良い」，イ「便利な」，エ「誤った」は不適切。
・make A B「AをB（の状態）にする」

(2) 「宇宙における問題の1つは＿＿＿＿＿」…スペースデブリのこと。第2段落より，ア「人工衛星を破壊するかもしれない，様々な部品のゴミ」が適切。イ「私たちの日常生活で機能している多種多様な人工衛星」，ウ「急速に動き，深刻な事故を起こす人工衛星」，エ「私たちの活動を助けるスペースデブリの数」は不適切。

(3) 「スペースデブリ問題を解決しようとしていない計画は＿＿＿＿＿」…本文にない内容だから，ウ「ロケットと人工衛星の数を減らすこと」が適切。ア「スペースデブリを見つけて注視する」，イ「人工衛星をより長く機能させる」，エ「スペースデブリを宇宙から取り除く」は本文にある内容。

(4) 「Both という単語は，＿＿＿＿＿に言及する」…下線部②の前の文にある，ア「私たちの日常生活と地球環境」が適切。イ「私たちの活動とコミュニケーション」，ウ「世界中の科学者たちと多くのチーム」，エ「スペースデブリと人工衛星」は不適切。

(5) 「本文よると，＿＿＿＿＿」…エ「スペースデブリは近い将来，より頻繁に人工衛星にぶつかるかもしれない。なぜならスペースデブリの破片の数がどんどん増えているからだ」が続く。ア「古い人工衛星は機能していないのでスペースデブリではない」，イ「世界の科学者たちや多くのチームがロケットと人工衛星からスペースデブリを切り離そうとしている」，ウ「日本のチームによってつくられた機械は回転しているスペースデブリを捕らえることができる」は不適切。

【本文の要約】

　私たちの日常生活は，宇宙にある多くの人工衛星によって支えられています。現在，地球の周りには約 4300 の人工衛星があります。2030 年までには約 46000 になるでしょう。これらの人工衛星は私たちの活動や通信を助けています。例えば，天気情報，インターネット，携帯電話は，この人工衛星の技術があるから使うことができるのです。

　しかしながら，スペースデブリによって，人工衛星は①ウ危険な（＝dangerous）状況となっています。スペースデブリとは，宇宙にあるゴミのことです。例えば，もう機能していない古い人工衛星やロケットから離脱した部品も，全てスペースデブリです。スペースデブリは大きさや形が様々です。スペースデブリは大変な速さで地球の周りを飛んでいます。(2)アもしこの高速飛行しているスペースデブリが人工衛星にぶつかったら，どうなるのでしょうか？人工衛星は破壊されてしまうかもしれません。(5)エ現在，スペースデブリの数量は増え続けています。これは近い将来，事故がもっと増えるかもしれない，ということを意味しています。もし私たちが何もしなければ，その事故は私たちの日常生活に影響を及ぼすことでしょう。

　現在，世界中の科学者たちと多くのチームが，この問題を解決するために，次の3つのことをしようとしています。1. スペースデブリを見つけて注視すること。2. 新しいスペースデブリの数を減らすこと。これはロケットから離れた部品の数を減らす技術を向上させるという意味です。寿命の長い人工衛星を作るのも有用です。3. すでに宇宙にあるスペースデブリを取り除くこと。

　多くの人がこの3番目のことは難しいのでは，と思っていますが，ある日本のチームが現在それに取り組んでいます。そのチームはどのようにスペースデブリを取り除くことができるのでしょうか？そのチームは磁力を使うある機械を発明したのです。その機械は回転していないスペースデブリを見つけると，スペースデブリを追跡して捕えます。スペースデブリの中には回転しているものもありますから，そういったスペースデブリをその機械が捕らえることはとても困難です。回転しているスペースデブリを捕らえるため，チームは機械の一層の改良に努めています。

　「ゴミを減らそう」これは私たちの(4)ア日常生活と地球環境を考えるとき，重要な項目です。その両方が守られるべきです。しかし今日，私たちは宇宙の環境も守らなければいけません。私たちは地球と宇宙の両方の良い環境を作る責任があるのです。

4 【本文の要約】参照。英文を読み，(1)，(2)，(3)は文を完成させる答えを選ぶ問題。(4)，(5)は本文の内容に合う文を

選ぶ問題。

(1) ・be surprised to ～「～して驚く」

(2) 直前の文より，ホタテ貝は動きたい方向と反対の方向に水を出すから，イ opposite「反対の」が適切。

(3) 仮定法過去の文。直前の文より，もし私たちが二枚貝と同じ筋肉を持っているなら，エ「私たちは疲れないだろう」が適切。

(4) 「本文よると，ホタテ貝は[　　　　]」…第2段落5～7行目より，ウ「他の海中生物がホタテ貝を食べようとするとき，敵から泳いで逃げて命を守る」が続く。ア「良いエサを得るために動くのでおいしくなる」，イ「水の押し出し方を変えられないので，前に進む」，エ「活発だが，他の二枚貝はホタテ貝よりもっと活発だ」は不適切。

(5) 「本文よると，[　　　　]」…第3段落6～7行目より，イ「二枚貝には特種なタンパク質があり，筋肉がエネルギーをほぼ使わなくてすむのを助ける」が続く。ア「二枚貝の特別なタンパク質は海中で素早く動くのに役立つ」，ウ「二枚貝の筋肉にある特別なタンパク質は，他種のタンパク質と相互作用する」，エ「二枚貝は，筋肉にある特別なタンパク質が相互作用するとき，疲れてしまう」は不適切。

【本文の要約】

　みなさんはホタテ貝が好きですか？ホタテ貝は二枚貝の一種です。ホタテ貝はとてもおいしいので，世界中で人気の食材です。でも皆さんは，ホタテ貝が海中で泳いだり，ジャンプしたりすることを知っていますか？貝が素早く動けることを①ェ知って驚く（＝be surprised to know）人もいるかもしれません。ホタテ貝はどうしたらこのように動けるのでしょうか？

　ホタテ貝は，自分の貝殻の中に水を取り込み，それを素早く押し出すことによって動きます。水の出し方を変えることで，前にも後ろにも進めます。例えば，右に行きたいときは，水を左側に押し出すのです。つまりホタテ貝は，行きたい方向と③ィ反対側（＝the opposite side）に素早く水を押し出すことによって動くのです。このような動き方をすることで，(4)ゥ他の海中生物がホタテ貝を食べようとするとき，敵から泳いで逃げて命を守ります。ホタテ貝はエサを捕らえるのにちょうどいい場所を見つけて動きます。中には一晩で500メートルも移動するものもあります。ホタテ貝はあらゆる二枚貝の中で最も活発です。

　二枚貝は海中にいるとき，常に貝殻を閉じています。二枚貝には殻を閉じ続けておくための強い筋肉があります。海中では二枚貝は通常，その強い筋肉を継続して使っています。私たちになぞらえるなら，それは長時間，重いかばんを持ち続けるようなものです。もし私たちがそんなことをするなら，大量のエネルギーが必要なため，とても疲れてしまうでしょう。ところが二枚貝は疲れることがありません。(5)ィ二枚貝の筋肉は，殻を閉じておくためのエネルギーがほぼ必要ないからです。二枚貝には私たちにない特種なタンパク質があります。殻を閉じておくために，その特別なタンパク質が相互作用しているのです。このタンパク質がそういう状態のときは，二枚貝が筋肉を使うことによって疲れたりしないのです。つまり，もし私たちが二枚貝と同じ筋肉を持っているなら，③ェ私たちは長い間重いかばんを持っていても疲れないでしょう。（＝We would not be tired by holding a heavy bag for a long time.）

　もし将来，科学技術がさらに進歩すれば，その強い筋肉の力を使うことができるかもしれません。そうすれば重い物を運んだり，介助が必要な人の世話をしたりする人の役に立つことでしょう。私たちは多くの困っている人を援助することができます。

5 【本文の要約】参照。英文を読み，(1)～(5)の文を完成させる適切な答えを選ぶ問題。

(1) 現在完了進行形〈have/has been ～ing〉の文。世界中の科学者たちが，過去から現在に至るまでずっと研究し続けていることを表すから，ウが適切。

(2) 後にある explore to get food より，変形菌はこま切れにされても生きていることがわかるから，エが適切。

(3) 第3段落5～8行目より，変形菌は形を変えて2か所のエサをとることより，アが適切。

(4) 代名詞や時を表す句より，科学者の手順通りに説明しているウが適切。

(5)　「本文によると，変形菌にとって，_____」…イ「体を広げることは，２か所に置かれたエサに届く方法である」が適切。ア「迷路にいることは生きるのに効率の良い方法である」，ウ「変形菌がこま切れになった後に融合するのは不可能である」，エ「他の生物がどのようにエサから栄養をとるのかを知る必要がある」は不適切。

(6)　「本文によると，_____」…第４段落の内容より，エ「２か所に置かれたエサの最短経路は変形菌によって示された」が適切。ア「変形菌の生活は一風変わっているので，誰も森の中で見つけることができない」，イ「変形菌は私たちに，難しい状況では何もしないことが効率よいことを教えてくれる」，ウ「変形菌はエサを探し求めるとき，ものや人からの指示に従う必要がある」は不適切。

【本文の要約】

変形菌は，単細胞生物で，アメーバの一種です。私たちは森の中で様々な種類の変形菌を見つけることができます。世界中で多くの科学者たちが，長年，この興味深い生物の①ｳ研究を行っています（＝has been studying this interesting creature）

変形菌には，奇妙な生態があります。変形菌は胞子から生じます。また，エサを求めて動き回ります。エサから栄養をとることで成長できます。エサを探すときは自分の形を変えることができます。例えば，体を縮めたり伸ばしたりするのです。もし変形菌が小さく切られてしまったら，切られたひとつひとつが個別に②ｴ生きながらえ（＝live），エサを求めて動き回ることができるのです。切られたひとつが別のひとつに出会うと，これらは融合し，ひとつの変形菌として生きていきます。

ある科学者は，変形菌が２つの異なる場所に置かれたエサからどのように栄養をとるのか観察するために，単純な実験を行いました。まず容器の中央に変形菌を置きました。次に変形菌の好物を容器の２か所に置きました。１か所は変形菌の左側，もう１か所は右側です（写真 1-1 を参照）。さて，何が起こったでしょうか？変形菌は両方のエサまで体を伸ばし始めたのです。エサは変形菌の体で覆われました。その後，変形菌の体の形は，２か所のエサをつなぐ１本の線のようになりました（写真 1-2 を参照）。その線はエサの２か所の間で最短経路でした。この実験により，変形菌は③ｱ自分の体の形を変えること（＝changing its body shape）によって２か所のエサに届き，一度に両方の栄養をとれることがわかりました。

その科学者は迷路を使ってもう１つの実験を行いました。⑹ｴ彼は，変形菌が迷路の中で最短経路を見つけられることがわかりました。その科学者が行った実験は以下の通りです。④ｳ（ⅱ）科学者は１つの変形菌を切り分けて，それぞれを迷路の異なる場所に置きました。（ⅰ）ひとつひとつが迷路の中を探索し始めました。そして別のひとつと出会うとそれらは融合しました。（ⅲ）数時間後，こうした行動を繰り返すことで，変形菌はひとつになったのです。変形菌が迷路を覆い尽くした時（写真 2-1 を参照），科学者は変形菌の好物のエサを迷路の異なる２か所に置き，数時間待ちました。変形菌は，エサから遠い体の部分を縮ませて，エサが置かれた２か所へ動き始めました。このような動きを続け，２か所に置かれたエサはほぼ変形菌に覆われ，その体は１本の線のようになりました（写真 2-2 を参照）。線は迷路の中のエサの２か所をつなぐ最短経路でした。この実験は，変形菌が迷路の最短経路を見つけたことを示しました。

変形菌には案内役もいないし，指示を出すものも人もいません。変形菌が実際にしたことは，体の大部分でエサを覆い，エサから遠いところにある自分の体の部位を縮ませたことです。１個の変形菌として，体の形を変えるのは，栄養をとるには効率が良いことなのです。変形菌は２か所にあるエサから，ほとんどの栄養をとることができました。変形菌は私たちに，単純でいることが効率のよさの鍵であることを教えてくれているのかもしれません。

6　【本文の要約】参照。英文を読み，英語で自分の答えを書く問題。

英作文は，①与えられた条件（語数など）を守ること，②質問の内容をしっかり理解して，適切な答えを書くこと，③自分が「書きたい内容」ではなく，自信のある表現を使った「自分が書ける内容」であること，④単語や文法の不注意なミスをしないこと，が大事。問題文の指示に従い，まとまった分量の英文を一貫した内容で書こう。

（例文）「私は努力することが私を助けてくれると思います。経験上，練習や準備が十分整っていないとき，私はとても緊張してしまいます。例えば，あるスピーチコンテストで私はいろいろなミスをしてしまいました。その理由は，私が

あまり熱心に練習しなかったからです。しかしながら，友達と何度も練習すると，緊張しません。緊張感を乗り越えてベストを尽くすためには，私は十分な練習や準備が必要です。努力をすることは，目標を達成するためにするべきことに挑戦するよう，私を励ましてくれます」　・make an effort「努力する」

【本文の要約】

　あなたにはある達成すべき目標がある，と考えてください。しかし，その目標を達成するために，あなたは困難に見舞われます。そのような場合，誰が，または何が，その困難を乗り越える助けとなるでしょうか？誰が，もしくは何が，を書いてから，あなたの経験や例から，なぜそう考えたのか，説明しなさい。

リスニング

【Part A】

　会話の流れと状況を把握し，音声に登場する人物の考えや状況を的確に聞き取ろう。先に選択肢に目を通して，質問を予想しておくとよい。

　1　質問「ケビンは何を言おうとしていますか？」…ジェーン「ケビン，あのビルを見て。すごく高いわ」→ケビン「そうだね，ジェーン。あれは有名なビルだ。あのビルほど高いビルは他にはないんだよ」より，ウ「あのビルは他のビルよりも高い」が適切。　・no other＋ △△（単数の名詞） ＋動詞＋as＋ ～ ＋as＋○○（原級）「○○ほど～な△△はない」

　2　質問「ジェーンとケビンについて，正しいのはどれですか？」…ジェーン「ケビン，空を見てみて。あの雲，ゾウみたいね」→ケビン「うん，君の言う通りだ，ジェーン。写真を撮りたいな」→ジェーン「私も。でもカメラを家に忘れてきちゃったわ。ケビン，カメラを持っている？」→ケビン「ごめん，持ってないよ。今，カメラがあればいいのにね」より，エ「2人とも写真を撮りたいが，誰もカメラを持っていない」が適切。

　・I wish＋～「～だったらいいのに」仮定法過去の文。現実とは違う話をする。I wish に続く文の動詞は過去形になる。　・No one ～「誰も～ない」

　3　質問「ジェーンは何を言おうとしていますか？」…ジェーン「ケビン，ちょっと手伝ってくれる？私の姉（妹）に花を選んであげたいんだけど，あまりにも多くて，決められないの」→ケビン「へえ，どうして大変なんだ，ジェーン？選択肢が多いなら，選び放題じゃないか？」→ジェーン「それが問題なのよ。いろいろな選択肢があることはいいことだわ。だからといって1番良いものを選ぶことが簡単だとは限らないのよ」より，ア「いろいろな選択肢があることは1番良いものを選ぶことを難しくする」が適切。　・make A B「A を B（の状態）にする」

　4　【放送文の要約】参照。質問「この会話について，正しいのはどれですか？」…ア「ケビンはミーティングのことを知らなかったのでそれに遅刻する」が適切。　・be late for ～「～に遅刻する」

【放送文の要約】

ジェーン：あら，ケビン。なぜ今，教室にいるの？とっくにミーティングに行ったと思っていたわ。

ケビン　：ミーティングだって？何のこと，ジェーン？

ジェーン：今日，あなたのクラブは体育館でミーティングをするのよね？

ケビン　：それは知らなかったよ。何時にミーティングは始まるの？

ジェーン：5分前に始まっているわ。10分ほど前にコーチがここに来て，部員にミーティングのことを話していたわ。

ケビン　：本当？困ったな。その頃，僕は食堂にいたんだ。

ジェーン：まあ，じゃあ，そのことを知らなかったのね。

ケビン　：とにかく，すぐ行かなくっちゃ。ありがとう，ジェーン。

　5　【放送文の要約】参照。　質問「この会話について，正しいのはどれですか？」…イ「ケビンはユニフォームを家に置いてきたと思っていたが，それはカバンの中で見つかった」が適切。

ケビン　：ジェーンかい？君の助けが必要なんだ。今，家にいる？

ジェーン：ええ，ケビン。どうしたの？

ケビン　：ええっと，今，サッカースタジアムにいるんだけど，あと 15 分で試合前の練習が始まるんだ。でも僕のサッカーのユニフォームが見当たらないんだよ。僕の部屋に行って，探してくれない？

ジェーン：いいわよ，ケビン。待ってね。…いいわ，今，あなたの部屋にいるわ。

ケビン　：ドアの近くにある箱の中にユニフォームを入れた気がするんだけど。それ，開けてみて。

ジェーン：…ここにユニフォームはないわよ。他のところじゃない？

ケビン　：そうだ，台所のテーブルのところだ！お弁当を取りに行った時に，ユニフォームを持っていたから。

ジェーン：テーブルのところ？…いいえ，ここにはないわ。ケビン，あなた，今，少し気持ちが高ぶっているのよ。もう１度カバンの中を調べてみたら？

ケビン　：わかった…うわ！ごめん，君の言う通りだよ！弁当箱の下にあった！

ジェーン：ほらね。落ち着いて，ケビン。これで大丈夫ね。

ケビン　：うん。どうもありがとう。

ジェーン：どういたしまして。ベストを尽くして！すぐに試合を見に行くから。

【Part B】　【放送文の要約】参照。

6 (1)　質問「このスピーチについて，どれが正しいでしょうか？」…エ「数字を覚えるためのフレーズはあなたが電話番号を覚えるのに役立つでしょう」が適切。

(2)　質問「"Nice cat"の正しい数字はどれでしょう？」…ウが適切。N-I-C-E-C-A-T＝６４２３２２８になる。

【放送文の要約】

　みなさんはどうやって電話番号を覚えますか？たいてい，電話番号を覚えておく必要がありません，なぜなら携帯電話に入力してあるからです。しかし時には，電話番号を覚えておいた方がいい場合があります。例えば携帯電話を持っていないときです。今日は数字を覚える方法を紹介します。これはオーストラリアで使われている方法です。みなさんのお役に立てればと思います。

　みなさんは電話についている数字を注意して見たことがあるでしょうか？もし注意して見るなら，数字の下についているものに気がついたことでしょう。では，【Picture】を見てください。１と０の数字の下には何もありません。しかし２から９の下には，何かあります。例えば２にはＡＢＣがあり，３にはＤＥＦがあり，９にはＷＸＹＺがあります。

(1)エこのように，アルファベットが順番に書かれています。この法則を使うと，数字を覚えていなくても電話することができます。英語のフレーズを覚えるだけでいいのです。

　ひとつ例を挙げましょう。今，テレビを見ているとイメージしてください。宣伝している店は電話番号を覚えてください，と言ったとします。そしてそれは「親指を立てる」と言いました。「親指を立てる」のつづりは T-H-U-M-B-U-P です。この順番で，電話で「親指を立てる」を押します。T-H-U-M-B-U-P と押してください。そうすれば 8486287 にかけることができます。それではクイズです。「素敵なネコ」というフレーズの，店の電話は何番でしょう？

【Part C】　【放送文の要約】参照。最初に問題に書かれた文を読み，その後ケンとベスの会話を聞いて，質問に答える英文を作る問題。

　質問「ケンはそのシステムについてどのように思っていますか？それについての彼の意見を英語で説明しなさい」…設問の指示にあった解答をすること。文法やつづりのミスがない文にすること。

　(例文)ケンは，そのシステムは様々な人にとって良いものだと考えています。食材を買う人は，安い価格で買うことができ，食材の生産者は，食材をとってすぐに売ることができます。

　彼はそのシステムはエネルギーが少なくて済むと考えています。人々は食材を遠くまで運ぶ必要がありません。

そのシステムは環境にもやさしいです。

　彼はそのシステムが地元の食材について学ぶ助けになると思っています。学校給食は生徒たちにとって良い機会です。彼らはその食材が地元でどのように育てられるか，学ぶことができます。そのシステムは彼らに自分たちが食べる食材に関心を抱かせるでしょう。

【放送文の要約】

地元で生産された食材を地元で消費するシステム（＝地産地消）

　地元で生産された食材を地元で販売することは，いくつか良い点があります。地元で生産された食材を買ったり，食べたりすることにも良い点があります。

　このシステムは多くの人々の役に立ちます。

ケン：やあ，ベス。システムについての文は読んだ？

ベス：ええ，読んだわ，ケン。私はそのシステムにすごく関心があるの。あなたはどう思う？

ケン：そのシステムは様々な人々にとっていいものだと思うよ。

ベス：様々な人々？もっと話して。

ケン：わかった。そのシステムは食材を買う人，食材を生産する人，両者にとっていいものだ。食材を買う人は安い価格で買うことができる。

ベス：ええ，そうね。よさそうだわ。食材を生産する人はどう？

ケン：食材をとってすぐに売ることができる。

ベス：いいわね。他の場所に運ばずに地元で食材を売ることができる，ってことよね？

ケン：そう，その通り。そして，この良い点が別の良い点をもたらすんだ。

ベス：それは何？

ケン：このシステムは使うエネルギーが少ないことだよ。

ベス：エネルギー？

ケン：うん，このシステムだと，食材を遠くに運ぶ必要はないからね。遠い所に食材を運ぼうとすると，たいてい車を使う。車はたくさんのエネルギーが必要だ。でも，もし食材を地元で売れれば，少ないエネルギーで済む。だから，そのシステムは環境にもやさしいと思うんだ。

ベス：使うエネルギーが少ないのはいいと思うわ。あなたはこのシステムの長所を話してくれたけど，他の人にとって，何か良い点はあるの？

ケン：うん。このシステムは子どもたちが地域の食材について学ぶ助けになると思うんだ。

ベス：どのように助けるのかな？

ケン：子どもたちにとって給食は良い機会になると思うよ。地元で食べ物がどのように育てられるのか，学べるんだ。

ベス：ええ，そうね。学校で食べることで地元の食材を学べるってことね。

ケン：その通り。そのシステムは自分たちが食べる食材について関心を持つようにさせる。

ベス：ああ，それは素晴らしいわ。そのシステムが多くの人に役立つことがわかったわ。

《2022　理科　解説》

1　(1)②　両目で見る範囲（RとLが重なっている範囲）は立体的に見える。この範囲が広いと，獲物との距離をはかりやすい。なお，シマウマのように視野が広いと，一度に見渡すことのできる範囲が大きく，天敵に気づきやすい。

(2)　生産者は，光合成によって無機物から有機物をつくり出す。消費者は生産者がつくり出した有機物を直接，または間接的にとりこんでいる。

(3)①　ⓒAがXの影響で減少したため，Aの食料となるBは，Aに食べられる数が減少して個体数が増加した。

ⓓＡの個体数はおよそ7500，Ｂの個体数はおよそ120000だから，120000÷7500＝16(倍)になった。図Ⅱにおいて，Ａの個体数はグラフの左の目盛り，Ｂの個体数はグラフの右の目盛りで読みとることに注意しよう。

(5) エ○…酸素にはものを燃やすはたらきがある。なお，アは二酸化炭素，イは塩化水素や塩素など，ウはアンモニアなどの性質である。

(6) 菌類や細菌類は，生物のふんや遺骸などの有機物を無機物に分解する分解者である。

(7) ⓔメダカはオオカナダモを食べないから，オオカナダモからメダカに炭素は移動していない。　ⓕメダカは呼吸によって，二酸化炭素(炭素を含む無機物)を放出している。オオカナダモはその二酸化炭素を光合成の材料とするから，メダカからオオカナダモに炭素は移動している。　ⓖメダカからオオカナダモに移動する炭素はあるが，その逆はないので，オオカナダモとメダカの間を繰り返し移動している炭素は存在しないと考えられる。

2 (1)① 水素や酸素は，それぞれ原子が２個結びついた分子で存在し，水分子は水素原子２個と酸素原子１個が結びついている。

(4) 状態が変化しても質量は変化しないから，15gの水を加熱してできる100℃の水蒸気の質量は15gのままである。100℃の水蒸気１Lあたりの質量が0.60gだから，15gの体積は$1×\dfrac{15}{0.60}＝25(L)$である。

(5) (4)解説より，液体が気体に変化しても質量は変化しない。また，Ｙ先生の助言２より，液体が気体に変化すると体積が大きくなる。

(6) エネルギー保存の法則より，変換前のエネルギーと変換後のエネルギーの総量は変化しないが，変換後のエネルギーに目的外のエネルギーも含まれるのであれば，目的のエネルギーの量は変換前のエネルギーの総量と比べて少なくなる。

3 (1) 太陽，新月，地球の順に一直線上に並び，太陽が新月にかくされることで欠ける現象が日食である。これに対し，太陽，地球，満月の順に一直線上に並び，満月が地球の影に入ることで欠ける現象が月食である。

(2) ウ○…内惑星である水星と金星は真夜中に観測することができない。外惑星である火星については，地球，月，火星の順に一直線上に並んだとき，真夜中に月にかくされる現象を観測できる可能性がある。

(3) 図Ⅰは，地球の公転軌道が反時計回りだから，北極側から見た図だとわかる。このような図で，地球から見たときに太陽の左側にある金星はよいの明星である。よいの明星は，夕方，西の空に観察できる。

(4) 金星が月にかくされたのだから，月は地球と金星を結ぶ直線上にあるとわかる。この位置にある月は，新月から上弦の月へ変化していく途中だから，右側が細く光る三日月のような形である。

(7) アンタレスが南中する時刻は１か月で２時間早くなるから，20時より８時間早い12時ごろに南中するのは，7月29日の８÷２＝４(か月後)の11月末ごろと考えられる。

(8) 図Ⅱより，３月19日は，太陽が東の地平線付近にある朝６時に，西の地平線付近に月が観測できるから，満月のころである。このあと，同じ時刻の月の位置は南の空に向かって上がっていき，25日に南の空で左(東側)半分が光って見える下弦の月になるから，月の形は欠けていくことがわかる。

(9) 見かけ上地球の周りを一周するのにかかる時間は，太陽が１日，月が１日より約50分長い。また，太陽以外の恒星が同じ位置に見える時刻は１か月(約30日)で２時間(120分)早くなるから，見かけ上地球の周りを一周するのにかかる時間は，１日より約120÷30＝４(分)短い。よって，月が東から西へ移動して見える速さは，太陽以外の恒星と比べて遅いため，月は星座の間を西から東へ移動しているように見える。

4 (1) $\dfrac{250}{100}＝2.5(N)$

(2) 図Ⅱで，ばねに加えた力の大きさが０Ｎのときのばねの長さを読み取ればよい。

(4) ⓐ水面から円柱の底面までの長さが０cmから2.0cmに増えると，ばねの長さは31－27＝４(cm)短くなる。

ⓑ高さ6.0cmのＡが完全に水中に入ったのは，水面から円柱の底面までの長さが6.0cmのときである。水面から円柱の底面までの長さが2.0cmのときの浮力が0.4Nだから，$0.4×\dfrac{6.0}{2.0}＝1.2(N)$である。

(5) 「しんかい6500」が下降するのをさまたげるのだから，浮力の向きと同じ上向き(ア)の力である。

(6) ①物体が浮かんで静止しているとき，物体にはたらく重力と浮力はつり合っている。　②1.0＋0.30×3＝1.9（N）　③一体となった物体の高さは6.0＋1.0×3＝9.0（cm）である。この物体の底面積はAと等しいから，(4)⑥解説と同様に考えて，物体がすべて水中にあるときの浮力は$0.4×\frac{9.0}{2.0}＝1.8$（N）である。このとき，重力が浮力より大きいから，物体は下降する。

━《2022　社会　解説》━

1 (1)　エ　　年々増加しているAが第三次産業（サービス業），工業の発達とともに減少傾向にあるCが第一次産業（農林水産業），1980年代から生産拠点を海外に移し始めたために減少傾向にあるBが第二次産業（製造業）である。

(2)　経済特区　　アモイ・シェンチェン・スワトウ・チューハイ・ハイナン島が経済特区に指定された。

(3)①　ウ　　ASEAN（アセアン）は，東南アジア諸国連合の略称である。EU はヨーロッパ連合，APEC（エイペック）はアジア太平洋経済協力，MERCOSUR（メルコスール）は南米南部共同市場の略称。　②　ア　　タイの1984年は農産物が上位を占めることから，Xはタイで生産がさかんな米である。マレーシアは原油産出国であり，小麦や羊毛の生産はさかんでないことから，Yは原油である。

(4)　イ　　愛知県には，豊田市を中心に TOYOTA の工場が立ち並ぶ。医薬品製剤であれば埼玉県，印刷・同関連品であれば東京都，パルプ・紙・紙加工品であれば静岡県が全国上位である。

(5)①　エ　　鉄鉱石または石炭の産地のいずれかに立地していることが図Ⅱと図Ⅲを重ねるとわかる。

②　日本は，石炭も鉄鉱石も海外から船で輸入しているので，製鉄所の立地は沿岸部に集中する。

(6)①　メキシコ　　NAFTA は北米自由貿易協定，USMCA はアメリカ・メキシコ・カナダ協定の略称である。

②　シリコンバレー　　シリコンバレーには，アメリカの大学や ICT 関連企業の研究室が立ち並ぶ。シリコンバレーに関連して，日本では九州をシリコンアイランド，東北自動車道沿いをシリコンロードと呼んでいる。

(7)　アメリカと自動車において貿易摩擦が起きると，日本の自動車メーカーは生産拠点の一部をアメリカに移した。その後，安い労働力が大量に手に入る東南アジアにも日本の工場が進出し，産業の空洞化が進んだ。

2 (1)①　イ　　富士山＞北岳（赤石山脈）＞奥穂高岳（飛騨山脈）の順に高い。1982mは西日本最高峰の天狗岳（石鎚山），8848mは世界最高峰のエベレスト（チョモランマ）。　②　オ　　果実の産出額が多く漁業産出額がないBは山梨県，漁業産出額が多いCは静岡県だから，Aは大阪府である。

(2)①　ウ　　古今和歌集は，醍醐天皇の詔を受けた紀貫之・紀友則らが選んだ勅撰和歌集である。紀貫之は，仮名文字を使って『土佐日記』を書いたことでも知られる。　②(a)　ア　　歌川広重は，『東海道五十三次』を描いた浮世絵師である。黒田清輝は明治時代，狩野永徳は安土桃山時代，雪舟は室町時代の画家・画僧である。

(b)　ウ　　（ⅱ）（ルイ14世は17世紀後半から18世紀前半のブルボン王朝最盛期の国王である）→（ⅰ）（ナポレオン・ボナパルトは，フランス革命後の混乱を収拾し，軍事独裁政権を樹立した軍人である）→（ⅲ）（パリ講和会議は第一次世界大戦の講和会議である）

(3)　NPO　　非営利組織は NPO，非政府組織は NGO と呼ばれる。

(4)①　ⓐア　ⓑウ　　A地区は ■ で塗られているから溶岩流が最終的に到達するが7日〜57日程度の時間がある。B地区は色で塗られていないことから溶岩流は到達しないとわかるので，文脈からⓐはA地区があてはまる。B地区から新御坂トンネルを通るとき，▨ で塗られた地域を通る必要があることから，溶岩流は3時間以内に到達する可能性があるとわかる。　②　自衛隊　　自衛隊は，災害時には知事の要請を受けて，防衛大臣等の指揮のもとで救助活動を行う。　③　日本列島では，火山噴出物は西からの風に乗って，火山の東側に堆積しやすい。

3 (1)　職業選択　　日本国憲法第22条第1項で，居住移転の自由・職業選択の自由を保障している。

(2)①　ⓐイ　ⓑエ　　衆議院の優越によって，法律案の再可決ができる。臨時会の召集を求めるときは，どちらかの院の総議員の4分の1以上，憲法改正の発議のときは，各議院の総議員の3分の2以上の同意が必要である。

② 政令　　法令は，憲法＞条約＞法律＞政令＞条例＞規則の序列で有効である。　　③ 最高　　すべての裁判所に違憲審査権（法令審査権）があるが，違憲審査の最終判断を最高裁判所が行うことから，最高裁判所は「憲法の番人」と呼ばれる。　　④ イ，オ，カ　　労働基準法では，1日の就業時間・1週間の就業時間・男女の賃金差別についての規定がある。アとエは日本国憲法，ウは育児・介護休業法で定められている。

(3)① 社会的責任　　CSR は，Corporate Social Responsibility の略称である。　　② エ　　株主は，出資額以外に負債の責任を負う必要はない。これを株主の有限責任という。　　③ 預金の金利より，貸し出す際の金利の方が高いことが書けていればよい。

(4)① イ，ウ　　イタリアは無償労働時間の方が有償労働時間より長いからアは誤り。日本と韓国の女性の無償労働時間は，それぞれの国の男性の無償労働時間の4倍程度だから，エは誤り。　　② ウ　　直前に「有償労働時間を減らしても収入は維持することが求められる」とあることから判断する。

4 (1)① エ　　藤原京は，飛鳥地方にあった都で，東西に約 5.2 km，南北に約 4.8 km と非常に広かった。平城宮や平安宮（内裏）は都の北側に配置されていたが，藤原宮は都の中央部に配置されるという特徴があった。

② 口分田　　6年ごとに作成される戸籍をもとにして，性別や良民と賤民の区別によって定められた口分田が貸し与えられた。班田収授法によって，口分田から収穫した稲の一部は租として国府に納められ，耕作者が死ねば口分田は朝廷に返還された。　　③ イ　　墾田永年私財法が出されたのは奈良時代だからイを選ぶ。墾田永年私財法を制定したのも，鑑真を唐から呼び寄せたのも聖武天皇である。アは室町時代，ウは古墳時代，エは鎌倉時代。

(2) ⓐ地頭　ⓑ承久　　平氏を滅ぼした源頼朝は，源義経探索を名目として，国ごとに守護，荘園や公領ごとに地頭を設置することを朝廷に認めさせた。源氏の将軍が3代で滅ぶと，朝廷に政権を戻そうとした後鳥羽上皇は，当時の執権である北条義時追討を掲げて挙兵した。幕府側が勝利し，西国の武士の統制と朝廷の監視のために，京都に六波羅探題を置き，西国の地頭に関東の御家人を任じたことで，鎌倉幕府の勢力は東日本だけでなく西日本にまで広がった。

(3) エ　　太閤検地によって，農民は耕作の権利を獲得したが，検地帳に記載された石高に応じた年貢を納めることを義務付けられた。

(4)① イ　　幕府領（天領）は，全体の4分の1程度であった。アは大名領，ウは寺社領，エは天皇・公家領。

② ⓐア　ⓑカ　　江戸や大阪の周辺の大名や旗本の領地を直接支配する政策は，水野忠邦が天保の改革で行った上知令である。度重なる飢饉や大塩平八郎の乱が起きて乱れた世の中を立て直すために，水野忠邦は天保の改革を行ったが，改革の内容が厳しすぎてわずか2年あまりで失脚した。エの戊辰戦争は明治維新，オの米騒動は大正時代，キの島原天草一揆は江戸時代前半に起きた。

(5)① ア　　1873 年に出された地租改正では，土地所有者に地券に記載された地価の3％を現金で納めることが義務付けられた。その後，度重なる地租改正反対一揆によって，地租は地価の 2.5％に引き下げられた。

② ⓐウ　ⓑカ　　「小作人の権利を守る」とあることから日本農民組合と判断する。立志社は，政府を離れた板垣退助が，地元高知にもどって結成した政治団体。全国水平社は，解放令以降もなくならない部落差別からの解放を目指すために結成された団体。独占禁止法は，公正取引委員会が運用する法律。治安維持法は，社会主義運動を取り締まるための法律。国家総動員法は，議会の承認なしに国民や物資を動かせるとした法律。

(6) 政府が地主の土地を買い取ること，その土地を小作人に売り渡したことが書かれていればよい。戦後の民主化政策として，農地改革・財閥解体・日本国憲法の制定・労働三法の制定・教育基本法の制定・20 歳以上の男女の普通選挙などが実現した。

■ ご使用にあたってのお願い・ご注意

（1）問題文等の非掲載

　著作権上の都合により，問題文や図表などの一部を掲載できない場合があります。

　誠に申し訳ございませんが，ご了承くださいますようお願いいたします。

（2）過去問における時事性

　過去問題集は，学習指導要領の改訂や社会状況の変化，新たな発見などにより，現在とは異なる表記や解説になっている場合があります。過去問の特性上，出題当時のままで出版していますので，あらかじめご了承ください。

（3）配点

　学校等から配点が公表されている場合は，記載しています。公表されていない場合は，記載していません。

　独自の予想配点は，出題者の意図と異なる場合があり，お客様が学習するうえで誤った判断をしてしまう恐れがあるため記載していません。

（4）無断複製等の禁止

　購入された個人のお客様が，ご家庭でご自身またはご家族の学習のためにコピーをすることは可能ですが，それ以外の目的でコピー，スキャン，転載（ブログ，ＳＮＳなどでの公開を含みます）などをすることは法律により禁止されています。学校や学習塾などで，児童生徒のためにコピーをして使用することも法律により禁止されています。

　ご不明な点や，違法な疑いのある行為を確認された場合は，弊社までご連絡ください。

（5）けがに注意

　この問題集は針を外して使用します。針を外すときは，けがをしないように注意してください。また，表紙カバーや問題用紙の端で手指を傷つけないように十分注意してください。

（6）正誤

　制作には万全を期しておりますが，万が一誤りなどがございましたら，弊社までご連絡ください。

　なお，誤りが判明した場合は，弊社ウェブサイトの「ご購入者様のページ」に掲載しておりますので，そちらもご確認ください。

■ お問い合わせ

　解答例，解説，印刷，製本など，問題集発行におけるすべての責任は弊社にあります。

　ご不明な点がございましたら，弊社ウェブサイトの「お問い合わせ」フォームよりご連絡ください。迅速に対応いたしますが，営業日の都合で回答に数日を要する場合があります。

　ご入力いただいたメールアドレス宛に自動返信メールをお送りしています。自動返信メールが届かない場合は，「よくある質問」の「メールの問い合わせに対し返信がありません。」の項目をご確認ください。

　また弊社営業日（平日）は，午前９時から午後５時まで，電話でのお問い合わせも受け付けています。

2025 春

株式会社教英出版

〒422-8054　静岡県静岡市駿河区南安倍３丁目 12-28

TEL　054-288-2131　　FAX　054-288-2133

URL　https://kyoei-syuppan.net/

MAIL　siteform@kyoei-syuppan.net

令和 4 年度

大阪府学力検査問題

（ 一 般 入 学 者 選 抜 ）

理　科

（40分）

注　　意

1　「開始」の合図があるまで開いてはいけません。

2　答えは，すべて**解答用紙**に書きなさい。

　　答えとして記号を選ぶ問題は，下の【解答例】にならい，すべて**解答用紙の記号を**
○で囲みなさい。また，答えを訂正するときは，もとの○をきれいに消しなさい。

【解答例】

解答用紙の**採点者記入欄**には，何も書いてはいけません。

3　問題は，中の用紙のA面に 1，B面に 2，C面に 3，D面に 4 があります。

4　「開始」の合図で，まず，解答用紙に受験番号を書きなさい。

5　「終了」の合図で，すぐ鉛筆を置きなさい。

令和 4 年度大阪府学力検査問題

理 科 解 答 用 紙

採 点 者 記 入 欄

1	(1)	①	ア イ ウ エ	/2	
		②	ⓐ ア イ ⓑ ウ エ	/2	
	(2)	①	ア イ ② ウ エ	/2	
	(3)	①	ⓒ ア イ ⓓ ウ エ	/2	
		②	ア イ ウ エ	/3	
	(4)			/3	
	(5)		ア イ ウ エ	/3	
	(6)	①	ア イ ②	/3	
	(7)		ア イ ウ エ オ カ	/3	
				/23	

採 点 者 記 入 欄

2	(1)	①	ア イ ウ エ	/2	
		②		/2	
	(2)		ア イ ウ エ	/2	
	(3)			/3	
	(4)		L	/3	
	(5)		ア イ ウ エ	/3	
	(6)	ⓓ	ア イ ⓔ ウ エ オ	/3	
	(7)		ア イ ウ エ オ カ	/3	
				/21	

② 次の**ア～エ**のうち，1985 年から 1987 年にかけて，草食動物**B**の個体数が減少した理由として考えられるものはどれか。最も適しているものを一つ選び，記号を〇で囲みなさい。

ア 肉食動物**A**の個体数が急激に増えたために，草食動物**B**の食料となる植物が不足したから。
イ 肉食動物**A**の個体数が急激に減ったために，草食動物**B**の食料となる植物が増加したから。
ウ 草食動物**B**の個体数が多すぎたために，草食動物**B**の食料となる植物が不足したから。
エ 草食動物**B**の個体数が少なすぎたために，草食動物**B**の食料となる植物が増加したから。

(4) 下線部③について述べた次の文中の ____ に入れるのに適している語を書きなさい。

　外来種とは，もともとその地域に生息していなかったが，____ の活動によって，他の地域から移ってきて，野生化し，定着した生物のことである。

【メダカの飼育】 Fさんは，水を入れた水槽に，別に飼っているメダカの水槽の小石を移し，オオカナダモを植え付けた。これを日当たりのよい窓際に数日置いたあと，メダカを入れ，人工のエサを与えて飼育した。

(5) メダカを入れる前，オオカナダモの葉の表面に小さな泡の粒がたくさん付いていた。これらの小さな泡の粒を集めた気体を調べると，酸素が多く含まれていることが分かった。次の**ア～エ**のうち，酸素の性質として適しているものを一つ選び，記号を〇で囲みなさい。

ア 石灰水を白く濁らせる。　　　　**イ** 刺激臭があり，水にとけて酸性を示す。
ウ 水にとけてアルカリ性を示す。　**エ** 火のついた線香を入れると，線香が激しく燃える。

(6) Fさんは，先生から「メダカのふんなどで水が濁るのを防ぐためには，掃除のときに，小石の汚れを完全に落としてはいけない。」と助言をもらった。次の文は，助言の根拠を述べたものである。文中の①〔　　〕から適切なものを一つ選び，記号を〇で囲みなさい。また，生態系における生物のはたらきをふまえ，② に入れるのに適している語を書きなさい。

　小石の汚れに見える部分には，メダカのふんなどから養分を得る ①〔 **ア** 細菌類　　**イ** コケ植物 〕のような，② 者と呼ばれる生物が含まれている。これらの生物が取り除かれてしまうと，有機物を無機物に ② することができなくなり，水槽の水が濁る。

(7) 自然界では，食物連鎖や，呼吸および光合成によって，炭素が有機物や無機物に形を変えながら生物の間を繰り返し移動し，生態系を循環している。次の文は，水槽中のオオカナダモとメダカとの間での炭素の移動について述べたものである。あとの**ア～カ**のうち，文中の ⓔ ～ ⓖ に入れるのに適している語の組み合わせはどれか。一つ選び，記号を〇で囲みなさい。ただし，水槽中にはオオカナダモを食べる生物はおらず，メダカは人工のエサのみを食べているものとする。

　水槽中のオオカナダモからメダカに炭素は移動して ⓔ と考えられ，メダカからオオカナダモに炭素は移動して ⓕ と考えられる。したがって，この水槽中ではオオカナダモとメダカの間を繰り返し移動している炭素は存在 ⓖ と考えられる。

ア ⓔ いる　　ⓕ いる　　ⓖ する　　　　**イ** ⓔ いる　　ⓕ いる　　ⓖ しない
ウ ⓔ いる　　ⓕ いない　ⓖ する　　　　**エ** ⓔ いる　　ⓕ いない　ⓖ しない
オ ⓔ いない　ⓕ いる　　ⓖ する　　　　**カ** ⓔ いない　ⓕ いる　　ⓖ しない

2 　ふたをした鍋で水を加熱すると，やがて沸とうが始まって鍋のふたがもち上がり，カタカタと音を立てて動いた。鍋のふたは，加熱を続けている間は動き続け，加熱をやめると速やかに止まった。このことに興味をもったRさんは，水について調べ，Y先生と一緒に**実験**および考察を行った。次の問いに答えなさい。

(1) 　水は，水素と酸素とが反応してできる化合物の一つである。

　① 　水素と酸素とが反応して水ができる化学変化の化学反応式は，$2H_2 + O_2 \rightarrow 2H_2O$ で表される。次の**ア〜エ**のうち，この化学変化をモデルで表したものとして最も適しているものを一つ選び，記号を〇で囲みなさい。ただし，水素原子1個を ◎，酸素原子1個を ⬤ で表すものとする。

　② 　次の文中の ⓐ に入れるのに適している語を書きなさい。

　　窒素や酸素などからなる空気のように，いくつかの物質が混ざり合ったものが混合物と呼ばれるのに対して，水のように1種類の物質からなるものは ⓐ と呼ばれる。 ⓐ の沸点は，物質の種類によって決まった温度となる。

【実験】図Ⅰのように，火の大きさを一定にしたガスバーナーで沸とう石を入れた水を加熱した。図Ⅱは，加熱時間と水温の関係を表したグラフである。

(2) 　図Ⅰ中に示した沸とう石について，次の**ア〜エ**のうち，沸とう石を入れる目的として適しているものを一つ選び，記号を〇で囲みなさい。

　ア　水が突然沸とうするのを防ぐ。
　イ　水が蒸発するのを防ぐ。
　ウ　水が空気と反応するのを防ぐ。
　エ　水が酸素と水素とに分解するのを防ぐ。

図Ⅰ

温度計
沸とう石

図Ⅱ
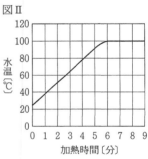

【ビーカーの中の水のようすと，図ⅡからRさんが読み取ったこと】
・加熱を開始してから5分までは，加熱時間に対する水温の上昇の割合は一定であった。
・ガスバーナーによる水への熱の加え方が変わらないのに，加熱を開始してから5分が過ぎると，気泡の発生とともに加熱時間に対する水温の上昇の割合は徐々に小さくなっていった。加熱を開始してから6分が過ぎると，水中のいたる所で大きな気泡が発生するようになり，水温は100℃のまま上昇しなかった。

【Rさんが考えたこと1】
・加熱時間に対する水温の上昇の割合が小さくなっていき，100℃になると水温が一定になったのは，気泡の発生が原因ではないだろうか。

【Y先生の助言1】
・ガスバーナーの火の大きさが一定なので，水に加えられる1分あたりの熱量も一定であると考えてよい。
・水の状態が液体から気体へと変化するためには，熱が必要である。
・水に加えられた熱量は，水温の上昇に利用された熱量と，水の状態変化に利用された熱量との総量に等しいと考えてよい。

Gさん：地球が ＿＿ⓐ＿＿ しているからです。 ＿＿ⓐ＿＿ による地球の回転にともない，太陽以外の恒星は，互いの位置関係を変えずに地球の周りを回っているように観測できます。

E先生：恒星の動きについて，夏の星座であるさそり座の恒星アンタレスに注目しましょう。この星が真南の空に観測されるのは7月29日の20時ごろですが，1か月後ではどうでしょうか。

アンタレス
さそり座

Gさん：1か月後には2時間も早い18時ごろに南中します。

E先生：そうですね。そのアンタレスの日周運動を，ⓐ太陽の動きと比較して考えましょう。太陽の南中時刻は毎日12時ごろになることから，どのようなことが考えられるでしょうか。

Gさん：アンタレスのような星座をつくる恒星が，日周運動で一周するのにかかる時間は24時間よりも短いです。このため，太陽との位置関係は少しずつ変化します。

E先生：ちなみに，アンタレスと太陽の観測される方向が最も近くなるのはいつごろか分かりますか。

Gさん：アンタレスと太陽がともに12時ごろに南中する ＿＿ⓑ＿＿ 月末ごろになると考えられます。

E先生：その通りです。それでは最後に月の動きについて考えましょう。月が南中する時刻は，毎日どのように変化するでしょうか。

Gさん：ⓒ月が南中する時刻は毎日約50分程度遅くなります。

E先生：太陽以外の恒星，太陽，月がそれぞれ見かけ上地球の周りを一周するのにかかる時間が異なることから，Gさんの疑問の答えが分かりますね。

Gさん：はい。一周するのにかかる時間から考えると，月は星座の間を ＿＿＿ⓒ＿＿＿ しているように見えるからです。その速さは太陽よりも速いため，太陽も月の東側から月のうしろにかくれ始め，西側から出てくると考えられます。

(5) 上の文中の ⓐ に入れるのに適している語を書きなさい。

(6) 下線部ⓐについて，季節により太陽の南中高度は変化する。大阪から観測したときに太陽の南中高度が最も高くなるのはいつか。次のア～エから一つ選び，記号を○で囲みなさい。

　ア 春分　　イ 夏至　　ウ 秋分　　エ 冬至

(7) 上の文中の ⓑ に入れるのに適している数を書きなさい。

(8) 下線部ⓒについて，図Ⅱは，2022年3月19日から31日まで，大阪において，朝6時に月が観測できる位置を示したものである。次の文中の ①〔　　　〕，②〔　　　〕から適切なものをそれぞれ一つずつ選び，記号を○で囲みなさい。

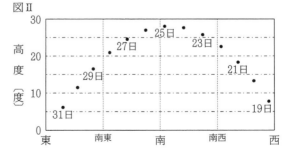
図Ⅱ

　月は，日の出後も観測できる。3月19日から数日間，朝6時に月を観測すると，日ごとに月の見かけの形は ①〔 ア 満ちていく　イ 欠けていく 〕ことが確認できる。また，25日には南の空に半月状の月が観測できるが，そのとき輝いている面は，②〔 ウ 東側　　エ 西側 〕である。

(9) 上の文中の ⓒ に入れるのに適している内容を，「東」「西」の2語を用いて簡潔に書きなさい。

4　有人潜水調査船「しんかい 6500」が深海に潜るときや海面に戻るときには，浮力と重力の差を利用する。このことを知ったＳさんは，ばねを用いて浮力と重力について調べる実験を行い，「しんかい 6500」の下降・上昇について考察を行った。あとの問いに答えなさい。ただし，**実験１〜３で用いたばねはすべて同じばね**で，ばねの重さや体積，ばねにはたらく浮力の大きさは考えないものとする。また，質量 100 ｇ の物体にはたらく重力の大きさは１Ｎとする。

【実験１】図Ⅰのように，ばねにおもりをつるし，ばねに加えた力の大きさとばねの長さとの関係を調べた。

図Ⅰ

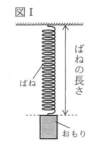

図Ⅱ

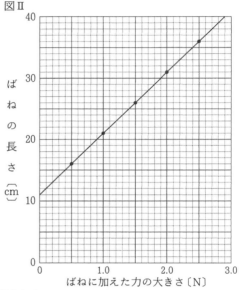

［実験１のまとめ］

　測定結果をグラフに表すと図Ⅱのようになった。ばねの長さから，ばねに力を加えていないときの長さをひいて，ばねののびを求めると，<u>ⓐばねののびは，ばねに加えた力の大きさに比例している</u>ことが分かった。

(1)　質量 250 ｇ の物体にはたらく重力の大きさは何Ｎか，求めなさい。

(2)　ばねに力を加えていないときのばねの長さは，図Ⅱより読み取ると何 cm であると考えられるか。答えは**整数**で書くこと。

(3)　下線部ⓐについて，この関係は何と呼ばれる法則か，書きなさい。

【実験２】図Ⅲのように，高さの調節できる台に水槽を置き，円柱Ａ（重さ 2.0 Ｎ，高さ 6.0 cm，底面積 20 cm²）を，円柱の底面と水面がつねに平行になるようにしながら，ばねにつるした。このとき，台の高さを調節することで，水面から円柱の底面までの長さとばねの長さとの関係を調べた。

図Ⅲ

［実験２のまとめ］

・測定結果

水面から円柱の底面までの長さ〔cm〕	0	2.0	4.0	6.0	8.0	10.0
ばねの長さ〔cm〕	31	27	23	19	19	19

・浮力の大きさは，円柱Ａにはたらく重力の大きさからばねに加えた力の大きさをひくと求めることができる。

・円柱の一部分が水中にあるとき，水面から円柱の底面までの長さが 2.0 cm 増えるごとに，ばねの長さが　　ⓐ　　cm ずつ短くなるので，浮力の大きさは 0.4 Ｎずつ大きくなる。

・円柱の底面と水面が平行なので，円柱の一部分が水中にあるとき，水面から円柱の底面までの長さと，円柱の水中にある部分の体積は比例する。よって，浮力の大きさは物体の水中にある部分の体積に比例すると考えられる。

・円柱Ａが完全に水中にあるときには，深さに関わらず，浮力の大きさは　　ⓑ　　Ｎである。

(4)　上の文中の　　ⓐ　　，　　ⓑ　　に入れるのに適している数をそれぞれ求めなさい。

令 和 4 年 度

大阪府学力検査問題

（ 一 般 入 学 者 選 抜 ）

社　　会

（40分）

注　　意

1　「開始」の合図があるまで開いてはいけません。

2　答えは，すべて**解答用紙**に書きなさい。

答えとして記号を選ぶ問題は，下の【解答例】にならい，すべて**解答用紙**の記号を
〇で囲みなさい。また，答えを訂正するときは，もとの〇をきれいに消しなさい。

【解答例】

解答用紙の**採点者記入欄**には，何も書いてはいけません。

3　問題は，中の用紙のA面に **1**，B面に **2**，C面に **3**，D面に **4** があります。

4　「開始」の合図で，まず，解答用紙に受験番号を書きなさい。

5　「終了」の合図で，すぐ鉛筆を置きなさい。

令 和 4 年 度 大 阪 府 学 力 検 査 問 題
社 会 解 答 用 紙

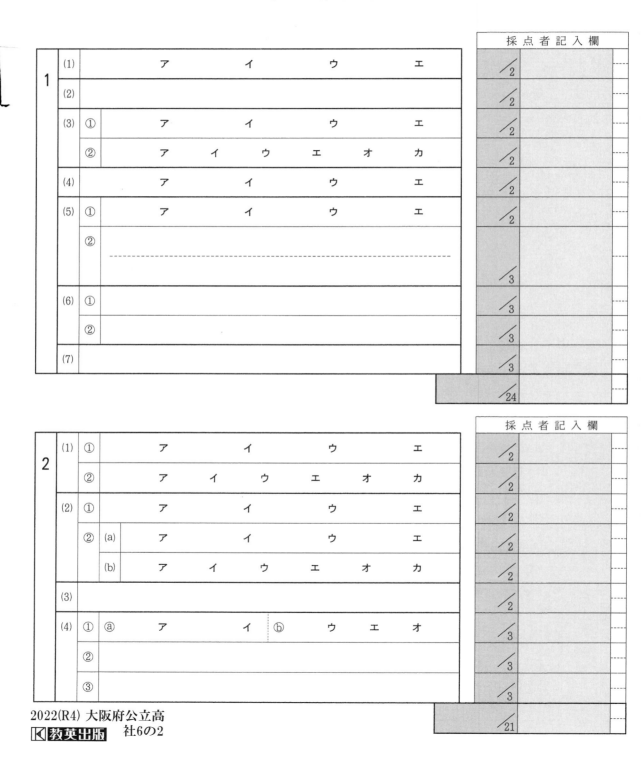

採 点 者 記 入 欄

1	(1)		ア　　　イ　　　ウ　　　エ	/2
	(2)			/2
	(3)	①	ア　　　イ　　　ウ　　　エ	/2
		②	ア　イ　ウ　エ　オ　カ	/2
	(4)		ア　　　イ　　　ウ　　　エ	/2
	(5)	①	ア　　　イ　　　ウ　　　エ	/2
		②		/3
	(6)	①		/3
		②		/3
	(7)			/3

/24

採 点 者 記 入 欄

2	(1)	①		ア　　　イ　　　ウ　　　エ	/2
		②		ア　イ　ウ　エ　オ　カ	/2
	(2)	①		ア　　　イ　　　ウ　　　エ	/2
		②	(a)	ア　　　イ　　　ウ　　　エ	/2
			(b)	ア　イ　ウ　エ　オ　カ	/2
	(3)				/2
	(4)	①	ⓐ	ア　　　イ　　ⓑ　ウ　エ　オ	/3
		②			/3
		③			/3

/21

(4) <u>中京工業地帯</u>は，愛知県名古屋市を中心とする工業地帯である。次の**ア～エ**のうち，2018（平成30）年の製造品出荷額において，愛知県が全国1位である製造品はどれか。一つ選び，記号を○で囲みなさい。

　ア 医薬品製剤　　**イ** 輸送用機械器具　　**ウ** 印刷・同関連品　　**エ** パルプ・紙・紙加工品

(5) <u>鉄鋼</u>は，現在も日本の重要な輸出品である。図Ⅱは，東アジアにおける，鉄鋼の主原料となる鉄鉱石と石炭が取れるおもな場所を示したものである。図Ⅲは，中国と日本における，おもな製鉄所の位置をそれぞれ示したものである。次の文は，図Ⅱ，図Ⅲをもとに，製鉄所の立地について述べたものである。

> 中国と日本とでは，製鉄所の位置にそれぞれ特徴がある。中国は（　　ⓐ　　）に製鉄所が立地している。一方，日本は主原料を（　　ⓑ　　）。

図Ⅱ

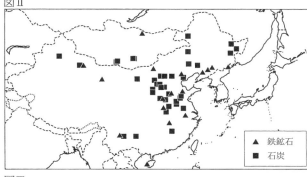

▲ 鉄鉱石
■ 石炭

図Ⅲ

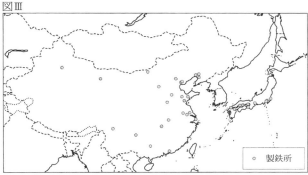

○ 製鉄所

（図Ⅱ，図Ⅲともに ……… は現在の国界を示し，……… は国界が未確定であることを示す）

① 次の**ア～エ**のうち，文中の（　　ⓐ　　）に入る内容として最も適しているものを一つ選び，記号を○で囲みなさい。
　ア 内陸部のみ
　イ おもに，中国東北部
　ウ 石炭が取れるすべての場所の付近
　エ おもに，主原料の両方またはそのどちらかが取れる場所の付近

② 文中の（　　ⓑ　　）には，図Ⅱ，図Ⅲから読み取れることをふまえた製鉄所の立地とその理由についての内容が入る。文中の（　　ⓑ　　）に入れるのに適している内容を簡潔に書きなさい。

(6) <u>北アメリカ</u>では，USMCAと呼ばれる新たな貿易協定が2020年に発効された。

① USMCAは，NAFTAに加盟していた3か国による新たな貿易協定である。USMCAに加盟している3か国のうち，2か国はアメリカ合衆国とカナダである。あと1か国はどこか。国名を書きなさい。

② アメリカ合衆国のサンフランシスコ郊外には，コンピュータや半導体関連の先端技術産業が集中している地域（地区）がある。この地域（地区）は，コンピュータや半導体関連の先端技術産業が集中していることから何と呼ばれているか，書きなさい。

(7) <u>円高</u>は貿易や物価など，経済にさまざまな影響を与える。次の文は，円高の影響を受けた1980年代以降の日本の工業について述べたものである。文中の（　　　　）に入れるのに適している内容を，「工場」の語を用いて簡潔に書きなさい。

> 1980年代以降，貿易上の対立をさけることやより安く製品を生産することを目的として（　　　　　　）ことにより，雇用の減少が起こり，工業が衰退することが懸念された。このような現象は「産業の空洞化」と呼ばれている。

2 富士山は，わが国で最も標高の高い山であり，わが国の人々の自然観や文化に大きな影響を与えてきた。富士山とその周辺にかかわる次の問いに答えなさい。

(1) 富士山は，山梨県と静岡県とにまたがる火山である。

① 次のア〜エのうち，富士山の標高として最も適しているものはどれか。一つ選び，記号を○で囲みなさい。

ア 1,982 m　　イ 3,776 m　　ウ 4,058 m　　エ 8,848 m

② 表Ⅰは，山梨県，静岡県，大阪府について，2018（平成30）年における米，野菜，果実の農業産出額及び漁業産出額を示したものである。次のア〜カのうち，表Ⅰ中のA〜Cに当たる府県の組み合わせとして正しいものはどれか。一つ選び，記号を○で囲みなさい。

ア　A 山梨県　　B 静岡県　　C 大阪府
イ　A 山梨県　　B 大阪府　　C 静岡県
ウ　A 静岡県　　B 山梨県　　C 大阪府
エ　A 静岡県　　B 大阪府　　C 山梨県
オ　A 大阪府　　B 山梨県　　C 静岡県
カ　A 大阪府　　B 静岡県　　C 山梨県

表Ⅰ　農業産出額及び漁業産出額（億円）

府県	農業			漁業
	米	野菜	果実	
A	73	150	67	46
B	63	112	629	—
C	194	643	298	551

（―は皆無なことまたは当てはまる数字がないことを示す）
（『データでみる県勢』2021年版により作成）

(2) 富士山は，古くから和歌によまれたり絵画に描かれたりしてきた。

① 富士山をよんだ和歌が，紀貫之らによって編さんされた『古今和歌集』に収められている。『古今和歌集』が編さんされた時代の文化は何と呼ばれているか。次のア〜エから一つ選び，記号を○で囲みなさい。

ア 桃山文化（安土桃山文化）　　イ 鎌倉文化　　ウ 国風文化　　エ 天平文化

② 右の絵は，葛飾北斎が描いた富士山の浮世絵である。江戸時代には，このような風景を描いた浮世絵が人々に親しまれた。

(a) 次のア〜エのうち，江戸時代に，葛飾北斎とならび多くの浮世絵による風景画を描いたのはだれか。一つ選び，記号を○で囲みなさい。

ア 歌川（安藤）広重　　イ 黒田清輝
ウ 狩野永徳　　エ 雪舟

(b) 浮世絵の構図や色彩は西洋の芸術に大きな影響を与え，影響を受けた画家たちがフランスのパリを中心に活躍した。次の（ⅰ）〜（ⅲ）は，フランスで起こったできごとについて述べた文である。（ⅰ）〜（ⅲ）をできごとが起こった順に並べかえると，どのような順序になるか。あとのア〜カから正しいものを一つ選び，記号を○で囲みなさい。

（ⅰ） 軍人のナポレオンが権力を握り，ヨーロッパの支配をすすめた。
（ⅱ） ルイ14世が，強大な権力をもって独裁的な政治を行った。
（ⅲ） パリ講和会議が開催され，ベルサイユ条約が締結された。

ア （ⅰ）→（ⅱ）→（ⅲ）　　イ （ⅰ）→（ⅲ）→（ⅱ）　　ウ （ⅱ）→（ⅰ）→（ⅲ）
エ （ⅱ）→（ⅲ）→（ⅰ）　　オ （ⅲ）→（ⅰ）→（ⅱ）　　カ （ⅲ）→（ⅱ）→（ⅰ）

(3) 現在，富士山周辺の環境保全や環境教育に取り組む非営利組織（非営利団体）が多数ある。次の文は，非営利組織（非営利団体）について述べたものである。文中の A に当てはまる語をアルファベットで書きなさい。

非営利組織（非営利団体）は，福祉，教育，まちづくりなどの国内の課題に対して活動している民間団体であり，その略称は， A と表される。わが国では，1998（平成10）年に A 法と呼ばれる法律が制定され，活動を支援するしくみが整えられた。

③ 銀行もまた企業である。図Ⅰは、銀行を中心とした金融のしくみを模式的に表したものである。銀行のおもな業務は預金の受け入れと、その預金をもとに行う貸し出しであり、預金や貸し出しの際の金利（元本に対する利子の比率）は各銀行がそれぞれで決めることができる。次の文は、図Ⅰをもとに、銀行が具体的にどのようにして利潤を得ているかについて述べたものである。文中の（　　）に入れるのに適している内容を、「金利」の語を用いて簡潔に書きなさい。

図Ⅰ

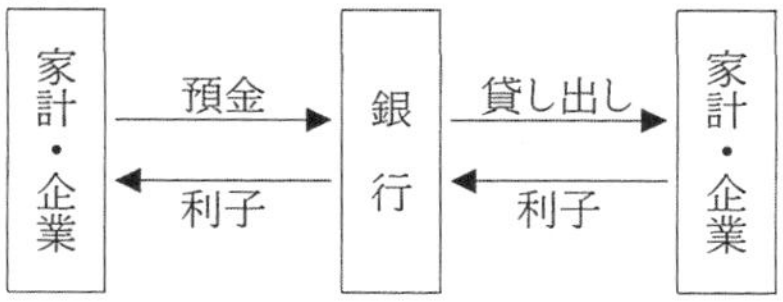

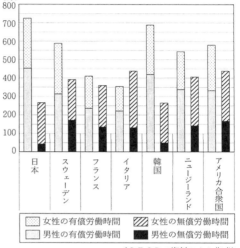

銀行は（　　　　　　）ことで、その二つの金利の差から利潤を得ている。

(4) Ｆさんは、くらしを支える仕事と、家事や育児など個人の生活との調和（両立）に興味をもち、2021（令和3）年に国際機関であるＯＥＣＤ（経済協力開発機構）が示した資料をもとにワーク・ライフ・バランスについて考えてみた。図Ⅱは、Ｆさんがまとめたものの一部であり、ＯＥＣＤ加盟国の15～64歳の男女別における1日当たりの、有償労働または学習活動に費やされる時間（以下、有償労働時間という。）と無償労働に費やされる時間（以下、無償労働時間という。）について示したものである。

（注）有償労働時間
＝ 有償労働（すべての仕事）、通勤・通学、授業など学校での活動、研究・宿題、求職活動、その他の有償労働・学業関連行動の時間の合計。

無償労働時間
＝ 家事、世帯員・非世帯員の介護、育児、買い物、ボランティア活動、家事関連活動のための移動、その他の無償労働の時間の合計。

図Ⅱ
（分）

（ＯＥＣＤの資料により作成）

① 次のア～エのうち、図Ⅱから読み取れる内容についてまとめたものとして正しいものはどれか。**すべて選び**、記号を○で囲みなさい。

ア　いずれの国も、無償労働時間より有償労働時間の方が長い。

イ　いずれの国も、有償労働時間は男性の方が長く、無償労働時間は女性の方が長い。

ウ　有償労働時間について、最も長い国の時間は最も短い国の時間の2倍以上である。

エ　女性の無償労働時間が男性の無償労働時間の5倍以上である国は、日本と韓国である。

② 次の文は、図Ⅱをもとに、Ｆさんと友人のＧさんが交わした会話の一部である。あとのア～エのうち、会話文中の（　　）に入る内容として最も適しているものを一つ選び、記号を○で囲みなさい。

> Ｇさん：日本の有償労働時間は諸外国の中でも長いね。
> Ｆさん：労働者の有償労働時間を減らすことができれば、その分の時間を育児や介護など個人の生活の時間にあてることもできるので、仕事と個人の生活の両方を充実させることができるのではないかな。
> Ｇさん：性別にかかわらず、多様な働き方や生き方を選択できることが大切ということだね。ただ、労働者の有償労働時間を減らしても収入は維持することが求められるので、（　　　　）が必要になると考えられるね。
> Ｆさん：その例として、在宅勤務などテレワークの推進は、通勤時間の削減になるので収入を維持しながら有償労働時間を減らすことができると考えられる取り組みの一つだね。
> Ｇさん：そうだね。でも、テレワークを導入できる仕事は限られるなど課題はあるね。他にもワーク・ライフ・バランスの実現につながる取り組みを考えてみようよ。

ア　法人税を増加させること　　　　イ　年金の給付額を増加させること

ウ　時間当たりの収入を増加させること　　エ　非正規雇用労働者を増加させること

4 わが国の土地政策にかかわることがらについて，次の問いに答えなさい。

(1) 朝廷は 701 年に大宝律令を制定し，全国の土地と人々を国家が直接統治する政治のしくみを整えた。

① 大宝律令が制定されたころ，都は藤原京におかれていた。藤原京は，道路によって碁盤の目のように区画された，わが国で初めての本格的な都であった。右の地図中の**ア～エ**のうち，藤原京の場所を一つ選び，記号を〇で囲みなさい。

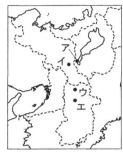

（……は現在の県界を示す）

② 朝廷は律令にもとづいて戸籍をつくり，全国の人々の名前や年齢などを把握した。戸籍にもとづいて 6 歳以上の人々に割り当てられた土地は何と呼ばれているか。**漢字 3 字**で書きなさい。

③ 墾田永年私財法が出されると，荘園が成立するようになり，しだいに公地公民の原則が崩れていった。次の**ア～エ**のうち，墾田永年私財法が出された時代のわが国のようすについて述べた文として正しいものはどれか。一つ選び，記号を〇で囲みなさい。

ア 観阿弥と世阿弥によって，能が大成された。

イ 僧の鑑真が唐から来日し，わが国に仏教のきまりを伝えた。

ウ 仁徳天皇陵と伝えられている大仙（大山）古墳がつくられた。

エ 運慶らによって制作された金剛力士像が，東大寺の南大門におかれた。

(2) 11 世紀には，全国の土地は，上皇や貴族，寺社が支配する荘園と，国司が支配する公領とに分かれていった。次の文は，鎌倉幕府が勢力を拡大していくようすについて述べたものである。文中の ⓐ ， ⓑ に当てはまる語をそれぞれ**漢字 2 字**で書きなさい。

> 1185 年，源 頼朝は，荘園や公領に ⓐ をおくことを朝廷に認めさせた。 ⓐ は御家人の中から任命され，年貢の取り立てや土地の管理などを行った。1221 年に起こった ⓑ の乱で後鳥羽上皇に勝利した幕府は上皇側の土地を取り上げ，西日本にも勢力をのばして，幕府の支配を固めた。

(3) 16 世紀後半，豊臣秀吉は役人を派遣して，全国で太閤検地と呼ばれる検地を行った。次の**ア～エ**のうち，太閤検地を行った結果について述べた文として**誤っているもの**はどれか。一つ選び，記号を〇で囲みなさい。

ア 武士は，領地の石高に応じて，軍事にかかわる義務を負うこととなった。

イ 公家や寺社は，それまでもっていた荘園領主としての土地の権利を失うこととなった。

ウ ものさしの長さやますの大きさが統一され，田畑の収穫量が石高で表されるようになった。

エ 農民は，土地を有力者のものとすることで，税を免除される権利を得ることができるようになった。

(4) 江戸時代には，幕府と藩が全国の土地と人々を支配する幕藩体制がとられた。江戸幕府は直轄地をもち，京都や大阪などの主要都市や全国のおもな鉱山を直接支配した。

① 表Ⅰは，19 世紀における，幕府領（幕府の直轄地と旗本・御家人領とを合わせた領地），天皇・公家領，大名領，寺社領の石高と石高の合計に占める割合とをそれぞれ示したものである。表Ⅰ中の**ア～エ**のうち，幕府領に当たるものを一つ選び，記号を〇で囲みなさい。

表Ⅰ 石高とその割合

	石高（万石）	割合（%）
ア	2,250	74.5
イ	723	23.9
ウ	34	1.1
エ	14	0.5
合計	3,021	100.0

（『吹塵録』及び『徳川幕府県治要略』により作成）

② 次の文は，19世紀前半に行われた江戸幕府の土地政策について述べたものである。文中の
ⓐ〔 〕から適切なものを一つ選び，記号を○で囲みなさい。また，あとのエ～キのうち，文
中の（ ⓑ ）に入る内容として最も適しているものを一つ選び，記号を○で囲みなさい。

> 江戸幕府は，新たに江戸や大阪の周辺にある大名や旗本の領地を直接支配しようとした。こ
> の政策は，老中であったⓐ〔 ア 水野忠邦 イ 松平定信 ウ 井伊直弼 〕が，
> 19世紀前半に（ ⓑ ）ことをはじめとする国内の諸問題や，財政難，海沿いの防備の強
> 化などに対応するために打ち出したものであるが，大名や旗本の強い反対などによって実施さ
> れなかった。

エ 薩摩藩などに対する不満から，鳥羽・伏見で内戦が起こった

オ 米の安売りを求めて富山で起こった米騒動が，全国に広がった

カ 苦しむ人々を救済するため，大阪町奉行所の元役人の大塩平八郎が乱を起こした

キ 重い年貢やキリスト教徒への弾圧に反対して，島原・天草一揆（島原・天草の一揆）が起こった

(5) 1873（明治6）年に地租改正が実施され，国民に土地の所有権が認められたが，農地をもたず土地
を借りて耕作する農民もいた。

① 資料Ⅰは，1873年に出された法令を
示したものであり，その法令の一部を現
代のことばに書き改めたものである。次
のア～エのうち，資料Ⅰ中の（ ）
に入る内容として最も適しているもの
を一つ選び，記号を○で囲みなさい。

資料Ⅰ

> この度，地租が改正されて，従来の田畑納税法は
> すべて廃止し，地券調査終了しだい，（ ）
> を地租と決めるよう命じられたので，その趣旨を別
> 紙の条例の通りに心得ること。

（注）別紙の条例＝ここでは，地租改正について定めた条例のこと。

ア 土地の価格の3％ イ 土地の価格の2.5％ ウ 収穫高の3％ エ 収穫高の2.5％

② 大正デモクラシーと呼ばれる風潮のもと，農村で小作料の引き下げなどを求めて小作争議が起こ
るなど，社会運動の高まりがみられた。次の文は，大正時代におけるわが国の社会運動にかかわる
ことがらについて述べたものである。文中のⓐ〔 〕，ⓑ〔 〕から適切なものをそれぞれ
一つずつ選び，記号を○で囲みなさい。

> 第一次世界大戦後，小作争議が増加し，1922（大正11）年に小作人の権利を守るための全国
> 組織であるⓐ〔 ア 立志社 イ 全国水平社 ウ 日本農民組合 〕がつくられた。
> 小作争議の他にもさまざまな社会運動が広がる中で，1925（大正14）年にⓑ〔 エ 独占禁止法
> オ 地方自治法 カ 治安維持法 キ 国家総動員法 〕が制定されたことにより，そ
> の後，社会運動はさらなる制約を受けるようになっていった。

(6) 第二次世界大戦後，自作農を増やすために農地改革が行われた。右の絵
は，農林省（現在の農林水産省）が農地改革を国民に宣伝するために，1947
（昭和22）年に作成した紙芝居の一部である。次の文は，農地改革につ
いて述べたものである。文中の（ ）には，政府が実施した土地政策
についての内容が入る。文中の（ ）に入れるのに適している内容を，
「地主」「小作人」の2語を用いて簡潔に書きなさい。

> 農地改革において，政府が（ ）ことで，小作地が減少して自作地が増加した。

3 労働にかかわる次の問いに答えなさい。

(1) 日本国憲法に，勤労は国民の権利であり，義務であることが記されている。次の文は，基本的人権にかかわることについて記されている日本国憲法の条文の一部である。文中の 〔　　　〕の箇所に用いられている語を書きなさい。

「何人(なんびと)も，公共の福祉に反しない限り，居住，移転及び 〔　　　〕 の自由を有する。」

(2) わが国では，労働者を保護するために，労働に関するさまざまな法律が定められている。

① 次の文は，法律案の議決について記されている日本国憲法の条文の一部である。文中の @〔　　　〕，ⓑ〔　　　〕 から適切なものをそれぞれ一つずつ選び，記号を○で囲みなさい。

> 衆議院で可決し，参議院でこれと異なった議決をした法律案は，衆議院で @〔　**ア**　総議員　**イ**　出席議員　〕の ⓑ〔　**ウ**　過半数　　　**エ**　三分の二以上の多数　〕で再び可決したときは，法律となる。

② 法律や予算にもとづいて国の仕事を行うのが内閣である。内閣が，日本国憲法及び法律の規定を実施するために制定する命令は何と呼ばれているか，書きなさい。

③ 次の文は，法律などが憲法に違反していないかどうかを判断する権限について述べたものである。文中の 〔　　　〕に当てはまる語を書きなさい。

> 日本国憲法は，法律などが憲法に違反していないかどうかを判断する権限を裁判所に与えている。裁判所のうち 〔　　　〕裁判所は，違憲審査について最終的に決定する権限をもち，「憲法の番人」と呼ばれている。

④ 労働者の保護を目的とした法律の一つに，労働基準法がある。次の**ア〜カ**のうち，労働基準法に定められている内容について述べた文として適しているものはどれか。**すべて**選び，記号を○で囲みなさい。

　ア　労働組合を組織することができる。
　イ　労働時間を原則として1日8時間以内とする。
　ウ　育児や家族の介護のために休業することができる。
　エ　労働協約の締結に関して使用者と交渉する権限をもつ。
　オ　労働者に対して，毎週少なくとも1回の休日を与える。
　カ　労働者が女性であることを理由に，賃金について，男性と差別的取り扱いをしてはならない。

(3) 企業は，家計によって提供される労働やその他の資源を投入して，人々が求める商品を生産している。

① 次の文は，企業の役割について述べたものである。文中の 〔　　　〕に当てはまる語を**漢字5字**で書きなさい。

> 企業は人々が求める商品の生産や，公正な経済活動を行う役割を担(にな)っている。また，消費者の保護や雇用の安定，環境への配慮や社会貢献に関する活動などは「企業の 〔　　　〕」（CSR）であるとされ，企業の役割として期待されている。

② 企業にはさまざまな種類があり，その一つが株式会社である。次の**ア〜エ**のうち，わが国における，株式会社や株式市場の一般的な特徴について述べた文として**誤っているもの**はどれか。一つ選び，記号を○で囲みなさい。

　ア　上場された株式は，証券取引所で売買することができる。
　イ　株価は，株式を発行している企業の業績により変動することがある。
　ウ　株主には，株主総会における議決に参加する権利や，配当を受け取る権利がある。
　エ　株式会社が倒産した場合，株主は出資額を失うだけでなく，会社の負債を返済する責任も負う。

(4) Nさんは，2021（令和3）年に富士山のハザードマップが改定されたことに興味をもち，山梨県において，富士山噴火の兆候が観測された場合に現地において対策を実施する現地対策拠点について調べた。図Iは，富士山のハザードマップをもとにNさんが作成した地図であり，富士山噴火時に溶岩流が到達する可能性のある範囲を示したものである。図I中のA地区とB地

図I　溶岩流可能性マップ

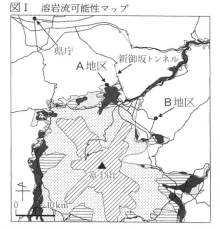

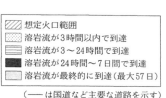

凡例：
- 想定火口範囲
- 溶岩流が3時間以内で到達
- 溶岩流が3〜24時間で到達
- 溶岩流が24時間〜7日間で到達
- 溶岩流が最終的に到達（最大57日）

（——は国道など主要な道路を示す）

区は，現地対策拠点の設置場所の候補地となり得る地区として，山梨県が選定した地区のうちの二つの地区である。次の文は，Nさんが調べた内容をもとに，NさんとH先生が交わした会話の一部である。この会話文を読んで，あとの問いに答えなさい。

Nさん：富士山のハザードマップの改定により，被災する可能性のある範囲が拡大したことを受けて，山梨県では新たに，現地対策拠点の設置場所の候補地となり得る地区が選定されました。そのうち，A地区とB地区の二つの地区を比較したいと思います。

H先生：では，二つの地区について，富士山噴火にともなう影響はどのように想定されていますか。

Nさん：図Iから，ⓐ〔　ア　A地区　　イ　B地区　〕は，最終的には溶岩流で被災する可能性はあるものの，1週間程度の時間は確保することができると分かるので，住民の避難対策など現地で最低限必要となる業務を果たすことは可能であると想定されています。また，その地区から新御坂トンネルを経由し県庁に至る主要な道路は，1週間程度は通行が可能であることが分かります。もう一方の地区は，溶岩流で直接被災する恐れはないものの，その地区から新御坂トンネルを経由し県庁に至る主要な道路は，溶岩流で被災する可能性がある場所を通っており，早ければ　ⓑ〔　ウ　3時間以内　　エ　3〜24時間　オ　24時間〜7日間　〕で溶岩流が到達して寸断される恐れがあります。

H先生：たしかに，県職員らが県庁から現地対策拠点まで移動することができる道路を確保することは重要ですね。もっとも，現地対策拠点では，県だけでなく，国，市町村，□□□，警察，消防，火山の専門家などの関係諸機関が連携し，災害応急対策を実施することになります。他に噴火にともなう影響として，どのようなことが想定されていますか。

Nさん：上空の風の影響により，A地区とB地区を含む広範囲に（　　　　　　）ことが想定されており，交通機関や農作物，電気・水道など生活を支えるシステムへの影響や健康被害の恐れがあります。江戸時代に起きた噴火では，火口から約100km離れた江戸でも堆積がみられ，健康被害を及ぼしたという記録が残っています。

H先生：そうですね。噴火にともなう影響について，さまざまな観点で調査や検討を継続することが大切ですね。今回は富士山噴火について考えましたが，自宅や学校周辺のハザードマップも確認してみましょう。

① 会話文中のⓐ〔　　　〕，ⓑ〔　　　〕から適切なものをそれぞれ一つずつ選び，記号を○で囲みなさい。

② 会話文中の□□□に当てはまる，わが国の防衛を主たる任務とし，災害発生時に知事らによる派遣要請を受けて現地で救助などの災害派遣活動を行う組織の名称を漢字3字で書きなさい。

③ 会話文中の（　　　）に入れるのに適している内容を簡潔に書きなさい。

1 Mさんは，アジアの工業化と日本の工業化にかかわることがらについて調べた。次の文は，Mさんが調べた内容の一部である。あとの問いに答えなさい。

> 【アジアの工業化】
> ⓐ20世紀後半，アジアの国や地域で工業化がすすんだ。すでに工業化がすすんでいた日本ではさらに工業が発展した。韓国，台湾，香港，シンガポールでは1960年代に工業化がすすみ，これらの国や地域はアジアNIESと呼ばれるようになった。1990年代に入ると，ⓑ中国で工業が急速に発展し，その後はベトナムなどⓒ東南アジアの国々で工業化がすすむようになった。
>
> 【日本の工業化】
> 第二次世界大戦後，京浜・ⓓ中京・阪神・北九州の工業地帯の周辺に工業地域が拡大した。その結果，太平洋ベルトと呼ばれる帯状の工業地域が形成された。高度経済成長期を経て，日本の主要輸出品は繊維製品やⓔ鉄鋼，船舶などから自動車や精密機械などへ変化していき，ⓕ北アメリカやヨーロッパへの輸出額が増加した。ⓖ円高の影響を受けた1980年代以降，日本各地の工業地域に変化がみられるようになり，工業の衰退に対する懸念が高まった。

(1) ⓐ20世紀後半以降，日本の産業構造は大きく変化した。図Ⅰは，1955（昭和30）年から2020（令和2）年までにおける，日本の産業別人口の推移を示したものである。次のア〜エのうち，図Ⅰ中のA〜Cに当たる産業の組み合わせとして正しいものはどれか。一つ選び，記号を○で囲みなさい。

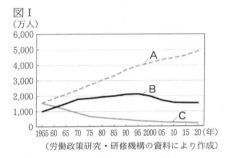

図Ⅰ
（万人）
（労働政策研究・研修機構の資料により作成）

ア　A　第二次産業　　B　第一次産業　　C　第三次産業
イ　A　第二次産業　　B　第三次産業　　C　第一次産業
ウ　A　第三次産業　　B　第一次産業　　C　第二次産業
エ　A　第三次産業　　B　第二次産業　　C　第一次産業

(2) ⓑ中国では，外国の資本や技術を積極的に導入するための地域として，1980年から1988年までに五つの地域が指定された。1980年に指定された深圳など，外国企業をよい条件で受け入れるために開放された地域は何と呼ばれているか。**漢字4字**で書きなさい。

(3) ⓒ東南アジアの工業化による経済成長は，東南アジアの国どうしの協力によっても支えられている。

① 次のア〜エのうち，東南アジアの経済成長や社会的・文化的発展の促進を目的として1967年に結成され，2021年においてミャンマーやカンボジアなど東南アジアの10か国が加盟している国際組織の略称はどれか。一つ選び，記号を○で囲みなさい。

ア　EU　　イ　APEC　　ウ　ASEAN　　エ　MERCOSUR

② 表Ⅰ，表Ⅱは，1984年と2019年における，タイとマレーシアの輸出品と輸出総額に占める割合とをそれぞれ示したものである。あとのア〜カのうち，表Ⅰ，表Ⅱ中のX，Yに当てはまる輸出品の組み合わせとして最も適しているものはどれか。一つ選び，記号を○で囲みなさい。

表Ⅰ　1984年と2019年におけるタイの輸出品（％）

1984年		2019年	
X	15.1	機械類	29.1
野菜	11.2	自動車	11.2
魚介類	7.8	プラスチック	4.6
衣類	7.6	金（非貨幣用）	3.4
その他	58.3	その他	51.7

（『世界国勢図会』1988-89年版，2021/22年版により作成）

表Ⅱ　1984年と2019年におけるマレーシアの輸出品（％）

1984年		2019年	
Y	22.6	機械類	42.0
機械類	17.4	石油製品	7.0
パーム油	11.7	液化天然ガス	4.2
木材	10.3	精密機械	3.8
その他	37.9	その他	43.0

（『世界国勢図会』1990-91年版，2021/22年版により作成）

ア　X　米　　　　　　　Y　原油（石油）
イ　X　米　　　　　　　Y　羊毛
ウ　X　綿花　　　　　　Y　羊毛
エ　X　綿花　　　　　　Y　小麦
オ　X　ボーキサイト　　Y　小麦
カ　X　ボーキサイト　　Y　原油（石油）

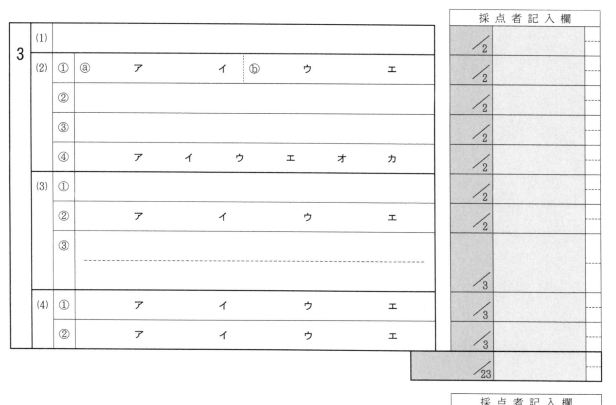

										採点者記入欄	
3	(1)									/2	
	(2)	①	ⓐ	ア	イ	ⓑ	ウ	エ		/2	
		②								/2	
		③								/2	
		④		ア	イ	ウ	エ	オ	カ	/2	
	(3)	①								/2	
		②		ア	イ	ウ	エ			/2	
		③		--------------------------------						/3	
	(4)	①		ア	イ	ウ	エ			/3	
		②		ア	イ	ウ	エ			/3	
										/23	

										採点者記入欄	
4	(1)	①		ア	イ	ウ	エ			/2	
		②								/2	
		③		ア	イ	ウ	エ			/2	
	(2)	ⓐ			ⓑ					/2	
	(3)			ア	イ	ウ	エ			/2	
	(4)	①		ア	イ	ウ	エ			/2	
		②	ⓐ	ア	イ	ウ	ⓑ	エ	オ カ キ	/2	
	(5)	①		ア	イ	ウ	エ			/2	
		②	ⓐ	ア	イ	ウ	ⓑ	エ	オ カ キ	/3	
	(6)			--------------------------------						/3	
										/22	

【Sさんが「しんかい6500」について調べたこと】
・乗員3名を乗せて，水深6500 mまで潜ることができる有人潜水調査船である。
・乗員3名が乗った状態では海に浮くように設計されており，深海に潜るときには鉄のおもりを複数個船体に取り付ける必要がある。
・下降をはじめると，やがて⑥下降の速さは一定となり，6500 m潜るのに2時間以上かかる。
・深海での調査を終え，海面に戻るときには，船体に取り付けていた鉄のおもりをすべて切り離して上昇する。

(5) 下線部⑥について，次の文中の ①〔　　　〕，②〔　　　〕から適切なものをそれぞれ一つずつ選び，記号を○で囲みなさい。

　　鉄のおもりを取り付けた「しんかい6500」が下降しているとき，浮力と重力の大きさに差があるにもかかわらず，下降する速さは一定となる。これは，三つめの力として「しんかい6500」の動きをさまたげようとする力がはたらき，三つの力の合力が0になっているためと考えられる。図IVを「しんかい6500」が一定の速さで深海に向かって下降している途中のようすを示しているものとすると，「しんかい6500」の動きをさまたげようとする力の向きは，図IV中の ①〔　ア ㋐の向き　　イ ㋑の向き 〕であり，②〔　ウ 浮力　　エ 重力 〕の向きと同じと考えられる。

図IV

【実験3】図IIIの実験装置を使い，円柱A（重さ2.0 N，高さ6.0 cm，底面積20 cm²）を，図Vに示した円柱B（重さ1.0 N，高さ6.0 cm，底面積20 cm²）や，円柱C（重さ0.30 N，高さ1.0 cm，底面積20 cm²）に替えて，実験2と同じように実験を行った。

[円柱Bに替えたときの結果]
・水面から円柱の底面までの長さが5.0 cm以下のときには，水面から円柱の底面までの長さが長くなるにつれ，**実験2**のときと同じ割合で浮力の大きさは大きくなった。
・水面から円柱の底面までの長さが5.0 cmになったところで，ばねののびはなくなり，それ以上沈むことはなかった。

図V

重　さ 1.0 N
高　さ 6.0 cm
底面積 20 cm²

[円柱Cに替えたときの結果]
・円柱Cが完全に水中にあるときのばねの長さは12 cmであった。

重　さ 0.30 N
高　さ 1.0 cm
円柱C　底面積 20 cm²

(6) 次の文は，Sさんが**実験3**で用いた円柱Bを「しんかい6500」に見立て，円柱Cを鉄のおもりに見立てて考察したものである。文中の ① 〜 ③ に入れるのに適している数をそれぞれ求めなさい。答えはそれぞれ**小数第1位**まで書くこと。ただし，円柱Cは複数個あり，複数個同時に円柱Bの下部に取り付けて一体の物体とすることが可能である。

　　ばねをはずした円柱Bが水面に浮かんで静止しているとき，円柱Bにはたらいている重力の大きさは1.0 Nであり，浮力の大きさは ① Nである。
　　次に，図VIのように円柱Bに円柱Cを3個取り付けると，一体となった物体全体にはたらく重力の大きさは ② Nとなり，一体となった物体がすべて水中にあるときの浮力の大きさは ③ Nとなる。したがって，一体となった物体は下降を続ける。

図VI

円柱B

円柱C

(7) 「しんかい6500」が海底近くの一定の深さにとどまり調査を行うためには，潜るために船体に取り付けていた鉄のおもりを，具体的にどのようにすることで，浮力と重力の関係をどのようにしていると考えられるか，書きなさい。ただし，調査のときの水平方向や上下方向へのわずかな移動にともなう力については，考えないものとする。

3 Gさんは，太陽だけでなく，惑星や太陽以外の恒星も月にかくされる現象が起こることに興味をもち，E先生と一緒に天体の動きについて調べることにした。次の問いに答えなさい。ただし，日本から観測した月の左は東側，右は西側である。

(1) 地球から観測して，地球，月，太陽が一直線上に並ぶとき，太陽が月にかくされる現象は何と呼ばれているか，書きなさい。

【惑星や恒星が月にかくされる現象について調べたこと】
・2021年には水星，金星，火星が月にかくされる現象がそれぞれ2回ずつ，合計6回起こった。
・6回のうち大阪から観測できる条件にあったのは，金星と火星の1回ずつであったが，いずれも昼間の時間帯であった。
・2021年11月8日の金星が月にかくされる現象は，大阪からの観測では，13時44分ごろから14時26分ごろの南南東の空で起きた。
・2021年11月8日の金星，地球，太陽の公転軌道上における位置関係は，図Ⅰのようになる。
・金星が月にかくされるとき，金星は月の東側から月のうしろにかくれ始め，月の西側から出てくる。
・太陽やその他の恒星が月にかくされるときも，月の東側から月のうしろにかくれ始め，西側から出てくる。

図Ⅰ

---

(2) 次のア〜エの文は，水星，金星，火星について，月にかくされる現象を大阪から観測する場合に，日本時間の真夜中（23時から1時の間とする）に観測できることがあるかについて述べたものである。内容が正しいものを一つ選び，記号を○で囲みなさい。

ア　水星のみ，真夜中に月にかくされる現象を観測できることがある。
イ　金星のみ，真夜中に月にかくされる現象を観測できることがある。
ウ　火星のみ，真夜中に月にかくされる現象を観測できることがある。
エ　いずれも，真夜中に月にかくされる現象を観測できることはない。

(3) 次の文中の ①〔　　〕，②〔　　〕から適切なものをそれぞれ一つずつ選び，記号を○で囲みなさい。

2021年11月8日ごろ，金星は ①〔　ア　よいの明星　　　イ　明けの明星　〕として ②〔　ウ　東の空　エ　西の空　〕に明るく輝くようすが，望遠鏡などを使わなくても観察できた。

(4) 図Ⅰの位置関係で金星が月にかくされたとき，月はどのような見かけの形をしていたと考えられるか。次のア〜エから最も適しているものを一つ選び，記号を○で囲みなさい。

ア	イ	ウ	エ

新月	三日月のような細い月	上弦の月	満月

【GさんとE先生の会話】
Gさん：太陽やその他の恒星が月にかくされるとき，月の東側から月のうしろにかくれ始め，西側から出てくるのはなぜでしょうか。
E先生：では，まず恒星の日周運動について考えましょう。大阪で南の空に観測できる星座は，東の空からのぼり西の空に沈むことを毎日繰り返していますね。また，北の空に観測できる星座は，北極星付近を中心に反時計回りに回転していますね。このように観測できるのはなぜでしょうか。

---

(3) 次の文は，**実験**において，加熱を開始して5分が過ぎてから6分までの1分間でみられた，水温の上昇のようすから分かることについて，**Y先生の助言1**をもとにRさんがまとめたものである。文中の ☐☐☐☐☐☐☐ に入れるのに適している内容を**Y先生の助言1**をふまえ，「熱量」の語を用いて書きなさい。

　　実験では，水に加えられる1分あたりの熱量はつねに一定であったといえる。したがって，加熱を開始して5分が過ぎてから6分までの1分間で，加熱時間に対する水温の上昇の割合が徐々に小さくなっていったのは，時間とともに ☐☐☐☐☐ が増加していったためであると考えられる。

【Rさんが考えたこと2】
・ふたをした鍋の中で水が沸とうしていたとき，水蒸気が鍋のふたをもち上げたのではないだろうか。

【Y先生の助言2】
・図Ⅲの模式図のように，ⓐ液体から気体に状態が変化すると，分子どうしの間隔は大きくなって，物質の体積は増加する。
・加熱を続け，水が沸とうしているとき，水蒸気が鍋のふたをもち上げる仕事をしている。このとき，ⓑエネルギーの変換が起こっており，このしくみはⓒ発電に利用されている。

図Ⅲ

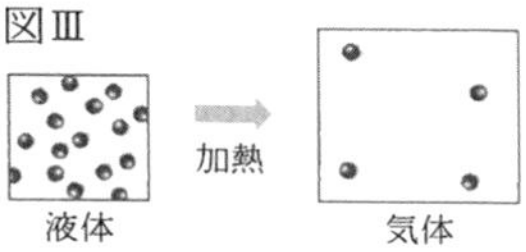

液体　　加熱　　気体

---

(4) 下線部ⓐについて，15gの水を加熱し，すべて100℃の水蒸気にしたとき，その水蒸気の体積は何Lになると考えられるか，求めなさい。ただし，100℃の水蒸気1Lあたりの質量は0.60gであるとする。

(5) 次の文は，**Y先生の助言2**をもとにRさんがまとめたものである。あとの**ア～エ**のうち，文中の ⓑ ， ⓒ に入れるのに適している語の組み合わせはどれか。一つ選び，記号を〇で囲みなさい。

　　沸とうしている水に継続して熱を加えると，液体の水の ⓑ が減少し，減少した分と同じだけ，気体の水の ⓑ が増加する。このとき，液体の水の ⓒ の減少量よりも，気体の水の ⓒ の増加量が著しく大きくなるために，鍋のふたはもち上がったと考えられる。

ア ⓑ 体積　ⓒ 質量　　　　**イ** ⓑ 密度　ⓒ 質量
ウ ⓑ 質量　ⓒ 体積　　　　**エ** ⓑ 密度　ⓒ 体積

(6) 下線部ⓑについて述べた次の文中の ⓓ〔　　　〕，ⓔ〔　　　〕から適切なものをそれぞれ一つずつ選び，記号を〇で囲みなさい。

　　エネルギーが変換されると，変換されて得られた目的のエネルギーの量は，変換前のエネルギーの総量よりもⓓ〔　**ア** 多く　　**イ** 少なく　〕なる。これは，変換にともなって，目的外のエネルギーにも変換されてしまうためである。目的外のエネルギーの量と目的のエネルギーの量との総量は，変換前のエネルギーの総量と比べてⓔ〔　**ウ** 多くなる　　　**エ** 変わらない　　　**オ** 少なくなる　〕。

(7) 下線部ⓒについて，図Ⅳは火力発電のしくみを模式的に表したものである。火力発電所では，ボイラーで水を沸とうさせて，発電を行っている。あとの**ア～カ**のうち，火力発電について述べた次の文中の ⓕ ～ ⓗ に入れるのに適している語の組み合わせはどれか。一つ選び，記号を〇で囲みなさい。

図Ⅳ

ボイラー　　タービン　発電機　水蒸気　燃料　水　冷却水

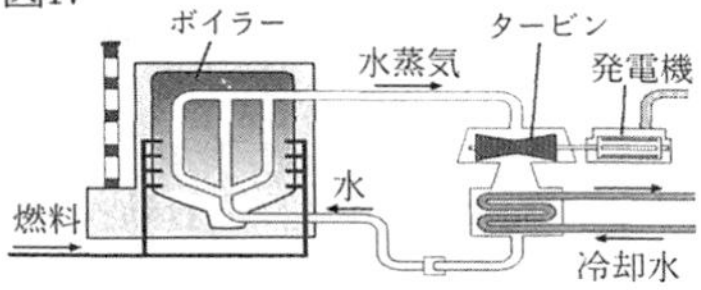

　　火力発電では，ボイラーにおいて，燃料のもつ ⓕ エネルギーを ⓖ エネルギーに変換し，水の状態を液体から気体に変化させる。気体になった水はタービンを回す仕事をする。回転するタービンの ⓗ エネルギーは発電機で電気エネルギーに変換される。

ア ⓕ 運動　ⓖ 化学　ⓗ 熱　　　　**イ** ⓕ 運動　ⓖ 熱　ⓗ 化学
ウ ⓕ 化学　ⓖ 運動　ⓗ 熱　　　　**エ** ⓕ 化学　ⓖ 熱　ⓗ 運動
オ ⓕ 熱　ⓖ 運動　ⓗ 化学　　　　**カ** ⓕ 熱　ⓖ 化学　ⓗ 運動

1 生態系における食物連鎖に興味をもったＦさんは，生物や生態系について調べ，考察した。また，メダカの飼育を通じて，生物の間における物質の移動について考えた。あとの問いに答えなさい。

【Ｆさんが生物や生態系について調べたこと】
・動物は，食物のとり方や生活の仕方によって，特徴のある体のつくりになっている。
・生態系において，光合成を行っている植物はⓐ生産者と呼ばれており，植物を食べる草食動物および動物を食べる肉食動物は，消費者と呼ばれている。
・ⓑ生物の数量（生物量）を比べると，消費者の中では草食動物の数量が最も大きい。
・生態系において成り立っている生物どうしの数量的なつり合いは，ⓒ外来種（外来生物）によって崩されて元に戻らなくなってしまうことがある。

---

(1) ライオンとシマウマは，いずれも背骨をもつ胎生の恒温動物である。

① ライオンとシマウマは何類に分類される動物か。次の**ア～エ**から一つ選び，記号を○で囲みなさい。

ア ホニュウ類　　**イ** ハチュウ類　　**ウ** 両生類　　**エ** 鳥類

② 図Ⅰは，頭上から見たライオンとシマウマの水平方向の視野を表した模式図であり，Ｒは右目で見ることができる範囲，Ｌは左目で見ることができる範囲をそれぞれ表している。図Ⅰについて述べた次の文中のⓐ〔　　　〕，ⓑ〔　　　〕から適切なものをそれぞれ一つずつ選び，記号を○で囲みなさい。

図Ⅰ
ライオン　　シマウマ

シマウマよりライオンの方が，ＲとＬの重なっている範囲がⓐ〔　**ア** 小さい　　**イ** 大きい　〕。このため，ライオンの方が，ⓑ〔　**ウ** 一度に見渡すことのできる　　**エ** 一度に立体的に見ることのできる　〕範囲は大きいといえる。

(2) 下線部ⓐについて述べた次の文中の①〔　　　〕，②〔　　　〕から適切なものをそれぞれ一つずつ選び，記号を○で囲みなさい。

生産者は，さまざまな生物の栄養分となる①〔　**ア** 有機物　　**イ** 無機物　〕を②〔　**ウ** 自らつくり出す　　**エ** 他の生物から取り出す　〕はたらきをしている。

(3) 下線部ⓑについて，図Ⅱは，陸上のある生態系における年ごとの肉食動物Ａと草食動物Ｂの個体数の変化を表したグラフである。肉食動物Ａと草食動物Ｂは食べる・食べられるの関係にあり，1977年までは，肉食動物Ａと草食動物Ｂの個体数のつり合いはとれていた。

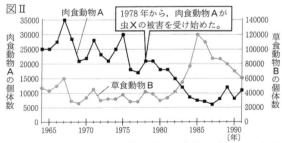

① 1978年から，肉食動物Ａは虫Ｘの被害を受け始めた。虫Ｘが肉食動物Ａの体に付いて増殖すると，肉食動物Ａは体が弱って食物を食べることができなくなる。次の文中のⓒ〔　　　〕，ⓓ〔　　　〕から適切なものをそれぞれ一つずつ選び，記号を○で囲みなさい。

虫Ｘによる肉食動物Ａへの影響は1978年以降しばらく続き，1980年から1985年にかけては，ⓒ〔　**ア** 草食動物Ｂが増加したことが原因で，肉食動物Ａが減少　　**イ** 肉食動物Ａが減少したことが原因で，草食動物Ｂが増加　〕していったと考えられる。1985年には，草食動物Ｂの個体数は肉食動物Ａの個体数のおよそ ⓓ〔　**ウ** 4倍　　**エ** 16倍　〕になった。

3	(1)					/2		
	(2)	ア	イ	ウ	エ	/2		
	(3)	① ア イ		② ウ エ		/3		
	(4)	ア	イ	ウ	エ	/3		
	(5)					/2		
	(6)	ア	イ	ウ	エ	/2		
	(7)				月末ごろ	/3		
	(8)	① ア イ		② ウ エ		/3		
	(9)					/3		
						/23		

4	(1)		N	/2		
	(2)		cm	/2		
	(3)			/2		
	(4)	ⓐ	cm	/2		
		ⓑ	N	/2		
	(5)	① ア イ ② ウ エ		/2		
	(6)	①	N	/2		
		②	N	/3		
		③	N	/3		
	(7)			/3		
				/23		

令 和 5 年 度

大阪府学力検査問題

（ 一 般 入 学 者 選 抜 ）

理　科

（40分）

注　　意

○

受験番号		番

得点		

※90点満点

令和5年度大阪府学力検査問題
理 科 解 答 用 紙

○

<table>
<tr><td rowspan="9">1</td><td>(1)</td><td colspan="2">ⓐ　ア　イ</td><td colspan="2">ⓑ　ウ　エ</td></tr>
<tr><td rowspan="2">(2)</td><td>①</td><td colspan="2">ⓒ　ア　イ</td><td>ⓓ　ウ　エ</td></tr>
<tr><td>②</td><td colspan="4">K : L ＝ 〔　　　〕 : 〔　　　〕</td></tr>
<tr><td>(3)</td><td colspan="4">ア　　イ　　ウ　　エ</td></tr>
<tr><td>(4)</td><td colspan="2">ⓔ　ア　イ</td><td colspan="2">ⓕ　ウ　エ</td></tr>
<tr><td rowspan="2">(5)</td><td>①</td><td colspan="3">実験</td></tr>
<tr><td>②</td><td colspan="3">ア　イ　ウ　エ　オ　カ</td></tr>
<tr><td>(6)</td><td colspan="4">ア　　イ　　ウ　　エ</td></tr>
</table>

採点者記入欄

/2
/2
/3
/3
/3
/3
/3
/3

/22

採点者記入欄

<table>
<tr><td rowspan="11">2</td><td rowspan="2">(1)</td><td>①</td><td>ア　　イ　　ウ</td></tr>
<tr><td>②</td><td>反射</td></tr>
<tr><td>(2)</td><td colspan="2"></td></tr>
<tr><td>(3)</td><td colspan="2">ア　　イ　　ウ　　エ</td></tr>
<tr><td>(4)</td><td colspan="2">cm</td></tr>
<tr><td>(5)</td><td colspan="2">像</td></tr>
<tr><td rowspan="2">(6)</td><td>ⓐ</td><td>ア　　イ　　ウ　　エ</td></tr>
<tr><td>ⓑ</td><td>cm</td></tr>
<tr><td>(7)</td><td colspan="2">ア　　イ　　ウ　　エ</td></tr>
<tr><td>(8)</td><td colspan="2">ア　　イ　　ウ　　エ</td></tr>
</table>

/2
/2
/2
/2
/2
/2
/2
/3
/3
/3

/23

【実験】図Ⅳのようにビーカーを六つ用意し、A，B，C，D，E，Fとした。A，B，Cにはうすいデンプン溶液を100mLずつ入れ，D，E，Fにはうすい麦芽糖水溶液を100mLずつ入れた。次に，AとDには少量の水を，BとEにはコウジカビを含む液を，CとFには酵母菌を含む液を加えた。A～Fを35℃に保って1日置いた後，それぞれについて，溶液2mLを取って1mLずつ2本の試験管に分け，1本めにはヨウ素液を加えた。2本めにはベネジクト液を加えて加熱した。また，ビーカーに残ったそれぞれの溶液を蒸留し，エタノールの有無を調べた。表Ⅰは得られた結果をまとめたものである。

図Ⅳ

表Ⅰ

	A	B	C	D	E	F
ヨウ素液の色の変化	あり	なし	あり	なし	なし	なし
ベネジクト液の色の変化	なし	あり	なし	あり	あり	なし
エタノールの有無	なし	なし	なし	なし	なし	あり

(4) ヨウ素液とベネジクト液の色の変化について述べた次の文中の ⓔ〔　　　　〕，ⓕ〔　　　　〕から適切なものをそれぞれ一つずつ選び，記号を〇で囲みなさい。

ヨウ素液をうすいデンプン溶液に加えると，ヨウ素液の色は ⓔ〔　ア　黄色　　　イ　青紫色　〕に変化する。また，ベネジクト液をうすい麦芽糖水溶液に加えて加熱すると，ベネジクト液の色はⓕ〔　ウ　赤褐色　　　エ　青色　〕に変化する。

【JさんとU先生の会話2】

Jさん：今回の実験では結果がたくさん得られました。複数の結果を組み合わせて考えれば，コウジカビや酵母菌のどのようなはたらきによってエタノールがつくられているのかが分かりそうです。

U先生：この実験の考察においては，表Ⅰに示すⓐAやDの結果をふまえることが重要です。どのように考えればデンプンを分解した微生物は1種類だったことが分かりますか。

Jさん：表Ⅰに示すAとBの結果の比較と　Ⓧ　の結果の比較をあわせれば分かります。

U先生：その通りです。さらに実験において，コウジカビや酵母菌がそれぞれに異なるはたらきをしていると考えると，みそづくりの過程においてエタノールがつくられるしくみも分かりますね。

Jさん：はい，みそづくりの過程では，　Ⓨ　ことでエタノールがつくられると考えられます。

U先生：その通りです。微生物がうまくはたらいて，みその香りがつくられるのですね。

---

(5) 実験では，AとDには微生物を加えていないが，AとDは実験結果を考察する上で重要な役割をもつ。

① 下線部ⓐについて，次の文中の　　　　に入れるのに適している語を漢字2字で書きなさい。

実験で調べたいことを明らかにするためには，条件を変えた実験をいくつか行ってこれらを比較する。このように結果を比較する実験のうち，特に，調べたいことについての条件だけを変え，それ以外の条件を同じにして行う実験は　　　　実験と呼ばれている。

② 次のア～カのうち，上の文中の　Ⓧ　に入れる内容として適しているものを一つ選び，記号を〇で囲みなさい。

ア　AとC　　イ　AとD　　ウ　AとE　　エ　AとF　　オ　DとE　　カ　DとF

(6) 次のア～エのうち，上の文中の　Ⓨ　に入れる内容として最も適していると考えられるものを一つ選び，記号を〇で囲みなさい。

ア　コウジカビが麦芽糖にはたらくことでできたデンプンに，酵母菌がはたらく
イ　コウジカビがデンプンにはたらくことでできた麦芽糖に，酵母菌がはたらく
ウ　酵母菌が麦芽糖にはたらくことでできたデンプンに，コウジカビがはたらく
エ　酵母菌がデンプンにはたらくことでできた麦芽糖に，コウジカビがはたらく

2 ルーペやカメラに用いられている凸レンズの役割に興味をもったRさんは、光の進み方と凸レンズのはたらきについて調べ、実験を行った。また、調べたことや実験の内容をもとに、ルーペやカメラに用いられている凸レンズの役割についてまとめた。次の問いに答えなさい。

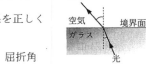

(1) 図Ⅰは、光がガラスから空気へ進むときのようすを模式的に表したものである。

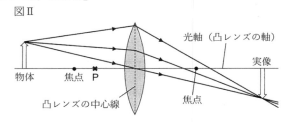

図Ⅰ
空気　境界面
ガラス
光

① 次のア～ウのうち、図Ⅰにおける光の入射角と屈折角の大きさの関係を正しく表している式はどれか。一つ選び、記号を○で囲みなさい。

　ア　入射角 ＞ 屈折角　　　イ　入射角 ＝ 屈折角　　　ウ　入射角 ＜ 屈折角

② 図Ⅰにおいて、入射角をしだいに大きくすると、やがて光はすべてガラスと空気の境界面で反射するようになる。このような反射は何と呼ばれる反射か、書きなさい。

【Rさんが光の進み方と凸レンズのはたらきについて調べたこと】

・自ら光を出すものは光源と呼ばれ、光源はさまざまな方向に光を出す。光源からの光を物体が乱反射することによって、物体からもさまざまな方向に光が出る。

・物体が凸レンズの焦点の外側にあるとき、物体のある1点からさまざまな方向に出た光のうち、凸レンズを通る光は1点に集まり、実像ができる。

・物体からの光が多く集まるほど、実像は明るくなる。

・図Ⅱは、物体の先端からさまざまな方向に出た光のうち、凸レンズを通る3本の光の道すじを作図したものである。

図Ⅱ
光軸（凸レンズの軸）
実像
物体　焦点　P
凸レンズの中心線
焦点

---

(2) 物体から出た光の道すじについて述べた次の文中の 　　　　　　　　 に入れるのに適している内容を簡潔に書きなさい。

　物体からさまざまな方向に出た光のうち、光軸（凸レンズの軸）に 　　　　　　　　 は、凸レンズを通った後に焦点を通る。

(3) 次のア～エのうち、図Ⅱの物体の先端から出てP点を通った後に凸レンズを通る光の道すじを作図したものとして最も適しているものを一つ選び、記号を○で囲みなさい。

ア
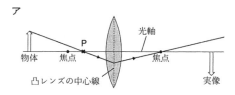
物体　焦点　P　焦点　光軸　実像
凸レンズの中心線

イ
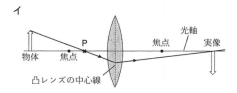
物体　焦点　P　焦点　光軸　実像
凸レンズの中心線

ウ
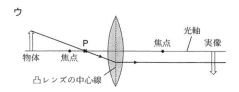
物体　焦点　P　焦点　光軸　実像
凸レンズの中心線

エ
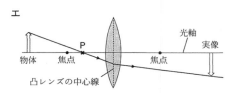
物体　焦点　P　焦点　光軸　実像
凸レンズの中心線

(4) 下線部あについて，仮に地軸の傾きの角度が1°小さくなって22.4°になった場合，夏至の日と冬至の日の昼間の長さは，現在と比較してどのように変わると考えられるか。次のア～エから最も適しているものを一つ選び，記号を○で囲みなさい。ただし，地軸の傾きの角度のほかは，現在と変わらないものとする。

　　ア　夏至の日も冬至の日も，昼間の長さが短くなる。
　　イ　夏至の日も冬至の日も，昼間の長さが長くなる。
　　ウ　夏至の日は昼間の長さが長くなり，冬至の日は昼間の長さが短くなる。
　　エ　夏至の日は昼間の長さが短くなり，冬至の日は昼間の長さが長くなる。

【実験】Gさんは，材質と厚さが同じで，片面のみが黒く，その黒い面の面積が150 cm²である板を4枚用意し，a，b，c，dとした。Gさんは自宅近くの公園で，図Ⅲのように，太陽光が当たる水平な机の上で，a～dを水平面からの角度を変えて南向きに設置した。板を設置したときに，黒い面の表面温度を測定したところ，どの板も表面温度が等しかった。板を設置してから120秒後，a～dの黒い面の表面温度を測定した。①当初，Gさんは，実験を春分の日の正午ごろに行う予定であったが，その日は雲が広がっていたため，翌日のよく晴れた正午ごろに行った。

図Ⅲ

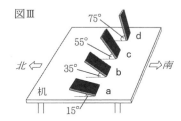

(5) 下線部①について，図Ⅳは，Gさんが当初実験を行う予定であった春分の日の正午ごろの天気図である。

図Ⅳ

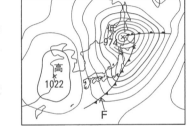

　①　この日は，低気圧にともなう前線の影響で，広い範囲で雲が広がった。図Ⅳ中のFで示された南西方向にのびる前線は，何と呼ばれる前線か，書きなさい。

　②　次のア～エのうち，この日の翌日に，大阪をはじめとした近畿地方の広い範囲でよく晴れた理由として考えられるものはどれか。最も適しているものを一つ選び，記号を○で囲みなさい。

　　ア　近畿地方が，低気圧にともなう2本の前線に挟まれたため。
　　イ　低気圧が近畿地方で停滞し，低気圧の勢力がおとろえたため。
　　ウ　発達した小笠原気団が低気圧を北へ押し上げて，近畿地方を覆ったため。
　　エ　移動性高気圧が東へ移動し，近畿地方を覆ったため。

【Gさんが太陽光が当たる角度と太陽光から受け取るエネルギーについて調べたこと】
　同じ時間で比較すると，太陽光に対して垂直に近い角度で設置された板ほど，単位面積あたりに太陽光から受け取るエネルギーは大きい。

【実験の結果と考察】
・板を設置してから120秒後，板a～dのうち，黒い面の表面温度が最も高かった板は　　　であった。
・板を設置してからの120秒間で，単位面積あたりに太陽光から受け取ったエネルギーが大きい板の方が，黒い面の表面温度はより上昇することが分かった。

---

(6) 図Ⅲ中のa～dのうち，上の文中の　　　に入ると考えられるものとして最も適しているものはどれか。一つ選び，記号を○で囲みなさい。

(7) 実験において，板を設置してからの120秒間で，aの黒い面が太陽光から受け取ったエネルギーが，単位面積（1 cm²）あたり11 Jであったとすると，aの黒い面の全体（150 cm²）が1秒間あたりに太陽光から受け取ったエネルギーは何Jか，求めなさい。答えは，小数第1位を四捨五入して整数で書くこと。

4 アルミニウムでできている1円硬貨よりも，主に銅でできている10円硬貨の方が重いことに興味をもったWさんは，Y先生と一緒に実験し，考察した。あとの問いに答えなさい。

【WさんとY先生の会話1】

Wさん：1円硬貨より10円硬貨の方が重いのは，10円硬貨の体積が1円硬貨の体積より大きいことや異なる物質でできていることが関係しているのでしょうか。

Y先生：はい。㋐アルミニウムと銅では密度が違います。同じ体積で質量を比べてみましょう。1 cm³の金属の立方体が三つあります。アルミニウムの立方体は2.7 g，銅の立方体は9.0 g，マグネシウムの立方体は1.7 gです。

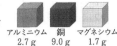
アルミニウム　銅　マグネシウム
　2.7 g　　9.0 g　　1.7 g

Wさん：同じ体積でも，銅に比べてアルミニウムの方が軽いのですね。マグネシウムはさらに軽いことに驚きました。銅の立方体の質量はマグネシウムの立方体の質量の約5.3倍もありますが，銅の立方体に含まれる原子の数はマグネシウムの立方体に含まれる原子の数の約5.3倍になっているといえるのでしょうか。

Y先生：いい質問です。実験して調べてみましょう。マグネシウムと銅をそれぞれ加熱して，結びつく㋑酸素の質量を比べれば，銅の立方体に含まれる原子の数がマグネシウムの立方体に含まれる原子の数の約5.3倍かどうか分かります。

---

(1) 下線部㋐について述べた次の文中の ⓐ〔　　　〕，ⓑ〔　　　〕から適切なものをそれぞれ一つずつ選び，記号を○で囲みなさい。

　　アルミニウムは電気を ⓐ〔　**ア**　よく通し　　　　**イ**　通さず 〕，磁石に ⓑ〔　**ウ**　引き付けられる　**エ**　引き付けられない 〕金属である。

(2) 下線部㋑について，酸素を発生させるためには，さまざまな方法が用いられる。

① 次の**ア～エ**に示した操作のうち，酸素が発生するものはどれか。一つ選び，記号を○で囲みなさい。

　ア　亜鉛にうすい塩酸を加える。　　　　**イ**　二酸化マンガンにオキシドール（うすい過酸化水素水）を加える。
　ウ　石灰石にうすい塩酸を加える。　　　**エ**　水酸化バリウム水溶液にうすい硫酸を加える。

② 発生させた酸素の集め方について述べた次の文中の 　　　 に入れるのに適している語を書きなさい。

　　酸素は水にとけにくいので 　　　 置換法で集めることができる。

【実験1】1.30 gのマグネシウムの粉末を，ステンレス皿に薄く広げ，粉末が飛び散らないように注意しながら図Iのように加熱すると，マグネシウムの粉末は燃焼した。十分に冷却した後に粉末の質量を測定し，その後，粉末をかき混ぜ，加熱，冷却，質量の測定を繰り返し行った。表Iは，加熱回数と加熱後の粉末の質量をまとめたものである。

図I

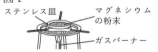
ステンレス皿　　マグネシウムの粉末
　　　　　　　ガスバーナー

表I

加熱回数〔回〕	0	1	2	3	4	5	6
加熱後の粉末の質量〔g〕	1.30	1.70	1.98	2.11	2.16	2.16	2.16

(3) 実験1について述べた次の文中の ⓒ〔　　　〕から適切なものを一つ選び，記号を○で囲みなさい。

　　表Iから，1.30 gのマグネシウムの粉末は4回めの加熱が終わったときには完全に反応しており，空気中の酸素が ⓒ〔　**ア**　2.16　　**イ**　1.08　　**ウ**　0.86　　**エ**　0.43 〕g 結びついたと考えられる。

【Wさんが立てた，次に行う実験の見通し】

　一定量のマグネシウムに結びつく酸素の質量には限界があることが分かった。次に，加熱前のマグネシウムの質量と，結びつく酸素の質量の間に規則性があるかを確かめたいので，異なる分量のマグネシウムの粉末を用意し，それぞれを加熱する実験を行う。

令和 5 年 度

大阪府学力検査問題

（ 一 般 入 学 者 選 抜 ）

社　会

（40分）

注　　意

1　「開始」の合図があるまで開いてはいけません。

2　答えは，すべて**解答用紙**に書きなさい。

答えとして記号を選ぶ問題は，下の【解答例】にならい，すべて**解答用紙**の記号を
〇で囲みなさい。また，答えを訂正するときは，もとの〇をきれいに消しなさい。

【解答例】

解答用紙の**採点者記入欄**には，何も書いてはいけません。

3　問題は，中の用紙のA面に**1**，B面に**2**，C面に**3**，D面に**4**があります。

4　「開始」の合図で，まず，解答用紙に受験番号を書きなさい。

5　「終了」の合図で，すぐ鉛筆を置きなさい。

令 和 5 年 度 大 阪 府 学 力 検 査 問 題

社 会 解 答 用 紙

○

									採 点 者 記 入 欄	
1	(1)	①	(a)	ア	イ	ウ	エ		/2	
			(b)						/2	
			(c)	ⓐ ア	イ	ⓑ ウ	エ		/2	
		②							/2	
		③		ア	イ	ウ	エ		/2	
		④	(a)	ア	イ	ウ	エ		/2	
			(b)	ア	イ	ウ	エ		/3	
	(2)			ア	イ	ウ	エ		/3	
	(3)								/3	
									/21	

									採 点 者 記 入 欄	
2	(1)			ア	イ	ウ	エ		/2	
	(2)	①	ⓐ ア	イ ウ	ⓑ				/2	
		②	(a)						/2	
			(b)	ア	イ	ウ	エ		/2	
			(c)	ア	イ	ウ	エ		/2	
			(d)	ア	イ	ウ	エ		/2	
		③		ア	イ	ウ	エ		/2	
	(3)	ⓐ			ⓑ				/2	
	(4)	①							/3	
		②		ア	イ	ウ	エ		/3	
									/22	

(b) 農林水産物の輸出額のうち, 果物ではりんごが最も多い。りんごの生産がさかんな青森県は, その大部分が日本海側の気候の特徴をもつ。右の**ア〜エ**のグラフはそれぞれ, 日本海側の気候の特徴をもつ青森市, 内陸（中央高地）の気候の特徴をもつ

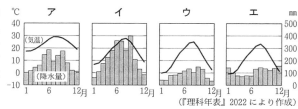

(『理科年表』2022 により作成)

松本市, 太平洋側の気候の特徴をもつ高知市, 南西諸島の気候の特徴をもつ那覇市のいずれかの気温と降水量を表したものである。日本海側の気候の特徴をもつ青森市に当たるものを**ア〜エ**から一つ選び, 記号を〇で囲みなさい。

(2) Gさんの班は, わが国の輸入入額に興味をもち, 調べた。図Ⅱ, 図Ⅲは, 2004（平成16）年と2019（令和元）年における, わが国の輸出総額及び輸入総額に占める地域別の割合を, アジア, 北アメリカ, その他の地域に分けてそれぞれ示したものである。あとの**P**, **Q**の文は, Gさんの班が図Ⅱ, 図Ⅲから読み取った内容についてまとめたものである。**P**, **Q**の内容について正誤を判定し, あとの**ア〜エ**から適しているものを一つ選び, 記号を〇で囲みなさい。

図Ⅱ　2004年における地域別輸出入額の割合

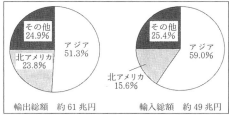

輸出総額　約61兆円　　　輸入総額　約49兆円

(『日本国勢図会』2005/06 年版により作成)

図Ⅲ　2019年における地域別輸出入額の割合

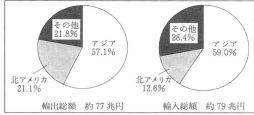

輸出総額　約77兆円　　　輸入総額　約79兆円

(『日本国勢図会』2020/21 年版により作成)

> **P** 2004年と2019年において, 輸出総額及び輸入総額に占める地域別の割合をみると, いずれの年もアジアが最も高く, わが国における輸出総額及び輸入総額をみると, 輸入総額の増加額よりも輸出総額の増加額の方が大きい。
>
> **Q** 2004年と2019年において, 地域別の輸出額及び輸入額をみると, いずれの年も北アメリカに対しては貿易黒字であり, わが国の貿易全体をみると, 2004年は貿易黒字であるが2019年は貿易赤字である。

ア P, Qともに正しい。　　　　　　**イ** Pは正しいが, Qは誤っている。
ウ Pは誤っているが, Qは正しい。　**エ** P, Qともに誤っている。

(3) Hさんの班は, 貿易港と呼ばれるわが国の港や空港に興味をもち, 調べた。表Ⅰは, 2019年の貿易港別の貿易額の多い上位2港における, 輸出額の多い上位5品目を示したものである。次の文は, 表Ⅰをもとに, 海上輸送と航空輸送の特徴についてHさんの班がまとめたものの一部である。文中の（　　　）に入れるのに適している内容を簡潔に書きなさい。

表Ⅰ　貿易港別の輸出品目及び輸出額（百億円）

A港		B空港	
自動車	324	半導体等製造装置	85
自動車部品	205	科学光学機器	65
内燃機関	53	金（非貨幣用）	60
金属加工機械	47	電気回路用品	41
電気計測機器	41	集積回路	38
総額	1,231	総額	1,053

(『日本国勢図会』2020/21 年版により作成)

・内燃機関は自動車・船・航空機などのエンジン
・科学光学機器はメガネ, レンズ, カメラなど
・金（非貨幣用）は電気通信機器, 宝飾品などに用いられる

・港と空港とでは輸送手段の違いから, 輸送する品目にも違いがみられる。
・表Ⅰをもとに, 輸送する品目の重量という観点から, 海上輸送と航空輸送とを比べると, おもに, 航空輸送は（　　　　　）といえる。

[　2　]

2 民主政治にかかわる次の問いに答えなさい。

(1) 次の文は，人権思想に関する歴史について述べたものである。あとの**ア〜エ**のうち，文中の　X　，
　Y　に当てはまる語の組み合わせとして正しいものはどれか。一つ選び，記号を○で囲みなさい。

> イギリスでは，1215年に制定された　X　や1628年の権利請願（権利の請願）などにおいて，
> 人身の自由の保障，代表機関や議会の尊重が主張されてきた。18世紀，フランスの思想家　Y　
> は，『社会契約論』を著して，人民主権を主張した。

ア　X　マグナ＝カルタ　　Y　ルソー　　　　イ　X　権利章典（権利の章典）　　Y　ルソー
ウ　X　マグナ＝カルタ　　Y　ロック　　　　エ　X　権利章典（権利の章典）　　Y　ロック

(2) 国民主権は民主政治の根幹であり，日本国憲法の基本原則の一つである。

① 日本国憲法の基本原則の一つに，基本的人権の尊重がある。次の文は，基本的人権にかかわることについて述べたものである。文中の@〔　　〕から最も適しているものを一つ選び，記号を○で囲みなさい。また，文中の　ⓑ　に当てはまる語句を書きなさい。

> 人権は生まれながらにもつ権利であり，憲法で保障されている。しかし，憲法で保障されていても法律による人権の制限が認められる場合がある。例えば，職業選択の自由は @〔　**ア**　経済活動の自由
> **イ**　精神の自由（精神活動の自由）　　　**ウ**　身体の自由（生命・身体の自由）　〕の一つであり，日本国憲法で保障されているが，免許や資格を必要とするなど規制を受ける場合がある。日本国憲法では，こうした人権が制限される原理を，社会全体の利益を意味する「　ⓑ　」という言葉で表現している。

② 選挙をはじめとするさまざまな政治参加の方法を通して国民主権が実現される。

(a) わが国において，1950（昭和25）年に制定された法律で，選挙を公正に行うために，選挙区や議員定数，選挙の方法などを定めた法律は何と呼ばれているか。**漢字5字**で書きなさい。

(b) 次の**ア〜エ**のうち，2022（令和4）年現在のわが国の選挙制度にかかわることがらについて述べた文として**誤っているもの**はどれか。一つ選び，記号を○で囲みなさい。
　ア　選挙権を有する者の年齢は，18歳（満18歳）以上である。
　イ　選挙運動の方法には，インターネットの利用が認められているものがある。
　ウ　地方公共団体では，住民による選挙で地方議会の議員が選出され，地方議会の議員による議決で首長が指名される。
　エ　参議院議員の選挙は都道府県を単位とした選挙区選挙と，比例代表選挙に分けて行われ，衆議院議員の総選挙は小選挙区比例代表並立制で行われる。

(c) 次の**ア〜エ**のうち，国会において行うことができるものはどれか。一つ選び，記号を○で囲みなさい。
　ア　政令の制定　　　**イ**　条約の承認　　　**ウ**　裁判官の任命　　　**エ**　予算案の作成

(d) 図Iは，2019（令和元）年7月における，第25回参議院議員選挙の年代別の投票率を示したものである。表Iは，20歳代と60歳代における，2019年7月1日現在の人口と第25回参議院議員選挙の投票率を示したものである。あとのP，Qの文は，図I，表Iから読み取れる内容についてまとめたものである。P，Qの内容について正誤を判定し，あとの**ア〜エ**から適しているものを一つ選び，記号を○で囲みなさい。

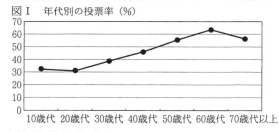

図I　年代別の投票率（%）

表I　人口と投票率

	人口（万人）	投票率（%）
20歳代	1,184	30.96
60歳代	1,629	63.58

（図I，表Iともに総務省の資料により作成）

> **P**　年代別の投票率を比べると，最も低いのが20歳代で最も高いのが60歳代であり，60歳代の投票率は20歳代の投票率の2倍以上である。
> **Q**　20歳代と60歳代との人口の差よりも，20歳代と60歳代との投票数の差の方が大きい。

　ア　P，Qともに正しい。　　　　　　　**イ**　Pは正しいが，Qは誤っている。
　ウ　Pは誤っているが，Qは正しい。　　**エ**　P，Qともに誤っている。

① 右の絵は，明治時代初期の東京のまちのようすを描いた絵の一部である。次の文は，右の絵にみられるような明治時代初期のようすについて述べたものである。文中の　ⓐ　に当てはまる語を書きなさい。また，ⓑ　に当てはまる語を**漢字4字**で書きなさい。

> 1868（明治元）年に出された詔勅により，　ⓐ　は東京に改称された。欧米の思想や制度とともに，人々の日常生活の中に欧米の文物が取り入れられ，右の絵にみられるように生活様式の洋風化がすすんだ。明治時代初期から始まったこうした風潮は　ⓑ　と呼ばれ，その後，明治政府は条約改正に向けて欧化主義と呼ばれる政策をおしすすめた。

② 現在，東京の都心には，国の重要な機関が集中している。次の**ア～エ**のうち，重要な機関の一つである最高裁判所にかかわることがらについて述べた文として**誤っているもの**はどれか。一つ選び，記号を○で囲みなさい。

ア 最高裁判所の長官は，内閣が指名する。

イ 最高裁判所の裁判官は，国民の審査を受ける。

ウ 最高裁判所は，司法権の属する唯一の裁判所である。

エ 最高裁判所は，違憲審査についての最終的な決定権をもつ。

③ 東京には，わが国の中央銀行である日本銀行の本店がある。次の文は，日本銀行が行う金融政策の一つである公開市場操作のしくみについて述べたものである。文中の（　ⓐ　）に入れるのに適している内容を，「国債」の語を用いて簡潔に書きなさい。また，文中の（　ⓑ　）に入れるのに適している内容を，「資金量」の語を用いて簡潔に書きなさい。

> 日本銀行は公開市場操作と呼ばれる手段を用いて，市場に出回る通貨量を調整し，景気の安定を図ることがある。例えば，景気が過熱してインフレーションのおそれがあるとき，日本銀行は（　ⓐ　）。すると，（　ⓑ　）ため，企業に対する貸し出しの際の金利を上げる。その結果，企業は資金を借りにくくなり，企業の設備投資や生産が縮小されて，景気が抑制される。

④ 図Ⅰ，図Ⅱは，1985（昭和60）年から2015（平成27）年までの5年ごとにおける，東京23区のうちのW区，X区，Y区，Z区について，昼夜間人口比率（夜間人口を100としたときの昼間人口の値）の推移と夜間人口の推移をそれぞれ示したものである。あとの**ア～エ**のうち，図Ⅰ，図Ⅱから読み取れる内容についてまとめたものとして正しいものはどれか。**すべて選び**，記号を○で囲みなさい。

図Ⅰ　昼夜間人口比率の推移

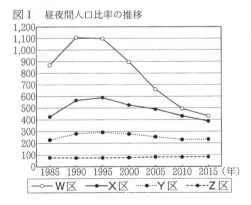

図Ⅱ　夜間人口の推移
（万人）

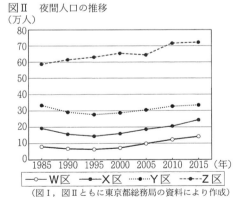

（図Ⅰ，図Ⅱともに東京都総務局の資料により作成）

ア 夜間人口が40万人以下である区はすべて，1985年から1995（平成7）年までは夜間人口が増加し，2000（平成12）年から2015年までは夜間人口が減少している。

イ すべての年において，昼夜間人口比率が最も高いのはW区であり，夜間人口が最も少ないのもW区である。

ウ すべての年において，四つの区すべてで夜間人口より昼間人口の方が多い。

エ 四つの区において，2015年における昼間人口が最も多いのは**X**区である。

4 人々のくらしや社会の変化にかかわる次の問いに答えなさい。

(1) 縄文時代末ごろから弥生時代にかけて，大陸からわが国に稲作が伝わり，人々の生活は変化していった。

① 次の文は，稲作とともに伝えられた金属器について述べたものである。文中の A に当てはまる語を**漢字1字**で書きなさい。

> 稲作とともに，金属器である青銅器や A 器も伝えられた。金属器のうち銅鐸や銅剣などの青銅器はおもに稲作に関する祭りなどに利用され， A 器はおもに農具の刃先や武器，工具などに使用された。

② 次の文は，中国の歴史書に記された日本のようすについて述べたものである。文中のⓐ〔　　　〕，ⓑ〔　　　〕から適切なものをそれぞれ一つずつ選び，記号を〇で囲みなさい。

> ・弥生時代のころの日本のようすが中国の歴史書に記されている。中国の歴史書によると，当時の日本は ⓐ〔　**ア** 魏　　**イ** 倭　〕と呼ばれていた。
> ・『漢書』と呼ばれる歴史書によると，紀元前1世紀ごろ，100あまりの小国に分かれていた。『後漢書』と呼ばれる歴史書によると，1世紀中ごろ，小国の一つであった奴の国王が漢に使いを送り，皇帝から印を与えられた。1784年に現在の ⓑ〔　**ウ** 佐賀県　　**エ** 福岡県　〕の志賀島で発見された金印は，『後漢書』に記された印の実物とされており，現在は国宝となっている。

(2) 奈良時代に，人々は律令にもとづき税を納めていた。口分田を与えられた人々が，その面積に応じて収穫の約3％に当たる稲を納めた税は何と呼ばれているか。**漢字1字**で書きなさい。

(3) 鎌倉時代から室町時代にかけて，農業の生産力の向上などを背景に，有力な農民らは自治的な組織をつくるようになった。

① 右の絵は，室町時代の田植えのようすを描いた絵の一部である。この絵には，人々が協力して作業を行うようすと田楽のようすが描かれている。次の文は，室町時代のわが国のようすについて述べたものである。文中のⓐ〔　　　〕，ⓑ〔　　　〕から適切なものをそれぞれ一つずつ選び，記号を〇で囲みなさい。

> ・14世紀ごろ，農村では農民たちが惣と呼ばれる自治的な組織をつくった。惣の ⓐ〔　**ア** 寄合　　**イ** 株仲間　〕では村のおきてが定められ，参加しない場合は罰が与えられることもあった。
> ・田楽や猿楽などの芸能から能（能楽）が生まれた。室町時代に能を大成した人物は，ⓑ〔　**ウ** 阿国（出雲 阿国）　　**エ** 世阿弥　〕である。

② 自治の広まりを背景に，15世紀以降，農民らが共通の目的のために土一揆を起こした。

(a) 次の文は，土一揆にかかわることがらについて述べたものである。文中の B に当てはまる語を**漢字2字**で書きなさい。

> 室町幕府に対して B 令を出すことを求める土一揆は，1428年に近畿地方で起こったものをはじめとして，各地で起こるようになった。 B 令は，土地の返却や借金の帳消しなどを認めるものであり，1297年には鎌倉幕府によって御家人の困窮を防ぐために出された。

(b) 次の**ア〜エ**のうち，15世紀の世界のようすについて述べた文として正しいものはどれか。一つ選び，記号を〇で囲みなさい。

ア コロンブスの船隊が，アメリカ大陸付近の西インド諸島に到達した。

イ チンギス＝ハンが遊牧民の諸部族を統一し，モンゴル帝国を築いた。

ウ 李成桂が高麗をたおし，漢城を都に定めた朝鮮（朝鮮国）を建てた。

エ ルターが免罪符（贖宥状）の販売に対する批判などを発表し，宗教改革が始まった。

(4) 18世紀後半のイギリスにおける産業革命をきっかけに始まった工業化は、19世紀になると他のヨーロッパ諸国に広がり、やがてアメリカ合衆国まで拡大し、社会や人々の生活が大きく変わった。

① 工業化がすすむにつれて、資本主義と呼ばれる新しい経済のしくみが成立する一方、労働問題や社会問題が発生した。次の**ア〜エ**のうち、19世紀に、資本主義の問題を追究し、平等な社会を実現するために土地や工場などの生産手段を私的に所有せず、社会で共有する考えを唱えた人物はだれか。一つ選び、記号を〇で囲みなさい。

ア モンテスキュー　　**イ** クロムウェル　　**ウ** マルクス　　**エ** ザビエル

② 19世紀半ば、アメリカ合衆国では工業化がすすむ中、南部の州と北部の州が対立するようになった。次の文は、南部と北部の対立について述べたものである。文中の　@　に当てはまる人名を書きなさい。また、文中の⑥〔　　〕から適切なものを一つ選び、記号を〇で囲みなさい。

> アメリカ合衆国では、奴隷制度や貿易に関する政策をめぐって南部と北部で対立が激しくなり、1861年に南北戦争が始まった。南北戦争中にアメリカ合衆国の第16代大統領であった　@　は、1863年に奴隷解放を宣言し、　@　の指導の下、⑥〔　**ア** 南部　　**イ** 北部　〕側が勝利した。

(5) 20世紀後半のわが国の経済成長は、人々の生活や地域社会に変化をもたらし、人口の動向に影響を与えた。表Iは、1965（昭和40）年から1994（平成6）年までにおける、地方圏から三大都市圏への転入者数と三大都市圏から地方圏への転出者数の推移を表したものである。図Iは、1965年から1994年までにおける、三大都市圏と地方圏の有効求人倍率の推移を表したものである。有効求人倍率とは、企業からの求人数を求職者数で割った値のことであり、求職者一人当たりに何件の求人があるかを表す。あとの文は、表I、図Iをもとに、おおむね高度経済成長期に当たる1965年から1974（昭和49）年における、わが国の人口の動向についてまとめたものである。文中の（　　）に入れるのに適している内容を、労働力の状況にふれて、「不足」の語を用いて簡潔に書きなさい。

表I　三大都市圏への転入者数と三大都市圏からの転出者数の推移

	三大都市圏への転入者数（千人）	三大都市圏からの転出者数（千人）
1965〜1969年	5,560	3,390
1970〜1974年	5,309	4,135
1975〜1979年	3,883	3,823
1980〜1984年	3,585	3,263
1985〜1989年	3,564	2,894
1990〜1994年	3,192	3,052

（総務省の資料により作成）

図I　三大都市圏と地方圏の有効求人倍率の推移

（国土交通省の資料により作成）
（表I、図Iともに地方圏は三大都市圏に含まれる都府県以外のすべての道県を示す）

> 【表I、図Iから読み取れること】
> ・表Iより、高度経済成長期は他の時期よりも、「三大都市圏への転入者数」が「三大都市圏からの転出者数」を大きく上回っていることが読み取れる。
> ・図Iより、高度経済成長期は他の時期よりも、三大都市圏と地方圏とで就業機会に大きな差があることが読み取れる。
>
> 【わが国の人口の動向についてのまとめ】
> 　表I、図Iから読み取れることをもとに、高度経済成長期における三大都市圏と地方圏の間での人口の動向について、三大都市圏と地方圏それぞれの労働力の状況から考えると、労働力に余剰が生じていた（　　　　）といえる。

3 世界や日本の都市にかかわる次の問いに答えなさい。

(1) 都市のうち，国の中央政府の
ある都市は首都と呼ばれる。右
の地図中のA〜Eは，それぞれ
首都の位置を示している。

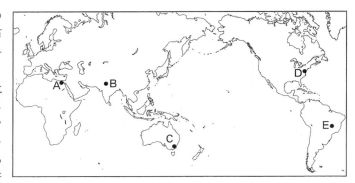

① 地図中のA〜Eのうち，北
緯30度，東経30度の位置に
最も近い都市はどれか。一つ
選び，記号を〇で囲みなさい。

② 地図中のEは，ブラジルの
首都とすることを目的に新
たに建設された都市であり，都市自体が近代建築と美術の傑作として認められ，世界遺産に登録さ
れている。地図中のEに当たるブラジルの首都名を書きなさい。

③ 次のア〜エのうち，地図中のA〜Dの都市にかかわることがらについて述べた文として**誤っている**
ものはどれか。一つ選び，記号を〇で囲みなさい。

ア Aは，世界を五つの気候帯に当てはめた場合，乾燥帯の地域に位置する。

イ Bは，チグリス（ティグリス）川とユーフラテス川の流域に位置する。

ウ Cは，A〜Eのうち，日付が変わるのが最も早い都市である。

エ Dは，アパラチア山脈の東側に位置する。

(2) 京都は，8世紀末に都が移されてから，政治や文化の中心地として栄え，歴史上重要な文化的資産
が集積している都市である。

① 次のア〜エのうち，794年に都を平安京に移した人物はだれか。一つ選び，記号を〇で囲みなさい。

ア 桓武天皇　　イ 推古天皇　　ウ 天智天皇　　エ 天武天皇

② 8世紀末から12世紀末までの約400年間は，政治や文化の中心が平安京にあったことから平安時代
と呼ばれている。次の（ⅰ）〜（ⅲ）は，平安時代に起こったできごとについて述べたものである。
（ⅰ）〜（ⅲ）をできごとが起こった順に並べかえると，どのような順序になるか。あとのア〜カ
から正しいものを一つ選び，記号を〇で囲みなさい。

（ⅰ）わが国の風土や生活に合わせて発達した文化が栄え，かな文字を使って源氏物語が書かれた。

（ⅱ）奥州藤原氏によって，平泉に極楽浄土を具体的に表現した中尊寺金色堂が建てられた。

（ⅲ）遣唐使とともに唐にわたり仏教を学んだ最澄によって，日本の天台宗が開かれた。

ア （ⅰ）→（ⅱ）→（ⅲ）　　イ （ⅰ）→（ⅲ）→（ⅱ）　　ウ （ⅱ）→（ⅰ）→（ⅲ）

エ （ⅱ）→（ⅲ）→（ⅰ）　　オ （ⅲ）→（ⅰ）→（ⅱ）　　カ （ⅲ）→（ⅱ）→（ⅰ）

③ 14世紀後半，室町幕府の3代将軍の足利義満は京都の室町に邸宅を建て，政治を行った。次の文
は，室町幕府にかかわることがらについて述べたものである。文中の　A　に当てはまる語を**漢
字2字**で書きなさい。

> 室町幕府は，有力な守護大名を将軍の補佐役である　A　という職につけた。15世紀半ば
> に京都の大半が焼け野原となった応仁の乱は，将軍家や　A　家のあとつぎをめぐる対立か
> ら起こった。

(3) 東京は，明治時代以降，近代国家としての首都機能が整備され，政治や経済の中心地として発展した
都市である。

③ 国民主権のもと，国民の意思を司法のあり方に反映させるために，裁判員制度が導入されている。次の**ア〜エ**のうち，わが国の裁判員制度について述べた文として**誤っているもの**はどれか。一つ選び，記号を○で囲みなさい。

　ア 裁判員裁判は，第一審の裁判で行われる。
　イ 裁判員裁判は，重大な犯罪についての刑事裁判を扱う。
　ウ 裁判員裁判は，被告人が有罪か無罪かのみを判断する。
　エ 裁判員裁判は，原則6人の裁判員と3人の裁判官で審理が行われる。

(3) 現代の民主政治では，政党は国民と政治を結ぶ役割を果たしている。次の文は，政党にかかわることがらについて述べたものである。文中の ⓐ ， ⓑ に当てはまる語をそれぞれ**漢字1字**で書きなさい。

> わが国における政党のうち，内閣を組織して政権を担当する政党が ⓐ 党と呼ばれるのに対し，政権を担当しない政党は ⓑ 党と呼ばれる。

(4) 地方自治は住民自らの意思と責任のもとで行われるものであり，民主政治の基盤をなすものである。

① 次の文は，地方自治について述べたものである。文中の A に当てはまる語を書きなさい。

> わが国の地方自治では， A 民主制の要素を取り入れた A 請求権が住民に認められている。例えば，条例の制定や改廃は，地方公共団体の住民がその地方公共団体の有権者の50分の1以上の署名を集めることにより請求することができる。

② わが国の2020（令和2）年度における，国と地方の財政支出の合計額（以下「歳出額」という。）は約222.5兆円であった。図Ⅱは，2020年度における，歳出額に占める目的別歳出額の割合及び，目的別歳出額に占める国と地方の割合を示したものである。図Ⅱ中のX，Yは国と地方のどちらかに当たる。次の文は，図Ⅱをもとに，2020年度の歳出額について述べたものである。文中の ⓐ 〜 ⓒ に当てはまる語の組み合わせとして正しいものはどれか。あとの**ア〜エ**から一つ選び，記号を○で囲みなさい。

> 約222.5兆円の歳出額のうち，目的別歳出額で最も多いのは， ⓐ であり，約54兆円を支出していることが読み取れる。また，図Ⅱ中のXは ⓑ ，Yは ⓒ に当たる。

　ア ⓐ 公債費　ⓑ 国　ⓒ 地方
　イ ⓐ 公債費　ⓑ 地方　ⓒ 国
　ウ ⓐ 民生費　ⓑ 国　ⓒ 地方
　エ ⓐ 民生費　ⓑ 地方　ⓒ 国

図Ⅱ

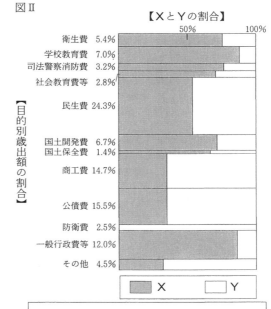

【XとYの割合】

目的別歳出額の割合	
衛生費	5.4%
学校教育費	7.0%
司法警察消防費	3.2%
社会教育費等	2.8%
民生費	24.3%
国土開発費	6.7%
国土保全費	1.4%
商工費	14.7%
公債費	15.5%
防衛費	2.5%
一般行政費等	12.0%
その他	4.5%

■ X　□ Y

・社会教育費等は公民館，図書館，博物館など
・民生費は児童福祉，高齢者福祉，年金関係など
・国土開発費は都市計画，道路，橋梁，公営住宅など
・国土保全費は河川海岸
・一般行政費等は戸籍，住民基本台帳など

（総務省の資料により作成）

社　会　（一般入学者選抜）

1 Ｆさんのクラスは，班に分かれてわが国の貿易にかかわることがらについて調べた。次の問いに答えなさい。

(1)　Ｆさんの班は，わが国の輸入品や輸出品に興味をもち，調べた。

① 主要な輸入品である石油（原油）や天然ガスは，わが国の重要なエネルギー資源である。

(a) 図Ⅰは，2019（令和元）年のわが国における，石油（原油）の輸入額の多い上位3か国を示したものである。次のア〜エのうち，Ａ，Ｂに当たる国名の組み合わせとして最も適しているものはどれか。一つ選び，記号を○で囲みなさい。

図Ⅰ

| A 35.8% | B 29.7% | カタール 8.8% | その他 25.8% |

（『日本国勢図会』2020/21年版により作成）

ア　Ａ　サウジアラビア　　　　Ｂ　カナダ
イ　Ａ　サウジアラビア　　　　Ｂ　アラブ首長国連邦
ウ　Ａ　アメリカ合衆国　　　　Ｂ　カナダ
エ　Ａ　アメリカ合衆国　　　　Ｂ　アラブ首長国連邦

(b) 国際市場における石油（原油）価格の安定などのため，1960年に設立された石油輸出国機構の略称を**アルファベット4字**で書きなさい。

(c) わが国における，天然ガスの最大の輸入相手国はオーストラリアである。次の文は，オーストラリアの鉱産資源について述べたものである。文中の⑥〔　　　〕，⑥〔　　　〕から最も適しているものをそれぞれ一つずつ選び，記号を○で囲みなさい。

> オーストラリアは鉱産資源にめぐまれており，オーストラリアの東部ではおもに ⑥〔　ア　石炭　　イ　ダイヤモンド　〕が，北西部ではおもに ⑥〔　ウ　鉄鉱石　エ　ボーキサイト　〕が採掘されている。

② わが国は肉類や魚介類，穀物類などの食料品を多く輸入している。次の文は，食料品の輸入にかかわることがらについて述べたものである。文中の　Ａ　に当てはまる語を**漢字3字**で書きなさい。

> 国内で消費する食料全体のうち，国内生産によってまかなえる量を示す割合は「食料　Ａ　」と呼ばれている。わが国の「食料　Ａ　」は2010（平成22）年以降40％を下回り，品目別でみると，米は100％に近い一方で小麦は10％台となっている。

③ わが国は原材料を輸入し，製品に加工して輸出する加工貿易を行ってきた。京葉工業地域は，輸入した石油（原油）などを原料として化学製品を製造する石油化学工業がさかんである。次のア〜エの地図のうち，京葉工業地域が含まれる地図はどれか。一つ選び，記号を○で囲みなさい。

ア　　　　　　　　イ　　　　　　　　ウ　　　　　　　　エ

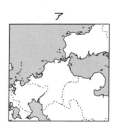   

（……は県界を示す）

④ わが国では伝統的工芸品や農林水産物の輸出を促進する取り組みが行われている。

(a) 伝統的技術により製造される工芸品のうち，法律にもとづき国の指定を受けたものは伝統的工芸品と呼ばれる。次のア〜エのうち，岩手県の伝統的工芸品はどれか。一つ選び，記号を○で囲みなさい。

ア　天童将棋駒　　　イ　南部鉄器　　　ウ　津軽塗　　　エ　会津塗

採点者記入欄

3

(1)	①	A	B	C	D	E
	②					
	③	ア	イ	ウ	エ	
(2)	①	ア	イ	ウ	エ	
	②	ア	イ	ウ	エ	オ カ
	③					
(3)	① ⓐ					
	ⓑ					
	②	ア	イ	ウ	エ	
	③ ⓐ					
	ⓑ					
	④	ア	イ	ウ	エ	

／2
／2
／2
／2
／2
／2
／2
／2
／2
／2
／2
／3

／25

採点者記入欄

4

(1)	①					
	②	ⓐ ア	イ	ⓑ ウ	エ	
(2)						
(3)	①	ⓐ ア	イ	ⓑ ウ	エ	
	②	(a)				
		(b) ア	イ	ウ	エ	
(4)	①	ア	イ	ウ	エ	
	②	ⓐ		ⓑ ア	イ	
(5)						

／2
／2
／2
／2
／2
／3
／3
／3

／3

／22

【実験2】0.30 g から 0.80 g まで 0.10 g ごとに量り取ったマグネ
　シウムの粉末を、それぞれ別のステンレス皿に薄く広げ、**実験1**の
　ように加熱した。この操作により、それぞれのマグネシウムの粉末
　は酸素と完全に反応した。図Ⅱは、加熱前のマグネシウムの質
　量と、結びつく酸素の質量の関係を表したものである。

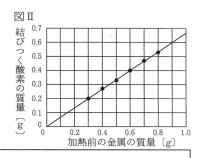

図Ⅱ

(4)　マグネシウム 0.9 g に結びつく酸素の質量は、図Ⅱから読み取
　ると何 g と考えられるか。答えは**小数第1位**まで書くこと。

【WさんとY先生の会話2】

Wさん：マグネシウムの質量と、結びつく酸素の質量は比例することが分かりました。これは、マグネ
　　　　シウム原子と結びつく酸素原子の数が決まっているということですか。

Y先生：はい。⑤空気中でマグネシウムを加熱すると、酸化マグネシウム MgO となります。酸化マグネ
　　　　シウム MgO に含まれる、マグネシウム原子の数と酸素原子の数は等しいと考えられます。

Wさん：ということは、加熱前のマグネシウムに含まれるマグネシウム原子の数は、加熱により結びつ
　　　　く酸素原子の数と等しくなるのですね。

Y先生：その通りです。では、次に銅について**実験2**と同様の操作を行いましょう。銅は酸化されて、酸
　　　　化銅 CuO になります。酸化銅 CuO でも銅原子の数と酸素原子の数は等しいと考えられます。

Wさん：銅は穏やかに反応しました。得られた結果を図Ⅱにかき
　　　　加えて図Ⅲを作りました。図Ⅲから、銅の質量と、結び
　　　　つく酸素の質量は比例することも分かりました。

Y先生：では、図Ⅲから、それぞれの金属の質量と、結びつく酸
　　　　素の質量の関係が分かるので、先ほどの 1 cm³ の金属の
　　　　立方体に結びつく酸素の質量を考えてみましょう。

Wさん：図Ⅲから分かる比例の関係から考えると、銅やマグネシ
　　　　ウムの立方体の質量と、それぞれに結びつく酸素の質量
　　　　は、表Ⅱのようにまとめられます。ⓐ結びつく酸素の質量
　　　　は、結びつく酸素原子の数に比例するので、銅の立方体
　　　　に含まれる原子の数は、マグネシウムの立方体に含まれ
　　　　る原子の数の約　　ⓓ　　倍になると考えられます。

Y先生：その通りです。原子は種類により質量や大きさが異なる
　　　　ため、約 5.3 倍にはならないですね。

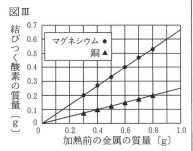

図Ⅲ

表Ⅱ

	1cm³の立方体の質量〔g〕	結びつく酸素の質量〔g〕
マグネシウム	1.7	1.1
銅	9.0	2.3

---

(5)　下線部⑤について、次の式がマグネシウムの燃焼を表す化学反応式になるように　　Ⓧ　　に入れ
　るのに適しているものをあとの**ア～オ**から一つ選び、記号を○で囲みなさい。

　　　　Ⓧ　　→　2 MgO

　ア　Mg ＋ O　　**イ**　Mg ＋ O₂　　**ウ**　2 Mg ＋ O　　**エ**　2 Mg ＋ O₂　　**オ**　2 Mg ＋ 2 O₂

(6)　下線部ⓐについて、次の文中の　　Ⓨ　　に入れるのに適している数を求めなさい。答えは**小数第1位**
　まで書くこと。

　　　結びつく酸素の質量に着目すると、図Ⅲから、0.3 g のマグネシウムに含まれるマグネシウム原子の数
　　と　　Ⓨ　　g の銅に含まれる銅原子の数は等しいと考えられる。

(7)　上の文中の　　ⓓ　　に入れるのに適している数を、表Ⅱ中の値を用いて求めなさい。答えは**小数第2位**
　を四捨五入して**小数第1位**まで書くこと。

3 大阪に住むGさんは，季節によって気温が変化することに興味をもち，日本における太陽の南中高度や昼間の長さの違いなどについて調べた。また，Gさんはよく晴れた日に，自宅近くの公園で，太陽光が当たる角度と太陽光から受け取るエネルギーについて実験し，考察した。あとの問いに答えなさい。

【Gさんが地球の公転と太陽の南中高度について調べたこと】

・地球の公転と，春分の日，夏至の日，秋分の日，冬至の日の地球の位置を模式的に表すと，図Ⅰのようになる。

・図Ⅰ中のA，B，C，Dのうち，春分の日の地球の位置は ⓐ である。

・地球は，現在，地軸を公転面に垂直な方向から 23.4°傾けたまま公転している。

・地軸の傾きのため，太陽の南中高度は季節によって異なる。

図Ⅰ

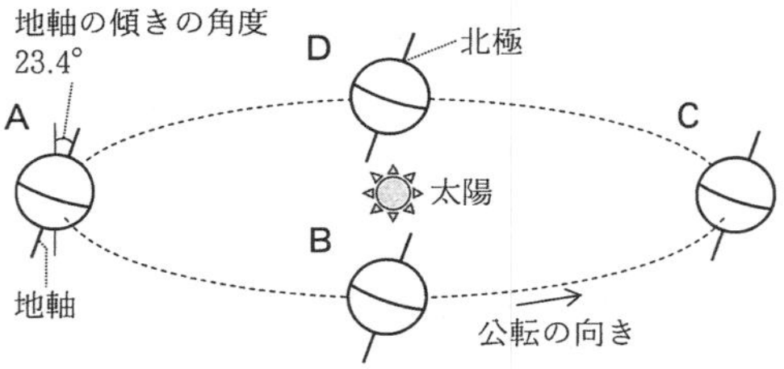

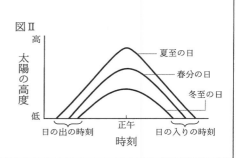

・春分の日，夏至の日，秋分の日，冬至の日のおおよその太陽の南中高度は，次の式で求めることができる。

　　春分の日，秋分の日の太陽の南中高度　　＝　90°－ 緯度
　　夏至の日の太陽の南中高度　　　　　　　＝　90°－ 緯度 ＋ 地軸の傾きの角度
　　冬至の日の太陽の南中高度　　　　　　　＝　90°－ 緯度 － 地軸の傾きの角度

・上の式を用いると，北緯34.5°の地点にある自宅近くの公園では，冬至の日の太陽の南中高度は ⓑ〔 **ア** 約11.1°　　**イ** 約32.1°　　**ウ** 約66.6°　　**エ** 約78.9°〕と考えられる。

---

(1) 図Ⅰ中のA～Dのうち，上の文中の ⓐ に入れるのに適しているものはどれか。一つ選び，記号を○で囲みなさい。

(2) 地球の公転により，観測できる星座は季節によって異なる。1日を周期とした天体の見かけの動きが日周運動と呼ばれるのに対し，1年を周期とした天体の見かけの動きは何と呼ばれる運動か，書きなさい。

(3) 上の文中の ⓑ〔　　〕から最も適切なものを一つ選び，記号を○で囲みなさい。

【Gさんが太陽の高度と昼間の長さについて調べたこと】

・春分の日，夏至の日，冬至の日の1日の太陽の高度の変化を表すと，図Ⅱのグラフのようになる。秋分の日は，春分の日と同じようなグラフになる。

・図Ⅱのように，ⓐ太陽の南中高度によって昼間の長さ（日の出から日の入りまでの時間）が変化する。

・太陽の南中高度や昼間の長さの変化は，気温に影響を与えている。

図Ⅱ

【実験】Rさんは，図Ⅲのように凸レンズを用いて実験装置を組み立てた。凸レンズの位置は固定されており，物体，電球，スクリーンの位置は光学台上を動かすことができる。物体として用いた厚紙は，凸レンズ側から観察すると図Ⅳのように高さ2.0 cmのL字形にすきまが空いており，このすきまから出た光がつくる物体の像を調べるため，次の操作を行った。

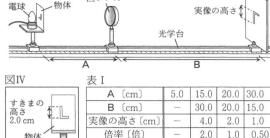
図Ⅲ

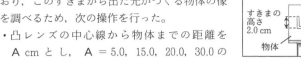
図Ⅳ

- 凸レンズの中心線から物体までの距離を A cmとし， A = 5.0, 15.0, 20.0, 30.0のとき，それぞれスクリーンを動かして，スクリーンに実像ができるかを調べた。
- 凸レンズの中心線からスクリーンまでの距離をB cmとし，スクリーンに実像ができた場合は，Bと図Ⅲ中に示した実像の高さを測った。また，実像の高さを物体のすきまの高さ（2.0 cm）で割った値を倍率とした。表Ⅰは，これらの結果をまとめたものであり，スクリーンに実像ができない場合は，B，実像の高さ，倍率は「−」と示されている。

表Ⅰ

A〔cm〕	5.0	15.0	20.0	30.0
B〔cm〕	−	30.0	20.0	15.0
実像の高さ〔cm〕	−	4.0	2.0	1.0
倍率〔倍〕	−	2.0	1.0	0.50

(4) 表Ⅰから，凸レンズの焦点距離は何cmになると考えられるか，求めなさい。答えは**小数第1位まで**書くこと。

(5) 次の文中の ⬜ に入れるのに適している語を書きなさい。

A = 5.0のとき，スクリーン側から凸レンズを通して物体を観察すると，物体よりも大きな像が見られた。この像は，光が集まってできたものではなく，実像に対して ⬜ 像と呼ばれている。

(6) Rさんは表Ⅰから， A = 15.0, 20.0, 30.0のとき，倍率の値がA，Bを用いた文字式でも表せることに気付いた。このことについて述べた次の文中の ⓐ〔 　 〕から適切なものを一つ選び，記号を○で囲みなさい。また， ⬜ⓑ に入れるのに適している数を**小数第1位まで**書きなさい。

A = 15.0, 20.0, 30.0のとき，倍率の値は，いずれも ⓐ〔 　ア A÷B　　イ 2A÷B　　ウ B÷A　　エ B÷2A 〕の値に等しいことが分かる。スクリーンに実像ができるとき，この関係がつねに成り立つものとすると， A = 35.0, B = 14.0であれば，スクリーンにできる実像の高さは ⬜ⓑ cmになると考えられる。

(7) A = 20.0のとき，図Ⅴのように光を通さない黒い紙で凸レンズの一部を覆った。このときにスクリーンにできた実像は，光を通さない黒い紙で凸レンズの一部を覆う前にスクリーンにできた実像と比較して，どのような違いがあったと考えられるか。次のア〜エのうち，適しているものを一つ選び，記号を○で囲みなさい。

図Ⅴ

黒い紙

ア　像全体が暗くなったが，像は欠けなかった。　　イ　像の一部のみ暗くなったが，像は欠けなかった。
ウ　像全体が暗くなり，像の一部が欠けた。　　　エ　全体の明るさは変わらず，像の一部が欠けた。

【Rさんがルーペやカメラに用いられている凸レンズの役割についてまとめたこと】
- ルーペには，物体を拡大して観察するために凸レンズが用いられており，物体は凸レンズの焦点の ⬜ⓒ にくるようにする。凸レンズを通して見られる像は，物体と上下が同じ向きになる。
- カメラには，物体からの光を集めるために凸レンズが用いられており，物体は凸レンズの焦点の ⬜ⓓ にくるようにする。物体からの光を集めてできる像は，物体と上下が ⬜ⓔ になる。

(8) 次のア〜エのうち，上の文中の ⬜ⓒ 〜 ⬜ⓔ に入れるのに適している内容の組み合わせはどれか。一つ選び，記号を○で囲みなさい。ただし，ルーペやカメラに用いられているレンズは，それぞれ1枚の凸レンズでできているものとする。

ア　ⓒ 内側　　ⓓ 外側　　ⓔ 同じ向き　　　　イ　ⓒ 内側　　ⓓ 外側　　ⓔ 逆向き
ウ　ⓒ 外側　　ⓓ 内側　　ⓔ 同じ向き　　　　エ　ⓒ 外側　　ⓓ 内側　　ⓔ 逆向き

1　みそ汁などの料理に用いられる調味料の一つであるみそは，大豆を原料とした加工食品である。このことを家庭科の授業で学習し興味をもったJさんは，みそづくりについて調べ，U先生と一緒に実験し，考察した。あとの問いに答えなさい。

> **【Jさんがみそづくりについて調べたこと】**
> ＜みそ（米みそ）の主な原料＞
> 　大豆（⒜ダイズの種子），米，⒝コウジカビ，酵母菌など
> ＜みそ（米みそ）の製法＞
> 　まず，原料の大豆を鍋で蒸してから細かくつぶす。次に，つぶした大豆に「米麹」（コウジカビを米に付着させたもの）や，酵母菌などの微生物を加えて，一定温度で一定期間置く。すると，特有の香りが立ち始め，みそができていく。

(1) 下線部⒜について，図Ⅰはダイズの葉のようすを模式的に表したものである。ダイズについて述べた次の文中の ⓐ〔　　　〕，ⓑ〔　　　〕から適切なものをそれぞれ一つずつ選び，記号を〇で囲みなさい。

図Ⅰ

　図Ⅰに示すように，ダイズの葉は，葉脈が ⓐ〔　ア　網目状　　イ　平行　〕になっている。このような葉のつくりをもつダイズは ⓑ〔　ウ　単子葉類　　エ　双子葉類　〕に分類される。

(2) 下線部⒝について，コウジカビはカビの一種である。

① カビについて述べた次の文中の ⓒ〔　　　〕，ⓓ〔　　　〕から適切なものをそれぞれ一つずつ選び，記号を〇で囲みなさい。

　カビは ⓒ〔　ア　乳酸菌や大腸菌　　イ　シイタケやヒラタケ　〕と同様に ⓓ〔　ウ　菌類　　エ　細菌類　〕に分類される生物である。

② Jさんは，顕微鏡の倍率を400倍にしてコウジカビを観察し，図Ⅱに示すような装置を用いて画像に記録した。次に，記録したコウジカビの細胞の大きさをミジンコの大きさと比較するために，顕微鏡の倍率を100倍にしてミジンコを観察し，画像に記録した。記録した画像では，コウジカビの細胞が5個連なったものの長さとミジンコ全体の長さがそれぞれ顕微鏡の視野の直径と一致していた。図ⅢはそのようすをJさんがスケッチしたものである。図Ⅲ中に示したコウジカビの細胞の実際の長さK〔mm〕とミジンコの実際の長さL〔mm〕の比はいくらと考えられるか，求めなさい。答えは最も簡単な**整数の比**で書くこと。ただし，図Ⅲ中におけるコウジカビの細胞5個の大きさはすべて等しく，顕微鏡の倍率が変わっても顕微鏡の視野の直径は一定であるものとする。

図Ⅱ　　　　図Ⅲ

> **【JさんとU先生の会話1】**
> Jさん：みその香りは，どのようにしてつくられるのでしょうか。
> U先生：みその香りのもとの一つにエタノールがあります。みそづくりの過程では，コウジカビや酵母菌などの微生物が⒞デンプンや麦芽糖（ブドウ糖が2個つながった物質）にはたらくことで，エタノールがつくられています。どのようなしくみになっているのか，**実験**を通じて調べてみましょう。

(3) 下線部⒞について，ヒトの消化管では，消化液によってデンプンや他のさまざまな養分が分解されている。次のア～エのうち，デンプン，タンパク質，脂肪のすべてを分解するはたらきをもつ消化液はどれか。一つ選び，記号を〇で囲みなさい。

　ア　だ液　　イ　胃液　　ウ　胆汁　　エ　すい液

3	(1)	A	B	C	D	
	(2)				運動	
	(3)	ア	イ	ウ	エ	
	(4)	ア	イ	ウ	エ	
	(5) ①				前線	
	②	ア	イ	ウ	エ	
	(6)	a	b	c	d	
	(7)				J	

採点者記入欄

/2
/3
/3
/3
/3
/3
/3
/3

/23

4	(1) ⓐ	ア	イ	ⓑ ウ	エ	
	(2) ①	ア	イ	ウ	エ	
	②				置換法	
	(3)	ア	イ	ウ	エ	
	(4)				g	
	(5)	ア	イ	ウ	エ	オ
	(6)				g	
	(7)				倍	

採点者記入欄

/2
/2
/3
/3
/3
/3
/3

/22

令和 4 年度

大阪府学力検査問題
（一般入学者選抜）

国　語
〔A 問題〕

（50分）

注　意

1　「開始」の合図があるまで開いてはいけません。

2　答えは，**解答用紙**に書きなさい。
　　ただし，問題五は**原稿用紙**に書きなさい。

　・答えとして記号を選ぶ問題は，右の【解答例】にならい，すべて
　　解答用紙の記号を○で囲みなさい。また，答えを訂正するときは，
　　もとの○をきれいに消しなさい。

　・答えの字数が指定されている問題は，**句読点や「」などの符号**も
　　一字に数えなさい。

　解答用紙の**採点者記入欄**には，何も書いてはいけません。

【解答例】
ア
イ
ウ
エ

3　問題は，中の用紙のA面に **一 〜 三**，B面に **四 ・ 五** があります。

4　「開始」の合図で，まず，解答用紙と原稿用紙に受験番号を書きなさい。

5　「終了」の合図で，すぐ鉛筆を置きなさい。

受験番号　　　番　　　得点

〈問題五を除く〉

※問題五と合わせて90点満点

一

1

(7)	(6)	(5)	(4)	(3)	(2)	(1)
ダ／ハ キン／ニク	ハリ	ツ もる	満喫	包装	至る	貸す

採点者記入欄

／2　／2　／2　／2　／2　／2　／2

四

3	2	1
15	いままで アイウエ	アイウエ

採点者記入欄

／6　／3　／3

三

3	2	1
アイウ		アイウ

採点者記入欄

／12　／4　／4　／4

1 ①ふと とあるが、このことばが修飾している部分を次から一つ選び、記号を○で囲みなさい。

ア 何かの　　イ 思い返して　　ウ 多いのです

2 ②そういうことがほとんどなのかもしれません とあるが、本文中で筆者は、どのようなことがほとんどなのかもしれないと述べているか。次のうち、最も適しているものを一つ選び、記号を○で囲みなさい。

ア 書いている最中だけではなく、書き上がったあとも、これでいいのだろうかと悩んだり、考えたりするということ。

イ 書くべき対象となる人物にとって最も核となる部分は、本人であっても言葉にできない感覚的なものであるということ。

ウ ある事柄について人から話を聞いてわかることは、複数の人から聞いた場合でも本人から聞いた場合でも同じであるということ。

3 次のうち、本文中の ③ 、 ④ に入れることばの組み合わせとして最も適しているものはどれか。一つ選び、記号を○で囲みなさい。

ア ③だから ④それでも
イ ③だから ④あるいは
ウ ③なぜなら ④それでも
エ ③なぜなら ④あるいは

4 人を取材して文章を書く上での書き手の姿勢について、本文中で筆者が述べている内容を次のようにまとめた。 a に入れるのに最も適しているひとつづきのことばを、本文中から二十五字で抜き出し、初めの五字を書きなさい。また、 b に入る内容を、本文中のことばを使って十五字以上、二十字以内で書きなさい。

文章の a を持ちながら、書いて伝えられることの限界を意識しつつ最高のものを書こうとすることが大切であり、そうすることによって文章の b こそが、読み手が惹かれたり心を動かされたりする上で重要である。

三 次の文章を読んで、あとの問いに答えなさい。

①鰹をりやうりしてゐるところへ、となりのおとこ来たれば、これこれ、この鰹を、ねこがとらぬやうに番して下されと、いふて出る。おとこ、ばたのみたい事がある。おれは三町目まで用が有りてゆくほどに、跡でこ、ば（※たので／この場所で）

ちと、しよしめませふとおもひ、くひにかかれば、むかふにねらふてゐた猫が、ふうふうといつておどした。（自分のものにしよう）②おもひ、

1 ①たのみたい事 とあるが、次のうち、鰹を料理している人がとなりの男にたのんだ事の内容として本文中で述べられているものを一つ選び、記号を○で囲みなさい。

ア 鰹がとられないように見張っておいてほしいということ。

イ 用事があるので三町目まで行ってきてほしいということ。

ウ 鰹が新鮮なものであるかどうかを見てほしいということ。

2 ②おもひ を現代かなづかいになおして、すべてひらがなで書きなさい。

3 次のうち、本文中で述べられていることがらと内容の合うものはどれか。一つ選び、記号を○で囲みなさい。

ア 鰹を料理している人が猫に気を取られているうちに、となりの男が鰹を食べてしまった。

イ 鰹を料理している人がとなりの男と話している間に、猫に鰹を食べられてしまった。

ウ となりの男が、鰹を食べようとしたところ、鰹をねらっていた猫に威嚇された。

四　次の文章を読んで、あとの問いに答えなさい。

一年とちょっとニューヨークで生活していた。半年ほどしてから、地元の書店の小説、ノンフィクション、伝記のコーナーによく足を運ぶようになった。それまでは「どうせ原書など読めるはずもないのだから」と思っていて、写真集コーナー以外には近づいたこともなかったのだけど、①簡単なものだったら読めそうな気がして手にとるようになった。

表紙の作家の名前を目で追って、デザインを見て、それから数ページぱらぱらめくり、試しに読んでみる。使われている単語が簡単で読めそうだと思うと、さらに読んでから買った。それから辞書を引きながら根気強く、少しずつ読み進めた。

当たり前のことなのだけど、日本で紹介されている本よりも、紹介されていない本のほうが圧倒的に多い。その上僕はアメリカの作家の名前も知らないのだから、はたしてどの作家から読んでいいのか見当もつかなかった。まわりにそれを教えてくれる人もいなかったので、本当に手当たり次第に手にとって、ぱらぱらめくり、冒頭を読んでみることを繰り返した。

そんな異国での時間を僕はいつしか愛していた。知らない本に囲まれ、インクの匂いと、紙の柔らかくあたたかな感触を指先に感じながら、アルファベットの連続を追っていく。

まさに未知の世界にずぶりと入っていく瞬間のような気がした。それは心躍ることで、僕はやはり本が好きなのだと、改めて感じたりもした。そんなゆるやかな時間の流れだった。

それは以前どこかで体験したことのある感覚に似ていた、いや同じものだということにふと気がついた。中学生の頃に感じたそれだったということに。静かに、そして何度も。

中学三年のとき、僕は書店に頻繁に行くようになった。読書家の友人の影響だった。

「大人になったら、オレは小説家になる」

友人は真顔でそんなことを口にするような男で、彼に連れられて地元の駅前の木造建ての建物の二階にある書店に向かった。文庫本を、初めて手にとった。

「新刊は棚に横にしてある本だで」

友人の言葉を聞いてもなんのことを言っているのかさっぱりわからなかった。文庫本の新刊が毎月出ることも知らなかった僕は、あちこちの文庫本を指さしながら説明してくれた。②　　　と出てくる作家の名前を耳にしても、誰一人として知っている名前はなかった。でも僕は友人の話を熱心に聞いた。いままで自分がまったく知らなかった世界を、友人が深く知っていることをとてもとてもうらやましく思い、自分もできることならそれらを知りたかった。

「いままでいつも一人で来てた。誰かと来たことなんてなかったけど、おまえを初めて連れてきた」

うれしかった。友人に勧められるままに一冊の文庫本を買った。SF小説だ。それまで本なんて教科書ほとんど読んだこともなかったし、読んでみようなんて気にもならなかったのに、その日を境にして本を買うようになった。

ニューヨークでまるで知らない本が並んだ棚を目の前にしたとき、あの駅前の小さな書店の文庫本の列の前に立った中学三年だった自分に思いがけず出会ったのだ。

その駅前の書店は再開発によって、とっくになくなってしまったけど、僕の中ではどんな書店よりもずっと心に残っている。

（小林紀晴『旅をすること』による）

（注）SF小説＝空想的で科学的な小説。

1　①簡単なものだったら読めそうな気がして手にとるようになった　とあるが、次のうち、ニューヨークで生活していたときの筆者の様子について、本文中で述べられていることがらと内容の合うものはどれか。最も適しているものを一つ選び、記号を○で囲みなさい。

ア　ニューヨークで生活をはじめて半年ほどは、原書など読めないと思っていたので、書店に行くことはなかった。

イ　どの本から読んでいいのか見当もつかなかったので、手当たり次第に手にとって、冒頭を読んでみることを繰り返した。

ウ　日本で紹介されていない本のなかで、使われている単語が簡単で読めそうだと思ったものを辞書を引きながら読み進めた。

エ　インクの匂いと紙の柔らかくあたたかな感触を感じながら本を読む時間を過ごすなかで、はじめて本を読むことが好きだと感じた。

〈　3　〉

令和 4 年度

大阪府学力検査問題
（ 一 般 入 学 者 選 抜 ）

国　語
〔Ｂ 問 題〕

（50分）

注　　意

1	「開始」の合図があるまで開いてはいけません。

2　答えは，**解答用紙**に書きなさい。

　　ただし，問題五は**原稿用紙**に書きなさい。

- 答えとして記号を選ぶ問題は，右の【解答例】にならい，すべて**解答用紙の記号を○で囲みなさい**。また，答えを訂正するときは，もとの○をきれいに消しなさい。

- 答えの字数が指定されている問題は，**句読点や「　」などの符号**も一字に数えなさい。

　　解答用紙の**採点者記入欄**には，何も書いてはいけません。

【解答例】

ア	
イ	
ⓦ	
エ	

3　問題は，中の用紙のＡ面に **一・二**，Ｂ面に **三 〜 五** があります。

4　「開始」の合図で，まず，解答用紙と原稿用紙に受験番号を書きなさい。

5　「終了」の合図で，すぐ鉛筆を置きなさい。

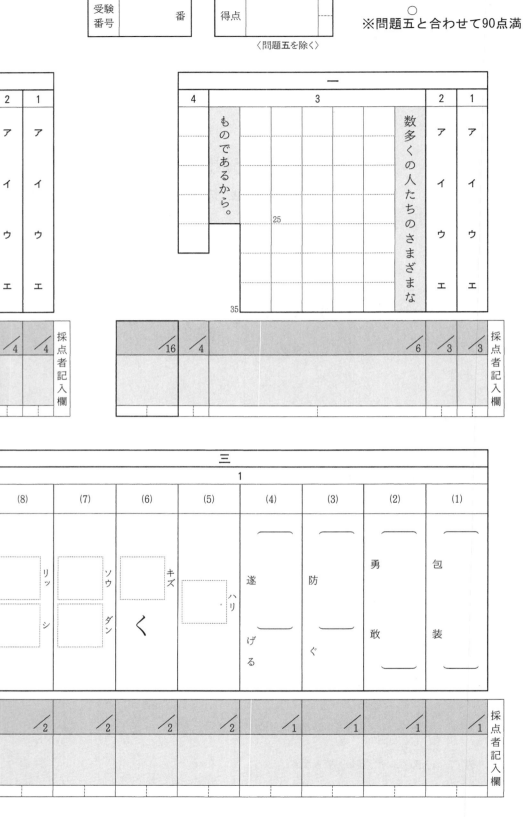

受験
番号　　　　　番

得点　　　　　　　　　

〈問題五を除く〉

※問題五と合わせて90点満点

一

4	3	2	1

4　ものであるから。

3　数多くの人たちのさまざまな
25
35

2　ア　イ　ウ　エ

1　ア　イ　ウ　エ

採点者記入欄

／4　　／4

／16　／4　　　　　／6　／3　／3

採点者記入欄

三

1

(8)	(7)	(6)	(5)	(4)	(3)	(2)	(1)

(1) 包装
(2) 勇敢
(3) 防ぐ
(4) 遂げる
(5) ハリ
(6) キズ　く
(7) ソウ　ダン
(8) リッ　シ

採点者記入欄

／2　／2　／2　／2　／1　／1　／1　／1

2　次のうち、本文中の　②　に入れるのに最も適していることばはどれか。一つ選び、記号を〇で囲みなさい。

ア　あるいは　　イ　一方で　　ウ　さらに　　エ　たとえば

3　本文中では、都市という書物が実際の書物と異なるのは、都市空間がどのようなものであるからだと述べられている。その内容についてまとめた次の文の　　　に入る内容を、本文中のことばを使って二十五字以上、三十五字以内で書きなさい。

都市空間が、数多くの人たちのさまざまな　　　　　　　　　ものであるから。

4　本文中では、都市空間の性質を考えるとどのようなことがわかると述べられているか。その内容についてまとめた次の文の　　　に入れるのに最も適しているひとつづきのことばを、本文中から二十字で抜き出し、初めの五字を書きなさい。

今後も続いていく都市という書物の長い歴史において、わたしたちは　　　　　　　　　ということ。

二　次の文章を読んで、あとの問いに答えなさい。

よろづ何のわざにも、古より法（のり）ありてそれによらざらむは、まことの心を得がたく、その法を得たるは、まめやかなりとて、人もうべなふめり。こは、もとより、ことわりさる事ながら、ふかく事のもとを考ふるに、よろづの事、はじめに法をまうけおきて、後にそのわざを

うべなふめり。（認めるようである）
②本式である　③まうけ

1　①しるべ　とあるが、次のうち、この　　　　　　ものはどれか。一つ選び、記号を〇で囲みなさい。

ア　味わい　　イ　てびき　　ウ　特徴　　エ　由来

（注）わざ＝行い。技芸。
　　法＝したがうべき事柄。

なし出づるにはあらず、そのわざあるがうへにこそ、法てふことは出で来（く）れ。かかれば、　④　は本にて、　⑤　は末なり。

2　②ことわりさる事ながら　とは「もっともなことであるが」という意味であるが、本文中で「もっともなこと」と述べられているのはどのようなことか。次のうち、最も適しているものを一つ選び、記号を〇で囲みなさい。

ア　どんなわざであっても、法に基づかなければ、真髄をつかんだわざとなることは難しく、法にかなっていれば人も認めるということ。
イ　どんなわざであっても、法に頼るだけではなく、信念をもって熱心に取り組むことが、わざを身につけるうえで大切であるということ。
ウ　どんなわざであっても、法を理解することに専心しているだけでは、わざの真髄をつかむことや人に認められることが難しいということ。
エ　どんなわざであっても、どの法にしたがうのが良いかを、自分でよく考えて選ぶことが、わざを身につけるうえで大切であるということ。

3　③まうけ　を現代かなづかいになおして、すべてひらがなで書きなさい。

4　本文中の　④　、　⑤　に入れるのに最も適していることばを、それぞれ本文中から抜き出しなさい。

三 次の問いに答えなさい。

1 次の(1)～(4)の文中の傍線を付けたカタカナを漢字になおし、解答欄の枠内に書きなさい。また、(5)～(8)の文中の傍線を付けた漢字の読み方を書きなさい。ただし、漢字は楷書で、大きくていねいに書くこと。

(1) 贈り物を包装する。
(2) 勇敢に立ち向かう。
(3) 重ね着をして寒さを防ぐ。
(4) 急成長を遂げる。
(5) 時計のハリが三時をさす。
(6) 信頼関係をキズく。
(7) 友人のソウダンに乗る。
(8) 『春望』は五言リッシである。

2 次のうち、返り点にしたがって読むと「其の物に接するや、春陽の温なるがごとし。」の読み方になる漢文はどれか。一つ選び、記号を○で囲みなさい。

ア 其 接レ物 也ヤ、如レ春陽之 温ナルガ。
イ 其ノ接スル物 也、如レ春陽之温ナルガ。
ウ 其ノ接スル物 也、如シ春陽之温ナルガ。
エ 其 接スル物レ也、如シ春陽之温ナルガ。

四 次の文章を読んで、あとの問いに答えなさい。

秋深まり、気温が下がり、空気が乾燥すると紅葉のはじまりです。昼は暖かく、夜は寒く、一日の寒暖の差が大きいほど葉はよく染まります。山を奥へ入るにつれて、はっとさせられる紅葉に出会えるのはそのためです。日本のほかにも中国や北アメリカ、アルプスの山々、ドナウ河畔、ライン河畔などでも紅葉の景観を眺めることができます。

「かえで」という名は、葉のかたちが蛙の手に似ているから「かえるで」と名づけられたのが転訛したといいます。いろは紅葉とも呼ばれるのは、葉の裂片が七つに分かれているのを「いろはにほへと」と数えたからだそうです。かっては葉が紅葉することを「もみつ」といい、染まった葉を「もみぢ」や「もみち葉」などといったのが「もみじ」の語源とされています。

その「もみつ」とは「柔み出づ」こと。昔の染め物は昔、天然の染料に布を浸して、揉むようにして色を染めていましたから、まるで人が手揉みして生地を染めるように、木々が葉を紅や黄に染めているようだとたとえたのではないでしょうか。

花が咲くことを花が笑うと呼んだように、古の人は植物の生態に目を見はるたび、自分たちの身近なふるまいに見立て、なぞらえながら受けとめていたのではと思われます。

七十二候にも、紅葉の季節があります。秋の最後の候に、霜降の末候「楓蔦黄なり」が訪れますが、そのひとつ手前は霜降の次候「霎時施す」という時雨の候です。紅葉と時雨の季節が重なり合っているようすは、『万葉集』のこんな歌のやりとりにも見受けられます。

手折らずて散りなば惜しとわが思ひし秋のもみちをかざしつるかも
　　　　　　　　　　　　　　　　橘奈良麻呂

もみち葉を散らす時雨に濡れてきて君がもみちをかざしつるかも
　　　　　　　　　　　　　　　　久米女王

手折らずにいて紅葉が時雨に散ってしまったら惜しいという気持ち。その気持ちに駆られ、手折って持ってきてくれた紅葉を髪飾りにして好意を受け取ろうという気持ち。ざーっと降ってはすぐ晴れ上がる初時雨は、初冬を知らせる雨として、歌人が好んで歌に詠んだといいます。紅葉をもたらすのも、散らすのも、そんな時雨であり、美しさとはかなさがないまぜになるような情景です。

とはいえ、散る美しさより、美しさとはかなさがないまぜになるような情景です。紅葉が桜のような花ではなく、枯れる間際の葉だからこそではないでしょうか。枯れていくのみであるはずの葉が、花にも負けず色づく姿が、古来人の心をとらえてきたように思えてなりません。本来、時雨に打たれて枯れ葉が落ちるのはなんの不思議もないことですが、それをさも花の盛りが去るように惜しむ気持ちのどこかに、葉を花に見立てる人の歌心が働いているかのようです。

（白井明大『季節を知らせる花』による）

（注）転訛＝語の本来の音がなまって変わること。
七十二候＝二十四節気の各節気をさらに三つの候（初候・次候・末候）に細分し、一年を七十二の候に分けたもの。
霜降＝二十四節気の一つ。霜が降りるころの季節を示す語。現在の十月二十三日ごろから十一月六日ごろにあたる。
ないまぜ＝いろいろなものが一つにまざりあっていること。

①

令和 4 年度

大阪府学力検査問題
（ 一 般 入 学 者 選 抜 ）

国　　語
〔 Ｃ 問 題 〕

（50分）

注　　意

1　「開始」の合図があるまで開いてはいけません。

2　答えは，**解答用紙**に書きなさい。

　　ただし，問題**五**は**原稿用紙**に書きなさい。

　・答えとして記号を選ぶ問題は，右の【解答例】にならい，すべて
　　解答用紙の記号を○で囲みなさい。また，答えを訂正するときは，
　　もとの○をきれいに消しなさい。

【解答例】
ア
イ
ウ
エ

　・答えの字数が指定されている問題は，**句読点や「」などの符号**も
　　一字に数えなさい。

　　解答用紙の**採点者記入欄**には，何も書いてはいけません。

3　問題は，中の用紙のＡ面に **一・二**，Ｂ面に **三 ～ 五** があります。

4　「開始」の合図で，まず，解答用紙と原稿用紙に受験番号を書きなさい。

5　「終了」の合図で，すぐ鉛筆を置きなさい。

受験番号	番

得点		

〈問題五を除く〉

○
※問題五と合わせて90点満点

○

一

4			3	2		1
b	a			b	a	A
		「私は」でなく「私が」と書くことによって、				B
	35					C
45 と考えたから、						D

採点者記入欄

/25　/4　　　/6　/4　/4　/4　/3

三

2	1					
	(6)	(5)	(4)	(3)	(2)	(1)
ア				網羅	透かす	諭す
イ	シュウ	リッ	ココロヨく			
ウ	チク	シン				
エ						

採点者記入欄

/11　/2　/2　/2　/2　/1　/1　/1

2　うなずいた人物は誰かということについて、本文中の━━で示した引用文の背景にある文脈とはどのようなことだと筆者は述べているか。その内容についてまとめた次の文の [a] 、 [b] に入れるのに最も適しているひとつづきのことばを、それぞれ本文中から抜き出しなさい。ただし、[a] は二十四字、[b] は二十字で抜き出し、それぞれ初めの五字を書きなさい。

小説『伊豆の踊子』において、引用文までの部分は [a] ということが描かれており、また、引用文のあたりは [b] ということ。

3　前後の内容から考えて、本文中の ① に入ることばをひらがな五字で書きなさい。

4　作者が「さよならを」の前に主語を書かなかったことについて、本文中で筆者が述べている内容を次のようにまとめた。[a] に入る内容を、本文中のことばを使って三十五字以上、四十五字以内で書きなさい。また、本文中から [b] に入れるのに最も適しているひとつづきのことばを、本文中から二十字で抜き出し、初めの五字を書きなさい。

　作者である川端康成は、「私は」でなく「私が」と書くことによって、[a] と考えたから、[b] をしなかったのだろう。

二　次の文章を読んで、あとの問いに答えなさい。

　少将の内侍、台盤所の御つぼのかへでの木を見出だして、「このかへでに、はつもみぢのしたりしこそ失せにけれ」といひたりけるを、頭の中将聞きて、①「いづれの方にか候ひけむ」とて、梢を見あげければ、人々もみなめをつけて見けるに、蔵人永継とりもあへず、「西の枝にこそ候ひけめ」と申したりけるを、右中将実忠朝臣、御剣の役のために参りて、おなじくその所に候ひけるが、この言を感じて、「この比は、これほどの事も心とくうちいづる人はかたきにてあるに、優に候ふものかな」とて、うちうめきたるに、人々みな入興して満座感歎しけり。まことに、

とりあへずいひひいづるも、また聞きとがむるも、いと優にぞ侍りける。③
「古今」の歌に、
　おなじ枝をわきて木のはの色づくは西こそ秋の初めなりけり
と侍るをおもはへていへりけるなるべし。

（注）少将の内侍＝中務大輔藤原信実の娘。
　　　頭の中将＝藤原宣経。　蔵人永継＝藤原永継。
　　　右中将実忠朝臣＝藤原実忠。
　　　御剣の役＝天皇が外出する際に剣を持つ役目。
　　　台盤所＝食物を調理する台所。

1　①「いづれの方にか候ひけむ」とあるが、次のうち、この問いかけの内容として最も適しているものはどれか。一つ選び、記号を○で囲みなさい。
ア　初めて色づいたもみじはなぜ散ってしまったのか。
イ　初めて色づいたもみじはどちらの方角にあったのか。
ウ　初めて色づいたもみじはいつまで木の枝にあったのか。
エ　初めて色づいたもみじは誰に散らされてしまったのか。

2　②入興して とあるが、次のうち、このことばの本文中での意味として最も適しているものはどれか。一つ選び、記号を○で囲みなさい。
ア　おもしろく思って　　イ　怒りをあらわにして
ウ　物思いにふけって　　エ　きまりが悪くなって

3　③いと優にぞ侍りける とあるが、本文中で筆者は、どのようなことに対し「いと優にぞ侍りける」と述べているか。その内容についてまとめた次の文の [a] に入れるのに最も適しているひとつづきのことばを、本文中から七字で抜き出しなさい。また、[b] 、[c] に入れるのに最も適しているひとつづきのことばを、それぞれあとから一つずつ選び、記号を○で囲みなさい。

　「古今」の歌に [a] であるという内容が詠まれていることをふまえて、[b] がすぐに返答をしたことと、それを [c] が聞きとめたこと。

ア　少将の内侍　　イ　頭の中将　　ウ　蔵人永継　　エ　右中将実忠朝臣

三 次の問いに答えなさい。

1 次の(1)〜(3)の文中の傍線を付けたカタカナを漢字になおし、(4)〜(6)の文中の傍線を付けた漢字の読み方を書きなさい。また、(4)〜(6)
ただし、漢字は楷書で、**大きくていねいに書くこと。**

(1) 師匠が弟子を諭す。
(2) 木の葉を太陽に透かす。
(3) あらゆる分野を網羅する。
(4) ココロよく引き受ける。
(5) 『春望』は五言リッシである。
(6) 古い建物をシュウチクする。

2 次の文中の傍線を付けたことばが「物事が漠然としてとらえどころのないさま」という意味になるように、□ にあてはまることばを、あとのア〜エから一つ選び、記号を○で囲みなさい。

昨日聞いた話は、まるで □ をつかむような話だった。

ア わら　イ 袖　ウ 心　エ 雲

四 次の文章を読んで、あとの問いに答えなさい。

　対象が何かに似ているか、似ていないかは、非常に重要なファクターだ。芸術はずっとそれを追求してきた。絵に描かれた夕日は、単純な意味で、それに似ていなくてはならない。それが似ていなくては、夕日は出現しないだろう。芸術の根源は「ミメーシス（模倣）」にあるとプラトンは言った。どんな夕日が描かれていようともそれはその描き手の見た夕日として成立するが、芸術を理想の現れとして捉えようとすれば、そこには万人にとっての理想としての夕日が出現しなければならないことになる。あるいは絵として描くことによって、それが共有されることで社会通念としての美が作り出されてゆくとも言ってもいいかもしれない。描かれ共有されないかぎり、美は生まれないのだ。

　これがその後、微妙に誤解されてゆくことになる。①目的と手段の順序が乱れてくるのだ。結果、現実の美しさを模倣することのできる技巧をもつことが、人間の知的な活動であると考えるようになってしまう。これが、写真の発明で

逆転を迫られるのだ。写真技術で現実をそのまま写ってしまう。それは人間が画材を駆使して写しとろうとしていた光や影を、いともたやすく、しかも瞬時に実現してしまう。②人間の技巧を超えた自動複写システムの登場で、対象に似せること、模倣することは、人間の行う芸術行為ではないと結論されてしまったのだ。ここに現代の芸術観の誕生があるわけであり、他者の表現をまねることは、最も忌避すべき行為であり、芸術家は個人で、他にはない表現を行う独創的な創造者でなくてはならないと考えられるようになったのだ。これは創造性と模倣に対する誤解ではないだろうか。

　写真は現実の模倣を作っているわけではない。人物や風景にカメラを向けて撮影された写真は、現実を模倣しているのではなく、現実の三次元空間にある光の強さの分布がレンズを通して記録された物体にすぎない。光の分布の複製を作っているのだ。しかし、問題なのはその写真が、見る者に対象との一体感を作り出しているかどうかなのである。「噛み合って」いるかどうかなのであって、それが起こらないかぎり、その写真は単純に光の分布の複製物にすぎない。複製と模倣は、画像と図像という違いと等しいだろう。自動的にできてしまうものに対して、読み手のもつ受容体との同期を意識しているかどうかが、その鍵となる。

　近代、写真技術と印刷物の融合で、芸術作品の複製ができるようになり、その複製が大量に出まわるようになったが、それ以前は手作りによる模写が中心であり、その数は限られていた。複写作業は、作り手にほとんど何も残さないが、模写をする者には、その作品を通して多くのことを学ばせる。また真の模倣とは、その姿形の複写ではなく、それを超えて作り手の姿勢や考えを学び、使うことをいうのであり、作り出される結果は模倣した原型とは異なっていることさえあるのだ。

　模倣という行為は、その意味でアナログな行為である。対象を身体的になぞる必要がある。紙の上で夕日の輪郭をなぞるのと同様に、海岸を逃げるカニの姿を全身でまねてみせる子供のように、脳内で現実のマテリアルを使わずに行う「なぞり」もあれば、全身で「なぞる」ことだってあるだろう。模倣を作り上げるには、高いレベルであるかは別のレベルで「なぞら」なくてはならないのだ。

（藤幡正樹『不完全な現実』による）

（注）ファクター = 要素。
　　　プラトン = 古代ギリシャの哲学者。
　　　マテリアル = 材料。素材。

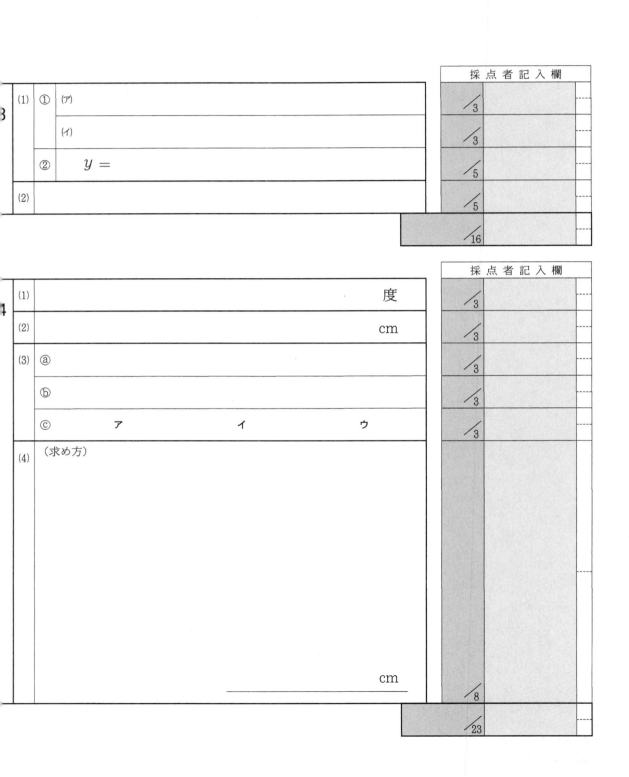

採点者記入欄

3

(1) ① (ア)

　　 (イ)

　 ② $y =$

(2)

／3
／3
／5
／5
／16

採点者記入欄

4

(1) 　　　　　　　　　　　　　　　　　　　度

(2) 　　　　　　　　　　　　　　　　　　　cm

(3) ⓐ

　 ⓑ

　 ⓒ 　　　ア　　　　　イ　　　　　ウ

(4) （求め方）

　　　　　　　　　　　　　　　　　　　cm

／3
／3
／3
／3
／3
／8
／23

1 次の計算をしなさい。

(1) $-2-(-12)$

(2) $27 \times \left(-\dfrac{5}{9}\right)$

(3) $40 - 7^2$

(4) $x - 3 + 6(x + 1)$

(5) $48x^3 \div 8x$

(6) $\sqrt{12} + 9\sqrt{3}$

2 次の問いに答えなさい。

(1) $a = -6$ のとき，$-2a + 14$ の値を求めなさい。

(2) ある日のA市の最低気温は $5.3\,℃$ であり，B市の最低気温は $-0.4\,℃$ であった。この日のA市の最低気温は，B市の最低気温より何℃高いですか。

(3) 次の**ア～エ**の式のうち，「1袋につき a 個のみかんが入った袋を3袋買ったとき，買ったみかんの個数の合計は 20 個より多い。」という数量の関係を正しく表しているものはどれですか。一つ選び，記号を○で囲みなさい。

ア $a + 3 > 20$　　　　　**イ** $3a > 20$　　　　　**ウ** $3a < 20$　　　　　**エ** $3a = 20$

(4) 連立方程式 $\begin{cases} 7x + y = 19 \\ 5x + y = 11 \end{cases}$ を解きなさい。

(5) 二次方程式 $x^2 - 8x + 15 = 0$ を解きなさい。

4 右図において，四角形 ABCD は長方形であり，AB = 6 cm，AD = 12 cm である。E は辺 BC 上にあって B，C と異なる点であり，BE < EC である。A と E，D と E とをそれぞれ結ぶ。四角形 FGDH は 1 辺の長さが 5 cm の正方形であって，G は線分 ED 上にあり，F，H は直線 AD について G と反対側にある。I は，辺 FG と辺 AD との交点である。H と I とを結ぶ。

次の問いに答えなさい。

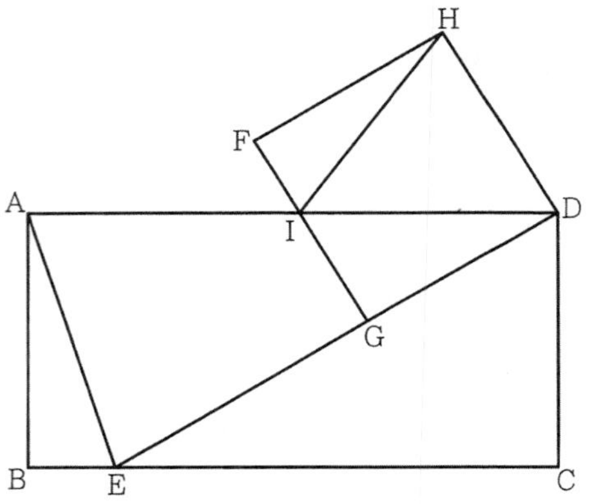

(1) △ABE の内角 ∠BEA の大きさを $a°$ とするとき，△ABE の内角 ∠BAE の大きさを a を用いて表しなさい。

(2) 正方形 FGDH の対角線 FD の長さを求めなさい。

(3) 次は，△DEC ∽ △IDG であることの証明である。 ⓐ ， ⓑ に入れるのに適している**「角を表す文字」**をそれぞれ書きなさい。また，ⓒ〔 〕から適しているものを一つ選び，記号を○で囲みなさい。

（証 明）

△DEC と△IDG において

四角形 ABCD は長方形だから　∠DCE = 90° ……………………………… ⓐ

四角形 FGDH は正方形だから　∠ ⓐ = 90° ……………………………… ⓘ

ⓐ，ⓘより　∠DCE = ∠ ⓐ ………………………………………………… ⓤ

AD ∥ BC であり，平行線の錯角は等しいから

∠DEC = ∠ ⓑ …………………………………………………… ⓔ

ⓤ，ⓔより，

ⓒ〔　**ア** 1組の辺とその両端の角　　**イ** 2組の辺の比とその間の角　　**ウ** 2組の角 　〕

がそれぞれ等しいから

△DEC ∽ △IDG

---

(4) EC = 10 cm であるときの線分 HI の長さを求めなさい。答えを求める過程がわかるように，途中の式を含めた求め方も書くこと。

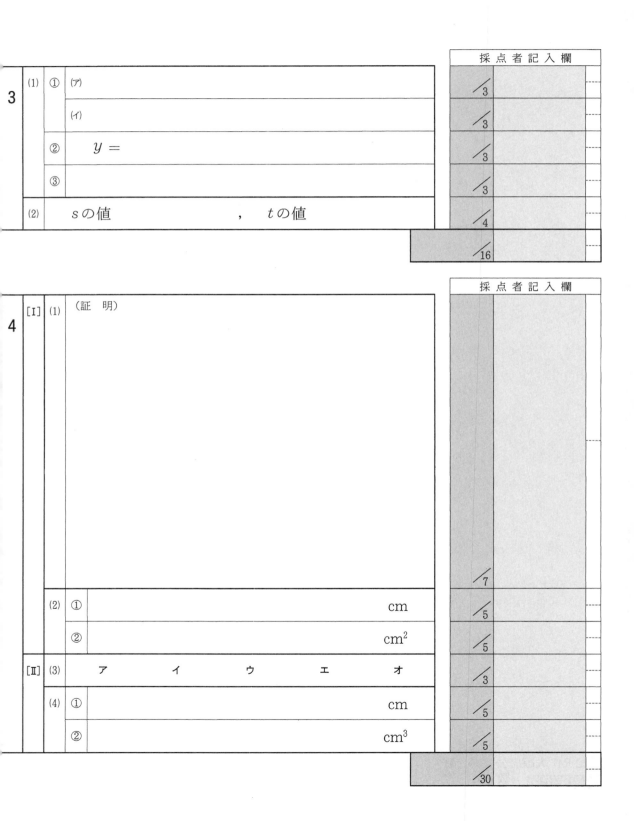

1 次の計算をしなさい。

(1) $18 - (-4)^2 \div 8$

(2) $2(5a - b) - 3(a + 6b)$

(3) $14ab \div 7a^2 \times ab$

(4) $(x + 1)(x - 1) - (x + 3)(x - 8)$

(5) $(\sqrt{6} - \sqrt{2})^2 + \sqrt{27}$

2 次の問いに答えなさい。

(1) 等式　$b = \dfrac{5a + 4}{7}$　を a について解きなさい。

(2) 二次方程式　$2x^2 - 3x - 1 = 0$　を解きなさい。

(3) 右図は，ある中学校の図書委員 12 人それぞれが
夏休みに読んだ本の冊数を，S 先生が調べて
グラフにまとめたものである。図書委員 12 人
それぞれが夏休みに読んだ本の冊数の平均値を
a 冊，最頻値を b 冊，中央値を c 冊とする。
次の**ア～カ**の式のうち，三つの値 a, b, c の
大小関係を正しく表しているものはどれですか。
一つ選び，記号を○で囲みなさい。

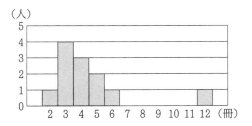

ア $a < b < c$　　　**イ** $a < c < b$　　　**ウ** $b < a < c$

エ $b < c < a$　　　**オ** $c < a < b$　　　**カ** $c < b < a$

4 次の〔Ⅰ〕,〔Ⅱ〕に答えなさい。

〔Ⅰ〕 図Ⅰにおいて,四角形 ABCD は内角∠ABC が
鋭角の平行四辺形であり,AB = 7 cm,AD = 6 cm
である。E は,C から辺 AB にひいた垂線と辺 AB
との交点である。F は直線 DC 上にあって D に
ついて C と反対側にある点であり,FD = 5 cm で
ある。E と F とを結ぶ。G は,線分 EF と辺 AD
との交点である。H は,F から直線 AD にひいた
垂線と直線 AD との交点である。
　次の問いに答えなさい。

図Ⅰ

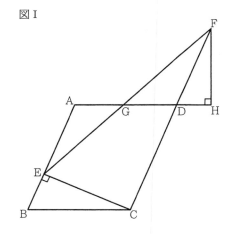

(1) △BCE ∽ △DFH であることを証明しなさい。

(2) DH = 2 cm であるとき,

① 線分 BE の長さを求めなさい。

② △FGD の面積を求めなさい。

〔Ⅱ〕 図Ⅱにおいて,立体 ABCD - EFGH は四角柱で
ある。四角形 ABCD は AD // BC の台形であり,
AD = 3 cm,BC = 7 cm,AB = DC = 6 cm で
ある。四角形 EFGH ≡ 四角形 ABCD である。
四角形 EFBA,HEAD,HGCD,GFBC は長方形
であり,EA = 9 cm である。I は,辺 AB 上に
あって A,B と異なる点である。F と I とを結ぶ。
J は,I を通り辺 BC に平行な直線と辺 DC との
交点である。F と J,B と J をそれぞれ結ぶ。
　次の問いに答えなさい。

図Ⅱ

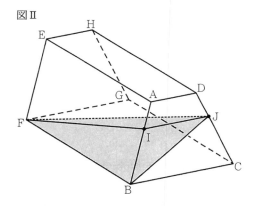

(3) 次のア〜オのうち,辺 AD とねじれの位置に
ある辺はどれですか。すべて選び,記号を○で
囲みなさい。

　　ア　辺 AB　　　イ　辺 BC　　　ウ　辺 EF
　　エ　辺 FB　　　オ　辺 FG

(4) AI = 2 cm であるとき,

① 線分 IJ の長さを求めなさい。

② 立体 IFBJ の体積を求めなさい。

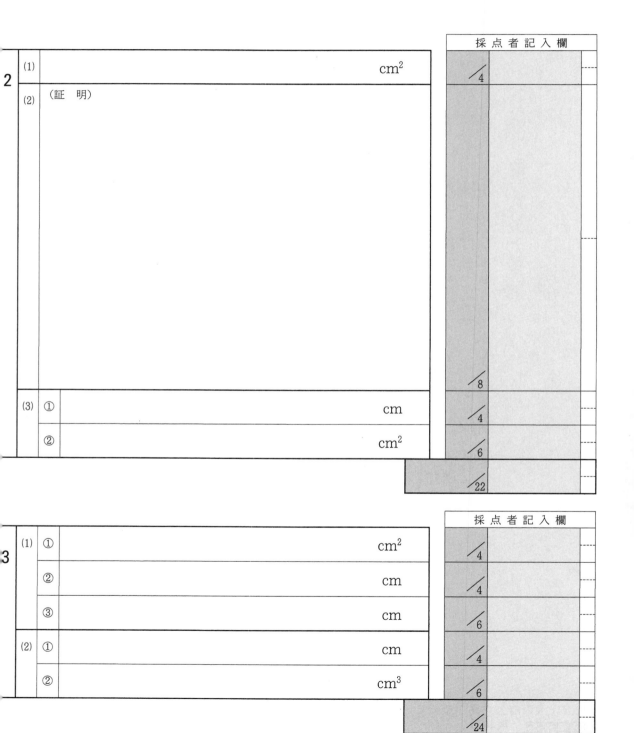

2

(1)		cm^2	

(2) （証　明）

| (3) | ① | | cm |
| | ② | | cm^2 |

採点者記入欄

/4

/8

/4

/6

/22

3

(1)	①		cm^2
	②		cm
	③		cm
(2)	①		cm
	②		cm^3

採点者記入欄

/4

/4

/6

/4

/6

/24

1 次の問いに答えなさい。

(1) $\dfrac{3a-b}{4} - \dfrac{a-2b}{6}$ を計算しなさい。

(2) 方程式 $x - 16y + 10 = 5x - 14 = -8y$ を解きなさい。

(3) $x = \sqrt{15} + \sqrt{5}$，$y = \sqrt{15} - \sqrt{5}$ のとき，$x^2 - y^2$ の値を求めなさい。

(4) a，b を0でない定数とする。右図において，ℓ は二元一次方程式 $ax + by = 1$ のグラフを表す。次の**ア〜エ**のうち，a，b について述べた文として正しいものを一つ選び，記号を◯で囲みなさい。

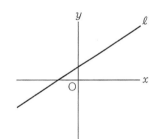

ア a は正の数であり，b も正の数である。
イ a は正の数であり，b は負の数である。
ウ a は負の数であり，b は正の数である。
エ a は負の数であり，b も負の数である。

(5) 二つの箱 A，B がある。箱 A には偶数の書いてある3枚のカード 2 ，4 ，6 が入っており，箱 B には奇数の書いてある3枚のカード 1 ，3 ，9 が入っている。箱 A からカードを2枚，箱 B からカードを1枚同時に取り出し，取り出した3枚のカードそれぞれに書いてある数のうち，最も小さい数を a，2番目に小さい数を b，最も大きい数を c とする。このとき，$\dfrac{ac}{b}$ の値が自然数である確率はいくらですか。A，B それぞれの箱において，どのカードが取り出されることも同様に確からしいものとして答えなさい。

3 図Ⅰ，図Ⅱにおいて，立体 ABC － DEF は五つの平面で囲まれてできた立体である。△ABC は，AB ＝ AC，CB ＝ 8 cm の二等辺三角形である。△DEF は，DE ＝ DF ＝ 10 cm，FE ＝ 8 cm の二等辺三角形である。四角形 ADEB は AD ∥ BE の台形であり，∠ADE ＝ ∠DEB ＝ 90°，AD ＝ 3 cm，BE ＝ 5 cm である。四角形 ADFC ≡ 四角形 ADEB である。四角形 CFEB は長方形である。

次の問いに答えなさい。

(1) 図Ⅰにおいて，G は辺 CB 上の点であり，CG ＝ 6 cm である。H は，G を通り辺 AC に平行な直線と辺 AB との交点である。H と D とを結ぶ。I は，B を通り線分 DH に平行な直線と辺 DE との交点である。

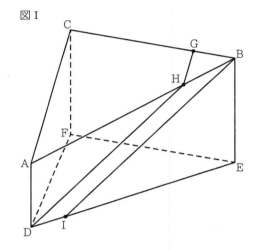

図Ⅰ

① △DEF の面積を求めなさい。

② 線分 HB の長さを求めなさい。

③ 線分 DI の長さを求めなさい。

(2) 図Ⅱにおいて，J は辺 DE 上の点であり，DJ ＝ 4 cm である。K は，J を通り辺 AD に平行な直線と辺 AB との交点である。K と E とを結ぶ。L は，K を通り辺 CB に平行な直線と辺 AC との交点である。L と F とを結ぶ。このとき，4 点 L，F，E，K は同じ平面上にある。

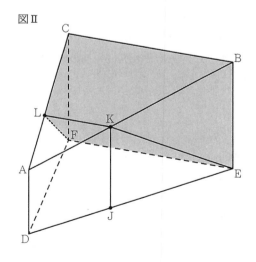

図Ⅱ

① 線分 LK の長さを求めなさい。

② 立体 KEB － LFC の体積を求めなさい。

①				
	5			

/3

②				
	5			

/3

③				
	5			

/4

/10

(1)	ア	イ	ウ	エ

/3

(2)	ア	イ	ウ	エ

/3

(3)　I _____ a picture.

/3

(4)　Before I visited Grand Canyon, I learned _____

_____ .

/3

(5)	ア	イ	ウ	エ

/3

(6)	

/3

(7)	ア	イ	ウ	エ

/3

(8)	①	
	②	

/3

/4

/28

1　次の(1)〜(10)の日本語の文の内容と合うように，英文中の（　　　　）内のア〜ウからそれぞれ最も適しているものを一つずつ選び，記号を○で囲みなさい。

(1)　私の姉はその図書館で働いています。
My sister works at the（　ア　airport　イ　factory　ウ　library　）.

(2)　あの窓を開けてください。
Please open that（　ア　box　イ　house　ウ　window　）.

(3)　私たちの英語の先生は 2 年前に日本に来ました。
Our English teacher（　ア　began　イ　came　ウ　wrote　）to Japan two years ago.

(4)　彼女はとても速く泳ぐことができます。
She can swim very（　ア　fast　イ　late　ウ　well　）.

(5)　私は体育の授業の後はいつも空腹です。
I am always（　ア　angry　イ　hungry　ウ　sleepy　）after P.E. classes.

(6)　これらは彼のラケットです。
These（　ア　am　イ　are　ウ　is　）his rackets.

(7)　ここで写真を撮ってもいいですか。
（　ア　May　イ　Must　ウ　Will　）I take a picture here?

(8)　私はその時，ダンスを練習していました。
I was（　ア　practice　イ　practiced　ウ　practicing　）dance then.

(9)　あのいすにすわっている少年は，私の友だちです。
The boy（　ア　sits　イ　sat　ウ　sitting　）on that chair is my friend.

(10)　もし私があなたならば，そんなことはしないでしょうに。
If I were you, I（　ア　wouldn't　イ　don't　ウ　can't　）do such a thing.

(1) 次のうち，本文中の ① に入れるのに最も適しているものはどれですか。一つ選び，記号を○で囲みなさい。

ア called　　　イ joined　　　ウ liked　　　エ talked

(2) 本文の内容から考えて，次のうち，本文中の ② に入れるのに最も適しているものはどれですか。一つ選び，記号を○で囲みなさい。

ア Yes, I did.　　　イ Yes, he has.
ウ No, you don't.　　エ No, I haven't.

(3) 本文中の 'I ③ a picture.' が，「私はあなたたちに1枚の写真を見せましょう。」という内容になるように，解答欄の＿＿＿＿に英語3語を書き入れ，英文を完成させなさい。

(4) 本文中の ④ が，「私はグランドキャニオンを訪れる前に，それがどのようにして作られたのかを学びました。」という内容になるように，次の〔　　〕内の語を並べかえて解答欄の＿＿＿＿に英語を書き入れ，英文を完成させなさい。

Before I visited Grand Canyon, I learned 〔 it　made　how　was 〕.

(5) 本文の内容から考えて，次のうち，本文中の ⑤ に入れるのに最も適しているものはどれですか。一つ選び，記号を○で囲みなさい。

ア Grand Canyon stopped the river
イ Grand Canyon was made by people
ウ Grand Canyon is a mountain
エ Grand Canyon is made by a river

(6) 本文中の ⓐthem の表している内容に当たるものとして最も適している ひとつづきの英語3語を，本文中から抜き出して書きなさい。

(7) 次のうち，本文中の ⓑI noticed this through my experience. が表している内容として最も適しているものはどれですか。一つ選び，記号を○で囲みなさい。

ア Sarah could understand how great Grand Canyon was by visiting it.
イ Sarah didn't learn anything about Grand Canyon before visiting it.
ウ Sarah found that a river started to carve Grand Canyon about 100 years ago.
エ Sarah could feel that Grand Canyon was really great before visiting it.

(8) 本文の内容と合うように，次の問いに対する答えをそれぞれ英語で書きなさい。ただし，①は3語，②は5語の英語で書くこと。

① Did Yoshio go to Lake Biwa alone last Sunday?
② What did Grand Canyon become in 1919?

	採 点 者 記 入 欄		

(1)	ア イ ウ エ	/2		
(2)	By reading some reports, I _____ _____ .	/3		
(3)	ア イ ウ エ	/3		
(4)		/3		
(5)	_____ _____ the two shells with your hands?	/3		
(6)	ア イ ウ エ	/3		
(7)	ア イ ウ エ	/3		
(8)	ア イ ウ エ	/3		
(9) ①		/3		
②		/3		
		/29		

	採 点 者 記 入 欄		

①		/4		
	10			
②		/6		
	8			
	16			
	20			
		/10		

1 次は，高校生の義雄（Yoshio），アメリカからの留学生のサラ（Sarah），久保先生（Mr. Kubo）の３人が交わした会話の一部です。会話文を読んで，あとの問いに答えなさい。

Yoshio: Hi, Sarah. Look at this picture. This is Lake Biwa. My aunt took me there last weekend.

Sarah: Hi, Yoshio. Wow! I have never ①　 there.

Yoshio: Really? I saw Lake Biwa on TV many times and I knew that it was the largest lake in Japan. But, when I arrived there, I was surprised. It was really big. You should go there.

Sarah: Oh, sounds nice.

Mr. Kubo: Hello, Yoshio and Sarah. What are you talking about?

Sarah: Hello, Mr. Kubo. Yoshio told me that he went to Lake Biwa. ②

Yoshio: And I told Sarah that she should go there.

Lake Biwa（琵琶湖）

Mr. Kubo: I can understand that. ア　 When I visited it for the first time, I felt like Yoshio. イ　 I drove around it and it took about half a day.

Sarah: When we go to a place and have some experiences there, we will feel something new, right?

Yoshio: That's true. I couldn't see all of the lake from the place I visited. Lake Biwa was bigger than the image I had. It was so huge.

Mr. Kubo: Yoshio, you noticed a good point. We can get a lot of information without going to the place. ウ　 Having some information about the place and having some experiences at the place are different.

Sarah: I think so, too. ③　 I have such an experience. I felt like that when I visited Grand Canyon.

Mr. Kubo: エ　 Please tell us about it.

Sarah: OK. I'll show you a picture.

Yoshio: Wow! Nice!

Sarah: Before I went to Grand Canyon, I learned that a river started to carve Grand Canyon about five or six million years ago. Do you know the name of the river?

Yoshio: Yes, I know that. It is Colorado River.

Sarah: Right. We can say that the river made Grand Canyon. But, when I visited it, I felt more than that.

Grand Canyon
（グランドキャニオン）

Colorado River
（コロラド川）

Yoshio: What do you mean?

Sarah: I learned that ④　. But actually I didn't understand it well until I visited it.

Mr. Kubo: Why do you think so?

Sarah: When I first arrived there, I couldn't believe that just a river made such a great thing because, to me, Colorado River looked too small to make Grand Canyon. But the view in front of me ⑤　.

Yoshio: What changed your thought?

Sarah: By looking at the view, I could imagine that the river was carving Grand Canyon without stopping for such a long time. I felt that a long time passed after the river started to carve Grand Canyon. I was able to understand that it took a very long time to make it. It was an amazing experience.

Yoshio: Sounds great.

Mr. Kubo: Sarah, are there any changes to your feelings after that experience?

Sarah: Yes, there are. I noticed that visiting the place was important because it gave me a new feeling. But I noticed another important thing.

Yoshio: What is it?

Sarah: I think learning is also important. If I didn't learn anything about Grand Canyon before I visited it, I was not able to have such an experience.

Yoshio: Do you mean ⑥　?

Sarah: Yes, that's right. If we really want to understand things well, we need both experiences and learning.

Mr. Kubo: I agree with Sarah. Today, we can learn many things easily by using the Internet. But we need to find chances to have experiences in the world.

Yoshio: That's true. I think we should keep that in mind. Now I want to learn more things about Lake Biwa and go there again.

Sarah: Oh, Yoshio. When you find something interesting about Lake Biwa, please tell us about ⓐit.

Yoshio: Sure.

（注）carve　削る

(4)　本文中の ⓐthem の表している内容に当たるものとして最も適している ひとつづきの**英語3語**を，本文中から抜き出して書きなさい。

(5)　本文中の '　④　 the two shells with your hands?' が，「あなたはその2枚の貝殻を手で開けようとしたことがありますか。」という内容になるように，解答欄の＿＿＿＿に**英語5語**を書き入れ，英文を完成させなさい。

(6)　本文中の 　⑤　 に，次の（ⅰ）～（ⅲ）の英文を適切な順序に並べかえ，前後と意味がつながる内容となるようにして入れたい。あとの**ア～エ**のうち，英文の順序として最も適しているものはどれですか。一つ選び，記号を○で囲みなさい。

（ⅰ）　I remembered this experience, and wanted to know why shellfish could keep closing their shells.
（ⅱ）　It was hard work and it took a long time, and finally I couldn't.
（ⅲ）　So, I went to a library, read some books, and then found the answer to the question.

ア　（ⅰ）→（ⅲ）→（ⅱ）　　　　イ　（ⅱ）→（ⅰ）→（ⅲ）
ウ　（ⅱ）→（ⅲ）→（ⅰ）　　　　エ　（ⅲ）→（ⅰ）→（ⅱ）

(7)　本文の内容から考えて，次のうち，本文中の 　⑥　 に入れるのに最も適しているものはどれですか。一つ選び，記号を○で囲みなさい。

ア　the shellfish are tired　　　　イ　the shellfish are not tired
ウ　we would be tired　　　　　　エ　we would not be tired

(8)　次のうち，本文で述べられている内容と合うものはどれですか。一つ選び，記号を○で囲みなさい。

ア　Masayo got the information about the muscle of shellfish with two shells by watching TV.
イ　Some scallops move 500 meters in one night and look for a good place for getting their food.
ウ　Masayo thinks scallops are just delicious food and her thought wasn't changed after she read some reports and books.
エ　Shellfish with two shells become tired when the special protein in their muscle connects with each other.

(9)　本文の内容と合うように，次の問いに対する答えをそれぞれ英語で書きなさい。ただし，①は**3語**，②は**9語**の英語で書くこと。

①　Are scallops the most active of all shellfish with two shells?
②　If science and technology improve more in the future, what can we use?

3　留学生のティム（Tim）とホストファミリーのあなた（You）とが，次のような会話をするとします。あなたならばどのような話をしますか。あとの**条件1・2**にしたがって，（　①　），（　②　）に入る内容を，それぞれ英語で書きなさい。解答の際には記入例にならって書くこと。文の数はいくつでもよい。

You:　Hi, Tim. Next summer, you and I will go on a trip with my family, right? （　　①　　）
Tim:　Yes. Now, I have two ideas: going to the beach, or going to the mountain. Both sound good to me, but I can't decide. Which place is better, the beach or the mountain? Please choose the better place and tell me what we can enjoy there.
You:　OK. （　　②　　）
Tim:　I see. I understand why it is better. I am excited.

（注）　go on a trip　旅行に行く

| ＜条件1＞ ①に，「その計画を一緒に作りましょう。あなたは何か考えがありますか。」と伝える文を，10語程度の英語で書くこと。
＜条件2＞ ②に，前後のやり取りに合う内容を，20語程度の英語で書くこと。 | 記　入　例
When　is　your　birthday?
Well , it's　April　11 . |

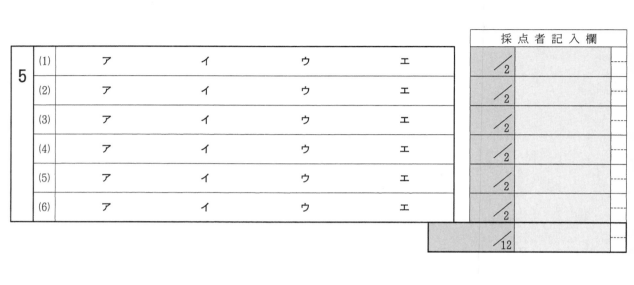

採点者記入欄

5					
	(1)	ア	イ	ウ	エ
	(2)	ア	イ	ウ	エ
	(3)	ア	イ	ウ	エ
	(4)	ア	イ	ウ	エ
	(5)	ア	イ	ウ	エ
	(6)	ア	イ	ウ	エ

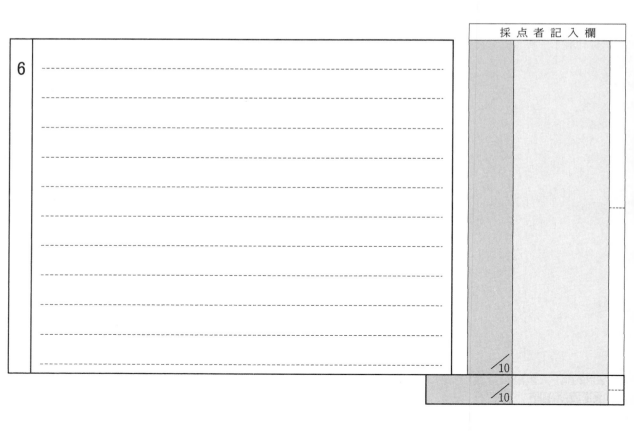

採点者記入欄

6

1　Choose the phrase that best completes each sentence below.

(1)　Do you（　　　）your bag?
　　ア　have everything in you need that　　　　イ　need that have everything in you
　　ウ　have everything that you need in　　　　エ　need everything have you that in

(2)　The officer（　　　）to go.
　　ア　standing there will show you which way　　イ　will you show which way standing there
　　ウ　standing which way there you will show　　エ　will show you way there which standing

(3)　The machine（　　　）.
　　ア　easily clean my room helps me　　　　イ　helps me my room clean easily
　　ウ　easily clean me helps my room　　　　エ　helps me clean my room easily

(4)　I wish I（　　　）.
　　ア　speak you could as fluently as French　　イ　could speak French as fluently as you
　　ウ　speak you as fluently as could French　　エ　could you speak French as fluently as

(5)　The letter（　　　）in his house.
　　ア　which he lost many years ago was found　　イ　was found which many years lost ago he
　　ウ　which was lost found he many years ago　　エ　was lost many years ago he found which

(6)　I will（　　　）the piano in the festival.
　　ア　play to my teacher let me ask　　　　イ　ask my teacher to let me play
　　ウ　play my teacher let me ask to　　　　エ　ask to let me my teacher play

4 Read the passage and choose the answer which best completes each sentence (1)～(5).

Do you like scallops? A scallop is a kind of shellfish with two shells. Scallops are delicious and they are popular food around the world. But, do you know scallops swim and jump in the sea? Some people may be surprised 　①　 that shellfish can move quickly. How can scallops move like that?

scallops
（ホタテガイ）

Scallops move by taking water into their shells and pushing it out quickly. They can go forward or turn by changing how they push the water out. For example, if they want to go to the right, they push the water out to the left. This means scallops can move by pushing the water out quickly to the 　②　 side of the way they want to go. By using this way of moving, when other sea animals try to eat scallops, scallops swim away from them to protect their lives. Scallops also move to find a good place for getting their food, and some of them move 500 meters in one night. Scallops are the most active of all shellfish with two shells.

scallops in the sea

When shellfish with two shells live in the ocean, they usually keep closing their shells. Shellfish with two shells have a strong muscle to keep closing their shells. In the ocean, they usually keep using the strong muscle. For us, it is like holding a heavy bag for a long time. If we do that, we will be very tired because it needs a lot of energy. However, shellfish with two shells don't become tired. Their muscle needs very little energy to keep closing their shells. It has one special kind of protein that our muscle doesn't have. To keep closing their shells, the special protein connects with each other. When the proteins are in that condition, shellfish with two shells don't get tired by using the muscle. This means, if we had the same muscle that shellfish with two shells have, 　③　 by holding a heavy bag for a long time.

shellfish with two
shells

If science and technology improve more in the future, we can use the power of this strong muscle. It may help people carry some heavy things or take care of people who need help. We can support many people with difficulties.

（注）　shellfish　（生き物としての）貝（複数形も shellfish）　　　　muscle　筋肉
　　　　protein　タンパク質

(1)　The expression which should be put in 　①　 is

　　ア　know.　　　　　イ　knew.　　　　　ウ　known.　　　　　エ　to know.

(2)　The word which should be put in 　②　 is

　　ア　open.　　　　　イ　opposite.　　　　ウ　same.　　　　　エ　similar.

(3)　The phrase which should be put in 　③　 is

　　ア　the shellfish would be tired.　　　　イ　the shellfish would not be tired.
　　ウ　we would be tired.　　　　　　　　エ　we would not be tired.

(4)　According to the passage, scallops

　　ア　become delicious because they move to get good food for them.
　　イ　go forward because they can't change how they push the water out.
　　ウ　protect their lives by swimming away from other sea animals which try to eat them.
　　エ　are active but other shellfish with two shells are more active than scallops.

(5)　According to the passage,

　　ア　the special protein of shellfish with two shells is useful to move quickly in the sea.
　　イ　shellfish with two shells have a special kind of protein which helps their muscle use very little energy.
　　ウ　the special protein in the muscle of shellfish with two shells connects with different kinds of proteins.
　　エ　shellfish with two shells get tired when the special protein in their muscle connects with each other.

5 Read the passage and choose the answer which best completes each sentence (1), (2), (3), (5) and (6), and choose the answer to the question (4).

A slime mold is a single-celled organism. It is a kind of an ameba. We can find various kinds of slime molds in a forest. Many scientists in the world have been ⎯①⎯ this interesting creature for many years.

A slime mold has a strange system for living. It is born from a spore. A slime mold also explores for food. A slime mold can get nutrients from the food and grow. It can change its body shape when it explores for food. For example, it can shrink and spread its body. If a slime mold is cut into some pieces, each piece can ⎯②⎯ separately and explore to get food. When one piece of the slime mold meets another piece of the slime mold, these pieces can merge and live as one slime mold.

a slime mold
（変形菌）

【Picture 1-1】

To see how a slime mold gets nutrients from food which is put at two different places, a scientist did a simple experiment. First, he put a slime mold in the middle of a case. Then, he put its favorite food at two places in the case. Some food was put to the left side and some other food was put to the right side (see Picture 1-1). Then, what happened? The slime mold started to spread its body to both pieces of the food. The pieces of the food were covered with the slime mold. After that, its body shape between the two pieces of the food looked like a line (see Picture 1-2). The line became the shortest route between the two places of the food. This experiment showed that the slime mold could reach both pieces of the food by ⎯③⎯ and could get nutrients from them at one time.

【Picture 1-2】

The scientist did another experiment by using a maze. He found that a slime mold could find the shortest route through the maze. Here are the things the scientist did. ⎯④⎯ After the slime mold filled the maze (see Picture 2-1), the scientist put the slime mold's favorite food at two different places of the maze, and waited for a few hours. The slime mold's body parts which were far from the food started to shrink and move to the food put at the two places. After doing such actions, almost all of the two pieces of the food were covered with the slime mold and its body shape between the two places of the food became a line (see Picture 2-2). The line was the shortest route in the maze between the two places of the food. This experiment showed that the slime mold found the shortest route between the two places in the maze.

【Picture 2-1】　　　【Picture 2-2】

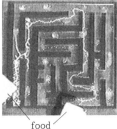

food

The slime mold didn't have any guide to lead it or get any order from something or someone. The things the slime mold actually did were covering the food with most parts of its body and shrinking its body parts which were far from the food. As one slime mold, changing its body shape was efficient for getting nutrients. The slime mold could get most nutrients from the food put at the two places. The slime mold may teach us that to be simple is the key to being efficient.

（注） single-celled organism　単細胞生物 ameba　アメーバ
creature　生き物 spore　胞子 explore　探索する，動き回る
nutrient　養分 shrink　縮む，縮める spread　広げる
cut 〜 into …　〜を…に切り分ける separately　別々に
merge　融合する experiment　実験 route　経路
maze　迷路 efficient　効率のよい

4 ピーターと恵美との会話を聞いて，恵美が紹介している動物病院の診療予定を表したものとして，次の**ア～エ**のうち最も適していると考えられるものを一つ選び，**解答欄の記号を○で囲みなさい。**

ア

午後	月	火	水	木	金	土	日
3時～8時	○	○	○	○	○	○	○

○は開院

イ

午後	月	火	水	木	金	土	日
4時～8時	○	○	○	○	○	○	○

○は開院

ウ

午後	月	火	水	木	金	土	日
3時～8時	○	○	○	○	○		

○は開院

エ

午後	月	火	水	木	金	土	日
4時～8時	○	○	○	○	○		

○は開院

解答欄　ア　イ　ウ　エ　／3

5 授業でブラウン先生がしている説明を聞いて，それに続く二つの質問に対する答えとして最も適しているものを，それぞれ**ア～エ**から一つずつ選び，**解答欄の記号を○で囲みなさい。**

(1) ア Two.　　イ Three.　　ウ Four.　　エ Five.

解答欄　ア　イ　ウ　エ　／3

(2) ア The first thing to do in the cooking lesson.　　イ People who will make curry.
　　ウ People who will make the fruit cake.　　エ The fruit used for the cake.

解答欄　ア　イ　ウ　エ　／3

6 サッカークラブに所属するボブと，姉で大学生のニーナとが電話で話をしています。二人の会話を聞いて，それに続く二つの質問に対する答えとして最も適しているものを，それぞれ**ア～エ**から一つずつ選び，**解答欄の記号を○で囲みなさい。**

(1) ア At the entrance of the house.　　イ Inside the box in Bob's room.
　　ウ Around the table in the kitchen.　　エ Under the lunch box inside Bob's bag.

解答欄　ア　イ　ウ　エ　／3

(2) ア She will clean the entrance to find Bob's shoes.
　　イ She will go to the stadium with Bob's soccer shoes.
　　ウ She will look for Bob's soccer shoes at home.
　　エ She will make a lunch for Bob and bring it to the stadium.

解答欄　ア　イ　ウ　エ　／3

【Memo】

Ken   Beth

※筆記と合わせて
90点満点

○

令 和 4 年 度 大 阪 府 学 力 検 査 問 題

英 語 リ ス ニ ン グ 解 答 用 紙 〔C問題〕

【 Part A 】

1　ア　That building is the most famous.
　　イ　That building is famous but not so tall.
　　ウ　That building is taller than any other building.
　　エ　That building is as tall as other buildings.

| 解答欄 | ア | イ | ウ | エ |

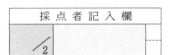

2　ア　Jane has a camera now, and she will take a picture.
　　イ　Jane left her camera at home, so Kevin will take a picture.
　　ウ　Both of them have a camera, but they don't want to take a picture.
　　エ　No one has a camera though both of them want to take a picture.

| 解答欄 | ア | イ | ウ | エ |

3　ア　Having various choices can make choosing the best one difficult.
　　イ　Having so many choices means that any choice is wrong.
　　ウ　Choosing the best one is easy if there are various choices.
　　エ　Choosing so many flowers for her sister is the problem.

| 解答欄 | ア | イ | ウ | エ |

4　ア　Kevin is late for the meeting because he didn't know about it.
　　イ　Kevin is late for the meeting because he forgot about it.
　　ウ　Kevin is not late for the meeting because he remembered it.
　　エ　Kevin is not late for the meeting because Jane let him know about it.

| 解答欄 | ア | イ | ウ | エ |

5　Kevin and Jane are talking on the phone.
　　ア　Kevin left his uniform at home and Jane found it for him.
　　イ　Kevin thought he left his uniform, but it was found inside his bag.
　　ウ　Jane went to the kitchen to look for Kevin's lunch box.
　　エ　Jane will go to the stadium to bring Kevin's uniform soon.

| 解答欄 | ア | イ | ウ | エ |

令和４年度 一般入学者選抜―英語リスニング・スクリプト（A問題・B問題）

1   Joe: Yoko, I bought this comic book at the bookstore yesterday.   It was cheap.

         Yoko: That's good, Joe.   How much was it?

2   Hello, everyone.   Today, I will show you my favorite picture.   Please look at this.   You can see some people on a small boat.   There is a bridge over the river.   The waves are also painted. I like this picture.

3   Ann: Hi, Naoto.   I enjoyed the concert yesterday.   How about you?

      Naoto: I enjoyed it, too.   We listened to three songs.   Which song did you like the best, Ann?

       Ann: I liked the second song, but I can't remember the title.   Do you remember it?

      Naoto: The second song?   Well, I'm sure the first song was "Future."   ...I guess the second song was "Hope."

       Ann: "Hope"?   No, I remember that song was played at the end.

      Naoto: Oh, you are right.   Then, I think the second one was "Moment."

       Ann: Oh, yes.   That song was the best for me.

4   Peter: Emi, do you know any good animal hospitals?   My host family has a dog, and the dog looks sick.

       Emi: Oh no, Peter.   I have a dog, too.   The hospital near the station is good.   The doctors there are all nice.

      Peter: My host family and I want to take the dog to the hospital today.

       Emi: Don't worry.   The hospital is open every day, even on Saturday and Sunday.

      Peter: Wow.   Then, we want to go there after 4 p.m. today.   Is it open?

       Emi: Yes.   It is open from 3 p.m. to 8 p.m.

      Peter: Thank you, Emi.

       Emi: That's OK.   Please take care of your dog.

> Please look at Part A.　In this part of the listening test, you will hear five conversations between Jane and Kevin.　You will hear each conversation twice.　After listening to each conversation twice, you will hear a question.　Each question will be read only once and you must choose one answer.　Now begin.

1　Jane:　Kevin, look at that building.　It's very tall.
　Kevin:　Yes, Jane.　It's a famous building.　No other building is as tall as that one.

　Question:　What does Kevin mean?

2　Jane:　Kevin, look at the sky.　That cloud looks like an elephant.
　Kevin:　Wow, you're right, Jane.　I want to take a picture.
　Jane:　Me, too, but I left my camera at home.　Kevin, do you have one?
　Kevin:　No, sorry.　I wish I had a camera now.

　Question:　Which is true about Jane and Kevin?

3　Jane:　Kevin, can you help me?　I want to choose a flower for my sister, but there are so many choices.　I can't decide.
　Kevin:　Oh, why are you having trouble, Jane?　If you have many choices, you can choose any of them.
　Jane:　Well, that's the problem.　Having various choices is nice, but it doesn't mean choosing the best one is easy.

　Question:　What does Jane mean?

4　Jane:　Oh, Kevin.　Why are you here in the classroom now?　I thought you have already gone to the meeting.
　Kevin:　The meeting?　What do you mean, Jane?
　Jane:　Today, your club has a meeting at the gym, right?
　Kevin:　I didn't know that.　What time will the meeting start?
　Jane:　It started five minutes ago.　Your coach came here and talked about the meeting to the club members about ten minutes ago.
　Kevin:　Really?　Oh, no, I was in the cafeteria at that time.
　Jane:　Wow, so you didn't know about it.
　Kevin:　In any case, I have to go now.　Thank you, Jane.

　Question:　Which is true about this conversation?

Please look at the test paper of Part C. First, please read the passage about the system in a local area. You have half a minute. Now, begin to read.

【 half a minute to read 】

Stop reading. Now you are going to hear the conversation between Ken and Beth. They are talking about the system in a local area. You will hear their conversation and the question about it twice. You can take notes about the things they say about the system in a local area on the test paper when you are listening. Now, listen to the conversation.

Ken: Hi, Beth. Did you read the passage about the system?
Beth: Yes, I did, Ken. I'm very interested in the system. What do you think about it?
Ken: I think the system is good for various people.
Beth: Various people? Please tell me more.
Ken: OK. The system is good for both people who buy the food and people who produce the food. People who buy the food can get the food at low prices.
Beth: Oh, I see. That sounds good. How about people who produce the food?
Ken: They can sell the food soon after they take the food.
Beth: Nice. You mean they can sell the food in the local area without carrying the food to other areas, right?
Ken: Yes, that's right. And, this good point brings another good point.
Beth: What is it?
Ken: I think this system uses less energy.
Beth: Energy?
Ken: Well, people don't need to carry the food to far places in this system. When people carry the food to far places, they usually use a car. The car needs a lot of energy. But, if they can sell the food in the local area, they need less energy. So, I think the system is also good for the environment.
Beth: I think it's nice to use less energy. You've talked about two good points of this system. Are there any good points for other people?
Ken: Yes. I think the system helps children learn about their local food.
Beth: How does it help them?
Ken: School lunch is a good chance for students. They can learn how the food is grown in the local area.
Beth: Oh, yes. You mean students can learn about the local food by eating the food at school?
Ken: That's right. The system will let the students become interested in the food they eat.
Beth: Oh, that sounds wonderful. Now I understand that the system is helpful for many people.

Question: What does Ken think about the system? Explain his opinions about it in English.

You have six minutes to write. Now begin.

5 Kevin: Jane? I need your help. Are you at home now?
   Jane: Yes, Kevin. What's the matter?
   Kevin: Well, I'm at the soccer stadium, and practicing before the match will start in 15 minutes. But, I can't find my soccer uniform. Can you go and look around my room?
   Jane: Of course, Kevin. Please wait... OK, I'm in your room, now.
   Kevin: I guess I put my uniform inside the box by the door. Please open it.
   Jane: ...No, there is no uniform here. Any other places?
   Kevin: Oh, around the table in the kitchen! When I took my lunch box there, I had the uniform with me.
   Jane: Around the table? ...No, it's not here. Kevin, I think you are a little excited now. How about looking inside your bag once again?
   Kevin: OK... ...Wow! Sorry, you are right! It's here under the lunch box!
   Jane: I knew it. Please relax, Kevin. Now, you are ready.
   Kevin: Yes. Thank you very much.
   Jane: You're welcome. Please try your best! I'll go and watch your match soon.

  Question: Which is true about this conversation?

  Please look at Part B. In this part of the listening test, you will use the 【picture】 on the test paper, and hear a speech. It will be spoken twice. After listening to it twice, you will hear two questions. Each question will be read only once and you must choose one answer. Now begin.

---

6 How do you remember phone numbers? Usually, you don't need to remember phone numbers because your cellphone remembers them for you. However, it is sometimes necessary to remember numbers, for example, when you don't have a cellphone with you. Today, I'll introduce a way of remembering numbers. It is used in Australia. I hope it will be useful for you.

  Have you looked at the numbers on a phone carefully? If you do that, you will find something under some of the numbers. Now, look at the 【picture】. The number 1 and 0 have nothing written under the numbers. But, the numbers from 2 to 9 have something. For example, the number 2 has ABC, the number 3 has DEF, and the number 9 has WXYZ. Like this, they are written in order. By using this rule, you can call someone without remembering the numbers. You just need to remember a phrase.

  I'll tell you one example. Imagine you're now watching TV, and a shop wants you to remember its phone number. Then, it says, "Thumb up." "Thumb up" is written T-H-U-M-B-U-P. In that order, you push "Thumb up" on the phone. Please push T-H-U-M-B-U-P. Then you can call the number 8486287. Now, I'll give you a quiz. What is the phone number for the shop with the phrase "Nice cat"?

  Question 1: Which is true about this speech?
  Question 2: Which is the correct number for "Nice cat"?

5   Listen, everyone. In the next lesson, we will have a cooking lesson. You will make chicken curry and a fruit cake. Your group has five members. In your group, two of you will make curry and the other members will make the cake. After cooking, you can eat them together.

Now, I'll tell you about the first thing to do in the cooking lesson. People who will make chicken curry, you should wash the vegetables first. Of course, please be careful when you cut them. The other members who will make the fruit cake, you should prepare everything for the cake on the table first. Preparing is important.

Now, your group will choose one fruit from these four kinds: apple, banana, orange, or cherry. After I finish talking, please talk in your group and decide which fruit your group wants to use. Now, start talking.

Question 1: In a group, how many members will make the fruit cake?

Question 2: What should students decide now?

6   Bob: Nina? I need your help. Are you at home now?
     Nina: Yes, Bob. What's the matter?
     Bob: Well, I'm at the soccer stadium. Practicing before the match will start in 20 minutes. But, I can't find my soccer uniform.
     Nina: What? Today's match is very important and you prepared well last night, right?
     Bob: Yes, I think so. But my uniform is not here. Can you go and look around my room? Its color is blue.
     Nina: Of course, Bob. Please wait... OK, I'm in your room, now.
     Bob: I guess I put my uniform inside the box by the door. Please open it.
     Nina: ...No, there is no uniform here. Any other places?
     Bob: Oh, around the table in the kitchen! When I took my lunch box there, I had the uniform with me.
     Nina: ...Around the table? No, it's not here. Bob, are you sure that you left it?
     Bob: What do you mean?
     Nina: I think you are excited now. How about looking inside your bag once again?
     Bob: OK... ...Wow! Sorry, you are right! It's here under the lunch box!
     Nina: I knew it. Please relax, Bob. Now, you are ready.
     Bob: Yes. Thank you very much.
     Nina: You're welcome. Please try your best! I'll go and watch your match soon. ...Oh? Here are your soccer shoes at the entrance.
     Bob: Oh no! I forgot to bring my soccer shoes!
     Nina: Don't worry, Bob. I will bring these shoes to you in 10 minutes by car.
     Bob: Thank you again, Nina. I'll wait for you.
     Nina: No problem. See you soon.

Question 1: Where was Bob's soccer uniform found?

Question 2: What will Nina do next?

【 Part B 】

6

【Picture】

(1)　ア　Looking at the numbers on a phone is a useful way of remembering phone numbers.

　　イ　Cellphones are not able to remember necessary phone numbers.

　　ウ　When a shop wants you to remember its phone number, it tells you its number many times.

　　エ　A phrase made for remembering numbers helps you remember a phone number.

解答欄	ア	イ	ウ	エ

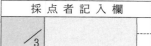

採点者記入欄

/3

(2)　ア　1029239

　　イ　6247228

　　ウ　6423228

　　エ　8486287

解答欄	ア	イ	ウ	エ

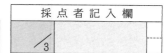

採点者記入欄

/3

【 Part C 】

採点者記入欄

/12

【 Part C 】

The system of producing and consuming food in a local area

Producing and selling food in a local area have some good points. Buying and eating the food produced in the area also have some good points.

This system is helpful to many people.

（注） consume 消費する

3

令 和 4 年 度

大阪府学力検査問題
（ 一 般 入 学 者 選 抜 ）

英語リスニング
〔 C 問 題 〕

（25分）

※教英出版注
音声は，解答集の書籍ＩＤ番号を
教英出版ウェブサイトで入力して
聴くことができます。

注　意

1　放送の指示があるまで開いてはいけません。

2　答えとして記号を選ぶ問題は，下の【解答例】にならい，すべて**解答欄の記号を**
　○で囲みなさい。また，答えを訂正するときは，もとの○をきれいに消しなさい。

　【解答例】

解答欄	ア	イ	ウ	エ
			（ウ）	

解答用紙の**採点者記入欄**には，何も書いてはいけません。

3　問題は，Part A から Part C まであります。

4　放送の指示に従い，解答用紙に受験番号を書きなさい。

5　放送を聞きながらメモを取ってもかまいません。

6　放送の指示に従い，書くのをやめなさい。

令和 4 年度大阪府学力検査問題

英語リスニング解答用紙〔A問題・B問題〕

1　ジョーと陽子との会話を聞いて，陽子のことばに続くと考えられるジョーのことばとして，次の**ア〜エ**のうち最も適しているものを一つ選び，**解答欄の記号**を○で囲みなさい。

　ア　Yes, I was.　　　**イ**　No, it wasn't.　　　**ウ**　It was one dollar.　　　**エ**　I liked it very much.

解答欄　　ア　　イ　　ウ　　エ

2　英語の授業で美希が絵の説明をしています。美希が説明している絵として，次の**ア〜エ**のうち最も適していると考えられるものを一つ選び，**解答欄の記号**を○で囲みなさい。

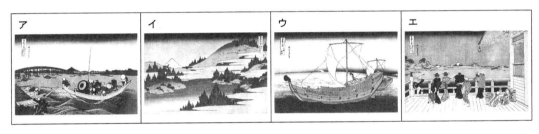

解答欄　　ア　　イ　　ウ　　エ

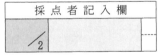

3　アンと直人との会話を聞いて，二人が聞きに行ったコンサートのプログラムを示したものとして，次の**ア〜エ**のうち最も適していると考えられるものを一つ選び，**解答欄の記号**を○で囲みなさい。

| **ア**
♪ Titles of songs ♪
1. Moment
2. Future
3. Hope | **イ**
♪ Titles of songs ♪
1. Hope
2. Moment
3. Future | **ウ**
♪ Titles of songs ♪
1. Future
2. Moment
3. Hope | **エ**
♪ Titles of songs ♪
1. Future
2. Hope
3. Moment |

解答欄　　ア　　イ　　ウ　　エ

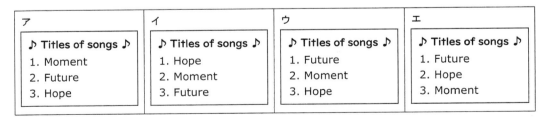

3

令和 4 年度

大阪府学力検査問題
（ 一 般 入 学 者 選 抜 ）

英語リスニング
〔Ａ問題・Ｂ問題〕

（15分）

※教英出版注
音声は，解答集の書籍ＩＤ番号を教英出版ウェブサイトで入力して聴くことができます。

注　意

1　放送の指示があるまで開いてはいけません。

2　答えは，下の【解答例】にならい，すべて**解答欄の記号を○で囲みなさい。**

　　また，答えを訂正するときは，もとの○をきれいに消しなさい。

【解答例】

解答欄	ア	イ	ⓤ	エ

解答用紙の**採点者記入欄**には，何も書いてはいけません。

3　問題は，1から6まであります。

4　放送の指示に従い，解答用紙に受験番号を書きなさい。

5　放送を聞きながらメモを取ってもかまいません。

6　放送の指示に従い，書くのをやめなさい。

(1) The expression which should be put in ① is

 ア study.   イ studied.   ウ studying.   エ to study.

(2) The word which should be put in ② is

 ア blow.   イ count.   ウ disappear.   エ live.

(3) The phrase which should be put in ③ is

 ア changing its body shape.   イ doing a simple experiment.
 ウ learning from a scientist.   エ cutting its body.

(4) The following passages （ⅰ）～（ⅲ） should be put in ④ in the order that makes the most sense.

（ⅰ） Each of them started to explore in the maze, and, when each met another one, they merged.
（ⅱ） The scientist cut a slime mold into many pieces and put them in many different places of the maze.
（ⅲ） In a few hours, by doing such actions many times, they became one.

Which is the best order?

 ア （ⅰ）→（ⅱ）→（ⅲ）   イ （ⅰ）→（ⅲ）→（ⅱ）
 ウ （ⅱ）→（ⅰ）→（ⅲ）   エ （ⅱ）→（ⅲ）→（ⅰ）

(5) According to the passage, for a slime mold,

 ア being in a maze is an efficient way to live.
 イ spreading its body is the way of reaching the food put at the two places.
 ウ it is impossible to merge after the slime mold is cut into many pieces.
 エ it is necessary to know how other creatures get nutrients from food.

(6) According to the passage,

 ア the life of a slime mold is strange, so no one can find it in a forest.
 イ a slime mold can teach us that doing nothing in a difficult situation is efficient.
 ウ a slime mold needs to follow an order from something or someone when it explores for food.
 エ the shortest route between the food put at the two places was shown by a slime mold.

6   Read the following sentences and write your answer in English.

Suppose you have a goal to achieve, but you have difficulties to achieve the goal. In such cases, who or what helps you overcome those difficulties? Write who or what, and after that, from your experience or example, explain why you think so.

（注） suppose 考える   achieve 達成する   overcome 乗り越える

3 Read the passage and choose the answer which best completes each sentence (1)～(5).

Our daily lives are supported by a lot of satellites in space. Now, there are about 4,300 satellites around the earth. By 2030, about 46,000 satellites will be there. These satellites help our activities and communication. For example, weather information, the Internet, and cellphones can be used with this satellite technology.

However, space debris makes the situation of satellites ☐ ① ☐. Space debris is trash in space. For example, old satellites which are not working, and, some parts which were separated from a rocket are all space debris. There are various sizes and shapes of space debris. The space debris flies around the earth very fast. What will happen if the fast space debris hits a satellite? It may destroy the satellite. Now, the number of pieces of space debris has been getting bigger. This means there may be more accidents in the near future. If we do nothing, the accidents will have an influence on our daily lives.

Now, scientists and many teams around the world are trying three things to solve this problem. First: finding and watching space debris. Second: reducing the number of new pieces of space debris. This means improving technology to reduce the number of the separated parts from rockets. Making satellites which can work longer is also helpful. Third: removing space debris which is already in space.

Many people have thought the third point was too difficult, but a Japanese team is now trying to do it. How can the team remove space debris? The team invented a machine which used the power of magnets. After the machine finds space debris which is not tumbling, it follows and catches the space debris. Some kinds of space debris are tumbling, so it is too difficult for the machine to catch those kinds of space debris. To catch the tumbling space debris, the team will keep improving the machine.

"Let's reduce trash." This has been an important topic when we think about our daily lives and the global environment. ②Both should be protected, but today, we have to protect the environment of space, too. We are responsible for a good environment both on the earth and in space.

（注） daily 日々の　　　　satellite 人工衛星　　　space debris スペースデブリ（宇宙ゴミ）
　　　 separate 切り離す　　rocket ロケット　　　　magnet 磁石
　　　 tumble 回転する

(1) The word which should be put in ☐ ① ☐ is
　　ア better.　　　　イ convenient.　　　ウ dangerous.　　　エ wrong.

(2) One of the problems in space is
　　ア various pieces of trash which may destroy satellites.
　　イ many kinds of satellites which are working for our daily lives.
　　ウ the satellites which move fast and cause serious accidents.
　　エ the number of space debris which helps our activities.

(3) The plan which is not tried for solving the problem of space debris is
　　ア finding and watching space debris.　　　　イ making satellites work longer.
　　ウ reducing the number of rockets and satellites.　エ taking space debris out from space.

(4) The word ②Both refers to
　　ア our daily lives and the global environment.　　イ our activities and communication.
　　ウ scientists and many teams around the world.　　エ space debris and satellites.

(5) According to the passage,
　　ア old satellites are not space debris because they are not working.
　　イ scientists and many teams in the world are trying to separate space debris from rockets and satellites.
　　ウ the machine made by a Japanese team can catch space debris which is tumbling.
　　エ space debris may hit satellites more often in the near future because the number of pieces of space debris is getting bigger.

2 Read the passage and choose the answer which best completes sentence (1), and choose the answer which best completes each blank ① and ②.

A report on the views of high school students about social participation was made in 2021. ☐A☐ In this report, the words "social participation" mean any activity that students join both inside and outside school. According to the report, a survey was done to know two things. ☐B☐ One is the awareness of high school students about social participation. ☐C☐ These two things are used to find what kind of characteristics there are in each country. ☐D☐ Students in the following four countries joined this survey: Japan, America, China, and Korea. They were asked 28 questions, for example, "How interested are you in social issues outside school?", and the students answered each question by choosing one answer. The table shows the percentages of the answers to one of the questions: "Are you actively participating in classroom discussions at your school?".

We can find some things from the table. Some students didn't answer this question, but if we compare the total percentages of the students who answered "Active" or "Somewhat active," ☐ ① ☐ of the four countries. The total percentages of the students who answered "Not so active" or "Not active" are higher than 30% in ☐ ② ☐.

【Table】

The percentages of the answers to the question: "Are you actively participating in classroom discussions at your school?"					
	Active	Somewhat active	Not so active	Not active	No answer
Japan	29.4 %	52.6 %	14.9 %	2.5 %	0.7 %
America	27.1 %	41.8 %	20.4 %	10.7 %	0.0 %
China	30.7 %	45.0 %	20.4 %	3.9 %	0.0 %
Korea	32.6 %	45.0 %	15.4 %	6.9 %	0.2 %

(国立青少年教育振興機構「高校生の社会参加に関する意識調査報告書」(令和3年) により作成)

(注) social participation　社会参加　　　survey　調査　　　　　　　awareness　意識
　　　characteristic　特徴　　　　　　　　social issue　社会問題　　　table　表
　　　percentage　割合　　　　　　　　　actively　積極的に
　　　participate in ～　～に参加する　　discussion　話し合い　　　　somewhat　やや

(1)　The sentence "The other one is their real situation on social participation." should be put in
　　　ア ☐A☐.　　　　　イ ☐B☐.　　　　　ウ ☐C☐.　　　　　エ ☐D☐.

(2)　①　ア　Japan is the highest
　　　　　イ　America is the highest
　　　　　ウ　China is the lowest
　　　　　エ　Korea is the lowest

(3)　②　ア　Japan
　　　　　イ　America
　　　　　ウ　China
　　　　　エ　Korea

| 受験
番号 | | 番 | | 得点 | | | ⋮ |

〈リスニングを除く〉

※リスニングと合わせて
90点満点

○

令和4年度大阪府学力検査問題
英 語 解 答 用 紙 〔C問題〕

					採 点 者 記 入 欄	
1	(1)	ア イ ウ エ		/2	
	(2)	ア イ ウ エ		/2	
	(3)	ア イ ウ エ		/2	
	(4)	ア イ ウ エ		/2	
	(5)	ア イ ウ エ		/2	
	(6)	ア イ ウ エ		/2	
2	(1)	ア イ ウ エ		/2	
	(2)	ア イ ウ エ		/2	
	(3)	ア イ ウ エ		/2	
3	(1)	ア イ ウ エ		/2	
	(2)	ア イ ウ エ		/2	
	(3)	ア イ ウ エ		/2	
	(4)	ア イ ウ エ		/2	
	(5)	ア イ ウ エ		/2	
4	(1)	ア イ ウ エ		/2	
	(2)	ア イ ウ エ		/2	
	(3)	ア イ ウ エ		/2	
	(4)	ア イ ウ エ		/2	
	(5)	ア イ ウ エ		/2	
				/38	

3

令 和 4 年 度

大阪府学力検査問題
（ 一 般 入 学 者 選 抜 ）

英　語
〔Ｃ 問 題〕

（30分）

注　　意

1　「開始」の合図があるまで開いてはいけません。

2　答えは，すべて**解答用紙**に書きなさい。

答えとして記号を選ぶ問題は，下の【解答例】にならい，すべて**解答用紙の記号**を
○で囲みなさい。また，答えを訂正するときは，もとの○をきれいに消しなさい。

【解答例】

解答用紙の**採点者記入欄**には，何も書いてはいけません。

3　問題は，中の用紙のＡ面に1・2，Ｂ面に3・4，Ｃ面に5・6があります。

4　「開始」の合図で，まず，解答用紙に受験番号を書きなさい。

5　「終了」の合図で，すぐ鉛筆を置きなさい。

6　放送による英語リスニングテストをこの検査終了後に行いますので，指示に従いなさい。

2 次は，高校生の雅代（Masayo）が英語の授業で行ったスピーチの原稿です。彼女が書いたこの原稿を読んで，あとの問いに答えなさい。

Do you like scallops? A scallop is a kind of shellfish with two shells. Scallops are delicious and they are my favorite food. One day, after I ate them for dinner, I saw an amazing scene on TV. Many scallops were swimming and jumping in the sea! When I saw it, I was very surprised ① I didn't know that shellfish could move quickly. I thought, "How can they move like that?" I became interested and looked for information on the Internet. ②

a shell
（貝殻）

scallops（ホタテガイ）

How do scallops move? Scallops move by taking water into their shells and pushing it out quickly. They can go forward or turn by changing how they push the water out. For example, if they want to go to the right, they push the water out to the left. This means scallops can move by pushing the water out quickly to the ③ side of the way they want to go. By using this way of moving, when other sea animals try to eat scallops, scallops swim away from ⓐthem to protect their lives. Scallops also move to find a good place for getting their food, and some of them move 500 meters in one night. Scallops are the most active of all shellfish with two shells.

scallops in the sea

Well, I want to ask your experience. ④ the two shells with your hands? When I did that for the first time, I noticed it was not easy. ⑤ According to the books, they have a strong muscle to keep closing their shells. When shellfish with two shells live in the ocean, to keep closing their shells, they usually keep using the strong muscle. For us, it is like holding a heavy bag for a long time. If we do that, we will be

shellfish with two shells

very tired because it needs a lot of energy. However, shellfish with two shells don't become tired. Their muscle needs very little energy to keep closing their shells. It has a special protein that we don't have. To keep closing the shells, the special protein connects with each other. When the proteins are in that condition, shellfish with two shells don't become tired by using the muscle. This means, if we had the same muscle that shellfish with two shells have, ⑥ by holding a heavy bag for a long time. When I learned about this, I thought it was very interesting and also very useful.

Now I know shellfish like scallops are not just delicious food. Scallops are active shellfish which can move quickly. In addition, I understand the muscle of shellfish with two shells has an amazing power that we don't have. If science and technology improve more in the future, we can use the power of the strong muscle. I think it will help people carry some heavy things or take care of people who need help. I believe we can support many people with difficulties. Thank you for listening.

（注） shellfish （生き物としての）貝（複数形も shellfish） muscle 筋肉
protein タンパク質

(1) 本文の内容から考えて，次のうち，本文中の ① に入れるのに最も適しているものはどれですか。一つ選び，記号を○で囲みなさい。

ア because 　　イ if 　　ウ though 　　エ until

(2) 本文中の ② が，「いくつかのレポートを読むことで，私はそれらがどのようにして動くことができるのかを理解しました。」という内容になるように，次の〔 〕内の語を並べかえて解答欄の_____に英語を書き入れ，英文を完成させなさい。

By reading some reports, I 〔 could 　 they 　 how 　 move 　 understood 〕.

(3) 本文の内容から考えて，次のうち，本文中の ③ に入れるのに最も適しているものはどれですか。一つ選び，記号を○で囲みなさい。

ア same 　　イ similar 　　ウ open 　　エ opposite

(1) 本文の内容から考えて，次のうち，本文中の ① に入れるのに最も適しているものはどれですか。一つ選び，記号を○で囲みなさい。

ア chosen イ taken ウ taught エ been

(2) 本文の内容から考えて，次のうち，本文中の ② に入れるのに最も適しているものはどれですか。一つ選び，記号を○で囲みなさい。

ア He felt how big it really was. イ He has never seen it.
ウ He didn't know anything about it. エ He went there alone.

(3) 本文中には次の英文が入ります。本文中の ア 〜 エ から，入る場所として最も適しているものを一つ選び，ア〜エの記号を○で囲みなさい。

But, if we go to the place, we can feel new things that we didn't know.

(4) 本文中の ③ が，「私たちがその場所を訪れることでだけ感じることができるたくさんのことがあります。」という内容になるように，次の〔 〕内の語を並べかえて解答欄の_____に英語を書き入れ，英文を完成させなさい。

There are many 〔 that can we things feel 〕 only by visiting the place.

(5) 本文の内容から考えて，次のうち，本文中の ④ に入れるのに最も適しているものはどれですか。一つ選び，記号を○で囲みなさい。

ア the river made Grand Canyon
イ the river was called Colorado River
ウ Grand Canyon was made by people
エ Grand Canyon appeared a few years ago

(6) 本文中の 'But the view in front of me ⑤ .' が，「しかし，私の前の景色が私にその事実を信じさせました。」という内容になるように，解答欄の_____に英語5語を書き入れ，英文を完成させなさい。

(7) 本文の内容から考えて，次のうち，本文中の ⑥ に入れるのに最も適しているものはどれですか。一つ選び，記号を○で囲みなさい。

ア it is possible to notice something important only by visiting the place
イ learning about a place is as important as visiting the place
ウ it is not necessary to visit the place after learning
エ having some experiences at the place is the most important thing

(8) 本文中の ⓐit の表している内容に当たるものとして最も適しているひとつづきの英語5語を，本文中から抜き出して書きなさい。

(9) 次のうち，本文で述べられている内容と合うものはどれですか。二つ選び，記号を○で囲みなさい。

ア Yoshio could see all of Lake Biwa from the place he visited when he went to the lake with his aunt.
イ Yoshio was able to say the name of the river which started carving Grand Canyon about five or six million years ago.
ウ Sarah thinks there are some changes to her feelings after visiting Grand Canyon.
エ Sarah didn't learn anything about Grand Canyon before visiting Grand Canyon.
オ Sarah and Mr. Kubo have different thoughts about understanding things well.

令 和 4 年 度 大 阪 府 学 力 検 査 問 題

英 語 解 答 用 紙〔B問題〕

○

					採 点 者 記 入 欄	
1	(1)	ア　　　イ　　　ウ　　　エ			/2	
	(2)	ア　　　イ　　　ウ　　　エ			/3	
	(3)	ア　　　イ　　　ウ　　　エ			/3	
	(4)	There are many _____ _____ only by visiting the place.			/3	
	(5)	ア　　　イ　　　ウ　　　エ			/3	
	(6)	But the view in front of me _____ _____ .			/3	
	(7)	ア　　　イ　　　ウ　　　エ			/3	
	(8)	_____			/3	
	(9)	ア　　　イ　　　ウ　　　エ　　　オ			/6	
					/29	

3

令 和 4 年 度

大阪府学力検査問題
（ 一 般 入 学 者 選 抜 ）

英　語
〔Ｂ問題〕

（40分）

注　　　意

1　「開始」の合図があるまで開いてはいけません。

2　答えは，すべて**解答用紙**に書きなさい。

・答えとして記号を選ぶ問題は，下の【解答例】にならい，すべて**解答用紙の記号**を
〇で囲みなさい。また，答えを訂正するときは，もとの〇をきれいに消しなさい。

【解答例】

・答えの語数が指定されている問題は，**コンマやピリオドなどの符号は語数に含めない**
こと。

解答用紙の**採点者記入欄**には，何も書いてはいけません。

3　問題は，中の用紙のＡ面に1，Ｂ面に2・3があります。

4　「開始」の合図で，まず，解答用紙に受験番号を書きなさい。

5　「終了」の合図で，すぐ鉛筆を置きなさい。

6　放送による英語リスニングテストをこの検査終了後に行いますので，指示に従いなさい。

3　次は，高校生の義雄（Yoshio），アメリカからの留学生のサラ（Sarah），久保先生（Mr. Kubo）の3人が交わした会話の一部です。会話文を読んで，あとの問いに答えなさい。

Yoshio: Hello, Sarah. Look at this picture. This is the largest lake in Japan. It is ① Lake Biwa. I went there with my aunt last Sunday.

Sarah: Oh, Yoshio. Sounds nice.

Yoshio: Have you ever been there?

Sarah: ② I want to go there someday.

Mr. Kubo: Hello, Yoshio and Sarah. What are you talking about?

Sarah: Hello, Mr. Kubo. Yoshio went to Lake Biwa with his aunt.

Mr. Kubo: Really? How was it, Yoshio?

Yoshio: When I arrived at Lake Biwa, I was surprised at its size. It was very big.

Lake Biwa（琵琶湖）

Mr. Kubo: Sounds fun. When I visited it for the first time, I thought so, too.

Sarah: I can understand your feelings. When we visit a place, we can feel something new about it, right?

Yoshio: That's true. The lake looked like the ocean!

Mr. Kubo: Sarah, do you have such an experience?

Sarah: Yes, I do. When I was in America, I visited Grand Canyon and I felt like that.

Mr. Kubo: Please tell us about your experience.

Sarah: OK. I ③ a picture.

Yoshio: Wow! Is it a mountain?

Sarah: It's not a mountain. Grand Canyon is a kind of valley. ④

Grand Canyon
（グランドキャニオン）

Colorado River
（コロラド川）

Mr. Kubo: Oh, tell us more.

Sarah: OK. A long time ago, a river started to flow. The river has been carving Grand Canyon for many years.

Yoshio: A river?

Sarah: Yes. Yoshio, can you find a river in this picture?

Yoshio: Yes, I can. Oh, wait! Do you mean that this river made Grand Canyon?

Sarah: That's right! It is Colorado River. It started carving Grand Canyon about five or six million years ago. And, the river still keeps carving Grand Canyon.

Yoshio: So, we can say that ⑤ .

Sarah: That's right, Yoshio.

Mr. Kubo: Sarah, when did you go to Grand Canyon?

Sarah: I went there three years ago.

Mr. Kubo: I remember that in 2019, special events were held at Grand Canyon, right?

Sarah: Yes. Grand Canyon became a National Park in 1919. 100 years passed after that, so special events like concerts, art lessons, and night tours were held in 2019. People from all over the world joined the special events. I joined one of ⒶthemΑ with my family.

Yoshio: Sounds fun.

Sarah: Before I visited Grand Canyon, I learned many things about it and I thought that I knew a lot about it. But, when I saw Grand Canyon in front of me, I felt something more than the things I learned. Grand Canyon was really great. I could understand that Grand Canyon was really great only by visiting it. ⒷI noticed this through my experience.

Mr. Kubo: Thank you for telling an interesting story. I really enjoyed listening to it.

Yoshio: I enjoyed it, too. I want to visit Grand Canyon someday.

（注）valley　谷　　　　　　　　flow　流れる　　　　　　　　carve　削る
　　　National Park　国立公園

2 エドワード（Edward）はニュージーランドからの留学生です。次の［Ⅰ］，［Ⅱ］に答えなさい。

［Ⅰ］ 次は，エドワードが英語の授業で行った自動販売機（vending machine）に関するスピーチの原稿です。彼が書いたこの原稿を読んで，あとの問いに答えなさい。

Hello, everyone. Today, I'm going to talk about vending machines. There are many vending machines in Japan. I became interested ① them. When did people use a vending machine for the first time around the world? The oldest vending machine was used about 2,200 years ago. In front of a temple in Egypt, people could buy water from the machine. People made and used a machine such a long time ago!

Last week, I saw an interesting vending machine at a station. It was a vending machine for selling fresh fruit. I was surprised to see it. I bought two fresh apples and ate ⒶthEm with my host family at home. They were delicious. I didn't imagine we could buy fresh fruit from a vending machine. On that day, I ② my host family about vending machines in Japan. I found many good points about them. When it is dark at night, some vending machines work as lights. They can help people feel safe at dark places. Some vending machines keep working when a disaster like an earthquake happens. People can get necessary things from the vending machines, for example, drinks.

I think vending machines help people in many ways. Thank you for listening.

（注）Egypt エジプト

(1) 次のうち，本文中の ① に入れるのに最も適しているものはどれですか。一つ選び，記号を○で囲みなさい。

ア at イ before ウ for エ in

(2) 本文中の ⒶthEm の表している内容に当たるものとして最も適している ひとつづきの**英語3語**を，本文中から抜き出して書きなさい。

(3) 次のうち，本文中の ② に入れるのに最も適しているものはどれですか。一つ選び，記号を○で囲みなさい。

ア ask イ asks ウ asked エ asking

(4) 次のうち，本文で述べられている内容と合うものはどれですか。一つ選び，記号を○で囲みなさい。

ア エドワードは，最古の自動販売機は駅で水を売るために使われていたということを紹介した。
イ エドワードは，先週，新鮮なくだものを売っている自動販売機を見ても驚かなかった。
ウ エドワードは，暗い場所で人々の助けになる自動販売機もあるとわかった。
エ エドワードは，地震などの災害時，どの自動販売機からも必要なものは手に入れられないと知った。

［Ⅱ］ スピーチの後に，あなた（You）がエドワードと次のような会話をするとします。あなたならば，どのような話をしますか。あとの**条件1～3**にしたがって，（ ① ）～（ ③ ）に入る内容を，それぞれ**5語程度**の英語で書きなさい。解答の際には記入例にならって書くこと。

You: Hi, Edward. （ ① ）
Edward: Thank you. I usually use a vending machine near my host family's house.
You: （ ② ）
Edward: I usually buy a hot drink. We can buy various kinds of drinks from a vending machine. What do you like to drink?
You: （ ③ ）
Edward: I see.

＜条件1＞ ①に，「あなたのスピーチはとてもおもしろかった。」という内容の文を書くこと。	記 入 例			
＜条件2＞ ②に，「あなたはたいてい何を買いますか。」とたずねる文を書くこと。	What	time	is	it	?
＜条件3＞ ③に，前後のやり取りに合う内容を書くこと。	Well ,	it's	11	o'clock .

○

受験番号		番

得点		

〈リスニングを除く〉

※リスニングと合わせて 90点満点

○

令和4年度大阪府学力検査問題

英 語 解 答 用 紙 〔A問題〕

採 点 者 記 入 欄

1	(1)	ア	イ	ウ	/2
	(2)	ア	イ	ウ	/2
	(3)	ア	イ	ウ	/2
	(4)	ア	イ	ウ	/2
	(5)	ア	イ	ウ	/2
	(6)	ア	イ	ウ	/2
	(7)	ア	イ	ウ	/2
	(8)	ア	イ	ウ	/2
	(9)	ア	イ	ウ	/2
	(10)	ア	イ	ウ	/2
					/20

採 点 者 記 入 欄

2 [I]	(1)	ア	イ	ウ	エ	/2
	(2)					/3
	(3)	ア	イ	ウ	エ	/2
	(4)	ア	イ	ウ	エ	/3
						/10

3

令 和 4 年 度

大阪府学力検査問題
（ 一 般 入 学 者 選 抜 ）

英　語
〔Ａ 問 題〕

（40分）

注　　意

1　「開始」の合図があるまで開いてはいけません。

2　答えは，すべて**解答用紙**に書きなさい。

・答えとして記号を選ぶ問題は，下の【解答例】にならい，すべて**解答用紙の記号**を〇で囲みなさい。また，答えを訂正するときは，もとの〇をきれいに消しなさい。

【解答例】

・答えの語数が指定されている問題は，**コンマやピリオドなどの符号**は語数に**含めない**こと。

解答用紙の**採点者記入欄**には，何も書いてはいけません。

3　問題は，中の用紙のＡ面に1・2，Ｂ面に3があります。

4　「開始」の合図で，まず，解答用紙に受験番号を書きなさい。

5　「終了」の合図で，すぐ鉛筆を置きなさい。

6　放送による英語リスニングテストをこの検査終了後に行いますので，指示に従いなさい。

2　右図において，△ABC は∠ABC = 90°の直角
三角形であり，BA = 3 cm，BC > BA である。
点 O は，3 点 A，B，C を通る円の中心である。
このとき，O は辺 AC の中点である。△DEC は
∠DEC = 90°，ED = EC の直角二等辺三角形
であって，EC∥AB であり，D は円 O の周上に
あって直線 AC について B と反対側にある。F は，
辺 ED と円 O との交点のうち D と異なる点で
ある。G は，直線 OF と直線 CE との交点である。
円周率を π として，次の問いに答えなさい。

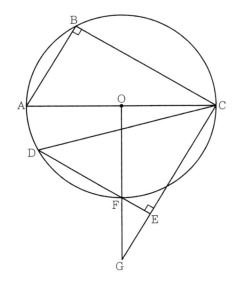

(1)　AC = a cm とするとき，円 O の面積を a を
　　用いて表しなさい。

(2)　△ABC ∽ △COG であることを証明しなさい。

(3)　BC = 5 cm であるとき，

　①　線分 OG の長さを求めなさい。

　②　四角形 OFEC の面積を求めなさい。

(6) Sさんは，サッカー部員 32 人とバレーボール部員 20 人の立ち幅とびの記録をそれぞれ度数分布表にまとめ，度数および相対度数をそれぞれ比較した。215 cm 以上 220 cm 未満の階級の度数を比較すると，サッカー部員 32 人の記録の度数はバレーボール部員 20 人の記録の度数より 3 人多かった。また，215 cm 以上 220 cm 未満の階級の相対度数を比較すると，サッカー部員 32 人の記録の相対度数はバレーボール部員 20 人の記録の相対度数と同じであった。サッカー部員 32 人の記録における 215 cm 以上 220 cm 未満の階級の度数を求めなさい。

(7) m を 2 けたの自然数とする。m の十の位の数と一の位の数との和を n とするとき，$11n - 2m$ の値が 50 以上であって 60 以下である m の値を**すべて**求めなさい。

(8) 右図において，m は関数 $y = \dfrac{1}{3}x^2$ のグラフを表し，ℓ は関数 $y = \dfrac{1}{3}x - 1$ のグラフを表す。A，B は m 上の点であって，A の x 座標は正であり，B の x 座標は負である。A の y 座標と B の y 座標とは等しい。A の x 座標を t とし，$t > 0$ とする。C は y 軸上の点であり，C の y 座標は A の y 座標と等しい。D は ℓ 上の点であり，その x 座標は負である。E は y 軸上の点であり，E の y 座標は D の y 座標と等しい。4 点 A，B，D，E を結んでできる四角形 ABDE は平行四辺形である。CE ＝ 4 cm であるときの t の値を求めなさい。答えを求める過程がわかるように，途中の式を含めた求め方も書くこと。ただし，原点 O から点（1，0）までの距離，原点 O から点（0，1）までの距離はそれぞれ 1 cm であるとする。

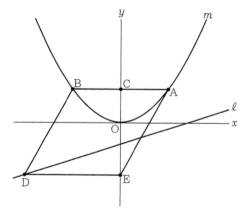

受験番号	番

得点	

※90点満点

数 学 解 答 用 紙 〔C問題〕

○

			採 点 者 記 入 欄	
1	(1)		/4	
	(2)	$x =$, $y =$	/4	
	(3)		/5	
	(4)	ア イ ウ エ	/5	
	(5)		/6	
	(6)	人	/6	
	(7)		/6	
	(8)	（求め方）	/8	

t の値 ＿＿＿＿＿＿＿＿＿

/44

令和 4 年 度

大阪府学力検査問題
（ 一 般 入 学 者 選 抜 ）

数　学
〔 C 問 題 〕

（60分）

注　　意

1　「開始」の合図があるまで開いてはいけません。

2　答えは，すべて**解答用紙**に書きなさい。

・答えとして記号を選ぶ問題は，下の【解答例】にならい，すべて**解答用紙の記号を**〇で囲みなさい。また，答えを訂正するときは，もとの〇をきれいに消しなさい。

【解答例】

・答えが根号を含む数になる場合は，根号の中をできるだけ小さい自然数にしなさい。

解答用紙の**採点者記入欄**には，何も書いてはいけません。

3　問題は，中の用紙のA面に **1**，B面に **2・3** があります。

4　「開始」の合図で，まず，解答用紙に受験番号を書きなさい。

5　「終了」の合図で，すぐ鉛筆を置きなさい。

3　Fさんは，右の写真のように大きさの異なる2種類のコーンがそれぞれ積まれているようすに興味をもち，図Ⅰ，図Ⅱのような模式図をかいて考えてみた。

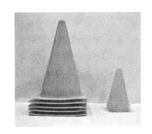

　　図Ⅰは，1個の高さが 320 mm のコーンAだけを積んだときのようすを表す模式図である。「コーンAの個数」が1のとき「積んだコーンAの高さ」は 320 mm であるとし，「コーンAの個数」が1増えるごとに「積んだコーンAの高さ」は 15 mm ずつ高くなるものとする。

　　図Ⅱは，1個の高さが 150 mm のコーンBだけを積んだときのようすを表す模式図である。「コーンBの個数」が1のとき「積んだコーンBの高さ」は 150 mm であるとし，「コーンBの個数」が1増えるごとに「積んだコーンBの高さ」は 10 mm ずつ高くなるものとする。

　　次の問いに答えなさい。

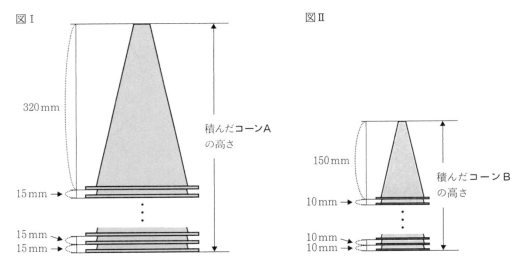

(1)　図Ⅰにおいて，「コーンAの個数」が x のときの「積んだコーンAの高さ」を y mm とする。

　①　次の表は，x と y との関係を示した表の一部である。表中の(ア)，(イ)に当てはまる数をそれぞれ書きなさい。

x	1	2	・・・	4	・・・	8	・・・
y	320	335	・・・	(ア)	・・・	(イ)	・・・

　②　x を自然数として，y を x の式で表しなさい。

　③　$y = 620$ となるときの x の値を求めなさい。

(2)　FさんがコーンAを図Ⅰのように，コーンBを図Ⅱのようにそれぞれいくつか積んでいったところ，積んだコーンAの高さと積んだコーンBの高さが同じになった。

　　「コーンAの個数」を s とし，「コーンBの個数」を t とする。「コーンAの個数」と「コーンBの個数」との合計が 39 であり，「積んだコーンAの高さ」と「積んだコーンBの高さ」とが同じであるとき，s，t の値をそれぞれ求めなさい。

(4) 二つの箱 A, B がある。箱 A には自然数の書いてある 3 枚のカード $\boxed{1}$, $\boxed{2}$, $\boxed{3}$ が入っており, 箱 B には奇数の書いてある 4 枚のカード $\boxed{1}$, $\boxed{3}$, $\boxed{5}$, $\boxed{7}$ が入っている。A, B それぞれの箱から同時にカードを 1 枚ずつ取り出すとき, 取り出した 2 枚のカードに書いてある数の和が 20 の約数である確率はいくらですか。A, B それぞれの箱において, どのカードが取り出されることも同様に確からしいものとして答えなさい。

(5) 連続する三つの整数の和が 2022 となるとき, この連続する三つの整数のうち最も小さい整数を求めなさい。

(6) 右図において, 3 点 A, B, C は点 O を中心とする円の周上の異なる 3 点であり, 3 点 A, B, C を結んでできる △ABC は鋭角三角形である。O と C とを結ぶ。D は, 直線 BO と線分 AC との交点である。△ABC の内角 ∠CAB の大きさを $a°$, △OCD の内角 ∠OCD の大きさを $b°$ とするとき, △OCD の内角 ∠CDO の大きさを a, b を用いて表しなさい。

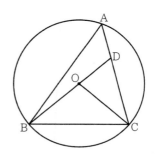

(7) 次の二つの条件を同時に満たす自然数 n の値を求めなさい。
  ・$4 < \sqrt{n} < 5$ である。
  ・$\sqrt{6n}$ の値は自然数である。

(8) 右図において, m は関数 $y = \dfrac{1}{2}x^2$ のグラフを表し, n は関数 $y = ax^2$ (a は負の定数) のグラフを表す。A は m 上の点であり, その x 座標は 3 である。B は, A を通り y 軸に平行な直線と x 軸との交点である。C は x 軸上の点であり, CB = AB である。C の x 座標は, B の x 座標より小さい。D は C を通り y 軸に平行な直線と m との交点であり, E は C を通り y 軸に平行な直線と n との交点である。DE = 2 cm である。a の値を求めなさい。答えを求める過程がわかるように, 途中の式を含めた求め方も書くこと。ただし, 原点 O から点 (1, 0) までの距離, 原点 O から点 (0, 1) までの距離はそれぞれ 1 cm であるとする。

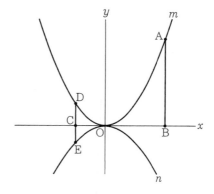

受験番号　　　　番　　　　得点　　　　　　　※90点満点

令和 4 年度大阪府学力検査問題

数 学 解 答 用 紙 〔Ｂ問題〕

採 点 者 記 入 欄

1

(1)		/3
(2)		/3
(3)		/3
(4)		/3
(5)		/3
		/15

採 点 者 記 入 欄

2

(1)	$a =$	/3
(2)		/3
(3)	ア　イ　ウ　エ　オ　カ	/3
(4)		/3
(5)		/3
(6)	度	/4
(7)		/4
(8)	（求め方）　　　　　　　　　　　　　　　　aの値　＿＿＿＿＿＿	/6
		/29

令 和 4 年 度

大阪府学力検査問題
（ 一 般 入 学 者 選 抜 ）

数　学
〔 Ｂ 問 題 〕

（50分）

注　　意

1　「開始」の合図があるまで開いてはいけません。

2　答えは，すべて**解答用紙**に書きなさい。

・答えとして記号を選ぶ問題は，下の【解答例】にならい，すべて**解答用紙の記号を**
〇で囲みなさい。また，答えを訂正するときは，もとの〇をきれいに消しなさい。

【解答例】

・答えが根号を含む数になる場合は，根号の中をできるだけ小さい自然数にしなさい。

解答用紙の**採点者記入欄**には，何も書いてはいけません。

3　問題は，中の用紙のＡ面に1・2，Ｂ面に3・4があります。

4　「開始」の合図で，まず，解答用紙に受験番号を書きなさい。

5　「終了」の合図で，すぐ鉛筆を置きなさい。

3 Fさんは，右の写真のようにコーンが積まれているようすに興味を
もち，下図のような模式図をかいて考えてみた。

下図は，1個の高さが 320 mm のコーンを積んだときのようすを表す
模式図である。「コーンの個数」が 1 のとき「積んだコーンの高さ」は
320 mm であるとし，「コーンの個数」が 1 増えるごとに「積んだ
コーンの高さ」は 15 mm ずつ高くなるものとする。

次の問いに答えなさい。

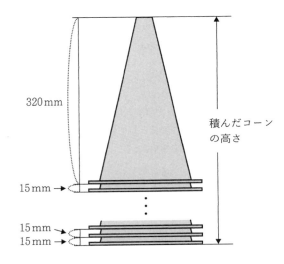

(1) Fさんは，「コーンの個数」と「積んだコーンの高さ」との関係について考えることにした。
「コーンの個数」が x のときの「積んだコーンの高さ」を y mm とする。

① 次の表は，x と y との関係を示した表の一部である。表中の(ア)，(イ)に当てはまる数をそれぞれ
書きなさい。

x	1	2	・・・	4	・・・	8	・・・
y	320	335	・・・	(ア)	・・・	(イ)	・・・

② x を自然数として，y を x の式で表しなさい。

(2) Fさんは，積んだコーンの高さが 620 mm となるときのコーンの個数について考えることにした。
「コーンの個数」を t とする。「積んだコーンの高さ」が 620 mm となるときの t の値を求め
なさい。

(6)　次の表は，生徒 7 人の上体起こしの記録を示したものである。この生徒 7 人の上体起こしの記録の中央値を求めなさい。

	A さん	B さん	C さん	D さん	E さん	F さん	G さん
上体起こしの記録（回）	30	28	27	32	26	27	31

(7)　二つの箱 A，B がある。箱 A には自然数の書いてある 3 枚のカード $\boxed{2}$，$\boxed{3}$，$\boxed{4}$ が入っており，箱 B には偶数の書いてある 3 枚のカード $\boxed{4}$，$\boxed{6}$，$\boxed{8}$ が入っている。A，B それぞれの箱から同時にカードを 1 枚ずつ取り出すとき，取り出した 2 枚のカードに書いてある数の積が 16 である確率はいくらですか。A，B それぞれの箱において，どのカードが取り出されることも同様に確からしいものとして答えなさい。

(8)　a，b を 0 でない定数とする。右図において，ℓ は関数 $y = ax + b$ のグラフを表す。次の**ア～エ**のうち，a，b について述べた文として正しいものはどれですか。一つ選び，記号を○で囲みなさい。

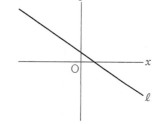

　ア　a は正の数であり，b も正の数である。
　イ　a は正の数であり，b は負の数である。
　ウ　a は負の数であり，b は正の数である。
　エ　a は負の数であり，b も負の数である。

(9)　右図において，m は関数 $y = ax^2$（a は定数）のグラフを表す。A は m 上の点であり，その座標は（-6，7）である。a の値を求めなさい。

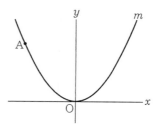

(10)　右図において，立体 ABC － DEF は三角柱である。△ABC は，∠ABC ＝ 90°の直角三角形である。△DEF ≡ △ABC であり，四角形 ADEB，BEFC，ADFC は長方形である。AB ＝ 9 cm，BC ＝ 4 cm，AD ＝ a cm である。

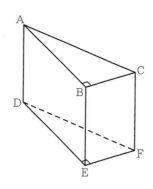

　①　次の**ア～エ**のうち，辺 AC と平行な辺はどれですか。一つ選び，記号を○で囲みなさい。

　　ア　辺 AB　　**イ**　辺 BE　　**ウ**　辺 DE　　**エ**　辺 DF

　②　立体 ABC － DEF の体積を a を用いて表しなさい。

○

			採 点 者 記 入 欄
1	(1)		／3
	(2)		／3
	(3)		／3
	(4)		／3
	(5)		／3
	(6)		／3
			／18

			採 点 者 記 入 欄
2	(1)		／3
	(2)	℃	／3
	(3)	ア　　　イ　　　ウ　　　エ	／3
	(4)	$x =$ ，$y =$	／3
	(5)		／3
	(6)	回	／3
	(7)		／3
	(8)	ア　　　イ　　　ウ　　　エ	／3
	(9)		／3
	(10) ①	ア　　　イ　　　ウ　　　エ	／3
	②	cm^3	／3
			／33

令和 4 年度

大阪府学力検査問題
（ 一 般 入 学 者 選 抜 ）

数　学
〔Ａ 問 題〕

（50分）

注　　意

1　「開始」の合図があるまで開いてはいけません。

2　答えは，すべて**解答用紙**に書きなさい。

・答えとして記号を選ぶ問題は，下の【解答例】にならい，すべて**解答用紙の記号**を
　○で囲みなさい。また，答えを訂正するときは，もとの○をきれいに消しなさい。

【解答例】

・答えが根号を含む数になる場合は，根号の中をできるだけ小さい自然数にしなさい。

解答用紙の**採点者記入欄**には，何も書いてはいけません。

3　問題は，中の用紙のＡ面に１・２，Ｂ面に３・４があります。

4　「開始」の合図で，まず，解答用紙に受験番号を書きなさい。

5　「終了」の合図で，すぐ鉛筆を置きなさい。

1 ①目的と手段の順序が乱れてくる とあるが、本文中では、どのようなことが芸術における本来の目的と手段だと述べられているか。本文中のことばを使って三十五字以上、四十五字以内で書きなさい。

2 ②人間の技巧を超えた自動複写システム とあるが、次のうち、写真について、本文中で述べられていることがらと内容の合うものはどれか。最も適しているものを一つ選び、記号を○で囲みなさい。

ア 人間が画材を駆使して写しとろうとしていた光や影を、たやすく瞬時に実現する写真は、読み手のもつ受容体との同期を意識しているため、単純に現実の模倣を作っているわけではないといえる。

イ 現実がそのまま写ってしまう写真が発明されることによって、芸術に対する作り手の考え方が変わり、現実の美しさを写真のように模倣することが人間の知的な活動であると考えられるようになった。

ウ 写真は、現実の三次元空間にある光の強さの分布がレンズを通して記録された物体であり、その写真が見る者に対象との一体感を作り出すことがなければ、単純に光の分布の複製物にすぎないといえる。

エ 人物や風景にカメラを向けて撮影された写真は、自動的に作り出された光の分布の複製にすぎないが、写っている対象と現実に存在している対象とが「噛み合って」いるということを見る者に感じさせる。

3 現代の芸術観について、本文中で述べられている筆者の考えを次のようにまとめた。 a 、 b に入れるのに最も適しているひとつづきのことばを、それぞれ本文中から抜き出しなさい。ただし、 a は十七字、 b は十二字で抜き出し、それぞれ初めの五字を書きなさい。

現代の芸術観について、本文中で述べられている筆者の考えを次のようにまとめた。

現実を複写することを超えて他者の表現をまねることを避けて独創的な創造者であるべきという芸術家に対する現代の考え方は、 a が模倣という行為であり、 b ではないだろうかと考えている。

五 次の 【資料】 は、「これからの時代に必要だと思う言葉に関わる知識や能力等は何か」という質問に対する回答結果を表したものです。 【資料】 からわかることをふまえて、あなたがこれからの時代に必要だと思う言葉に関わる知識や能力等について、別の原稿用紙に三百字以内で書きなさい。

【資料】

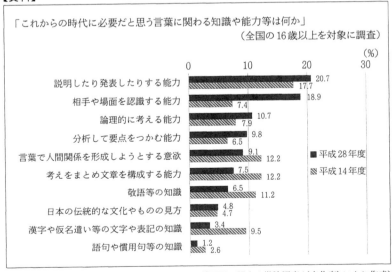

「これからの時代に必要だと思う言葉に関わる知識や能力等は何か」
（全国の16歳以上を対象に調査）

	平成28年度	平成14年度
説明したり発表したりする能力	20.7	17.7
相手や場面を認識する能力	18.9	7.4
論理的に考える能力	10.7	7.9
分析して要点をつかむ能力	9.8	6.5
言葉で人間関係を形成しようとする意欲	9.1	12.2
考えをまとめ文章を構成する能力	7.5	12.2
敬語等の知識	6.5	11.2
日本の伝統的な文化やものの見方	4.8	4.7
漢字や仮名遣い等の文字や表記の知識	3.4	9.5
語句や慣用句等の知識	1.2	2.6

（「国語に関する世論調査」（文化庁）により作成）

国　語　〔Ｃ問題〕　（一般入学者選抜）

一　次の文章を読んで、あとの問いに答えなさい。

川端康成（かわばたやすなり）の初期の小説『伊豆の踊子（いずのおどりこ）』の末尾近く、主人公が踊子と別れ、下田（しもだ）から船で東京に戻る場面に、「踊子はやはり脣（くちびる）をきっと閉じたまま一方を見つめていた。私が縄梯子（なわばしご）に捉まろうとして振り返った時、さよならを言おうとしたが、それも止して、もう一ぺん、ただうなずいて見せた」とある。この場面で、うなずいた人物は誰かを、留学生のみならず日本人でも、きちんと読みとれなくなったらしい。しかも、それを自分の読解力の問題ではなく、「さよならを」の前に主語を書かなかった作者の責任、ひいては日本語の省略表現の構造的なあいまいさのせいだと主張し、母国語の濡れ衣（ぬれぎぬ）を晴らしてくれる人もあるという。

そういう時代の到来を知って義憤を感じ、作者の、あるいは日本語の濡れ衣を晴らしておきたい。相手の理解力を信頼し、想像力を期待して、ことばですべて言い尽くすことを控えめにする、そういう礼節を尊ぶ日本語の精神と論理について私見をＡ述べよう。

わかりきったことまでくだくだ述べないのは、情報の空白部分や論理の隙間は聡明な相手がＣＢ埋めてくれると信じているからである。次第に本を読まなくなって想像力が鍛えられず、特に小説を読み慣れない読者など、Ｄ一つ一つの語が働いているのである。

しかし、文章を構成する個々の単語は、それぞれ独立して情報伝達に全責任を負っているわけではない。語は表現の中にあり、表現は文の中にあり、文は文章の中にある。どの書き手も、その「文章」の意味が読み手に正しく伝わることを目ざして、それぞれの表現に託すのであり、あくまでその中で伝統的な手法によって生ずる空白部分を埋めきれず、そういう文脈に依存する省略表現について行けなくなってきているのかもしれない。

あの場面はこういう文脈を背負ってあの位置に置かれた。主人公の「私」が旅芸人の一行と別れていよいよ出立する日の朝、近づくと踊子は「黙って頭を下げた」。話しかけても「掘割（ほりわり）が海に入るところをじっと見下したまま一言も言わ」ず、「私」が話している間も「何度となくこくりこくりうなずいて見せるだけだった」と、すっかり無口になって別れをかみしめている踊子の姿を印象的に描いている。引用文中の「やはり」はそういう文脈を受けており、別れのことばを叫ぼうとする様子を一瞬ちらと見せたものの、口にする代わりにただ「うなずいて見せた」。それを作者が「もう一ぺん」と書いたのも同様だ。

しかも、このあたり一帯、すべて「私」が見た対象の描写が続いているのだ。そういう文脈の流れを背景にしたこの一文で、うなずいた人物が踊子であることは紛れようもない事実である。まして作品をそこまで読んできて、ここを誤解する読者など一人もいないはずなのだ。

にもかかわらず、突如としてその一文だけを読まされた人間にとって、そういう自然な解釈を妨げるものがあるとすれば、声となって発せられなかったことばが「さよなら」であると特定できるはずがない、とする素朴な思い込みだろう。作者の助詞の正確な使用に注目したい。一つは「[①]」ではなく「さよならを」と書いた点だ。前者ならサヨナラという語に限られるが、後者はそういう特定の語形に代表される別れの挨拶という意味合いが強くなる。こんな距離で複雑な話ができるはずもなく、何か叫ぶとすれば別れのことばと見当がつく。

さらに決定的な証拠は、作者が「私は」でなく「私が」という助詞を採用したことである。もしも「振り返った」のも「さよならを言おうとした」のも「うなずいて見せた」のも同じ人物であるならば、日本語では「私は」と書く。練達の士であるこの作家がそこを「私が」と書いたのは、その主語の支配が「振り返った時」で終わり、「さよならを言おうとした」までは及ばないと判断したからであり、それ以降は別の主語すなわち踊子を想定していたことは確実だ。そこにあえて「踊子は」という主語を書かなかったのはなぜか。直前の文に「振り返った時」という従属節の主語の支配が次の文にまで及んでいるからだ。すなわち、「私が」という従属節の主語として、前文の主語が潜在的に働きよりあとの、その文の中心をなす主節の主語として、流れとして文意の明らかなその箇所で再度「踊子は」という無駄な主語を重ねて駄目を押すくどい書き方を、日本語の名手、川端の美意識が許さなかったのだろう。

（中村明『日本語の作法』による）

（注）下田＝伊豆半島南東部に位置する静岡県の都市。
　　　掘割＝地面を掘って造った水路。

1　本文中のＡ～Ｄの――を付けた語のうち、一つだけ他と活用形の異なるものがある。その記号を○で囲みなさい。

○

○

受験番号	番

得点	／20

300　　　　　　　　　　200　　　　　　　　　　100

1

①はっとさせられる とあるが、このことばの本文中での意味として最も適しているものはどれか。次のうち、一つ選び、記号を○で囲みなさい。

ア　思いがけず驚かされる
イ　なつかしく思い出される
ウ　待ち遠しく感じられる
エ　心が落ち着き癒やされる

2

②古の人 とあるが、植物の生態に心を動かされたとき、「古の人」がそれをどのようにしてとらえていたかということについての筆者の考えを次のようにまとめた。　a 、 b に入れるのに最も適しているひとつづきのことばを、それぞれ本文中から抜き出しなさい。ただし、 a は十三字、 b は十二字で抜き出すこと。

> 葉が紅葉することを　a 　様子になぞらえて「もみつ」と表現したように、古の人は植物の生態に心を動かされたとき、 b に見立ててとらえていた。

3

【話し合いの一部】

Aさんたちは授業において、「紅葉と時雨の関係」について本文の内容をもとに話し合うことになりました。次は、Aさんたちの【話し合いの一部】です。

Aさん　では、まず紅葉と時雨の季節について考えてみよう。本文では、七十二候の秋の最後の候に「楓蔦黄なり」という候があり、その一つ前には「霎時施す」という候があると述べられていたよ。つまり、時雨の季節のあとに紅葉の季節が訪れるということだね。

Bさん　そう考えると、時雨は紅葉をもたらすものだと言えるね。

Cさん　確かにそうだね。ただ、本文中に挙げられていた和歌の中では時雨 a 。

Aさん　なるほど。だから、七十二候の例や和歌の例にも表れているように、一つめの和歌では「手折らずて散りなば惜し」とあって、手折らずにいて紅葉が時雨に散ってしまったら惜しいと感じていることがわかるよ。これは、時雨によって葉が染まれていると b 気持ちであり、葉を花に見立てて紅葉を散らす様子のものでもあるということがわかるね。ここから、時雨は紅葉によって紅葉が散る様子への感動があるからこそ、時雨によって散ってしまうことを、より名残惜しいと感じたんだろうね。

Bさん　そうだね。紅葉と時雨の関係が、美しさとはかなさがないまぜになるような情景を織り成すということだね。

（以下、話し合いは続く）

（1） 次のうち、【話し合いの一部】中の —— で示した発言を説明したものとして最も適しているものはどれか。一つ選び、記号を○で囲みなさい。

ア　直前の意見の内容を具体例を挙げながら詳しく説明している。
イ　直前の意見の内容をふまえながら別の意見を付け加えている。
ウ　直前の意見の内容が誤っていることを指摘して訂正している。
エ　直前の意見の内容について疑問に思ったことを質問している。

（2） 【話し合いの一部】中の a に入れるのに最も適しているひとつづきのことばを、本文中から十七字で抜き出し、初めの五字を書きなさい。また、 b に入る内容を、本文中のことばを使って二十字以上、三十字以内で書きなさい。

五 次の 【資料】 は、海外に在住している外国人を対象におこなった「日本の文化財や伝統的な文化のうち、関心のあるものは何か」というアンケート調査の回答結果をまとめたものです。あなたは、外国の人たちにどのような日本の文化財や伝統的な文化を伝えたいと考えますか。
【資料】から読み取れる内容にふれながら、あなたの考えを別の原稿用紙に二百六十字以内で書きなさい。

【資料】

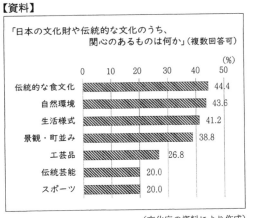

「日本の文化財や伝統的な文化のうち、関心のあるものは何か」（複数回答可）

	（%）
伝統的な食文化	44.4
自然環境	43.6
生活様式	41.2
景観・町並み	38.8
工芸品	26.8
伝統芸能	20.0
スポーツ	20.0

（文化庁の資料により作成）

一　次の文章を読んで、あとの問いに答えなさい。

あらゆる都市空間は「意図」を持って造られています。どんなに自然発生的に見える空間でも、まったくの自然環境の中にあるわけではないので、人の手が入っています。したがってそこには何らかの「意図」があるのです。都市空間は、ちょうど書物のひとつひとつのプロットのようなものだといえるでしょう。書物には、当然ながら著者がいるので、ひとつひとつのプロットはいかに自然に見えても、何らかの「意図」のもとにあります。

もちろん、長年にわたり自然発生的に形成されてきた「けもの道」のような例もありますが、それにしても、多くの人が（あるいはけものが）歩き続けてきたことには、何らかの目的があり、そうした道が形成されてきた経過の中には、無意識的な「意図」が蓄積されて、道を形成してきたといえます。そうした多様な「意図」の総量として、都市空間はできているといえます。あたかも都市空間は、多数の著者がいる書物のようなものだと言えます。その意味で、あらゆる都市空間は書物なのです。

ただ、実際の書物と異なるところも多々あります。

ひとつは、都市という書物には無数の著者がいるということです。あまりにも著者が多いために、誰の「意図」がどの都市空間にどのように反映されているのかといった対応はほとんど不可能です。あたかも多数から成る集合的な「意図」が都市空間のそれぞれの部分を子細に眺めていくように見えます。

しかし、無目的であるかは別にして、その造形には明らかな「意図」があることに気づきます。

①、住宅街ですと、個々の住宅にはそれぞれ住宅を建てた施主（せしゅ）がいて、実際に建設に携わった工務店がいます。そもそもその地が住宅街になったのには、ある歴史的な経緯があるはずです。そこに通っている道路にしても、建っている店舗にしても、それなりの理由があって、現在地に存在しているはずです。行政もそこにはおおきく関与しているでしょう。地形や植生も住宅地の立地に見えても、何らかの「意図」のもとにあります。

②、都市内の駅や学校を始めとした公共施設、神社仏閣、さらには商店街や街道筋にしても、その気になって眺めてみると、なぜそこに立地しているのかには何らかの「意図」がありそうです。まるでたらめに立地している都市施設な

どというものはありません。

こうした「意図」の集積として都市の空間ができあがっているのです。そこには多数の著者がいます。

もうひとつ、都市という書物が実際の書物と異なる点があります。

それは、都市という書物はこれからも書き継がれる書物だということです。さらに言うと、無限に書き続けられていく書物なのです。都市空間はこれからも変化を続けていきます。都市生活のあり方も変化していくのですから、都市空間も変化せざるを得ないのです。かつて存在していたものが壊され、新たな空間が造形されるでしょう。壊されるのを免れたとしても、その空間の意味は異なって取り扱われることも多いでしょう。あたかも油絵の具を塗り重ねて、終わりのない油絵を描いていくようなものです。

こう考えると、現時点のわたしたちの立場を明らかにできます。つまり、過去から未来へと続く長い都市の歴史の中の、現在という一時点の読者であり、著者であるということです。傲慢に都市のすべてを決め付けることは論外ですが、今後も書き継がれる書物の一部として、謙虚に、しかし確固として自分の立場を見極めることが大切だと思います。

（西村幸夫『都市から学んだ10のこと』による）

（注）プロット＝小説・物語などの筋。構想。

1　①あらゆる都市空間は書物なのです　とあるが、次のうち、筆者がこのように考える理由として最も適しているものはどれか。一つ選び、記号を〇で囲みなさい。

ア　都市空間も書物も、誰の「意図」がどのように反映されて形成されたのかという対応が明らかであるから。

イ　あらゆる都市空間は、書物のひとつひとつのプロットのように自然発生的に形成されてきたものであるから。

ウ　都市空間においては、どんなに自然発生的に見える空間であっても、書物と同様に何らかの「意図」があるから。

エ　自然発生的に形成された「けもの道」のような例を除けば、都市空間は誰かの「意図」のもとに造られているから。

[　1　]

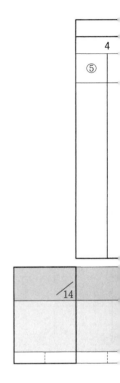

⑤

4

／14

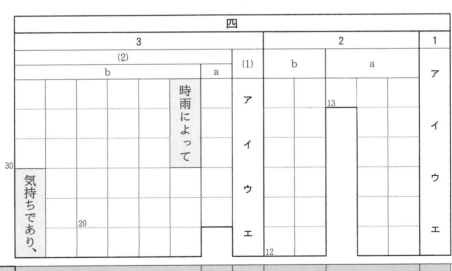

四							
3				2		1	
(2)		a	(1)	b	a	ア	
b						イ	
		時雨によって	ア		13	ウ	
			イ			エ	
30			ウ				
気持ちであり、	20		エ				
			12				

採点者記入欄

／28　／8　／4　／4　／4　／4　／4

受験番号　　　　　番

得点　　　／18

260　　　200　　　　　100

2 次のうち、本文中の ② に入れるのに最も適していることばはどれか。一つ選び、記号を○で囲みなさい。

ア もやもや　　イ めきめき　　ウ すらすら　　エ こそこそ

3 ③中学三年だった自分に思いがけず出会ったのだ とあるが、本文において、「ニューヨークの書店で中学三年だった自分に出会った」とはどのようなことを表しているか。その内容についてまとめた次の文の □ に入る内容を、本文中のことばを使って十五字以上、二十五字以内で書きなさい。

中学三年のときに駅前の小さな書店で思った、いままで □ ということを、ニューヨークの小さな書店でも思ったということ。

4 この文章を授業で読んだAさんたちは、「筆者にとって駅前の小さな書店はどのようなものだったのか」について話し合うことになりました。次は、Aさんたちの【話し合いの一部】です。

【話し合いの一部】

Aさん　中学三年の時に行った駅前の小さな書店は筆者にとって、どのようなものだったのかを考えるために、筆者とその書店について本文中で述べられていることをふりかえってみよう。

Bさん　筆者は、その書店を訪れるまでは、本を読んだり読もうと思ったりすることがなかったよ。でもそれ以降は、書店に行くようになったり、友人と本の話をしたりするようになっているよ。

Cさん　そうだね。だから筆者は、書店に行った日から自分の a と考えているんだね。

Aさん　駅前の小さな書店に行ったことで、本と関わるようになっていったということだね。ほかに、どのようなことが述べられていたかな。

Bさん　その書店に行った時に、友人から「誰かと来たことなんてなかったけど、おまえを初めて連れてきた」と言われて、筆者はうれしさを感じていたよね。それは、筆者にとって印象に残る特別なことだったんじゃないかな。

Cさん　確かにそうだね。筆者にとって駅前の小さな書店は、本と関わるきっかけとなる場所であり、特別な思い出のある場所だったということだね。

Aさん　なるほど。だから、本文中で筆者は、その書店はなくなってしまったけど、自分の中では b と述べているんだね。

（以下、話し合いは続く）

(1)【話し合いの一部】中の a 、 b に入れるのに最も適しているひとつづきのことばを、それぞれ本文中から抜き出しなさい。ただし、 a は十二字、 b は十八字で抜き出し、それぞれ初めの五字を書きなさい。

a □　　b □

(2)次のうち、【話し合いの一部】中の ── で示した発言を説明したものとして最も適しているものはどれか。一つ選び、記号を○で囲みなさい。

ア　それまでに出た意見のなかで疑問に思った点を質問している。
イ　それまでに出た意見とは反対の立場から意見を述べている。
ウ　それまでに出た意見とは異なる新たな話題を示している。
エ　それまでに出た意見の内容を整理しながらまとめている。

五　あなたが季節を感じるのはどのようなときですか。次の条件1～3にしたがって、あなたの考えを別の原稿用紙に書きなさい。

条件1　最初に、あなたが季節を感じるのはどのようなときかを簡潔に書くこと。

条件2　次に、条件1で書いた内容について、自分の体験を挙げながら具体的に説明すること。

条件3　百八十字以内で書くこと。

国　語　【Ａ問題】　（一般入学者選抜）

一　次の問いに答えなさい。

1　次の(1)〜(4)の文中の傍線を付けたカタカナを漢字になおし、解答欄の枠内に書きなさい。また、(5)〜(8)の文中の傍線を付けた漢字の読み方を書きなさい。
ただし、漢字は楷書で、大きくていねいに書くこと。

(1) 友人に辞書を貸す。
(2) 予定通りに目的地に至る。
(3) 贈り物を包装する。
(4) 大自然を満喫する。
(5) 地面に雪がツもる。
(6) 時計のハリが三時をさす。
(7) 運動をしてキンニクを鍛える。
(8) 難しい状況をダハする。

2　次の文中の傍線を付けたことばが「文章の順序や組み立て」という意味になるように、□□にあてはまる漢字一字を、あとのア〜ウから一つ選び、記号を○で囲みなさい。

この作文は、起□□転結がはっきりとしている。

ア　照　　イ　証　　ウ　承

二　次の文章を読んで、あとの問いに答えなさい。

人物について書くことは、自分にとって最も心を惹かれる仕事であると同時に、毎回、どうやって描いたらいいのだろう、これでいいのだろうか、と途方に暮れ、その難しさに悩まされる分野でもあります。

文章として形にするという点だけで言えば、人物を書くことが他の対象を書くのに比べてとりわけ難しいということはないかもしれません。ただ、書き上がったあとも、これでいいのだろうかと繰り返し悩み、実際に形になってから、本当にこれでよかったのかと考え続け、①ふと何かの拍子に思い返してはっとするということが多いのです。

複数の人に話を聞いてそれらをつなぎ合わせると、一見それらしいストーリーを作ることは可能です。しかし、人の話を聞いてわかるのは、その人についてのほんの一部のそのまたほんの一部でしかありません。ある事柄について、本人に直接尋ねても、その人がウソをつくとか本当のことを語ってくるとは限らず

ないし、そのときどきの気持ちなどによって答えが変わることも多々あります。また何よりも、その人にとって最も核となる部分は、本人でも言葉にできない、いや、むしろそういうことがほとんどなのです。そこをどうやってクリアし、その人物の本質を捉えた文章を書けるかには、②ぼんやりとした感覚的なものであるということが往々にしてあるのです。

話を聞く側の意識、経験、相手との関係性、そして技術など、さまざまな要素が関わってきます。そこに決まった「正しいやり方」はなく、毎回毎回どうするべきかは異なります。

人が何を考えているか、どんなことで悩んでいるのか、本当のところは知り得ない。それは、自分が人の話を聞いて文章を書く上での一番大切な心構えとして、常に意識していることです。自分自身について、自分の最も身近な人について、自分が知っていることを想像してもそう思いますし、そうなんだろうと感じます。③、ましてやインタビューなどの形で会ってしばらく話を聞いたぐらいではまず人の核心部分には触れられないし、取材によっていくら複数のエピソードを集めてみてもやはりそれは同じであろうことは、どうしても自覚しなければならないと思うのです。決してわかった気になってはいけない、と。

④、文章にするにあたっては、人から聞いた話を元にどうしても何らかの形を浮かび上がらせないといけないし、広い意味で、一つの物語を紡ぎあげる必要があります。そこに、人を取材して書くことの難しさがあります。

その点に関して、書き手にとって大切なのは何よりも、わかりえないことが必ずあると認め、でも、できる限り相手のことを理解しようと全力で耳を傾け、その上で、その人の核心部分はなんだろうかと十分に悩み、考えること。そして、文章によって表現する上でのさまざまな制約や限界を意識しつつ、その中で自分が伝えられることは何かと、誠心誠意考えて、文章として描き出そうと努力することなのだろうと思います。

書き手が、自分の知っていることはわずかでしかないという謙虚さを持ち、かつ書いて伝えられることの限界を意識しつつ最高のものを書こうとすれば、その姿勢は必ず文章の端々ににじみ出ます。それはとりわけ、ちょっとした表現や言葉遣い、語尾などの細部に表れます。自分は、そうして微かにでもにじみ出る書き手の意識や人間性こそ、文章の命であると思っています。そういった部分こそ、読み手がその文章に惹かれたり、心を動かされたりする上で重要であるのだと考えています。

（斉藤雅士『また会いましょう』による）

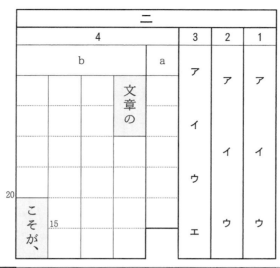

二				
4		3	2	1
b	a			
	文章の	ア	ア	ア
		イ	イ	イ
		ウ	ウ	ウ
		エ		
20 こそが、 15				

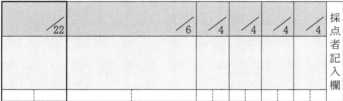

採点者記入欄

| /22 | | /6 | /4 | /4 | /4 | /4 |

	2
	ア
	イ
	ウ

| /20 | |

4		
(2)	(1)	
	b	a
ア		
イ		
ウ		
エ		

| /24 | /4 | /4 | |

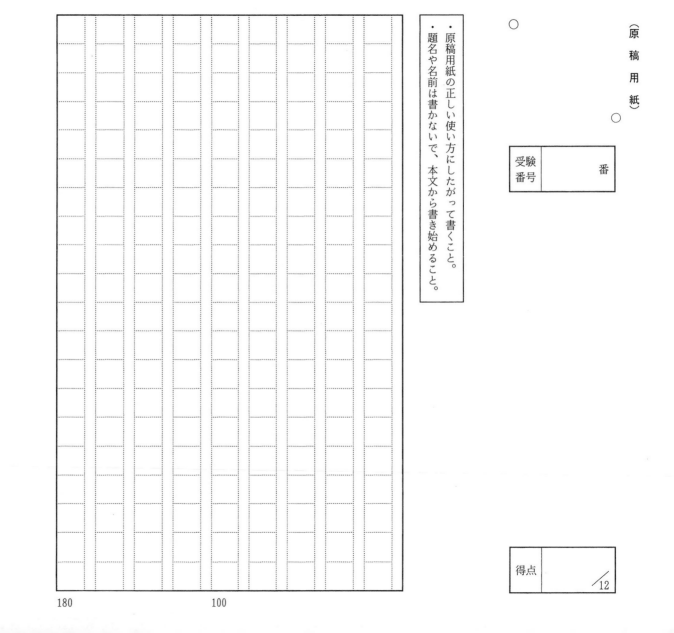

・原稿用紙の正しい使い方にしたがって書くこと。

・題名や名前は書かないで、本文から書き始めること。

受験
番号　　　　番

得点　　　　／12

180　　　　　100

令和5年度

大阪府学力検査問題
（ 一 般 入 学 者 選 抜 ）

国　語
〔Ａ 問 題〕

（50分）

注　意

1　「開始」の合図があるまで開いてはいけません。

2　答えは，**解答用紙**に書きなさい。

　　ただし，問題**五**は**原稿用紙**に書きなさい。

　　・答えとして記号を選ぶ問題は，右の【解答例】にならい，すべて
　　　解答用紙の記号を○で囲みなさい。また，答えを訂正するときは，
　　　もとの○をきれいに消しなさい。

　　・答えの字数が指定されている問題は，**句読点や「　」などの符号も**
　　　一字に数えなさい。

　　解答用紙の**採点者入力欄**には，何も書いてはいけません。

【解答例】

ア
イ
ウ
エ

3　問題は，中の用紙のＡ面に **一 〜 三**，Ｂ面に **四・五** があります。

4　「開始」の合図で，まず，解答用紙と原稿用紙に受験番号を書きなさい。

5　「終了」の合図で，すぐ鉛筆を置きなさい。

（原　稿　用　紙）

○

○

受験番号

番

/12

得点

・原稿用紙の正しい使い方にしたがって書くこと。

・題名や名前は書かないで，本文から書き始めること。

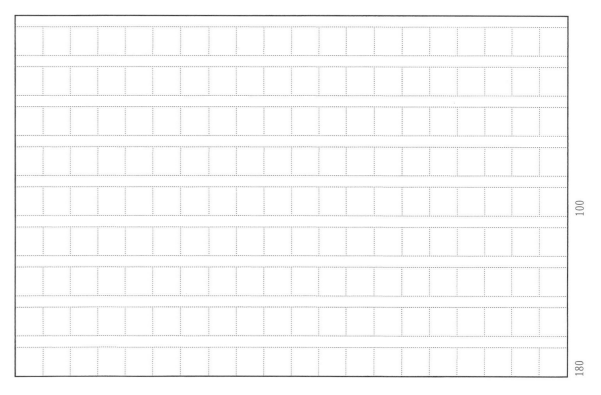

受験番号　　　番　　　得点　　　　〈問題五を除く〉

○　※問題五と合わせて90点満点

一

2	1							
	(8)	(7)	(6)	(5)	(4)	(3)	(2)	(1)
A								
B	キュウ／キュウ	ウ／チュウ	タモ／つ	オ／きる	勧／める	尽／くす	栄冠	宿舎
C								

採点者記入欄
／19　／3　／2　／2　／2　／2　／2　／2　／2　／2

二

3			2		1
c	b	a	b	a	
			湯気の当たる蓋の裏側だけが〔10〕〔20〕現象。		ア　イ　ウ

採点者記入欄
／22　／3　／3　／3　／6　／4　／3

三

3		2	1
b	a		
		ア　イ　ウ	ア　イ　ウ

採点者記入欄
／12　／3　／3　／3　／3

四

3				2	1
(2)	(1)				
	c	b	a		
ア　イ　ウ　エ	のではないか〔25〕必要がある	もういちど余分なもの〔20〕のなかで、		ア　イ　ウ　エ	ア　イ　ウ　エ

採点者記入欄
／25　／4　／4　／6　／4　／4　／3

国　語　〔A問題〕　（一般 入学者 選抜）

一　次の問いに答えなさい。

1　次の(1)〜(4)の文中の傍線を付けた漢字の読み方を書きなさい。また、(5)〜(8)の文中の傍線を付けたカタカナを漢字になおし、解答欄の枠内に書きなさい。ただし、漢字は楷書で、大きくていねいに書くこと。

(1)　宿舎に到着する。

(2)　勝利の栄冠に輝く。

(3)　試合で全力を尽くす。

(4)　友人に本を勧める。

(5)　毎朝七時に起きる。

(6)　教室を美しく夕モつ。

(7)　ウチュウ飛行士が帰還する。

(8)　キュウキュウ箱を常備する。

2　次の文中のA〜Cの――を付けた「の」のうち、一つだけ他とはたらきの異なるものがある。その記号を○で囲みなさい。

今週の土曜日に、駅前のホールで、私の好きな歌手がコンサートを行う予定だ。

二　次の文章を読んで、あとの問いに答えなさい。

　現在ではあまり見かけなくなりましたが、昔は木でできた鍋蓋をよく目にしました。丸い木の円盤の上に、1本の桟がくっ付いているものです。ご飯を炊く釜の蓋は、不必要とも思われるくらい分厚くて、付いている桟は2本でした。

　この鍋蓋、一見簡単な構造のものですが、なかなか良く工夫されたものだと、私は思います。木を使う技が、実に端的に表れた道具だと思うのです。

　鍋は、中で汁などを煮るものですから、その蓋は高温の湯気に曝されます。蓋の裏側は湯気に当たって湿り、そして温度が上がります。湿ったうえに温度が上がるのですから、板は激しく膨張します。蓋の表側は外気に接していますから、膨張することはありません。片側だけ膨張した板は、行き場の無い力をぶつけるように反り返ります。あるお宅で鍋パーティーがあり、そんな現象を、実際に見たことがあります。

木でできた鍋蓋

　呼ばれて行きました。大鍋を焚き火にかけて煮るのですが、その鍋の蓋は壊れて使っていませんでした。つまりただの円盤だったのです。それを鍋に載せて使ったのですが、加熱が進むにつれて丸まってしまい、蓋が反って丸まってしまい、ポテトチップのような形になり、蓋としての役割も果たせなくなりました。そうなると、蓋から湯気が漏れてしまい、蓋としての役割も果たせなくなり、反って持ち上がった縁から湯気がふき出る形になりました。居合わせた人たちは、端的に現象を見て、大笑いをしました。

　ところで、ここで問題なのは蓋と桟がどのようにくっ付いているかです。良く見てみると、蓋に長い溝が掘ってあり、それに桟の細長い板のようなものが、それが付いているだけで蓋の反りが止まるのです。ただし、反りを止める方向に付けることが重要で、板は繊維が走っている方向には反らず、繊維に直交する方向に反ります。だから、桟は蓋の木目とクロスする方向に付けなければなりません。

　ところで、桟はただ溝に嵌め込むだけではなく、蓋の溝から奥へ行くほど広く加工してあります。この溝に嵌め込んである桟の縁は、同じように末広がりの形に反ります。このように嵌め込んである構造で「蟻」と呼びます。末広がりの三角の形が、蟻の頭に似ているから、木工用語で「蟻」と呼ばれています。

　この「蟻」の構造であれば、蓋と桟は密着して外れません。末広がりだから、そのような名前が付いたのだと言われています。引っ張っても剝がれないのです。しかし、ここが重要なところなのですが、蓋に対して桟がスライドすることはできます。桟を持ち上げても外れませんが、桟の長さ方向には滑らせることができるというわけです。

　木の板は、普通の大気中に置いても、温度湿度の変化に応じて膨張、収縮をします。特に、繊維に直交する方向には、大きく膨張します。一方、桟は繊維方向に長い部材なので、長さは変化しないので大きさが釘などでガッチリと固定されていたら、膨張しようとする蓋が桟で拘束されてしまい、大きな力が働いて壊れてしまいます。スライドできる構造だから、蓋が膨張しても桟から余計な力を受けないのです。

　蓋に桟をスライドさせて嵌め込むことにより、桟は反り止めとしての役割を最大限に発揮できるのです。そして反り止めとしての不可欠な部材である桟を、蓋を持ち上げるときの取っ手として、しかも「蟻」の形の溝に嵌め込むことで、良く工夫された構造だと思います。実に合理的で、良く工夫された構造だと思います。

（大竹收『木工ひとつばなし』による）

　　　構造の工夫　　　　　　　構造の工夫による効果

構造の工夫	構造の工夫による効果
○蓋に掘った長い溝に桟の縁が滑り込むようにして嵌め込まれており、そのうえ、蓋の溝と桟の縁は合わせる「蟻」と呼ばれる構造になっている。	○蓋は持ち上げても外れないが、蓋に対してスライドはできるので、蓋が膨張しても桟は壊れてしまうことはなく、桟は反り止めとしての役割を最大限に発揮する。
○桟の木目とクロスする方向に桟が付けられている。	○反り止めとして不可欠な桟が[c]も果たす。

1　①端的に　とあるが、このことばの本文中での意味として最も適しているものはどれか。一つ選び、記号を○で囲みなさい。

ア　一時的に　　イ　明白に　　ウ　詳細に

2　②そんな現象　とあるが、これはどのような現象のことか。そんな現象についてまとめた次の文の[a]に入れるのに最も適しているひとつづきのことばを、本文中から九字で抜き出しなさい。また、[b]に入る内容を、本文中のことばを使って十字以上、二十字以内で書きなさい。

鍋蓋に[a]を使うと、湯気の当たる蓋の裏側だけが[b]現象。

3　③実に合理的で、良く工夫された構造　とあるが、木でできた鍋蓋の構造の工夫とその効果について、本文において筆者が述べている内容を次のようにまとめた。[a]、[b]、[c]に入れるのに最も適しているひとつづきのことばを、それぞれ本文中から抜き出しなさい。ただし、[a]は六字、[b]は九字、[c]は九字で抜き出すこと。

三　次の文章を読んで、あとの問いに答えなさい。

　宗祇法師、霜月の比、雪ふりに馬にのり、あづまへ下られけるが、雪をふみたてふやう、そうざいさま、此のゆきに一句いたしきるといふ。宗祇、下の句を付けやうとて、日がてりやめぬぐといはれた。

　何としたぞ　とはれければ、雪ふればかはらの石も頭巾をきるといふ。何としたぞとはれければ、馬子がふやう、

（注）宗祇法師＝室町時代の連歌師。
　　越川＝川の名。
　　馬子＝馬に人や荷物を乗せて運ぶ人。

1　①とほられければ　を現代かなづかいになおして、すべてひらがなで書きなさい。

2　②何としたぞ　とあるが、次のうち、このことばの本文中での意味として最も適しているものはどれか。一つ選び、記号を○で囲みなさい。

ア　なぜ句を作ったのか。
イ　どのような句を作ったのか。
ウ　どのように句を作ればよいのか。

3　次は、Tさんがこの文章を読んだ後に書いた【鑑賞文の一部】です。[a]、[b]に入れるのに最も適しているひとつづきのことばを、それぞれ本文中から抜き出しなさい。ただし、[a]は二字、[b]は七字で抜き出すこと。

【鑑賞文の一部】

　この文章では、馬子が、かわらの石に雪が積もっている様子をかわらの石が頭巾を[a]という表現を用いて句を詠み、その句に対して、宗祇法師が下の句を付けた場面が描かれています。宗祇法師は、馬子が詠んだかわらの石に積もった雪をとけていく様子を「[b]」と詠んだところや、馬子が作った句をふまえて、宗祇法師がとっさに句を付けたところに私はおもしろさを感じました。

四 次の文章を読んで、あとの問いに答えなさい。

私は何度か砂漠へ出かけた。旅ということばをきくと、どういうわけか私の胸中には空と砂とがひとつに溶け合った果てしない砂漠の光景が浮かぶのである。そのような光景が浮かぶと、つぎの瞬間、私はさらにそこへ我が身を置いてみたくなる。こうして私はまるで砂にたぐり寄せられるように砂漠へ旅立った。

なぜ砂漠にそんなに惹かれるのか。自分にもよくわからない。おそらく、砂漠というのはまったくの反世界だからだろうと思う。しかし、おそらく砂漠というのは私たちの住む日本の風土の反対の極に置かれる風土だからであろう。

たしかに砂漠はあの有名な『風土』という書物のなかで、世界の風土をモンスーン型、牧場型、砂漠型の三つに分け、私たちの住むモンスーン型の日本の風土を記している。そしてモンスーン型の日本人が、どこをどう見まわしても青山など見あたらぬ乾き切ったモンスーン型日本人が、インド洋を抜けてアラビア半島にたどりついたときの衝撃を、「人間いたるところに青山あり」などと考えているモンスーン型の日本人が、どこをどう見まわしても青山など見あたらぬ乾き切ったおどろきだと言う。

たしかに砂漠は、青山的な私にとって衝撃そのものだった。 ア そこにあるのはただ砂と空だけなのだから。 イ そして、不思議なことに、こんどは自分が住んでいるモンスーン型の日本の風土や、そこにくりひろげられている生活が "反世界" のように思えてくるのである。 ウ 何もないということがとうぜんのようになってくると、砂漠には何もない。 エ

逆に、なぜ日本の生活にはあんなにもたくさんのものがあるのか、奇妙に思えてくる。あんなに多くのものに取り巻かれなければ暮らしてゆけないのか、と。もしかしたら、それらのものは、ぜんぶ余計なものではないのか。生きてゆくのに必要なものだけがふえ、かんじんの生きる意味が見失われてしまうのではないか。余計な心配ばかりがふえ、かんじんの生きる意味が見失われてしまうのではないか。

しかし、待てよ、と私は考える。生きてゆくうえに必要なものだけに取り巻かれて暮らしているから、余計な心配がふえ、かんじんの、と。もしかしたら、それらのものに必要なものだけではないのか。余計なものに取り巻かれて暮らしているから、それを上まわる余分のものこそが、じつは文化ではないのか。文化とは、言っ

てみれば、余計なものの集積なのではないか。だとすれば、砂漠を肯定することは、文化を否定することになりはしまいか。砂漠は何度か砂漠へ──と私はさらに考えなおす。

それにしても──と私はさらに考えなおす。余分なものこそ文化だと言いなおす。私たちはあまりにも余分なものを抱えこみすぎているのではなかろうか。余分なものこそ文化であるが、さりとて、余分なもののすべてが文化であるわけでもなかろう。余分なもののなかで、何が無価値であるか、それをもういちど考えなおす必要がありはしまいか。砂漠とは、こうした反省を私にもたらす世界である。砂漠は現代の文明社会に生きる人びとにとって、一種の鏡の国だと言ってもいいような気がする。私は砂漠に身を置くたびに、ある探検家がしみじみと洩らしたつぎのことばをかみしめる。

「砂漠とは、そこへ入りこむさきには心配で、そこから出て行くときにはなんの名残もない、そういう地域である。ただ、その人自身の反省だけがあるのだ」

②私は、砂漠に自分自身の姿を見に行くのである。

(森本哲郎『すばらしき旅』による)

(注)和辻哲郎＝大正期から昭和期の思想家。
人間いたるところに青山あり＝故郷ばかりが一生を終える場所ではなく、人間の活動のできる所はどこにでもあるということ。

1 ①対極 とあるが、次のうち、「対極」という熟語の構成について説明したものとして最も適しているものはどれか。一つ選び、記号を〇で囲みなさい。
ア 前の漢字があとの漢字を修飾している。
イ 似た意味をもつ漢字を組み合わせている。
ウ 反対の意味をもつ漢字を組み合わせている。
エ あとの漢字が前の漢字の目的や対象を示している。

---

2 本文中には次の一文が入る。入る場所として最も適しているものを本文中の ア ～ エ から一つ選び、記号を〇で囲みなさい。
けれど、そうした砂の世界に何日か身を置いてみると、やがて砂は私になにごとかをささやきはじめた。

3 ②私は、砂漠に自分自身の姿を見に行くのである とあるが、Aさんたちは授業において、「筆者がこのように述べるのは、砂漠をどのようなところと考えているからか」ということについて、本文の内容をもとに話し合うことになりました。次は、Aさんたちの【話し合いの一部】です。

【話し合いの一部】
Aさん 筆者は、砂漠をどのようなところだと考えているんだろう。まずは本文をもとに、筆者が砂漠でどんなことを考えていたかをふりかえってみよう。
Bさん 筆者ははじめ、砂漠の生活には a が当たり前のようになり、なぜ日本の生活にはあんなにもたくさんのものがあるのかということに疑問を感じていたよね。そして、それらのものは、ぜんぶ余計なものなのではないかとまで考えていたよ。
Cさん そうそう。でも、一方では、そういった生きてゆくうえで必要なものを上まわるものこそが文化ではないかと考えていたよ。
Bさん 確かに、余分なものこそが文化であるにちがいないが、そのすべてが文化でもないと考えなおしていたよ。そして、もういちど余分なもののなかで、何が文化であるかと考えている。ただ、余分なもののこそが文化であるわけではないと考えているんだね。
Aさん 筆者は砂漠と くらべることで、現代の文明社会に生きる人びとの生活を省みて、考えを深めていたということだね。だから、筆者は、砂漠のことを、反省を私にもたらす世界であると述べていて、 b が必要があるのではないかと考えているんだね。
Cさん なるほど。そういう意味で、筆者にとって砂漠は、自分自身の姿を見に行くところだね。
たとえば、そういう意味で、筆者にとって砂漠は、反省を私にもたらす世界であると述べていて、
(以下、話し合いは続く)

(1) 【話し合いの一部】中の a 、 c に入れるのに最も適していることばを、それぞれ本文中から抜き出しなさい。ただし、 a は九字、 c は六字で抜き出すこと。また、 b に入る内容を、本文中のことばを使って二十字以上、二十五字以内で書きなさい。

(2) 次のうち、【話し合いの一部】中の ── で示した発言を説明したものとして最も適しているものはどれか。一つ選び、記号を〇で囲みなさい。
ア それまでに出た発言のなかで疑問に思ったことを質問している。
イ それまでに出た発言の誤っている部分を指摘して訂正している。
ウ それまでに出た発言とは反対の立場から意見を述べている。
エ それまでに出た発言の内容を整理しながらまとめている。

五
あなたの考える、読書の魅力はどのようなことですか。次の 条件1・2 にしたがって、あなたの考えを別の原稿用紙に書きなさい。
条件1 具体例や自分の体験を挙げながら説明すること。
条件2 百八十字以内で書くこと。

令和5年度

大阪府学力検査問題
（ 一 般 入 学 者 選 抜 ）

国　語
〔Ｂ問題〕

（50分）

注　意

【解答例】

ア
イ
ⓦ
エ

（原　稿　用　紙）

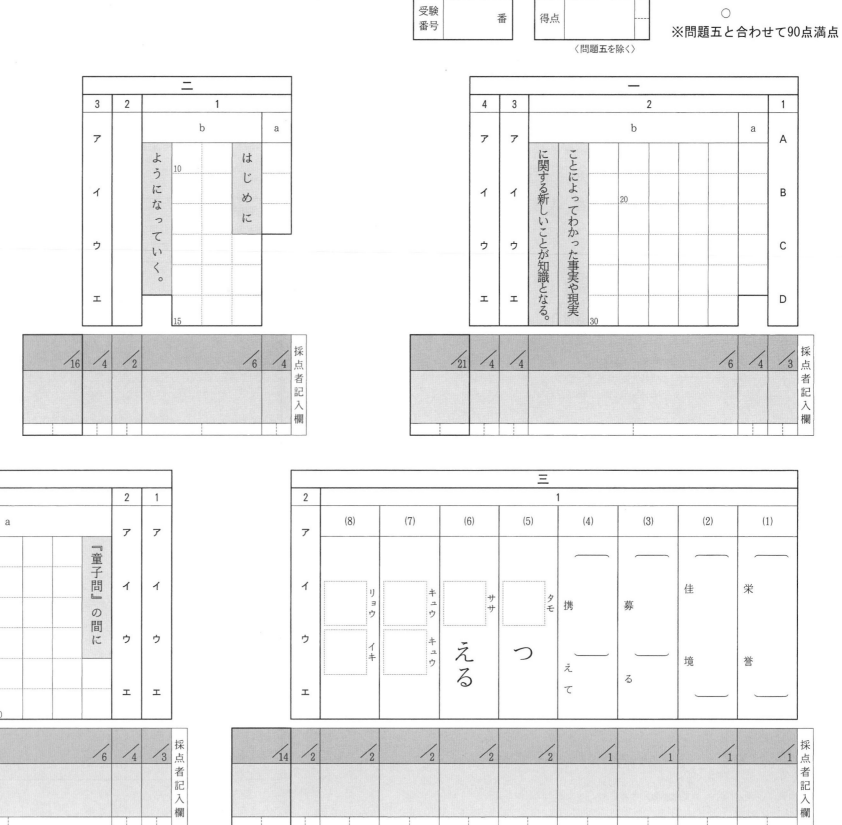

受験番号　　番　　得点　　　　　〈問題五を除く〉　　○　※問題五と合わせて90点満点

二

	3	2	1	

1
a　はじめに
b　ようになっていく。

2　ア　イ　ウ　エ
3　ア　イ　ウ　エ

採点者記入欄
/16　/4　/2　/6　/4

一

| | 4 | 3 | 2 | 1 | |

1　A　B　C　D

2
a
b　ことによってわかった事実や現実　に関する新しいことが知識となる。

3　ア　イ　ウ　エ
4　ア　イ　ウ　エ

採点者記入欄
/21　/4　/4　/6　/4　/3

四

| | 3 | 2 | 1 | |

1　ア　イ　ウ　エ
2　ア　イ　ウ　エ

3
a　『童子問』の間に　　　　　　ことが分かり、　　　という
b
c

採点者記入欄
/21　/4　/4　/6　/4　/3

三

| | 2 | 1 | |

1
(1)　栄　誉
(2)　佳　境
(3)　募　る
(4)　携　えて
(5)　タモ　つ
(6)　ササ　える
(7)　キュウ　キュウ
(8)　リョウ　イキ

2　ア　イ　ウ　エ

採点者記入欄
/14　/2　/2　/2　/2　/2　/1　/1　/1　/1

国語　【Ｂ問題】

（一般入学者選抜）

一　次の文章を読んで、あとの問いに答えなさい。

過去や現在を分析して得られた知識は、未来の出来事を予測するときにある程度の指針には成り得ますが、未来の出来事がその通りに起こることはまずありません。

まだ何も起こっていない未来は、過去や現在の知識だけではなく、未来の状況や状態に関するＤ知識が必要になってきます。したがって、未来を考察するには、過去や現在の知識だけではなく、未来の状況や状態に関するＡ知識が必要になってきます。

知識は研究によって生み出されます。ところが、一言で知識と言っても、多くの学問分野と未来学とでは、その生み出し方に根本的な違いがあります。他の学問分野では、研究対象は、過去に存在していたか、現在存在しているかのどちらかです。そこで、その研究対象を観察したり、数値によるか言葉によるかの違いはありますが、その対象に関するデータを集めることができます。そして、これらのデータを分析することにより、事実や現実に関して新しいことがわかりますが、その分野の知識になります。

これに対して、未来学の研究対象は未来の出来事や未来の人々です。どれも、まだ存在していません。存在していなければ、データを得ることもできません。そのような状況で、未来についてわかっていることを「未来の知識」として示すために、未来学は「演繹的思考方法」と「想像力」を用います。

まず、未来の社会やその状況は、過去や現在との違いは、「新しい部分」と「類似部分」とから構成される、と考えます。そして類似部分については、多くの学問分野に存在する知識を演繹的に活用して明らかにしようとします。たとえば、未来の経済状況を考える際には、経済を推進させる要因や停滞させる要因が経済学の知識としてわかっているので、それらが未来ではどのように働いていくのかを考察します。また、未来の交通システムを考える場合には、過去の運輸技術はどのような背景の下に現れてきたか、それらの技術はどのような発展をたどってきたか、そして、交通システム、人、産業はどのような関係を築いてきたかといった交通システム分野の知識の中で、未来にも適用できると考えられるものを参考にします。一方、未来のまったく新しい部分を考察するには、人間が持っている、目の前にない事柄を思い描く力である想像力を使います。広く受け入れられている科学的手法から判断して知識を生み出すという、広く受け入れられている科学的手法から判断して知識を生み出すという。

こうして、未来学では、　②　、総合的に未来の知識を創造します。

（小野良太『未来を変えるちょっとしたヒント』による）

1　本文中のＡ～Ｄの──を付けた語のうち、一つだけ他と品詞の異なるものがある。その記号を○で囲みなさい。

2　それが、その分野の知識になります。とあるが、多くの学問分野における知識の生み出し方について、本文中で筆者が述べているひとつづきの内容を次のようにまとめた。　ａ　に入れるのに最も適しているひとつづきのことばを、本文中から二十五字で抜き出しなさい。また、　ｂ　に入る内容を、本文中のことばを使って二十字以上、三十字以内で書きなさい。

　ａ　のものごとを研究対象として、　ｂ　ことによってわかった事実や現実に関する新しいことが知識となる。

二　次の文章を読んで、あとの問いに答えなさい。

いづれの書をよむとても、かたはしより文義を解せんとはすべからず、まづ大抵に立ちかへりつつ、他の書にうつり、これやかれやと読みては、又さきによみたる書へ立ちかへり、幾遍もよむうちには、始めに聞こえざりし事も、そろそろと聞こゆるやうになりゆくもの也。さて件の書どもを、数遍よむべき書とかれぬれば、其の外のよむべき書と段々に自分の料簡の中には、学びやうの法なども、ものことも、学びやうの料簡の出で来るものなり。

①初心のほどは、かたはしより文義を解せん程度の指針には成り得ますが、未来の出来事がその通りに起こることはまずありません。

3　本文中には次の一文が入る。入る場所として最も適しているものを本文中の　ア　～　エ　から一つ選び、記号を○で囲みなさい。

しかし、研究において想像力を用いることは、すでに他の多くの学問分野で行われていることです。

4　次のうち、本文中の　②　に入れるのに最も適しているものはどれか。一つ選び、記号を○で囲みなさい。

ア　過去や現在の類推で考えられる部分とまったく未知の部分に共通して適用できる知識を演繹的に応用しながら

イ　過去や現在の類推で考えられる部分には既存の知識を演繹的に応用し、まったく未知の部分には想像力を働かせて

ウ　過去や現在の類推で考えられる部分とまったく未知の部分との相違点を、想像力を駆使して明らかにすることで

エ　過去や現在の類推で考えられる部分には既存の知識を活用し、まったく未知の部分にはそれを演繹的に応用することで

1　①初心のほど　とあるが、初心のころの書の読み方について、本文中で述べられている内容を次のようにまとめた。　ａ　に入れることばを、本文中から三字で抜き出しなさい。また、　ｂ　に入る内容を本文中から読み取って、現代のことばで十字以上、十五字以内で書きなさい。

最初からすべての意味を理解しようとするのではなく、まずは大方を見て、あれこれと読んではまた前に読んでいた書へ戻りながら、何度も読むうちに、少しずつ　ａ　　　ｂ　ようになっていく。

2　②立ちかへりつつ　を現代かなづかいになおして、すべてひらがなで書きなさい。

3　③自分の料簡の出で来るものなれば　とあるが、次のうち、自分の料簡ができてからの書の読み方について、本文中で述べられていることがらと内容の合うものはどれか。最も適しているものを一つ選び、記号を○で囲みなさい。

ア　古い書から新しい書まで広く読むだけでなく、それらの内容の本質をしっかりと理解しながら読むことに精力を注ぐのがよい。

イ　自分の心のままに古い書から新しい書まで読むこともあってよい。をしぼって古い書から新しい書まで広く読むよりも、要点をしぼって読むとそれほど広く読まなくてよい。

ウ　古い書から新しい書まで広く読むよりも、自分が心から知りたいと思うことについて書かれたものを読むのがよい。

エ　自分の知りたいことだけに絞って書かれたものを効率よく知ろうとするのではなく、古い書から新しい書まで広く読むのがよい。

三 次の問いに答えなさい。

1 次の(1)〜(4)の文中の傍線を付けたカタカナを漢字になおし、また、(5)〜(8)の文中の傍線を付けた漢字の読み方を書きなさい。ただし、漢字は楷書で、大きくていねいに書くこと。

(1) 栄誉をたたえる。
(2) 話が佳境に入る。
(3) 大会への参加者を募る。
(4) 本を携えて旅に出る。
(5) 教室を美しくタモつ。
(6) 屋根をササえる柱。
(7) キュウキュウ箱を常備する。
(8) 専門リョウイキを広げる。

2 次のうち、返り点にしたがって読むと「其の一を識つて、其の二を知らず。」の読み方になる漢文はどれか。一つ選び、記号を〇で囲みなさい。

ア 識二其一一、不レ知二其二一。
イ 識二其一一、不レ知二其二一。
ウ 識レ其一、不レ知二其二一。
エ 識レ其一、不二知其二一。

四 次の文章を読んで、あとの問いに答えなさい。

古い和本をひるがえしていると、ときおり本のあいだに木の葉のはさまっているのを見つけることがある。どれほど古いものなのか、手にした葉は乾ききって、もう元の色をとどめてはいないが、その輪郭を見れば、これは銀杏の葉、これは朝顔の葉だというように見分けはつく。

名勝の地を訪れたおりに、庭園に落ちているきれいな一葉をひろって、記念としたり、落葉の時季に、窯変の色を思わせる紅葉の葉を手にして、①　読みさしの本のあいだにさしはさんだりするのは、べつに珍しいことではない。象牙に黄をにじませたような銀杏の葉や、窯変の色を思わせる紅葉の葉が本のあいだにはさまれているのは、よくあることだろう。後日、たまたまひらいた本のあいだに、色褪せた一葉を見つけて、かすかになった記憶をしばしたどったりすることもまた……。

②そのとき手にしていた本は、しかし、風雅をことさらとするような本ではなかった。木版本の場合、その本も実はそれほど古いものではないのかもしれないが、奥付けにあたる最後の一丁には、宝永四年（一七〇七年）とある。

伊藤仁斎の『童子問』。学問の道筋と心構えを懇切をきわめて講じた、三巻からなる木版本だった。その本を買ったり、虫干しをしたりする時、本の間に銀杏や朝顔の葉のはさまっていることがある。その人は世を去り、その書は転々として知らぬ人の手より、また更に知らぬ世の、知らぬ人の手に渡って行く。

はじめ、木の葉のはさまれているのを目にした時、さして気にはならなかったものか、読んでいるうちに、何事もゆるがせにしない古人の精神が乗り移りでもしたものか、こちらもいくらか粛然とした気持ちになるのだ。

二つ折りにして綴じられた紙のすきまに、葉はひそませるようにしてはさみ込んである。しばらくするうちに、どうやらそれが尋常ではないような気がしてきた。一、二、三丁めくると、必ずひそませてある葉が、薄い和紙を透かして見てとれる。とても何かのよすがに、などというものではない。いったい誰が何のためにはさませたのか、何かいとわしいものに思えてきて、見つけ次第、窓から投げ棄てていった。木の葉は実に欠方ぶりに、見つけてきて、さして気にはならなかった。

それにしても、戸外に舞う風に飛び去った木の葉のように、葉を執拗にはさみ込んだりしたのだろう。それもいつしか忘れてしまった。もう何年も前のことだ。

ところが最近、たまたま荷風の随筆『冬の蠅』所収の「枯葉の記」を読んだのだった。次のような一節にいたったとき、図らずもその疑問は氷解したのだった。

「古本を買ったり、虫干しをしたりする時、本の間に銀杏や朝顔の葉のはさんである人がいる。蔵書を愛する人は世を去り、その書は転々として知らぬ人の手より、また更に知らぬ世の、知らぬ人の手に渡って行く。紙魚を防ぐ銀杏の葉、朝顔の葉は、枯れ干されて、紙よりも軽く、窓の風に翻って、行くところを知らない。」

ひとたび分かってみれば、あれは紙魚を防ぐためのものだったのか、我ながら不思議なほどに、そんな自明とも思われることになぜ気づかなかったのか。

まことに、ものを知らない人間には知る喜びがある。あの枯葉は、はるか昔、今よりもずっと貴重であった本をいとおしんだ心遣いの痕跡であったのだ。丹念に木の葉を本のあいだにさしはさんでいた、かすかな記憶がふいに思い出された。

そうな人物にたいして、親しみに似た感情を覚えはじめた。③にわかに惜しむような気持ちになった。あのとき風に飛びしてしまった枯葉をさえ、親しみに似た感情を覚え、にわかに惜しむような気持ちになった。

（鶴ヶ谷真一『書を読んで羊を失う』による）

(注)
象牙＝ここでは、薄いクリーム色のこと。
窯変＝窯で陶磁器を焼いた時に起こる、予期しない色などの変化。
風雅＝風流で優美なこと。
伊藤仁斎＝江戸時代の儒学者。
丁＝書籍の紙数を数える語。
後学＝学問・技芸などで、先人のたどった道をあとから進む人。またそのような人。
ゆるがせにしない＝おろそかにしない。
荷風＝永井荷風。明治期から昭和期の随筆家・小説家。
紙魚＝和紙、書籍などを食いあらす、体長一センチメートル程の平たく細長い虫。

1 次のうち、本文中の　①　に入れるのに最も適していることばはどれか。一つ選び、記号を〇で囲みなさい。

ア まさか　イ どうして　ウ まるで　エ たとえ

2 ②そのとき手にしていた本とあるが、次のうち、この本を読んでいるときの筆者について、本文中で述べられていることがらと内容の合うものはどれか。最も適しているものを一つ選び、記号を〇で囲みなさい。

ア 本の間にはさみ込まれている色褪せた一葉を見つけて、自分がその本を読んでいるときの記憶がふと思い出されたが、本文中に葉がはさみ込まれていることは珍しいことではないが、古い木版本が葉のはさみ込まれた状態で残っていたことに驚きを感じた。

ウ 本の間から次々と葉が見つかり、名勝の地を訪れたおりや落葉の時季な

エ 本にはさみ込まれた葉を見ても、何かのよすがとしてはさまれたものではないと思えてきて、

3 ③にわかに惜しむような気持ちになったとあるが、筆者がこのような気持ちになった理由として、本文中で述べられている内容を次のようにまとめたとき、　a　に入る内容を、本文中のことばを使って二十字以上、三十字以内で書きなさい。また、　b　｜　c　に入れるのに最も適しているひとつづきのことばを、それぞれ本文中から抜き出しなさい。ただし、bは九字、cは六字で抜き出すこと。

「枯葉の記」の一節にいたったとき、かつて筆者が手にしていた『童子問』の間に　a　という内容が分かり、　b　という思いから、本文中の人物が今よりもずっと貴重であった本をいとおしんだと思ったから。

にわかに惜しむような気持ちになったとき、風に飛びしてしまった枯葉は、はるか昔の人物が今よりもずっと貴重であった本であったと思った。

五 次の【資料】は、日常の言葉遣いや話し方、あるいは文章の書き方などについての意識や理解に関する回答結果の調査をまとめたものです。「国語は乱れていると思うか」という質問に対する【資料】の内容にもふれながら、「国語は乱れていると思うか」という質問に対するあなたの考えを別の原稿用紙に書きなさい。ただし、あとの条件1・2にしたがって書くこと。

条件1　「国語は乱れていると思うか」という質問に対して、「国語は乱れていると思う」という立場、あるいは「国語は乱れていないと思う」という立場のどちらか一方の立場を示したうえで、なぜそのように考えたのかを説明するあなたの考えを書くこと。

条件2　二百六十字以内で書くこと。

【資料】

「国語は乱れていると思うか」
（全国の16歳以上を対象に調査）

□乱れていると思う　66.1%
▨乱れていないと思う　30.2%
■わからない　3.7%

「乱れていると思う」と考えた理由
○ 敬語を正しく使えていない人が多いから。
○ 若者言葉や新語、流行語が多用されているから。
○ 語句や慣用句、ことわざを正しく使えていない人が多いから。

「乱れていないと思う」と考えた理由
○ 言葉は時代によって変わるものだから。
○ 多少の乱れがあっても根本的には変わっていないから。
○ いろいろな言葉や表現がある方が自然だから。

（「国語に関する世論調査」（文化庁）により作成）

①

令和5年度

大阪府学力検査問題
（一般入学者選抜）

国　語
〔Ｃ問題〕

（50分）

注　意

【解答例】
ア
イ
ウ
エ

（原稿用紙）

番

受験番号

・原稿用紙の正しい使い方にしたがって書くこと。

・題名や名前は書かないで，本文から書き始めること。

100

200

300

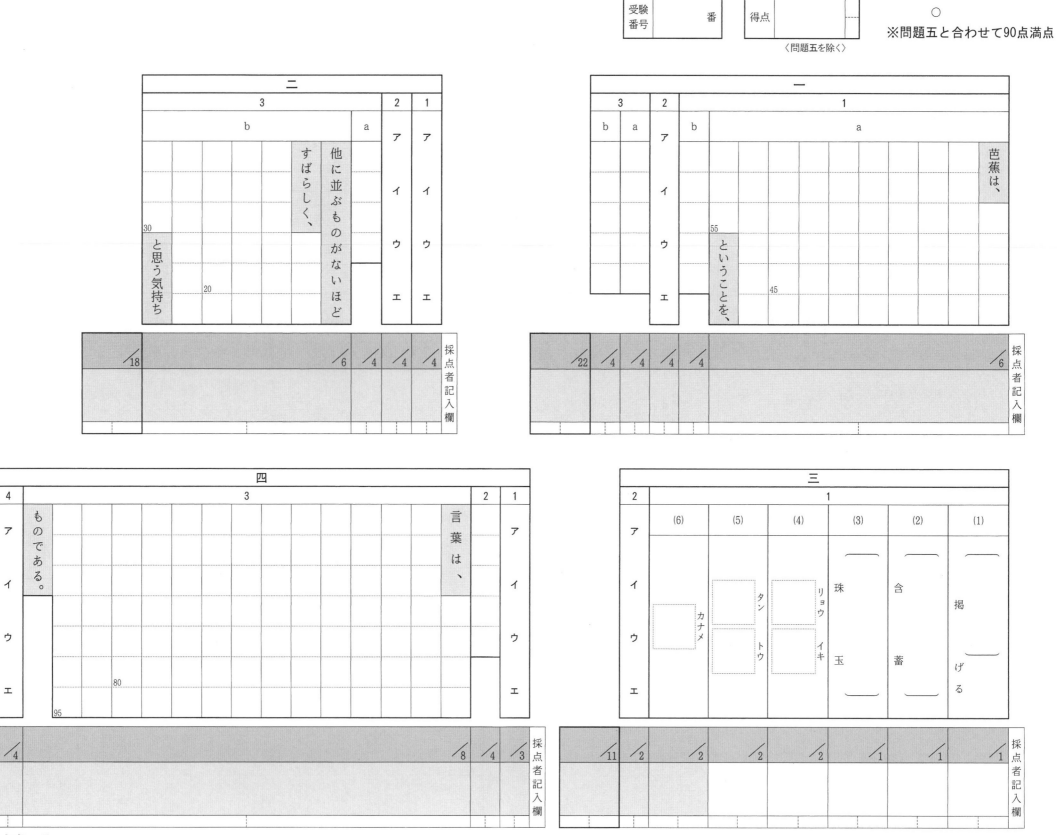

受験番号　　番　　得点　　〈問題五を除く〉

※問題五と合わせて90点満点

二

3		2	1
b	a	ア イ ウ エ	ア イ ウ エ

b
すばらしく、
他に並ぶものがないほど
30
と思う気持ち
20
a

採点者記入欄
/18　　/6　/4　/4　/4

一

3		2	1
b	a	ア イ ウ エ	a

芭蕉は、
b
55
ということを、
45

採点者記入欄
/22　/4　/4　/4　/4　　/6

四

4	3	2	1
ア イ ウ エ		ア イ ウ エ	ア イ ウ エ

ものである。
95
80
言葉は、

採点者記入欄
/19　/4　　/8　/4　/3

三

2	1					
ア イ ウ エ	(6)	(5)	(4)	(3)	(2)	(1)

(6) カナメ
(5) タントウ
(4) リョウイキ
(3) 珠玉
(2) 含蓄
(1) 掲げる

採点者記入欄
/11　/2　/2　/2　/2　/1　/1　/1

国語 【Ｃ問題】 （一般入学者選抜）

一　次の文章を読んで、あとの問いに答えなさい。

元禄三年九月六日付の門弟曲水宛の芭蕉書簡に「うづら鳴くなる坪の内と云ふ五文字、木ざしやと可有を珍夕にとられ候」と記されている。これは、

木ざしやうづら鳴くなる坪の内 ──Ⓐ

という句を作ったが、初五文字の「木ざしや」を珍夕にとられたというのだ。「木ざしや」の読みはキザワシ。木酔・木淡などの字が当てられ、木綿、木練、木ざしなどという。木になったまま甘くなる柿をいう。昔、とくに寒い地方では柿といえば渋柿がほとんどだったらしく、木の上で甘くなる柿を珍重してこう呼んだ。この「木ざしや」を珍夕にとられたというのは、之道編『江鮭子』（元禄3刊）に見られる門弟珍夕「三五夜中新月色」の次の句のことらしい。

珍夕
柿柿や鞠のかかりの見ゆる家

「木ざはし」は『江鮭子』において、ふりがながほどこしてあるので、当時「木ざはし」と言えば柿だったことがわかる。古くからの季寄せや歳時記の類にも見られる季語だから、芭蕉と珍夕の間でやりとりするといったものではないし、珍夕が専有できるものでもない。

曲水宛の芭蕉書簡は、冒頭に正秀・珍夕の両吟連句を絶賛し、とくに珍夕の上達を喜ぶことから書きはじめられている。「珍夕の両吟連句」も珍夕に対する愛情のこもった軽口なのだ。芭蕉としては、珍しい季語「木ざはし」を使っていい句ができたと思っていた。しかし珍夕の句の中にその季語を見つけたので、珍夕にゆずる気持ちで、自分の句からそれを削って、そのことをおもしろく「珍夕にとられ候」といった。自分の句に「木ざはし」があれば、珍夕の「木ざはし」が目立たない。へたをすると珍夕は、師匠の真似をしたといわれる。

芭蕉は珍夕の「木ざはし」が引き立つように自分の「木ざはし」を削除した。弟子思いの話なのだが、芭蕉が冗談めかしていったのは、珍夕への親しみであろうし、珍夕の気持ちに余計な負担をかけないようにしたとの、思いやりでもあるだろう。芭蕉の洒脱な心遣いだ。

これはもともとは師弟間の、ちょっといい話、といったものだが、別の角度から考えてみると、芭蕉の等類論に通じるところがある。ところが、珍夕の句と同じ季語を選んだ

芭蕉は珍夕の「木ざはし」の代わりを考えて、「桐の木」に改め、下五の「坪の内」を「塀の内」にして、「猿蓑」（元禄4刊）に見られる次の句になった。

桐の木にうづら鳴くなる塀の内 ──Ⓑ

同時に、いささか得意な珍しい季語を使われてしまったことが残念だった。せっかく輝いて見えたやや色褪せて感じられた。もう捨ててもいい。そこのところをやや拡大して考えれば、自分の類句を作られてしまったので、自分の句を捨ててしまったことに似ている。芭蕉は、人に使われて「木ざはし」の句を捨てたことで、それを捨てて他の言葉で作品の再生をはかった。

珍夕の「木ざはし」という類句にも相当するものの出現によって、芭蕉の句は言葉の入れ替えを余儀なくされた。それが句の推敲をうながし、より良い句の出現をもたらす。

（注）
曲水＝江戸時代の俳人。
之道＝江戸時代の俳人。
珍夕（珍碩・洒堂）＝江戸時代の俳人。
　　正秀＝江戸時代の俳人。
等類＝ここでは、連歌などにおいて、先行の作品と似た趣向・表現のものをつくることや、そのような作品のこと。

（山下一海『山下一海著作集』による）

1
① 珍夕にとられ候 とあるが、芭蕉がこのように表現したことについて、本文中で筆者が述べている内容を次のようにまとめた。ａ に入る内容を、本文中のことばを使って四十五字以上、五十五字以内で書きなさい。また、ｂ に入れるのに最も適しているひとつづきのことばを、本文中から九字で抜き出し、初めの五字を書きなさい。

芭蕉は、
ａ
ということを、珍夕に対する心遣いから「珍夕にとられ候」という ｂ で表現した。

② 「木ざはし」について、本文中で筆者が述べている内容を次のようにまとめた。ａ に入れるのに最も適しているひとつづきのことばを、本文中から九字で抜き出し、初めの五字を書きなさい。

芭蕉は「木ざはし」をもともと季語の「坪の内」を無季の「坪の内」に移すために、「桐の木」を季語の「うづら」「桐の木」に改めることによって、句の重心を季語の「うづら」「桐の木」に移し、句の焦点がくっきりと際立ち、品位が上がる。

2　次のうち、本文中の ② に入れるのに最も適していることばはどれか。一つ選び、記号を○で囲みなさい。

ア　新たなる季語を用いることへの執着
イ　珍しい季語を探求する姿勢
ウ　類句・類想に関する厳しい自省の相貌
エ　類句・類想を逆手にとった秀句の完成

3　Ⓐの句からⒷで示した句への作品の再生においては、
ａ
のようでも、句の焦点が際立ち、品位が上がっている。
ａ
、
ｂ
に入れるのに最も適しているひとつづきのことばを、それぞれ本文中から抜き出し、それぞれ初めの五字を書きなさい。ただし、ａ は十八字、ｂ は六字で抜き出しなさい。

二

次は、白居易という唐の詩人の「三五夜中新月色 二千里外故人心」という詩句についての筆者（篤好）の考えが述べられた文章である。これを読んで、あとの問いに答えなさい。

三五夜中新月色といふ詩句の新月とは、いかなる月の事ぞと、一儒生に問ひしかば、山端より今さし出でたる月をいふ也といへり。此の次句二千里外故人心といへるは、今山端より出でてたるの情とは聞こえず。月大空に照りわたりて、一天に塵ばかりの雲もなく、澄み渡りたる深夜のさま、身にしみて二千里外の人も、此の月を見るらむと思ひ出でられたる情なり。されば新月とは、今夜の月のさやけさをたぐひなければ、今夜新たに出で来たる月なりと思ひ出づるは清しともさやけしともいひ出では、新月といふ言の心なければ、猶尋ねて、さもあらば、篤好がおもふ所はことなり。昨日まで見し月日にはあらで、今夜の月のさやけさは、常ならぬ事かとおもはせたる詞なりて、今夜の月のさやけさはいふらむは言の心ともなりて、今夜の月のさやけさはいはむは言の心ともいへるは聞こえず。実に妙といふべし。

（注）
三五夜＝陰暦の十五日の夜。特に、八月十五日の中秋の名月の夜。
新月＝ここでは、十五夜の月のこと。
篤好＝五十嵐篤好。江戸時代の国学者。
二千里外＝非常に遠くはなれていること。
儒生＝儒学を学んでいる人。
故人＝古くからの友人。

1　一儒生に問ひしかば とあるが、次のうち、ある儒生に対して問うたことの内容として、本文中で述べられているものはどれか。最も適しているものを一つ選び、記号を○で囲みなさい。

ア　三五夜に出ている月を新月というのはなぜかということ。
イ　三五夜に出ている新月はどのような月であったかということ。
ウ　三五夜中新月色という詩句の新月はどのような様子の月かということ。
エ　三五夜中新月色という詩句の新月はどこから出る月かということ。

2　① 此の次句二千里外故人心 とあるが、この句にはどのような気持ちが表れていると述べられているか。次のうち、最も適しているものを一つ選び、記号を○で囲みなさい。

ア　月が大空に照り渡り、少しの雲もなく澄み渡った夜の様子に感じ入り、遠方にいる友人もこの月を見ているのであろうと思い入りな気持ち。
イ　月が大空に照り渡り、少しの雲もなく澄み渡った夜の様子に感じ入り、遠方にいる友人を見せてあげたいと思う気持ち。
ウ　月が大空に照り渡り、少しの雲もなく澄み渡った夜の様子に感じ入り、遠方にいる友人とかつて一緒に見た月には及ばないと思う気持ち。
エ　月が大空に照り渡り、少しの雲もなく澄み渡った夜の様子に感じ入り、遠方にいる友人とかつて一緒に月を見たことが思い出された気持ち。

3　本文中で述べられている、「新月」ということばについての筆者の考えを次のようにまとめた。ａ に入れるのに最も適していることばを、本文中から四字で抜き出しなさい。また、ｂ に入る内容を本文中から読み取って、現代のことばで二十字以上、三十字以内で書きなさい。

今夜の月の様子を言い、表しきれないことから、「明るく澄んだ」などと表現すると、「新月」と表現したことが非常に優れており、その月の様子が ａ になって、今夜の月の様子が他に並ぶものがないほどすばらしく、「新月」と表現したことが非常に優れており、
ｂ
と思う気持ちが感じられる。

（右ページ　3）

三　次の問いに答えなさい。

1　次の(1)～(3)の文中の傍線を付けた漢字の読み方を書きなさい。また、(4)～(6)の文中の傍線を付けたカタカナを漢字になおし、解答欄の枠内に書きなさい。ただし、漢字は楷書で、大きくていねいに書くこと。

(1) 高い目標を掲げる。
(2) 含蓄のある文章。
(3) 珠玉の短編。
(4) 専門リョウイキを広げる。
(5) タントウ直入に質問する。
(6) チームのカナメとなる選手。

2　次のうち、返り点にしたがって読むと「見る所期する所は、遠く且た大ならざるべからず。」の読み方になる漢文はどれか。一つ選び、記号を○で囲みなさい。

ア　所レ見ル、期スル所ハ、不ズ可ベカラ遠ク且タ大ナラ一。
イ　所レ見ル、期スル所ハ、不レ可カラ遠ク且タ大ナラ一。
ウ　所レ見ル、期スル所ハ、不レ可カラ遠ク且タ大ナラ一。
エ　所レ見ル、期スル所ハ、不レ可カラ遠ク且タ大ナラ一。

四　次の文章を読んで、あとの問いに答えなさい。

（注）大上段に＝ここでは、考え方の視点などを高所に置いて、ということ。
ディテール＝全体の中の細かい部分。

（若山滋『風土から文学への空間』による）

（左ページ　4）

1　次のうち、①対象 と熟語の構成が同じものはどれか。一つ選び、記号を○で囲みなさい。
ア　経緯　イ　造幣　ウ　過程　エ　痕跡

2　②この時代の都市や建築の空間を、ほとんど失っている とあるが、本文中で筆者がこのように述べる理由を次のようにまとめた。　　に入れるのに最も適しているひとつづきのことばを、本文中から十二字で抜き出し、初めの五字を書きなさい。

平城京の物理的な空間構造はある程度推察されており、法隆寺や東大寺などの寺院建築は昔の面影を伝えているが、□□□□□□□□□□□□ から。

3　③ある空間に対する人間の感覚を、言葉を介して他者に伝えようとする とあるが、本文中で筆者は、文学の中の都市と建築の空間表現において、言葉はどのような内容を伝えようとするかを明らかにして、本文中のことばを使って八十字以上、九十五字以内で書きなさい。

言葉は、□□□□□□□□ものである。

4　次のうち、本文中で述べられていることがらと内容の合うものはどれか。最も適しているものを一つ選び、記号を○で囲みなさい。

ア　文学の中の都市と建築の空間についての研究で用いるデータは、文学に現れる空間表現を工学的に抽出したものであり、その価値は、高くなる。

イ　文学の中の都市と建築についての研究は、文学の中に現れる都市と建築にかかわる空間表現を建築論的、文学論的、文化論的に分類した上でコンピューターに入力し、考察を進めていくという方法をとる。

ウ　文学の中から姿を現す空間は、その時代を生きた人間の心象空間であるという意味では人間と空間の関係の真実を表していると言えるが、虚構の空間であるため、物理的な都市や建築の命脈には及ばない。

エ　文学の中から姿を現す空間は虚構の都市や建築の空間であるが、ある文化の中で一つの世界を構築し歴史の流れを形成するものであり、現実と相互に絡まりあいながら、人間の真実としての都市と建築の文化史を織りなしていく。

五　次の【資料】は、「あなたにとって『美しい日本語』とはどのような言葉か」という質問に対する回答結果を示したものです。【資料】からわかることにもふれながら、「美しさを感じる言葉」とはどのようなものかということについてのあなたの考えを、別の原稿用紙に三百字以内で書きなさい。

【資料】

「あなたにとって『美しい日本語』とはどのような言葉か」
（全国の16歳以上を対象に調査・下記の選択肢から三つまで選択可）

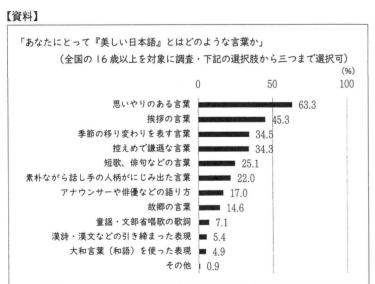

選択肢	（％）
思いやりのある言葉	63.3
挨拶の言葉	45.3
季節の移り変わりを表す言葉	34.5
控えめで謙遜な言葉	34.3
短歌、俳句などの言葉	25.1
素朴ながら話し手の人柄がにじみ出た言葉	22.0
アナウンサーや俳優などの語り方	17.0
故郷の言葉	14.6
童謡・文部省唱歌の歌詞	7.1
漢詩・漢文などの引き締まった表現	5.4
大和言葉（和語）を使った表現	4.9
その他	0.9

（「国語に関する世論調査」（文化庁）により作成）

2

令和5年度

大阪府学力検査問題

（ 一 般 入 学 者 選 抜 ）

数　学

〔Ａ 問 題〕

（50分）

注　　意

1　「開始」の合図があるまで開いてはいけません。

2　答えは，すべて**解答用紙**に書きなさい。

　・答えとして記号を選ぶ問題は，下の【解答例】にならい，すべて**解答用紙の記号**を
　　○で囲みなさい。また，答えを訂正するときは，もとの○をきれいに消しなさい。

　　【解答例】

　・答えが根号を含む数になる場合は，根号の中をできるだけ小さい自然数にしなさい。

　解答用紙の**採点者記入欄**には，何も書いてはいけません。

3　問題は，中の用紙のＡ面に1・2，Ｂ面に3・4があります。

4　「開始」の合図で，まず，解答用紙に受験番号を書きなさい。

5　「終了」の合図で，すぐ鉛筆を置きなさい。

令和 5 年度大阪府学力検査問題

数 学 解 答 用 紙〔A問題〕

採点者記入欄

1
(1)		/3
(2)		/3
(3)		/3
(4)		/3
(5)		/3
(6)		/3
		/18

採点者記入欄

2
(1)	ア　　　イ　　　ウ　　　エ	/3
(2)		/3
(3)	ア　　　イ　　　ウ　　　エ	/3
(4)	g	/3
(5)	度	/3
(6)	回	/3
(7)	$x =$ 　　　　,　$y =$	/3
(8)		/3
(9)		/3
(10)		/3
(11)	ア　　　イ　　　ウ　　　エ	/3
		/33

採点者記入欄

3
(1)	①	(ア)	/3
		(イ)	/3
	②	$y =$	/5
(2)			/5
			/16

採点者記入欄

4
(1)	ア　　　イ　　　ウ　　　エ	/3
(2)	cm²	/3
(3)	ⓐ	/3
	ⓑ	
	ⓒ	ア　　　イ　　　ウ	/3
(4)	（求め方）　　　　　　　　　　　　　　　cm	/8
		/23

1 次の計算をしなさい。

(1) $5 \times (-4) + 7$

(2) $3.4 - (-2.5)$

(3) 2×4^2

(4) $8x - 3 + 2(x + 1)$

(5) $-18xy \div 3x$

(6) $\sqrt{5} + \sqrt{45}$

2 次の問いに答えなさい。

(1) $-\dfrac{7}{4}$ は，次の数直線上の**ア～エ**で示されている範囲のうち，どの範囲に入っていますか。一つ選び，記号を○で囲みなさい。

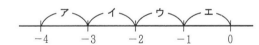

(2) $a = -3$ のとき，$4a + 21$ の値を求めなさい。

(3) n を整数とするとき，次の**ア～エ**の式のうち，その値がつねに 3 の倍数になるものはどれですか。一つ選び，記号を○で囲みなさい。

　ア $\dfrac{1}{3}n$　　　イ $n + 3$　　　ウ $2n + 1$　　　エ $3n + 6$

(4) 「1 個の重さが a g のビー玉 2 個と，1 個の重さが b g のビー玉 7 個の重さの合計」を a，b を用いて表しなさい。

(5) 正五角形の内角の和を求めなさい。

(6) 右図は，ある中学校の卓球部の部員が行った反復横とびの記録を箱ひげ図に表したものである。卓球部の部員が行った反復横とびの記録の四分位範囲を求めなさい。

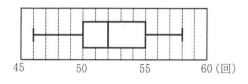

(7) 連立方程式 $\begin{cases} x - 3y = 10 \\ 5x + 3y = 14 \end{cases}$ を解きなさい。

(8) 二次方程式 $x^2 - 2x - 35 = 0$ を解きなさい。

(9) 二つのさいころを同時に投げるとき，出る目の数の和が 10 より大きい確率はいくらですか。1 から 6 までのどの目が出ることも同様に確からしいものとして答えなさい。

(10) 右図において，m は関数 $y = ax^2$（a は正の定数）のグラフを表す。A，B は m 上の点であって，A の x 座標は 3 であり，B の x 座標は -2 である。A の y 座標は，B の y 座標より 2 大きい。a の値を求めなさい。

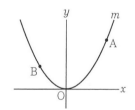

(11) 右図において，立体 ABCD － EFGH は直方体である。次の**ア～エ**のうち，辺 AB と垂直な面はどれですか。一つ選び，記号を○で囲みなさい。

　ア　面 ABCD　　　イ　面 BFGC
　ウ　面 AEFB　　　エ　面 EFGH

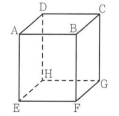

3 自宅で加湿器を利用しているDさんは，加湿器を使うと加湿器の
タンクの水の量が一定の割合で減っていくことに興味をもち，
「加湿器を使用した時間」と「タンクの水の量」との関係について
考えることにした。

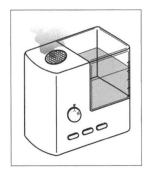

初めの「タンクの水の量」は840 mLである。加湿器を使用した
とき，「タンクの水の量」は毎分6 mLの割合で減る。
次の問いに答えなさい。

(1) 「加湿器を使用した時間」が x 分のときの「タンクの水の量」を y mLとする。また，$0 \leqq x \leqq 140$
とし，$x = 0$ のとき $y = 840$ であるとする。

① 次の表は，x と y との関係を示した表の一部である。表中の(ア)，(イ)に当てはまる数をそれぞれ
書きなさい。

x	0	$\cdots$	1	$\cdots$	3	$\cdots$	9	$\cdots$
y	840	$\cdots$	834	$\cdots$	(ア)	$\cdots$	(イ)	$\cdots$

② y を x の式で表しなさい。

(2) Dさんは，タンクに水が840 mL入った状態から加湿器を使い始め，しばらくしてタンクの水の量が
450 mLまで減っていることに気が付いた。Dさんは，加湿器を使用した時間について考えてみた。
「加湿器を使用した時間」を t 分とする。「タンクの水の量」が450 mLであるときの t の値を
求めなさい。

4 右図において，四角形ABCDは内角∠ABCが
鋭角の平行四辺形であり，AB = 4 cm，AD = 8 cm
である。Eは，Dから直線ABにひいた垂線と
直線ABとの交点である。このとき，ED ⊥ DC
である。EとCとを結ぶ。Fは，線分ECと辺AD
との交点である。Gは，Dから直線BCにひいた
垂線と直線BCとの交点である。DG = x cmとし，
$0 < x < 4$ とする。
次の問いに答えなさい。

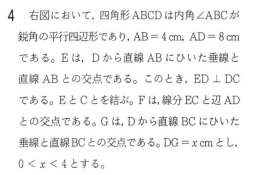
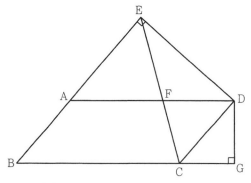

(1) 次のア〜エのうち，△DCGを直線DGを軸として1回転させてできる立体の名称として正しいもの
はどれですか。一つ選び，記号を○で囲みなさい。

ア 三角柱   イ 円柱   ウ 三角すい   エ 円すい

(2) 四角形ABCDの面積を x を用いて表しなさい。

(3) 次は，△EAD ∽ △GCDであることの証明である。⑥，⑤ に入れるのに適している
「角を表す文字」をそれぞれ書きなさい。また，ⓒ〔　　〕から適しているものを一つ選び，記号
を○で囲みなさい。

（証 明）
　△EAD と△GCDにおいて
　　DE ⊥ EB，DG ⊥ BGだから　∠DEA = ∠ ⓐ = 90° ………………………………… あ
　　EB // DCであり，平行線の錯角は等しいから
　　　∠EAD = ∠ADC ……………………………………………………………………… ⓘ
　　AD // BGであり，平行線の錯角は等しいから
　　　∠ ⓑ = ∠ADC ……………………………………………………………………… ⓤ
　　ⓘ，ⓤより　∠EAD = ∠ ⓑ ……………………………………………………… え
　あ，えより，
　　ⓒ〔　ア 1組の辺とその両端の角　　イ 2組の辺の比とその間の角　　ウ 2組の角　〕
　がそれぞれ等しいから
　　　△EAD ∽ △GCD

(4) $x = 3$ であるときの線分ECの長さを求めなさい。答えを求める過程がわかるように，途中の式を
含めた求め方も説明すること。

令和 5 年度

大阪府学力検査問題
（ 一 般 入 学 者 選 抜 ）

数　学
〔Ｂ問題〕

（50分）

注　　意

1　「開始」の合図があるまで開いてはいけません。

2　答えは，すべて**解答用紙**に書きなさい。

・答えとして記号を選ぶ問題は，下の【解答例】にならい，すべて解答用紙の記号を
〇で囲みなさい。また，答えを訂正するときは，もとの〇をきれいに消しなさい。

【解答例】

ア	イ	ウ	エ

・答えが根号を含む数になる場合は，根号の中をできるだけ小さい自然数にしなさい。

解答用紙の**採点者記入欄**には，何も書いてはいけません。

3　問題は，中の用紙のＡ面に 1・2，Ｂ面に 3・4 があります。

4　「開始」の合図で，まず，解答用紙に受験番号を書きなさい。

5　「終了」の合図で，すぐ鉛筆を置きなさい。

1　次の計算をしなさい。

(1)　$2 \times (-3) - 4^2$

(2)　$5(2a + b) - 4(a + 3b)$

(3)　$2a \times 9ab \div 6a^2$

(4)　$(x + 1)^2 + x(x - 2)$

(5)　$(2\sqrt{5} + \sqrt{3})(2\sqrt{5} - \sqrt{3})$

2　次の問いに答えなさい。

(1)　$a = -6$，$b = 5$ のとき，$a^2 - 8b$ の値を求めなさい。

(2)　二次方程式　$x^2 - 11x + 18 = 0$　を解きなさい。

(3)　n を自然数とするとき，$5 - \dfrac{78}{n}$ の値が自然数となるような最も小さい n の値を求めなさい。

(4)　関数 $y = \dfrac{10}{x}$ について，x の値が 1 から 5 まで増加するときの変化の割合を求めなさい。

(5)　二つの箱 A，B がある。箱 A には自然数の書いてある 3 枚のカード $\boxed{1}$，$\boxed{2}$，$\boxed{3}$ が入っており，箱 B には奇数の書いてある 5 枚のカード $\boxed{1}$，$\boxed{3}$，$\boxed{5}$，$\boxed{7}$，$\boxed{9}$ が入っている。A，B それぞれの箱から同時にカードを 1 枚ずつ取り出し，箱 A から取り出したカードに書いてある数を a，箱 B から取り出したカードに書いてある数を b とする。このとき，$\dfrac{b}{a}$ の値が 1 より大きく 4 より小さい数になる確率はいくらですか。A，B それぞれの箱において，どのカードが取り出されることも同様に確からしいものとして答えなさい。

(6)　ある中学校の剣道部，卓球部，水泳部の部員が反復横とびの測定を行った。右図は，その記録を箱ひげ図に表したものである。次の**ア～オ**のうち，右図からわかることとして正しいものはどれですか。**すべて**選び，記号を○で囲みなさい。

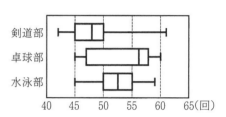

ア　三つの部の部員のうち，記録が 60 回以上の部員は 1 人だけである。

イ　剣道部の記録の四分位範囲と，水泳部の記録の四分位範囲は同じである。

ウ　三つの部のうち，記録の範囲が最も大きいのは卓球部である。

エ　第 1 四分位数が最も小さいのは，水泳部の記録である。

オ　卓球部では，半数以上の部員の記録が 55 回以上である。

(7)　右図の立体は，底面の半径が 4 cm，高さが a cm の円柱である。右図の円柱の表面積は 120π cm^2 である。a の値を求めなさい。

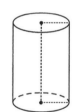

(8)　右図において，m は関数 $y = ax^2$（a は正の定数）のグラフを表し，ℓ は関数 $y = \dfrac{1}{3}x - 1$ のグラフを表す。A は，ℓ と x 軸との交点である。B は，A を通り y 軸に平行な直線と m との交点である。C は，B を通り x 軸に平行な直線と m との交点のうち B と異なる点である。D は，C を通り y 軸に平行な直線と ℓ との交点である。四角形 ABCD の面積は 21 cm^2 である。a の値を求めなさい。答えを求める過程がわかるように，途中の式を含めた求め方も説明すること。ただし，原点 O から点（1，0）までの距離，原点 O から点（0，1）までの距離はそれぞれ 1 cm であるとする。

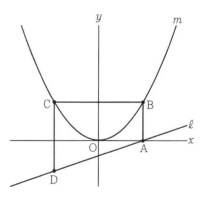

②

令和 5 年度

大阪府学力検査問題

（ 一 般 入 学 者 選 抜 ）

数 学

〔Ｃ 問 題〕

（60分）

注　　意

1　「開始」の合図があるまで開いてはいけません。

2　答えは，すべて**解答用紙**に書きなさい。

　・答えとして記号を選ぶ問題は，下の【解答例】にならい，すべて解答用紙の記号を
　　〇で囲みなさい。また，答えを訂正するときは，もとの〇をきれいに消しなさい。

　【解答例】

　・答えが根号を含む数になる場合は，根号の中をできるだけ小さい自然数にしなさい。

　解答用紙の**採点者記入欄**には，何も書いてはいけません。

3　問題は，中の用紙のＡ面に 1 ，Ｂ面に 2 ・ 3 があります。

4　「開始」の合図で，まず，解答用紙に受験番号を書きなさい。

5　「終了」の合図で，すぐ鉛筆を置きなさい。

1 次の問いに答えなさい。

(1) $-a \times (2ab)^2 \div \left(-\dfrac{2}{3}ab^2\right)$ を計算しなさい。

(2) $\dfrac{6+\sqrt{8}}{\sqrt{2}} + (2-\sqrt{2})^2$ を計算しなさい。

(3) a を 0 でない定数とする。x の二次方程式　$ax^2 + 4x - 7a - 16 = 0$　の一つの解が $x = 3$ であるとき，a の値を求めなさい。また，この方程式のもう一つの解を求めなさい。

(4) a，b，c，d を定数とし，$a > 0$，$b < 0$，$c < d$ とする。関数 $y = ax^2$ と関数 $y = bx + 1$ について，x の変域が $-3 \leqq x \leqq 1$ のときの y の変域がともに $c \leqq y \leqq d$ であるとき，a，b の値をそれぞれ求めなさい。

(5) n を自然数とする。$n \leqq \sqrt{x} \leqq n + 1$ を満たす自然数 x の個数が 100 であるときの n の値を求めなさい。

(6) 二つの箱 A，B がある。箱 A には 1 から 4 までの自然数が書いてある 4 枚のカード $\boxed{1}$，$\boxed{2}$，$\boxed{3}$，$\boxed{4}$ が入っており，箱 B には 4 から 8 までの自然数が書いてある 5 枚のカード $\boxed{4}$，$\boxed{5}$，$\boxed{6}$，$\boxed{7}$，$\boxed{8}$ が入っている。A，B それぞれの箱から同時にカードを 1 枚ずつ取り出し，箱 A から取り出したカードに書いてある数を a，箱 B から取り出したカードに書いてある数を b として，次の**きまり**にしたがって得点を決めるとき，得点が偶数である確率はいくらですか。A，B それぞれの箱において，どのカードが取り出されることも同様に確からしいものとして答えなさい。

> **きまり**：a と b の最大公約数が 1 の場合は $a + b$ の値を得点とし，a と b の最大公約数が 1 以外の場合は $\sqrt{2ab}$ の値を得点とする。

(7) a を一の位の数が 0 でない 2 けたの自然数とし，b を a の十の位の数と一の位の数とを入れかえてできる自然数とするとき，$\dfrac{b^2 - a^2}{99}$ の値が 24 である a の値を**すべて**求めなさい。

(8) 右図において，m は関数 $y = \dfrac{1}{5}x^2$ のグラフを表す。A は m 上の点であり，その x 座標は 5 である。B は y 軸上の点であり，その y 座標は -1 である。ℓ は，2 点 A，B を通る直線である。C は ℓ 上の点であり，その x 座標は負である。C の x 座標を t とし，$t < 0$ とする。D は，C を通り y 軸に平行な直線と m との交点である。E は，A を通り x 軸に平行な直線と直線 DC との交点である。線分 DC の長さが線分 EA の長さより 3 cm 短いときの t の値を求めなさい。答えを求める過程がわかるように，途中の式を含めた求め方も説明すること。ただし，原点 O から点 $(1，0)$ までの距離，原点 O から点 $(0，1)$ までの距離はそれぞれ 1 cm であるとする。

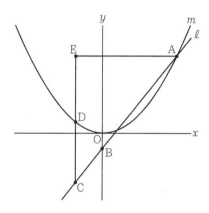

③

令 和 5 年 度

大阪府学力検査問題

(一 般 入 学 者 選 抜)

英　語
〔 A 問 題 〕

（40分）

注　　意

1　「開始」の合図があるまで開いてはいけません。

2　答えは，すべて**解答用紙**に書きなさい。

　・答えとして記号を選ぶ問題は，下の【解答例】にならい，すべて**解答用紙の記号**を
　　○で囲みなさい。また，答えを訂正するときは，もとの○をきれいに消しなさい。
　　【解答例】

　・答えの語数が指定されている問題は，**コンマやピリオドなどの符号**は語数に含めない
　　こと。

　解答用紙の**採点者記入欄**には，何も書いてはいけません。

3　問題は，中の用紙のＡ面に1・2，Ｂ面に3があります。

4　「開始」の合図で，まず，解答用紙に受験番号を書きなさい。

5　「終了」の合図で，すぐ鉛筆を置きなさい。

6　放送による英語リスニングテストをこの検査終了後に行いますので，指示に従いなさい。

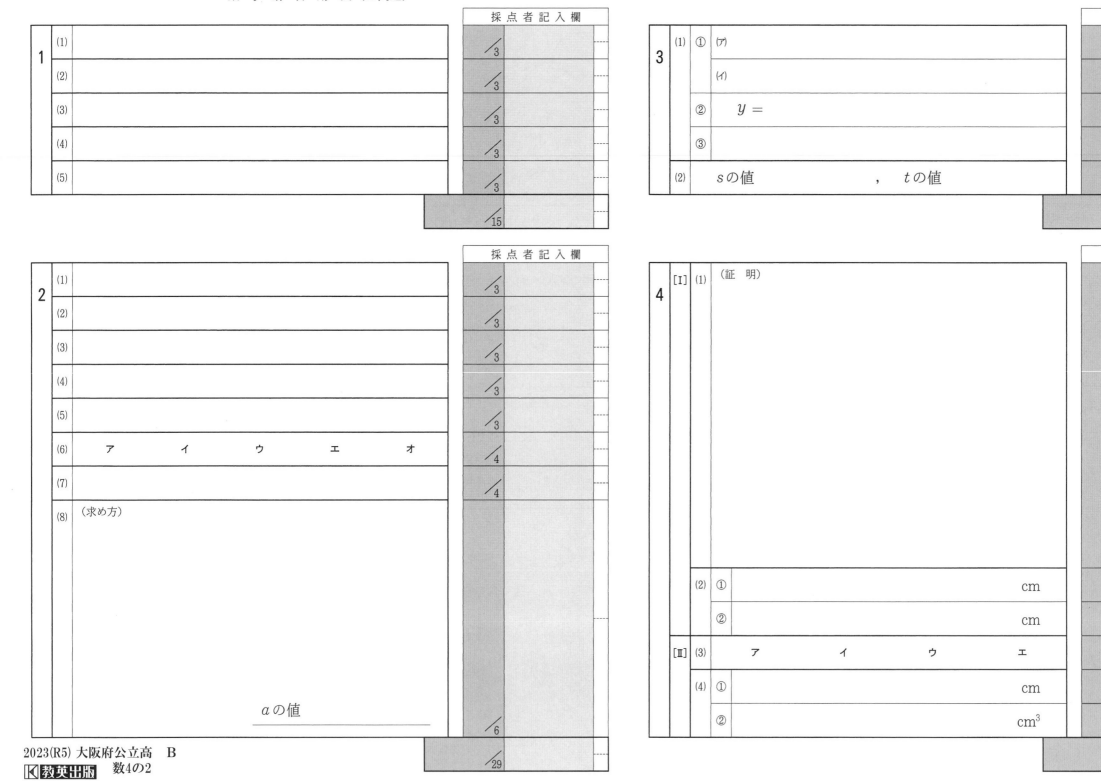

3　自宅で加湿器を利用しているDさんは，加湿器を使うと加湿器の
タンクの水の量が一定の割合で減っていくことに興味をもち，
「加湿器を使用した時間」と「タンクの水の量」との関係について
考えることにした。Dさんの自宅の加湿器は，**強モード，弱モード**
のどちらかのモードを選んで使うことができる。タンクには水が
840 mL 入っており，**強モード**で使用する場合「タンクの水の量」は
毎分 6 mL の割合で減り，**弱モード**で使用する場合「タンクの水の
量」は毎分 2 mL の割合で減る。

次の問いに答えなさい。

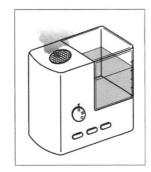

(1)　Dさんは，加湿器を**強モード**で使用する場合について考えた。

初めの「タンクの水の量」は 840 mL である。「加湿器を使用した時間」が x 分のときの「タンク
の水の量」を y mL とする。また，$0 \leqq x \leqq 140$ とし，$x = 0$ のとき $y = 840$ であるとする。

①　次の表は，x と y との関係を示した表の一部である。表中の(ア)，(イ)に当てはまる数をそれぞれ
書きなさい。

x	0	$\cdots$	1	$\cdots$	3	$\cdots$	9	$\cdots$
y	840	$\cdots$	834	$\cdots$	(ア)	$\cdots$	(イ)	$\cdots$

②　y を x の式で表しなさい。

③　$y = 450$ となるときの x の値を求めなさい。

(2)　Dさんは，タンクに水が 840 mL 入った状態から加湿器を使い始め，途中でモードを切りかえて
使用した。

初めの「タンクの水の量」は 840 mL である。加湿器を最初は**強モード**で s 分間使用し，その後
続けて**弱モード**に切りかえて t 分間使用したところ，タンクの水はちょうどなくなった。加湿器を
強モードで使用した時間と**弱モード**で使用した時間の合計は 192 分であった。s，t の値をそれぞれ
求めなさい。ただし，モードの切りかえにかかる時間はないものとする。

4　次の［I］，［II］に答えなさい。

［I］　図Iにおいて，四角形 ABCD は長方形であり，AB > AD
である。△ABE は AB = AE の二等辺三角形であり，E は
直線 DC について B と反対側にある。D と E とを結んで
できる線分 DE は，辺 BE に垂直である。F は，辺 BE と
辺 DC との交点である。G は，直線 AE と直線 BC との
交点である。

次の問いに答えなさい。

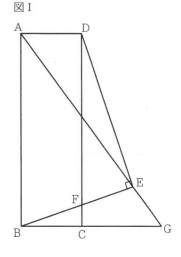
図 I

(1)　△AED ∽ △GBE であることを証明しなさい。

(2)　AB = 4 cm，BG = 3 cm であるとき，

①　辺 AD の長さを求めなさい。

②　線分 FC の長さを求めなさい。

［II］　図IIにおいて，立体 A − BCD は三角すいであり，
直線 AB は平面 BCD と垂直である。△BCD は，1 辺の
長さが 4 cm の正三角形である。AB = 6 cm である。
E は，辺 AD 上にあって A，D と異なる点である。E と
B とを結ぶ。F は，E を通り辺 DB に平行な直線と辺 AB
との交点である。G は，E を通り辺 AB に平行な直線と
辺 DB との交点である。H は，E を通り辺 AC に平行な
直線と辺 CD との交点である。H と B とを結ぶ。

次の問いに答えなさい。

(3)　次の**ア**〜**エ**のうち，線分 EH とねじれの位置にある
辺はどれですか。一つ選び，記号を○で囲みなさい。

ア　辺 AB　　　**イ**　辺 AC

ウ　辺 AD　　　**エ**　辺 CD

(4)　EF = EG であるとき，

①　線分 EG の長さを求めなさい。

②　立体 EHDB の体積を求めなさい。

受験番号	番	得点		

※90点満点

○

採点者記入欄

1	(1)		/4	
	(2)		/4	
	(3)	a の値 　　　もう一つの解 $x =$	/5	
	(4)	a の値 　　　　　　b の値	/5	
	(5)		/6	
	(6)		/6	
	(7)		/6	
	(8)	(求め方)		
			/8	
		t の値 _____		
			/44	

採点者記入欄

2	(1)	①	cm	/4	
		②	(証 明)		
				/8	
	(2)	①	cm	/4	
		②	cm	/6	
				/22	

採点者記入欄

3	(1)	①	ア　　イ　　ウ　　エ　　オ	/4	
		②	倍	/4	
		③	cm	/6	
	(2)	①	cm	/4	
		②	cm³	/6	
				/24	

2 図Ⅰ,図Ⅱにおいて,四角形 ABCD は内角∠ABC が鋭角のひし形であり,AB = 7 cm である。△DCE は鋭角三角形であり,E は直線 BC 上にある。F は辺 DE 上にあって D,E と異なる点であり,B と F とを結んでできる線分 BF は辺 DE に垂直である。G は,C から辺 AB にひいた垂線と辺 AB との交点である。H は辺 CE 上の点であり,CH = GB である。D と H とを結ぶ。
次の問いに答えなさい。

(1) 図Ⅰにおいて,

① 四角形 ABCD の対角線 AC の長さを a cm,四角形 ABCD の面積を S cm² とするとき,四角形 ABCD の対角線 BD の長さを a,S を用いて表しなさい。

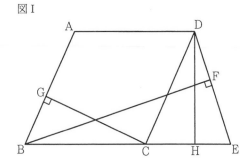

図Ⅰ

② △DHE ∽ △BFE であることを証明しなさい。

(2) 図Ⅱにおいて,GB = 2 cm,HE = 3 cm である。I は,線分 BF と辺 DC との交点である。J は,直線 BF と直線 AD との交点である。

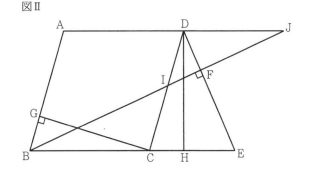

図Ⅱ

① 線分 FE の長さを求めなさい。

② 線分 IJ の長さを求めなさい。

3 図Ⅰ,図Ⅱにおいて,立体 ABCD － EFGH は六つの平面で囲まれてできた立体である。四角形 ABCD は,1辺の長さが 2 cm の正方形である。四角形 EFGH は,EF = 6 cm,FG = 4 cm の長方形である。平面 ABCD と平面 EFGH は平行である。四角形 AEFB は AB ∥ EF の台形であり,AE = BF = 4 cm である。四角形 DHGC ≡ 四角形 AEFB である。四角形 BFGC は BC ∥ FG の台形である。四角形 AEHD ≡ 四角形 BFGC である。
次の問いに答えなさい。

(1) 図Ⅰにおいて,四角形 IJKL は長方形であり,I,J,K,L はそれぞれ辺 AE,BF,CG,DH 上にある。このとき,AI = BJ = CK = DL である。E と J,G と J とをそれぞれ結ぶ。

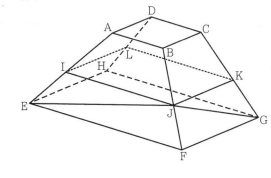

図Ⅰ

① 次のア～オのうち,辺 BF とねじれの位置にある辺はどれですか。すべて選び,記号を○で囲みなさい。

ア 辺 AB   イ 辺 EH   ウ 辺 CG   エ 辺 GH   オ 辺 DH

② △JFG の面積は△JEF の面積の何倍ですか。

③ 四角形 IJKL の周の長さが 15 cm であるときの辺 JK の長さを求めなさい。

(2) 図Ⅱにおいて,M は B から平面 EFGH にひいた垂線と平面 EFGH との交点である。N,O は,それぞれ辺 EF,HG の中点である。このとき,4点 B,N,O,C は同じ平面上にあり,この4点を結んでできる四角形 BNOC は BC ∥ NO の台形である。

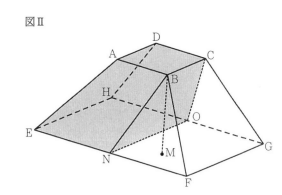

図Ⅱ

① 線分 BM の長さを求めなさい。

② 立体 ABCD － ENOH の体積を求めなさい。

〇

受験 番号		番

得点		┆

〈リスニングを除く〉

※リスニングと合わせて
90点満点

令和5年度大阪府学力検査問題
英 語 解 答 用 紙 〔A問題〕

採 点 者 記 入 欄	

1

					/2	
(1)	ア	イ		ウ	/2	
(2)	ア	イ		ウ	/2	
(3)	ア	イ		ウ	/2	
(4)	ア	イ		ウ	/2	
(5)	ア	イ		ウ	/2	
(6)	ア	イ		ウ	/2	
(7)	ア	イ		ウ	/2	
(8)	ア	イ		ウ	/2	
(9)	ア	イ		ウ	/2	
(10)	ア	イ		ウ	/2	
					/20	

採 点 者 記 入 欄	

2
[I]

(1)	ア	イ	ウ	エ	/2	
(2)					/2	
(3)	ア	イ	ウ	エ	/3	
(4)	ア	イ	ウ	エ	/3	
					/10	

採 点 者 記 入 欄	

2
[Ⅱ]

①			
	_____ _____ _____ _____		/3
	_____5_____ _____ _____		
②			
	_____ _____ _____ _____		/3
	_____5_____ _____ _____		
③			
	_____ _____ _____ _____		/4
	_____5_____ _____ _____		
			/10

採 点 者 記 入 欄	

3

(1)	ア	イ	ウ	エ	/3	
(2)	_____ heard the word.				/3	
(3)	ア	イ	ウ	エ	/3	
(4)	I like _____ .				/3	
(5)					/3	
(6)	ア	イ	ウ	エ	/3	
(7)	ア	イ	ウ	エ	/3	
(8)	①				/3	
	②				/4	
					/28	

3　次は，高校生の広志 (Hiroshi)，インドネシア (Indonesia) からの留学生のサリ (Sari)，江藤先生 (Mr. Eto) の３人が学校で交わした会話の一部です。会話文を読んで，あとの問いに答えなさい。

Hiroshi: Hi, Sari. I have a question for you.

Sari: Hi, Hiroshi. What is your question?

Hiroshi: Yesterday, when I was using the Internet to find information about *natto*, I found some interesting information. According to it, *natto* is one kind of fermented soybean food and there are many other kinds of fermented soybean food in the world. ①　people in Indonesia eat fermented soybean food?

Sari: Yes. In Indonesia, we eat food called "*tempeh*."

Hiroshi: *Tempeh*? ②　heard the word. Is it similar to *natto*?

Sari: Well, I don't think so.

Mr. Eto: Hi, Hiroshi and Sari. What are you talking about?

Sari: Hello, Mr. Eto. Hiroshi wanted to know about fermented soybean food and he asked me about it.

Mr. Eto: Oh, in Indonesia, are there any kinds of fermented soybean food?

Hiroshi: Yes. Sari says people in her country eat food called *tempeh*.

Mr. Eto: I didn't know that. Sari, please tell us more about the food.

Sari: Sure. Both *tempeh* and *natto* are fermented soybean food. But, they have some differences. I'll show you a picture.

Hiroshi: Wow! The food in this picture looks like cake.

Mr. Eto: Is this *tempeh*? *Tempeh* and *natto* look very different.

Sari: That's right. The ways of eating *tempeh* and *natto* are also different. Many people in Japan usually eat *natto* with rice, right?

Mr. Eto: Yes. ③

Sari: We usually fry *tempeh*. And, we cook *tempeh* in various ways. For example, my brother cooks curry with *tempeh*.

Hiroshi: Oh, curry with *tempeh*? Is it delicious?

Sari: Yes! ④　I think some people in Indonesia always have *tempeh* to cook at home and Ⓐthey eat it almost every day.

Mr. Eto: *Tempeh* is popular food in Indonesia, right?

Sari: Yes!

Hiroshi: I want to eat *tempeh*.

Sari: Oh, I saw *tempeh* sold in Japan.

Hiroshi: Really? Where did you find *tempeh*?

Sari: ⑤　Maybe now it's getting popular in Japan.

Hiroshi: I want to buy *tempeh* and eat it. Then, I can compare *tempeh* and *natto*.

Sari: Let's go there to buy *tempeh* this weekend.

Hiroshi: Thank you, Sari. You told us interesting things about *tempeh*. I became more interested in various kinds of fermented soybean food in the world. And, now I want to know more things about *natto*, too. It is interesting to learn about food both in my country and in other countries.

Sari: ⒷI agree. Now, I want to know more things about *tempeh*. Talking about the differences between *tempeh* and *natto* was fun.

Mr. Eto: We can sometimes learn about our own country by knowing about other countries. Thank you for telling us about *tempeh*, Sari.

（注）fermented soybean food　発酵大豆食品　　　　fry　（フライパンなどで）炒める

natto (納豆)
（複数形も *natto*）

tempeh (テンペ)
（インドネシアの発酵大豆食品，複数形も *tempeh*）

(1)　次のうち，本文中の ① に入れるのに最も適しているものはどれですか。一つ選び，記号を○で囲みなさい。

ア　Are　　　　イ　Do　　　　ウ　Does　　　　エ　Is

(2)　本文中の ‘ ② heard the word.’ が，「私はその言葉を一度も聞いたことがありません。」という内容になるように，解答欄の＿＿＿＿に英語３語を書き入れ，英文を完成させなさい。

(3)　本文の内容から考えて，次のうち，本文中の ③ に入れるのに最も適しているものはどれですか。一つ選び，記号を○で囲みなさい。

ア　How do you eat *tempeh*?　　　　イ　What does *tempeh* mean?
ウ　When do you buy *tempeh*?　　　　エ　Where do you eat *tempeh*?

(4)　本文中の ④ が，「私は彼が作るカレーが好きです。」という内容になるように，次の〔　　〕内の語を並べかえて解答欄の＿＿＿＿に英語を書き入れ，英文を完成させなさい。

I like 〔 makes　he　curry　the 〕.

(5)　本文中の Ⓐthey の表している内容に当たるものとして最も適しているひとつづきの英語４語を，本文中から抜き出して書きなさい。

(6)　本文の内容から考えて，次のうち，本文中の ⑤ に入れるのに最も適しているものはどれですか。一つ選び，記号を○で囲みなさい。

ア　I thought that it was eaten in other countries.
イ　I read a book about it in the school library.
ウ　I found it in the supermarket near our school.
エ　I found that *tempeh* and *natto* were different when I ate them.

(7)　次のうち，本文中の ⒷI agree. が表している内容として最も適しているものはどれですか。一つ選び，記号を○で囲みなさい。

ア　Sari thinks *tempeh* is getting popular in Japan.
イ　Sari thinks *tempeh* is popular food in Indonesia.
ウ　Sari thinks she and Hiroshi can eat *tempeh*, and compare *tempeh* and *natto* together.
エ　Sari thinks learning about food both in her country and in other countries is interesting.

(8)　本文の内容と合うように，次の問いに対する答えをそれぞれ英語で書きなさい。ただし，①は３語，②は４語の英語で書くこと。

①　Did Sari show Hiroshi and Mr. Eto a picture of *tempeh*?
②　What did Hiroshi use to find information about *natto* yesterday?

○

受験 番号		番	得点			

〈リスニングを除く〉

※リスニングと合わせて
90点満点

令和5年度大阪府学力検査問題
英語解答用紙〔B問題〕

1

(1)	ア イ ウ エ	/2
(2)		/3
(3)	ア イ ウ エ	/3
(4)	ア イ ウ エ	/3
(5)	_____ of *tempeh* now, I could show it to you.	/3
(6)	ア イ ウ エ	/3
(7)	ア イ ウ エ	/3
(8)	I _____ tell you about *tempeh*.	/3
(9)	ア イ ウ エ オ	/6

採点者記入欄 /29

2
[I]

(1)	ア イ ウ エ	/2
(2)	He _____ _____ cup with the way of *kintsugi*.	/3
(3)	ア イ ウ エ	/3
(4)	ア イ ウ エ	/3
(5)	Before learning about *kintsugi*, he _____ _____ which part was repaired.	/3
(6)	ア イ ウ エ	/3
(7)		/3
(8)	ア イ ウ エ	/3
(9)	① ②	/3

採点者記入欄 /29

2
[II]

①	_____ _____ _____10_____	/4
②	[Yes, I do. ・ No, I don't.] _____ _____ 8 _____ 16 _____20_____	/6

採点者記入欄 /10

2 高校生の美香（Mika）が英語の授業でスピーチを行いました。次の ［I］，［II］ に答えなさい。

［I］ 次は，美香が行ったスピーチの原稿です。彼女が書いたこの原稿を読んで，あとの問いに答えなさい。

Please imagine that you have a favorite cup. You use it every day. But, one day, you ① the cup and it breaks. You'll be sad, right? Then, what will you do with the broken cup? Maybe you will throw it away, or you may connect the pieces of the broken cup with glue. But, there is a traditional way of repairing. The way is called "kintsugi." Today, I'll tell you about kintsugi.

When my favorite cup broke last year, my brother told me about kintsugi. I heard the word "kintsugi" for the first time then. ② He used traditional glue called urushi to connect the pieces and after that, he put some powdered gold on the joins. I was surprised to see this because he didn't hide the joins. I asked him why he put some powdered gold on the joins. He said, "To decorate the joins." It took a long time to finish repairing the cup, but, when I looked at the joins decorated with powdered gold, they looked beautiful. I thought kintsugi was interesting and I wanted to know more things about kintsugi, so I read some books about it.

joins decorated with powdered gold

When people repair things with kintsugi, urushi and powdered gold are usually used. Urushi is taken from urushi trees. People in Japan ③ urushi for more than 3,000 years to connect things together. In the 16th century, the tea ceremony became popular among some people, and special cups for the tea ceremony were used. ④ After repairing their broken cup, people thought that they could make it beautiful by adding powdered gold to the joins. At that time, decorating things with powdered gold was already known in the art world, so people started to decorate the joins with powdered gold. In this way, kintsugi was known to many people.

When things break, I usually repair them to use them for a long time. But, actually, I wanted to hide broken parts, so the idea of decorating the joins with powdered gold was strange to me at first. However, through learning about kintsugi, I could imagine that the joins made the repaired thing special. I talked with my brother about my thought. Then, he told me about his experience. Before learning about kintsugi, he ⑤ which part was repaired. The repaired part showed that the thing was once a broken thing. But, kintsugi changed his way of thinking, and now he feels the repaired part is beautiful. After listening to his experience, I looked carefully at my repaired cup again. The cup had many joins. The joins made me feel that the cup was more special than the one I used before repairing. I also felt that the cup was a special thing to me because it was ⑥ for anyone else to get one with the same joins. I was happy to use the cup again.

When I first heard the word "kintsugi," I thought it was just a way of repairing. But now kintsugi is more than ⓐthat to me. When something like a favorite cup breaks, maybe some people don't know what to do or other people may throw it away because they can't use it. However, if people repair it with kintsugi, ⑦ . I think that's wonderful.

（注）throw ~ away ~を捨てる　　glue 接着剤　　kintsugi 金継ぎ
　　urushi 漆　　　　　　　　powdered gold 金粉　　join 継ぎめ
　　hide 隠す　　　　　　　　decorate 装飾する　　tea ceremony 茶道

(1) 本文の内容から考えて，次のうち，本文中の ① に入れるのに最も適しているものはどれですか。一つ選び，記号を○で囲みなさい。

ア disappear　　イ drink　　ウ drop　　エ fall

(2) 本文中の ② が，「彼は私が私の壊れたカップを金継ぎの方法で直すのを手伝ってくれました。」という内容になるように，次の〔　〕内の語を並べかえて解答欄の＿＿＿に英語を書き入れ，英文を完成させなさい。

He 〔 broken　helped　me　my　repair 〕 cup with the way of kintsugi.

(3) 次のうち，本文中の ③ に入れるのに最も適しているものはどれですか。一つ選び，記号を○で囲みなさい。

ア are using　　イ are used　　ウ were used　　エ have used

(4) 本文中の ④ に，次の（i）～（iii）の英文を適切な順序に並べかえ，前後と意味がつながる内容となるようにして入れたい。あとのア～エのうち，英文の順序として最も適しているものはどれですか。一つ選び，記号を○で囲みなさい。

（i）However, a cup sometimes broke, and people thought that they could continue to use the broken cup by repairing it.
（ii）At that time, these cups were expensive and getting new ones was not easy, so people used them very carefully.
（iii）Then, they connected the pieces of the cup together with urushi to keep using the cup.

ア （ii）→（i）→（iii）　　　　イ （ii）→（iii）→（i）
ウ （iii）→（i）→（ii）　　　　エ （iii）→（ii）→（i）

(5) 本文中の 'Before learning about kintsugi, he ⑤ which part was repaired.' が，「金継ぎについて学ぶ前，彼はどの部分が直されたのかを誰にも見つけてほしくありませんでした。」という内容になるように，解答欄の＿＿＿に英語5語を書き入れ，英文を完成させなさい。

(6) 本文の内容から考えて，次のうち，本文中の ⑥ に入れるのに最も適しているものはどれですか。一つ選び，記号を○で囲みなさい。

ア easy　　イ impossible　　ウ simple　　エ useful

(7) 本文中の ⓐthat の表している内容に当たるものとして最も適しているひとつづきの英語4語を，本文中から抜き出して書きなさい。

(8) 本文の内容から考えて，次のうち，本文中の ⑦ に入れるのに最も適しているものはどれですか。一つ選び，記号を○で囲みなさい。

ア they can't use it again because connecting the pieces is difficult
イ no one can use it again because it has many joins
ウ it can be used again and it becomes the only one in the world
エ they think it becomes easy for them to throw it away

(9) 本文の内容と合うように，次の問いに対する答えをそれぞれ英語で書きなさい。ただし，①は 3 語，②は 7 語の英語で書くこと。

① Did Mika know the word "kintsugi" before her brother told her about it?
② Why was the idea of decorating the joins with powdered gold strange to Mika at first?

［II］ スピーチの後に，あなた（You）と美香が，次のような会話をするとします。あなたならば，どのような話をしますか。あとの条件1・2にしたがって，（　①　），（　②　）に入る内容をそれぞれ英語で書きなさい。解答の際には記入例にならって書くこと。文の数はいくつでもよい。

You: Hi, Mika. Thank you for telling us an interesting story. I became interested in kintsugi. （　①　）
Mika: It took about two months. It was a wonderful experience. I think kintsugi is a way of using things for a long time. Do you think using things for a long time is a good idea?
You: （　②　）
Mika: I see.

＜条件1＞ ①に，その壊れたカップを直すのにどれくらい時間がかかったかをたずねる文を，10 語程度の英語で書くこと。
＜条件2＞ ②に，解答欄の［　　］内の，Yes, I do. または No, I don't. のどちらかを○で囲み，そのあとに，その理由を 20 語程度の英語で書くこと。

記 入 例			
When	is	your	birthday?
Well ,	it's	April	11

○

受験 番号		番	得点		

〈リスニングを除く〉

※リスニングと合わせて
90点満点

○

令和5年度大阪府学力検査問題
英 語 解 答 用 紙 〔C問題〕

						採点者記入欄	
1	(1)	ア	イ	ウ	エ	/2	
	(2)	ア	イ	ウ	エ	/2	
	(3)	ア	イ	ウ	エ	/2	
	(4)	ア	イ	ウ	エ	/2	
	(5)	ア	イ	ウ	エ	/2	
	(6)	ア	イ	ウ	エ	/2	
2	(1)	ア	イ	ウ	エ	/2	
	(2)	ア	イ	ウ	エ	/2	
	(3)	ア	イ	ウ	エ	/2	
3	(1)	ア	イ	ウ	エ	/2	
	(2)	ア	イ	ウ	エ	/2	
	(3)	ア	イ	ウ	エ	/2	
	(4)	ア	イ	ウ	エ	/2	
	(5)	ア	イ	ウ	エ	/2	
4	(1)	ア	イ	ウ	エ	/2	
	(2)	ア	イ	ウ	エ	/2	
	(3)	ア	イ	ウ	エ	/2	
	(4)	ア	イ	ウ	エ	/2	
	(5)	ア	イ	ウ	エ	/2	
						/38	

						採点者記入欄	
5	(1)	ア	イ	ウ	エ	/2	
	(2)	ア	イ	ウ	エ	/2	
	(3)	ア	イ	ウ	エ	/2	
	(4)	ア	イ	ウ	エ	/2	
	(5)	ア	イ	ウ	エ	/2	
	(6)	ア	イ	ウ	エ	/2	
						/12	

	採点者記入欄	
6		
	/10	
	/10	

1 次の(1)～(10)の日本語の文の内容と合うように，英文中の（　　　）内の**ア**～**ウ**からそれぞれ最も適しているものを一つずつ選び，記号を○で囲みなさい。

(1) 私は有名な音楽家に会いました。
I met a famous （　ア　doctor　　イ　musician　　ウ　scientist　）.

(2) 多くの人々は春に桜の花を見に行きます。
Many people go to see the cherry blossoms in （　ア　spring　　イ　autumn　　ウ　winter　）.

(3) 私たちは毎日，私たちの教室をそうじします。
We （　ア　clean　　イ　close　　ウ　watch　）our classroom every day.

(4) そのアドバイスは役に立ちました。
The advice was （　ア　funny　　イ　useful　　ウ　wrong　）.

(5) もっとゆっくり話してください。
Please speak more （　ア　fluently　　イ　quickly　　ウ　slowly　）.

(6) 机の上のあれらのノートは彼女のものです。
Those notebooks on the table （　ア　am　　イ　are　　ウ　is　）hers.

(7) 富士山は日本で最も高い山です。
Mt. Fuji is the （　ア　high　　イ　higher　　ウ　highest　）mountain in Japan.

(8) 私の弟はサッカーをするために公園に行きました。
My brother went to the park （　ア　play　　イ　playing　　ウ　to play　）soccer.

(9) この本はいつ書かれましたか。
When was this book （　ア　write　　イ　wrote　　ウ　written　）?

(10) 私はとても速く走ることができる女性を知っています。
I know a woman （　ア　who　　イ　which　　ウ　where　）can run very fast.

2 萌（Moe）は日本の高校生です。次の〔Ⅰ〕，〔Ⅱ〕に答えなさい。

〔Ⅰ〕 次は，萌が英語の授業で行った和紙（*washi*）に関するスピーチの原稿です。彼女が書いたこの原稿を読んで，あとの問いに答えなさい。

Today, I'm going to talk about traditional Japanese paper. It is called "*washi*" in Japanese. I heard an interesting story from my friend. She made *washi* before she graduated ① junior high school. In her junior high school, the students in the third grade make *washi*. The *washi* is used for their graduation certificate. I thought *washi* was used only for making traditional things, for example, *shoji* or lanterns. I think making *washi* for their own graduation certificate is a great experience for the students.

I became interested in *washi*, so I read some books about *washi*. I found many interesting things. I'll tell you one of ⒜them. *Washi* is used for making clothes. I was surprised to know this. The clothes made with *washi* have many good points. I'll give you three examples. First, they are light, so people ② them can move easily. Second, air can go through *washi* easily, so the clothes can make people feel cool in summer. Finally, the clothes can easily return to nature because *washi* is made with trees and plants. This means they are good for the environment. I think clothes made with *washi* are wonderful. I want to wear such clothes someday. How about you? Do you want to try? Thank you for listening.

shoji（障子）（複数形も *shoji*）　lantern（ちょうちん）

（注）graduation certificate　卒業証書

(1) 次のうち，本文中の ① に入れるのに最も適しているものはどれですか。一つ選び，記号を○で囲みなさい。
ア　from　　　　イ　off　　　　ウ　on　　　　エ　to

(2) 本文中の⒜them の表している内容に当たるものとして最も適しているひとつづきの**英語3語**を，本文中から抜き出して書きなさい。

(3) 次のうち，本文中の ② に入れるのに最も適しているものはどれですか。一つ選び，記号を○で囲みなさい。
ア　wear　　　　イ　wears　　　　ウ　wearing　　　　エ　to wear

(4) 次のうち，本文で述べられている内容と合うものはどれですか。一つ選び，記号を○で囲みなさい。
ア　萌の友だちが通っていた中学校では，2年生の生徒が和紙作りをすることになっている。
イ　萌は，和紙に興味をもったので，和紙を使って実際にちょうちんを作ってみた。
ウ　萌は，和紙は空気を通さないので，和紙で作られた服を着ると涼しく感じるということを知った。
エ　萌は，和紙で作られた服をすばらしいと考えていて，いつか着たいと思っている。

〔Ⅱ〕 スピーチの後に，あなた（You）が萌と次のような会話をするとします。あなたならば，どのような話をしますか。あとの**条件1～3**にしたがって，（　①　）～（　③　）に入る内容を，それぞれ**5語程度**の英語で書きなさい。解答の際には記入例にならって書くこと。

You:　Hi, Moe. I enjoyed your speech. I'm interested in making *washi*. （　①　）
Moe:　No, but I want to try. Let's ask our art teacher how to do it.
You:　（　②　）
Moe:　After making *washi*, what will you make with the *washi*?
You:　（　③　）
Moe:　I see.

<条件1> ①に，それを今までに作ったことがあるかをたずねる文を書くこと。
<条件2> ②に，それは良い考えだと伝える文を書くこと。
<条件3> ③に，前後のやり取りに合う内容を書くこと。

記 入 例				
What	time	is	it	?
Well	, it's	11	o'clock	.

令 和 5 年 度

大阪府学力検査問題
（ 一 般 入 学 者 選 抜 ）

英　語
〔Ｂ問題〕

（40分）

注　　意

1　次は，高校生の広志 (Hiroshi)，アメリカから来たグリーン先生 (Mr. Green)，インドネシアからの留学生のサリ (Sari) の 3 人が学校で交わした会話の一部です。会話文を読んで，あとの問いに答えなさい。

Hiroshi:　Hi, Mr. Green. I have a question for you.

Mr. Green:　Hi, Hiroshi. What is your question?

Hiroshi:　Yesterday, I ① for information on the Internet about fermented soybean food, for example, *natto*. Then, I found some interesting information. According to ⓐit, *natto* is one kind of fermented soybean food and there are many other kinds of fermented soybean food in the world. Are there any kinds of fermented soybean food in America?

Mr. Green:　Well, *natto* is often sold in supermarkets in America, but I'm not sure that other kinds of fermented soybean food are sold there. However, I know that there are other kinds of fermented soybean food in Asia.

Hiroshi:　Really? Why do you know that?

Mr. Green:　Actually, when I visited Thailand three years ago, I ate fermented soybean food made in Thailand. I studied cultures of Asia at university, and learned that some areas and countries in Asia have similar food. They have a similar climate, and similar trees and plants, so people there can make similar food.

Hiroshi:　That sounds interesting. You mean ② , right?

Mr. Green:　That's right!

Hiroshi:　Thank you, Mr. Green. I will try to find information about fermented soybean food in Asia.

Mr. Green:　I hope you'll find something about it. Oh, Sari is there. She is from Indonesia. Maybe she knows something. ③

Hiroshi:　Oh, yes! I'll do so. Hi, Sari.

Sari:　Hi, Hiroshi. Hi, Mr. Green.

Hiroshi:　Sari, you're from Indonesia, right? I was talking with Mr. Green about fermented soybean food in the world. In Indonesia, are there any kinds of fermented soybean food?

Sari:　Yes. We have food called "*tempeh*."

Hiroshi:　*Tempeh*? Does it look like *natto*?

Sari:　Well, *tempeh* and *natto* look very different. ④ of *tempeh* now, I could show it to you.

Hiroshi:　Oh, I've just found a picture on my tablet. Look at this. The food in this picture looks like cake.

Mr. Green:　Is this *tempeh*?

Sari:　Yes, this is *tempeh*. *Tempeh* and *natto* look different, right? *Tempeh* isn't sticky. When I ate *natto* for the first time, I was surprised that *natto* was sticky!

Hiroshi:　I'm surprised to know that *tempeh* isn't sticky.

Mr. Green:　I can understand how you felt, Sari. I told Hiroshi that I ate fermented soybean food made in Thailand. ア So, when I first ate *natto*, I was surprised like Sari because eating sticky food was a new experience for me.

Hiroshi:　I see. It's interesting to know how other people feel when they eat *natto*.

Mr. Green:　That's true. イ

Hiroshi:　Is *tempeh* popular food in Indonesia?

Sari:　Yes! I think some people in Indonesia always have *tempeh* to cook at home and they eat it almost every day.

Mr. Green:　How do they cook *tempeh*?

Sari:　We usually fry *tempeh*. For example, my family fries *tempeh* with various vegetables.

Mr. Green:　That's interesting. In Japan, *natto* is usually eaten with rice, right? ウ People eat various kinds of fermented soybean food in various ways. エ

Hiroshi:　I can't imagine the taste of *tempeh*. But, I want to try it someday.

Sari:　Now, *tempeh* is getting popular in Japan. ⑤

Hiroshi:　Really? I didn't think I could buy *tempeh* in this neighborhood. I want to eat *tempeh*, and compare *tempeh* and *natto*.

Sari:　Let's go there this weekend.

Hiroshi:　Yes! Thank you, Sari. Learning about various kinds of food in other countries was interesting. And, it made me become more interested in *natto*. I think learning about food in other countries leads me to learning about food in my country.

Sari:　I agree with you. ⑥

Mr. Green:　Thank you for telling us about *tempeh*, Sari, and thank you for sharing an interesting topic, Hiroshi.

natto（納豆）
（複数形も *natto*）

Thailand（タイ）
Indonesia（インドネシア）

tempeh（テンペ）
（インドネシアの発酵大豆食品，複数形も *tempeh*）

（注）fermented soybean food　発酵大豆食品　　　climate　気候
tablet　タブレット　　　sticky　ねばねばした　　　fry　（フライパンなどで）炒める

(1) 本文の内容から考えて，次のうち，本文中の ① に入れるのに最も適しているものはどれですか。一つ選び，記号を○で囲みなさい。

ア got　　　イ looked　　　ウ took　　　エ used

(2) 本文中の ⓐit の表している内容に当たるものとして最も適しているひとつづきの**英語 3 語**を，本文中から抜き出して書きなさい。

(3) 本文の内容から考えて，次のうち，本文中の ② に入れるのに最も適しているものはどれですか。一つ選び，記号を○で囲みなさい。

ア only people living in Japan and Thailand can make fermented soybean food

イ people living in various areas tell each other how to make popular food through the Internet

ウ people living anywhere in the world can make similar food because the climate isn't important for making food

エ even people living in different areas and countries in Asia can make similar food because the climates, trees and plants of those places are similar

(4) 本文の内容から考えて，次のうち，本文中の ③ に入れるのに最も適しているものはどれですか。一つ選び，記号を○で囲みなさい。

ア How is she today?　　　イ How about asking her?

ウ What are you going to do?　　　エ Let's ask her about American food.

(5) 本文中の ' ④ of *tempeh* now, I could show it to you.' が，「もし今私が 1 枚のテンペの写真を持っていたら，それをあなたに見せてあげることができるでしょうに。」という内容になるように，解答欄の＿＿＿＿に**英語 5 語**を書き入れ，英文を完成させなさい。

(6) 本文中には次の英文が入ります。本文中の ア ～ エ から，入る場所として最も適しているものを一つ選び，ア～エの記号を○で囲みなさい。

And, it wasn't sticky, either.

(7) 本文の内容から考えて，次のうち，本文中の ⑤ に入れるのに最も適しているものはどれですか。一つ選び，記号を○で囲みなさい。

ア I found that *tempeh* was interesting food.

イ I found a book about *tempeh* in the school library.

ウ I found *tempeh* in the supermarket near our school.

エ I found that *tempeh* and *natto* were different when I was in Indonesia.

(8) 本文中の ⑥ が，「私はあなたにテンペについて話ができてうれしいです。」という内容になるように，次の〔　　〕内の語を並べかえて解答欄の＿＿＿＿に英語を書き入れ，英文を完成させなさい。

I 〔 am　could　glad　I　that 〕 tell you about *tempeh*.

(9) 次のうち，本文で述べられている内容と合うものはどれですか。**二つ**選び，記号を○で囲みなさい。

ア Hiroshi asked Mr. Green where people in America went to buy fermented soybean food.

イ Mr. Green knows that there are some kinds of fermented soybean food in Asia.

ウ Sari knows that *tempeh* and *natto* look different, but she has never eaten *natto* before.

エ Sari thinks *tempeh* is popular only among people in Indonesia.

オ Hiroshi thinks learning about food in other countries leads him to learning about food in his country.

③

令和 5 年度

大阪府学力検査問題
（ 一 般 入 学 者 選 抜 ）

英　語
〔 C 問 題 〕

（30分）

注　意

1 Choose the phrase that best completes each sentence below.

(1)　I'm（　　　）are kind to you.

ア　glad to all that your neighbors hear　　イ　glad that hear to your neighbors all
ウ　glad to hear that all your neighbors　　エ　your neighbors that glad to hear all

(2)　The book（　　　）a difficult math question.

ア　answer me helped my father gave me　　イ　gave me answer me helped my father
ウ　helped my father gave me answer me　　エ　my father gave me helped me answer

(3)　I could play basketball（　　　）to practice.

ア　as well as my brother if I had more time　　イ　well if I had more time as my brother as
ウ　if time more I had as well as my brother　　エ　if I had time my brother as more well as

(4)　The soccer player（　　　）Japan.

ア　came to many people who is loved by　　イ　loved by many people who is came to
ウ　is loved to many people who came by　　エ　who is loved by many people came to

(5)　（　　　）wonderful.

ア　The idea sounds in our group shared　　イ　Our group sounds the idea shared in
ウ　The idea shared in our group sounds　　エ　Our group shared the idea sounds in

(6)　I want to know（　　　）by plane.

ア　London takes many hours how to go to it　　イ　how many hours it takes to go to London
ウ　how to go to London it takes many hours　　エ　how many it takes hours to go to London

2 Read the passage and choose the answer which best completes each blank ① and ②, and choose the answer which best completes sentence (3).

In 2021, Osaka Prefecture did research to know what people thought about using a smartphone while walking. The members of the research group asked some questions to 1,000 people over 17 years old. To answer each question, the respondents chose their answers from the choices prepared by the research group. "Do you use a smartphone while walking?" was the first question. 332 of the 1,000 respondents chose "Yes," and the other respondents chose "No." The respondents who chose "Yes" were also asked other questions. "Why do you use a smartphone while walking?" was one of the questions. The table shows what respondents in each age group chose as their answers to this question. Each respondent chose only one answer.

We can learn some things from the table. First, in each age group, the percentage of the respondents who chose "To send or read messages" was the highest. More than half of the respondents who were ［　　①　　］ chose that answer. Then, if we compare the percentages of the respondents who chose ［　　②　　］ the percentage of the respondents who were 60-84 years old was the highest.

According to the research, more than 80% of the respondents who chose "Yes" to the first question also chose "Yes" to the question "Do you think using a smartphone while walking is dangerous?". Let's stop using a smartphone while walking.

【Table】

answers \ ages	18-84 years old	18-29 years old	30-39 years old	40-49 years old	50-59 years old	60-84 years old
To send or read messages.	46.1 %	50.6 %	40.8 %	48.6 %	43.9 %	45.0 %
To see a map or a timetable.	14.8 %	21.2 %	11.8 %	11.4 %	19.5 %	10.0 %
To get information.	9.6 %	4.7 %	11.8 %	12.9 %	9.8 %	10.0 %
To play a game.	7.5 %	2.4 %	7.9 %	8.6 %	7.3 %	13.3 %
To play, stop or choose music.	6.9 %	5.9 %	11.8 %	5.7 %	4.9 %	5.0 %
To watch videos or movies.	1.8 %	1.2 %	2.6 %	2.9 %	0.0 %	1.7 %
Without thinking anything.	10.8 %	12.9 %	13.2 %	8.6 %	9.8 %	8.3 %
For other reasons.	2.4 %	1.2 %	0.0 %	1.4 %	4.9 %	6.7 %

Question: "Why do you use a smartphone while walking?"

（大阪府「大阪府政策マーケティング・リサーチ「おおさかQネット」（令和3年度）」により作成）

(注)　Osaka Prefecture　大阪府　　smartphone　スマートフォン
while 〜ing　〜している間に　　over 17 years old　17歳より上の，18歳以上の
respondent　回答者　　table　表　　percentage　割合
timetable　時刻表　　video　動画

(1)　①　ア　18-29 years old
　　　　イ　30-39 years old
　　　　ウ　40-49 years old
　　　　エ　50-59 years old

(2)　②　ア　"To get information,"
　　　　イ　"To play a game,"
　　　　ウ　"To play, stop or choose music,"
　　　　エ　"To watch videos or movies,"

(3)　According to the research,

ア　Osaka Prefecture did research to know the percentage of people who have their own smartphone.
イ　more than half of all the respondents chose "No" to the question "Do you use a smartphone while walking?".
ウ　less than 10% of the respondents in each age group chose "Without thinking anything" to the question "Why do you use a smartphone while walking?".
エ　more than 80% of the respondents who chose "Yes" to the first question didn't choose "Yes" to the question "Do you think using a smartphone while walking is dangerous?".

3 Read the passage and choose the answer which best completes each sentence (1)〜(5).

Smart agriculture is a new way of agriculture. It uses machines, AI, and other technology.

Smart agriculture can ① farmers in many ways. One example is a machine working on a large farm. The machine doesn't need a farmer to drive it. It can work even in bad weather. Such a machine can help farmers do their work and make their working time shorter. Another example is using various kinds of data. Various kinds of data like weather information are used for smart agriculture. Through the Internet, such data can easily be shared by many farmers without talking to each other. In addition, if farmers can use the data analyzed by AI, they can easily judge various things. For example, they can judge how much water they should give to their farms. They can also judge when to pick vegetables. In the past, farmers judged these things only by using their special skills. To learn such special skills, farmers need a lot of time and experience. This means it is difficult for farmers who have just started agriculture to judge many things. However, by using the data analyzed by AI, farmers who have just started agriculture can easily judge what work they should do or judge when they should do it.

Smart agriculture is also good for the environment. For example, the natural environment of the farm can be kept in good condition by using a drone which has a camera. The drone can easily find which area of the farm really needs chemical fertilizer, fly there, and give chemical fertilizer only to the area, so less chemical fertilizer can be used. In addition, if too much food is produced, some of the food is left and just thrown away. But, by using various data which shows how much food will be needed in the future, it becomes possible to plan how much food farmers should make on their farms, and food waste will be ②.

Actually, in Japan, the number of farmers has been getting smaller and many farmers are old. This has been a serious problem for agriculture in Japan. Now, more people are paying attention to the environment. Although people can't solve all the problems in Japan with smart agriculture, it can be one of the choices for both people and the environment.

(注) smart agriculture スマート農業　　agriculture 農業　　AI 人工知能
data データ　　analyze 分析する　　drone ドローン
chemical fertilizer 化学肥料　　throw away 〜　〜を捨てる

(1) The word which should be put in ① is

ア fill.　　　イ invent.　　　ウ receive.　　　エ support.

(2) The word which should be put in ② is

ア bought.　　　イ raised.　　　ウ reduced.　　　エ worn.

(3) The data analyzed by AI

ア shows how long it takes to learn special skills which people in the past used.

イ helps farmers give much water to their farms although it is not necessary to do so.

ウ can only be shared by farmers through the Internet when they gather at a meeting.

エ tells farmers who have just started agriculture what work to do or when to do it on their farms.

(4) According to the passage, smart agriculture helps farmers

ア make their working time less.　　　イ produce food which will be thrown away.

ウ make the condition of their farms worse.　　　エ use more chemical fertilizer.

(5) According to the passage,

ア farmers can't learn special skills if they don't use technology used in smart agriculture.

イ the number of people who work in agriculture has been getting bigger in Japan.

ウ people in Japan can solve all the problems they have with smart agriculture.

エ technology like AI or drones can be helpful for people and the environment.

4 Read the passage and choose the answer which best completes each sentence (1)〜(5).

There is a Japanese traditional way of repairing broken things like a cup. The way is called "*kintsugi*." When people repair something with *kintsugi*, two things are usually used. One of them is *urushi*. *Urushi* is taken from *urushi* trees and used for connecting pieces. The other one is powdered gold. Powdered gold is used for decorating the joins.

joins decorated with powdered gold

People in Japan have used *urushi* to connect things together for more than 3,000 years. In the 16th century, the tea ceremony became popular among some people, and cups for the tea ceremony were used. ☐A☐ At that time, these cups were expensive. ☐B☐ People used the cups very carefully because getting new ones was not easy. ☐C☐ However, a cup sometimes broke. ☐D☐ Then, they connected the pieces of the cup with *urushi* to keep using it. And, they thought that ① powdered gold to the joins would make the cup beautiful. At that time, decorating things with powdered gold was already known in the art world. Then, people started to decorate the joins with powdered gold when they repaired things. In this way, *kintsugi* was known to many people.

When people repair a broken thing like a cup, some people want to hide joins because the joins show that the repaired one was once a broken thing. For those people, the idea of decorating joins with powdered gold may sound strange. However, *kintsugi* gives people ⓐa new idea. If people repair a broken cup with the way of *kintsugi*, many joins are seen clearly. But, the joins show that it is impossible for anyone else to get a cup with the same joins and the cup is the only one in the world. The cup repaired with *kintsugi* can make people feel that the repaired cup is more special than the one they used before it broke.

Kintsugi is more than just a way of repairing things. People who try to repair things with *kintsugi* don't hide the joins. They believe that the joins make the things special.

(注) *kintsugi* 金継ぎ　　*urushi* 漆　　powdered gold 金粉
decorate 装飾する　　join 継ぎめ　　tea ceremony 茶道
hide 隠す

(1) When people want to repair a broken cup with *kintsugi*, they usually use

ア only one piece of the broken thing.　　　イ *urushi* and powdered gold.

ウ a traditional way of breaking things.　　　エ powdered gold taken from *urushi* trees.

(2) The sentence "People thought that they could continue to use the broken cup by repairing it." should be put in

ア ☐A☐.　　　イ ☐B☐.　　　ウ ☐C☐.　　　エ ☐D☐.

(3) The word which should be put in ① is

ア adding.　　　イ losing.　　　ウ stopping.　　　エ turning.

(4) The words ⓐa new idea mean that

ア no one can find any joins on the repaired thing.

イ the thing repaired with *kintsugi* is something that has never broken.

ウ decorating the joins with powdered gold is strange.

エ the joins show that the repaired thing is the only one in the world.

(5) According to the passage,

ア the tea ceremony became popular because it was easy for people who enjoyed the tea ceremony to get cups for the tea ceremony.

イ the idea of decorating joins with powdered gold sounds strange to some people who want other people to notice which part was repaired.

ウ *kintsugi* is a way of both repairing things like a broken cup and making the repaired things special.

エ the joins decorated with powdered gold don't make the thing repaired with *kintsugi* special because no one can find where the joins are.

5 Read the passage and choose the answer which best completes each sentence (1), (2), (4), (5) and (6), and choose the answer to the question (3).

Have you heard the word "nudge"? It is an English word which means "to push someone softly to get the person's attention." People usually nudge someone when they want to make someone do something without talking to the person. However, the word has a wider meaning in the theory called "nudge theory." According to the theory, people tend to choose to do something that is easy. They sometimes don't do something they should do because doing it is a little difficult for them. But, if there is a special situation which makes doing it easy, the special situation has an influence on their actions, and they will do it. In the theory, "nudging" means ① .

Here is an example of "nudging" which has an influence on many people's actions. In 2020, the Japanese government did research to find how the government could help people reduce the number of plastic bags they use when they shop. In the research, the government made a special situation for the convenience stores which joined the research. In convenience store A, if shoppers don't need a free plastic bag, they show a 'Refusal Card' to a clerk. If they don't show the card, they get a free plastic bag when they pay for their shopping. In convenience store B, if shoppers want to get a free plastic bag, they show a 'Request Card' to a clerk. If they don't show the card, they don't get a free plastic bag. Each convenience store has only one type of card: 'Refusal Card' or 'Request Card.' Here are the results of the research. In convenience store A, the number of shoppers who didn't get free plastic bags didn't change very much from the number before. However, in convenience store B, the number became clearly bigger than the number before. Before the research, to get a free plastic bag, shoppers did nothing. However, during the research, doing nothing became a part of a special situation. In convenience store A, doing nothing meant shoppers wanted to get a free plastic bag. In convenience store B, doing nothing meant shoppers didn't want to get a free plastic bag. The special situation of convenience store B helped more people reduce the number of plastic bags they use when they shop.

By "nudging," you can also help yourself do something you should do. Please imagine that you want to get up at five and study for one hour before going to school. In the morning, your alarm clock rings at five. If the alarm clock is ② to the bed, you can easily stop it without getting out of the bed. After that, you may sleep again. However, if you make the situation a little different, you can get up at five and study. For example, you put the alarm clock far from the bed and put your textbooks next to the alarm clock before going to bed. The next morning, when the alarm clock rings, you can't stop it if you stay in the bed. ③ In this case, to make a special situation means to put the alarm clock far from the bed and the textbooks next to the alarm clock. The special situation can help you get out of the bed and start to study.

Sometimes, "nudging" is to make a small ④ in the situation, but it can sometimes have a great influence on people's actions. Now, many people in the world are interested in "nudging." They think "nudging" is one way of solving various problems, and they are trying to learn how they can use "nudging" to solve them.

(注) nudge （注意をひくために）そっと突く　　　　　　　softly　そっと
theory　理論　　　　　　nudge theory　ナッジ理論　　　　tend to 〜　〜する傾向がある
shopper　買い物客　　　　Refusal Card　辞退カード　　　　Request Card　要求カード
result　結果　　　　　　alarm clock　めざまし時計　　　　ring　鳴る

(1) The phrase which should be put in ① is
　ア "to make a situation which makes something more difficult."
　イ "to make a special situation which helps someone do something the person should do."
　ウ "to let someone do something without having any influence on the person's action."
　エ "to ask someone what the person should do and tell the person how to do it."

(2) The word which should be put in ② is
　ア close.　　　イ different.　　　ウ open.　　　エ similar.

(3) The following passages （ⅰ）〜（ⅲ) should be put in ③ in the order that makes the most sense.
　（ⅰ）　After stopping it, you find your textbooks next to the alarm clock and remember that you have to study.
　（ⅱ）　Then, you don't go back to the bed, and you start to study.
　（ⅲ）　To stop the alarm clock, you have to get out of the bed, and go to it.

　Which is the best order?
　ア （ⅱ）→（ⅲ）→（ⅰ）　　　　　イ （ⅱ）→（ⅰ）→（ⅲ）
　ウ （ⅲ）→（ⅰ）→（ⅱ）　　　　　エ （ⅲ）→（ⅱ）→（ⅰ）

(4) The word which should be put in ④ is
　ア difference.　　　イ mistake.　　　ウ technology.　　　エ wish.

(5) According to the passage, in convenience store B,
　ア clerks in the convenience store told shoppers to shop without getting free plastic bags.
　イ shoppers showed a 'Refusal Card' to a clerk if they didn't need a free plastic bag.
　ウ shoppers showed a 'Request Card' to a clerk when they wanted to buy a plastic bag.
　エ the number of shoppers who didn't get free plastic bags became bigger than the number before.

(6) According to the passage,
　ア people talk to someone when they push the person softly.
　イ the nudge theory says that people always do something they should do.
　ウ many people in the world think "nudging" can be used to solve various problems.
　エ the Japanese government did the research to help people get free plastic bags when they shop.

6 Read the following sentences and write your answer in English.

Some people say that reading books is important in our lives, and it helps us in many ways. How does it help us in our lives? Write your idea and after that, write some examples or your experiences to support your idea.

令和 5 年 度

大阪府学力検査問題
（ 一 般 入 学 者 選 抜 ）

英語リスニング
〔Ａ問題・Ｂ問題〕

（15分）

※教英出版注
音声は，解答集の書籍ＩＤ番号を
教英出版ウェブサイトで入力して
聴くことができます。

注　　意

1　放送の指示があるまで開いてはいけません。

2　答えは，下の【解答例】にならい，すべて**解答欄の記号を○で囲みなさい**。

　また，答えを訂正するときは，もとの○をきれいに消しなさい。

　【解答例】

解答欄	ア	イ	ⓦ	エ

解答用紙の**採点者記入欄**には，何も書いてはいけません。

3　問題は，**1**から**6**まであります。

4　放送の指示に従い，解答用紙に受験番号を書きなさい。

5　放送を聞きながらメモを取ってもかまいません。

6　放送の指示に従い，書くのをやめなさい。

令和5年度大阪府学力検査問題

英語リスニング解答用紙〔A問題・B問題〕

1 トムと里香との会話を聞いて，里香のことばに続くと考えられるトムのことばとして，次の**ア〜エ**のうち最も適しているものを一つ選び，解答欄の記号を○で囲みなさい。

ア Four hours.　　イ Four times.　　ウ Yes, I did.　　エ No, I didn't.

解答欄	ア　イ　ウ　エ	採点者記入欄 /2

2 ラジオで天気予報が流れてきました。その天気予報で述べられている明日の天気の内容と合うものとして，次の**ア〜エ**のうち最も適していると考えられるものを一つ選び，解答欄の記号を○で囲みなさい。

解答欄	ア　イ　ウ　エ	採点者記入欄 /2

3 ジェニーと高志との会話を聞いて，二人が明日，教科書のほかに学校に持っていく必要のあるものの組み合わせを示したものとして，次の**ア〜エ**のうち最も適していると考えられるものを一つ選び，解答欄の記号を○で囲みなさい。

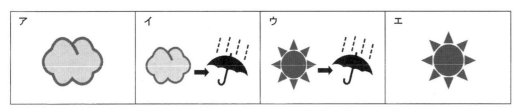

解答欄	ア　イ　ウ　エ	採点者記入欄 /3

4 華とアメリカからの留学生のサイモンが12月のカレンダーを見ながら会話をしています。二人の会話を聞いて，二人がフェスティバルに行く予定の日として，次の**ア〜エ**のうち最も適しているものを一つ選び，解答欄の記号を○で囲みなさい。

ア The 17th.　　イ The 18th.
ウ The 24th.　　エ The 25th.

12月						
月	火	水	木	金	土	日
			1	2	3	4
5	6	7	8	9	10	11
12	13	14	15	16	17	18
19	20	21	22	23	24	25
26	27	28	29	30	31	

解答欄	ア　イ　ウ　エ	採点者記入欄 /3

5 英語クラブに所属する絵里がオーストラリアから来た留学生に，学校生活について説明しています。その説明を聞いて，それに続く二つの質問に対する答えとして最も適しているものを，それぞれ**ア〜エ**から一つずつ選び，解答欄の記号を○で囲みなさい。

(1) ア 3 clubs.　　イ 10 clubs.　　ウ 12 clubs.　　エ 20 clubs.

解答欄	ア　イ　ウ　エ	採点者記入欄 /3

(2) ア The students can eat special curry at the school cafeteria every day.
イ The students from Australia can join only one club activity in the school.
ウ All the classes show a drama or dance in their classroom at the school festival.
エ All the students sing a song at the end of the school festival.

解答欄	ア　イ　ウ　エ	採点者記入欄 /3

6 アメリカに留学をしている由美とホストファミリーのホワイトさんが，ホワイトさんの家で会話をしています。二人の会話を聞いて，それに続く二つの質問に対する答えとして最も適しているものを，それぞれ**ア〜エ**から一つずつ選び，解答欄の記号を○で囲みなさい。

(1) ア At school.　　　　　　イ In the garden.
ウ At her friend's house.　エ In her room.

解答欄	ア　イ　ウ　エ	採点者記入欄 /3

(2) ア At 5:00.　　イ At 5:30.　　ウ At 6:00.　　エ At 7:00.

解答欄	ア　イ　ウ　エ	採点者記入欄 /3

令和５年度

大阪府学力検査問題

（ 一 般 入 学 者 選 抜 ）

英語リスニング
〔 Ｃ 問 題 〕

（25分）

※教英出版注
音声は，解答集の書籍ＩＤ番号を
教英出版ウェブサイトで入力して
聴くことができます。

注　　意

1　放送の指示があるまで開いてはいけません。

2　答えとして記号を選ぶ問題は，下の【解答例】にならい，すべて解答欄の記号を
　○で囲みなさい。また，答えを訂正するときは，もとの○をきれいに消しなさい。
　【解答例】

解答欄	ア	イ	⓾	エ

　解答用紙の採点者記入欄には，何も書いてはいけません。

3　問題は，Part A から Part C まであります。

4　放送の指示に従い，解答用紙に受験番号を書きなさい。

5　放送を聞きながらメモを取ってもかまいません。

6　放送の指示に従い，書くのをやめなさい。

英語リスニング問題〔C問題〕

【 Part C 】

Let's join the online event with Korean and Australian students!

Date: 3:30-5:30 p.m. on May 15th

Plan: 1. English speeches about each country

2. Questions and Answers

3. Games

You need to prepare a speech about Japan, photos for your speech, and a game to play together.

(注) online　オンラインの

【Memo】

Tom	Kana

令和 5 年度大阪府学力検査問題

英語リスニング解答用紙〔C問題〕

【 Part A 】

1　ア　Tom painted the picture in the art class.
　　イ　Tom didn't think the picture Kana painted was really good.
　　ウ　Tom was surprised that Kana painted a really good picture.
　　エ　Tom didn't believe that Kana took the photo in the art class.

2　ア　Kana asked Tom how his uncle was.
　　イ　Something good happened to Tom yesterday.
　　ウ　Tom wasn't happy because he lost his ticket for the concert yesterday.
　　エ　Kana knew that Tom got a ticket for his favorite singer's concert before she asked him what happened.

3　ア　Kana told Tom what he should eat.
　　イ　The menu was written in both Japanese and English.
　　ウ　Tom thought the pictures on the menu were helpful.
　　エ　Kana thinks it would be easier to understand the menu if there were some pictures.

4　ア　Kana has a piano lesson on the 24th.
　　イ　Kana has a piano lesson on the 25th.
　　ウ　Both Kana and Tom were free on the 17th.
　　エ　Both Kana and Tom are free on the 24th.

5　ア　Tom answered the interview in April.
　　イ　All of the things Tom guessed about the interview were right.
　　ウ　In the interview, 38 students chose "Making friends" as the thing they want to try harder.
　　エ　In the interview, the number of students who chose "Club activities" as the thing they enjoy the most at school was the biggest.

【 Part B 】

6　(1)　ア　All the students in this school make a drama every year.
　　　　イ　The school festival will be held in November.
　　　　ウ　The teacher will choose which group will show their drama in the school festival.
　　　　エ　The students will make groups of five or six people in the next lesson.

採点者記入欄
解答欄　ア　イ　ウ　エ　／3

(2)　ア　The students need to make a story longer than ten minutes.
　　　イ　The students need to make their own story for their drama.
　　　ウ　The students need to practice their drama in the lessons.
　　　エ　The students need to speak their parts clearly and fluently.

採点者記入欄
解答欄　ア　イ　ウ　エ　／3

【 Part C 】

採点者記入欄

／12

令和５年度　一般入学者選抜―英語リスニング・スクリプト（Ａ問題・Ｂ問題）

1　Tom:　Rika, this book was very difficult.　I needed to read it many times to understand it.
　Rika:　How many times did you read it, Tom?

2　Good morning.　It is cloudy now.　It will start to rain from about 3:00 in the afternoon.　However, it will stop raining at about 8:00 in the evening.　It will be sunny all day tomorrow.

3　Jenny:　Takashi, I need your help.　Please tell me what we need to bring to school tomorrow.　I missed the things our teacher said.　Of course, we need textbooks.　But, what else do we need?
　Takashi:　Well, Jenny, we need a dictionary for the English class.　Oh, we also need the gym shoes which we usually wear in P.E. classes.
　Jenny:　The gym shoes?　But we don't have a P.E. class tomorrow, right?
　Takashi:　We need them because we'll have a meeting in the gym.
　Jenny:　OK.　Do we need color pencils?　I think the art teacher told us to bring them in the class last week.
　Takashi:　Oh, we don't need them tomorrow.　We need them for the class next week.
　Jenny:　OK.　Thank you.

4　Hana:　Hi, Simon.　How are you?
　Simon:　I'm good, Hana.　Oh, a festival will be held in this town.　How about going with me?
　Hana:　Sounds nice.　When will it be held?
　Simon:　It will be held this weekend and next weekend.　Today is Friday, December the 16th.　How about going tomorrow?
　Hana:　Well... I have a piano lesson every Saturday.　How about this Sunday?
　Simon:　Oh, I'll meet some friends on the 18th.　But the 25th is OK.
　Hana:　Well... I will visit my grandparents with my family on the 25th.　Oh, now I remember the 17th is the last piano lesson of this year.　So, I can go on Saturday next week.
　Simon:　Sounds good!　Let's go on that day.

5　We are happy to meet you 12 students from Australia.　I'm Eri, a member of the English club.　I will explain what you can enjoy in our high school during your stay.　First, you can enjoy club activities.　In this school, there are 20 clubs, for example, soccer club and music club.　You can choose three clubs.　You can join the activities with the club members after school.　Second, you can enjoy eating lunch at the school cafeteria.　The most popular menu is special curry.　It's very delicious!　The special curry is sold only on Friday.　You should try it.　Finally, I'll tell you about the school festival.　Each class will show a drama or dance on the stage in the gym.　At the end of the festival, all the students will sing a song together.　The festival will be held on the last day of your stay, so let's practice the song and sing it together.　I hope you will have a lot of fun during these ten days at our school.

Question 1:　How many clubs does this high school have?
Question 2:　What is the thing Eri said about her school?

6　Yumi:　Nice to meet you, Mr. White.
　Mr. White:　Welcome to my house, Yumi.　Today is the first day of your stay in America.　Please relax.　If you have any problems, please let me know.
　Yumi:　Thank you very much.　Actually, I worry about going to school alone tomorrow.
　Mr. White:　Oh, don't worry.　You can go to school with my daughter.　She is at school now, so when she comes back, you can ask her about school.
　Yumi:　Oh, good.　I want to see her soon.
　Mr. White:　Are you tired after the long flight?
　Yumi:　No.　I slept well in the plane.
　Mr. White:　That's good.　Then, I'll show you inside our house first.　Please follow me.
　Yumi:　OK.
　Mr. White:　First, let's go to your room.　Here is your room.　It is next to my daughter's room.　In front of your room, here is the bath room.
　Yumi:　OK.
　Mr. White:　Next, here is the kitchen.　We always have dinner at 7:00.　Is there any food which you can't eat?
　Yumi:　No, there isn't.　Thank you for asking.　Let me help you prepare dinner.
　Mr. White:　Oh, thank you.　I come back from work at about 5:30, and we start to prepare dinner from 6:00.　If it's sunny, we sometimes eat dinner in our garden.
　Yumi:　Wow, that sounds fun!
　Mr. White:　Yes!　It is fun.　You can invite your friends for dinner.　In that case, please call me two hours before dinner.
　Yumi:　Sure.　I'm excited.
　Mr. White:　Now, it's time for tea.　Let's relax.
　Yumi:　Thank you.

Question 1:　Where is Mr. White's daughter now?
Question 2:　If Yumi invites her friends for dinner, what time does she have to call Mr. White?

※教英出版注
音声は，解答集の書籍ID番号を
教英出版ウェブサイトで入力して
聴くことができます。

Please look at Part A.　In this part of the listening test, you will hear five conversations between Kana and Tom.　You will hear each conversation twice.　After listening to each conversation twice, you will hear a question.　Each question will be read only once and you must choose one answer.　Now begin.

1　Kana:　Tom, look at this.　I painted this picture in the art class.
　Tom:　Wow, the picture is really good!　It looks like a photo!　I can't believe you painted this, Kana.

　Question:　What does Tom mean?

2　Kana:　Hi, Tom.　What happened?
　Tom:　Why do you ask that, Kana?
　Kana:　Because you look happy.　I guess something good happened to you.
　Tom:　Well, actually, you're right.　Yesterday, I got a ticket from my uncle for my favorite singer's concert.
　Kana:　That makes sense.

　Question:　Which is true about this conversation?

3　Kana:　Tom, have you decided what to eat?　If you need my help, I'll explain in English what is written on the menu.
　Tom:　Oh, I'm OK, Kana.　These pictures on the menu help me choose what to eat.　They look delicious!
　Kana:　If this menu were written in both Japanese and English, it would be easier for you to understand it.

　Question:　Which is true about this conversation?

4　Tom:　Hi, Kana.　Some members of the music club will hold a concert on the stage in the park near our school.
　Kana:　It sounds fun, Tom.　When will it be held?
　Tom:　It will be held this Saturday, December the 24th and this Sunday, December the 25th.　I'll be free on Saturday.　How about going with me on Saturday?
　Kana:　Well... I have a piano lesson every Saturday.　How about the 25th?
　Tom:　I'll go to the theater with my host family on the 25th.
　Kana:　I see.　Oh, now I remember Saturday the 17th was the last piano lesson of this year, so I'll be free on this Saturday.
　Tom:　Oh, great!

　Question:　Which is true about this conversation?

5　Tom:　Hi, Kana.　What are you doing?
　Kana:　I'm making a report about the interview I did at school in April.
　Tom:　Interview?　Sounds interesting!
　Kana:　Yes, it is.　I asked several questions to 100 students in the first grade.　And, they chose one answer from three choices.
　Tom:　What did you ask them?
　Kana:　First, I asked them, "What is the thing you want to try harder?".　The choices are "Studying," "Making friends" and "Club activities."　Can you guess which was chosen by the most students?
　Tom:　Well...　I guess the most students chose "Making friends."
　Kana:　Well, 38 students chose that.　But more students chose "Studying."
　Tom:　I see.　What was another question?
　Kana:　I asked, "What is the thing you enjoy the most at school?".　And, the choices are "Studying," "Talking with friends" and "Club activities."
　Tom:　I guess the most students chose "Club activities."
　Kana:　That answer was chosen by the first grade students who joined a club activity.　But many first grade students haven't joined a club activity yet.　So, more students chose "Talking with friends."
　Tom:　I understand.

　Question:　Which is true about this conversation?

Please look at Part B.　In this part of the listening test, you will hear a part of a lesson.　It will be spoken twice.　After listening to it twice, you will hear two questions.　Each question will be read only once and you must choose one answer.　Now begin.

6　Let's begin today's English lesson.　In this school, every year, the students in the second grade make a drama in English and show it in class.　Now, you are sitting in a group of five or six people.　You will make a drama with your group members.　And, one group from each class will show their drama in the school festival held in November.　Now, I will explain what you should do in the lessons.　In today's lesson, you will make a story.　I will tell you two important things.　First, you need to make your own story.　This means you can't use a story from books or movies.　Next, your story must be shorter than ten minutes.　In the next lesson, you will start to practice your drama.　You need to practice the drama in three lessons next week.　You need to speak clearly and fluently in your drama.　Each of you needs to remember your own part.　In the first lesson next month, you will watch the dramas in class.　Each of you has one point, and when you watch the other groups, you will give the point to one group that you like.　And, the group which gets the most points will show their drama in the school festival.

　Question 1:　Which is true about the things the teacher said?
　Question 2:　Which is not true about the things the students need to do for their drama?

Please look at the test paper of Part C.   First, please read the information about an event with Korean and Australian students.   You have half a minute.   Now, begin to read.

【 half a minute to read 】

Stop reading.   Now you are going to hear the conversation between Tom and Kana.   They are talking about an event on the Internet with Korean and Australian students.   You will hear their conversation and the question about it twice.   When you are listening, you can take notes on the test paper about the things they say about the event on the Internet with Korean and Australian students.   Now, listen to the conversation.

Tom: Hi, Kana.   Did you read the information our teacher gave us?   It is about the event on the Internet with Korean and Australian students.   It sounds exciting.   How about joining with me?

Kana: I can't decide, Tom.   I want to improve my English skills, but I'm busy.

Tom: Well, I think preparing a speech will take some time.   But, the event on the Internet doesn't take much time.   You always say you want to go abroad.   To visit Korea and Australia, it will take more time.

Kana: I see...   You are right.   That is a good point of this event.   It takes only two hours. Students who join this event don't need to spend much time in a plane.   And they don't need to prepare for traveling.   But, I think we can learn more things if we visit the countries.

Tom: Well, that's true.   But, also in the event, the students can learn about each other's countries. That is another good point of the event.   They can easily imagine people's lives and their cultures because the students who make speeches will show some photos.   And, they can learn more things by asking questions.

Kana: I see.   I want to hear the speeches and ask various questions.   But, I still can't decide about joining the event.   Playing games in English sounds difficult.

Tom: It may be difficult, but the students in this school can improve their English skills when they play games.   I think that is also a good point of this event.

Kana: I can understand the students can improve their English skills because, during the game, they have to speak English without preparing what they say.

Tom: You're right.   And, they have to communicate without using a dictionary.

Kana: I'm afraid of making mistakes when I speak English.

Tom: Don't worry.   We can help each other.   The event will be a great experience for you!

Kana: OK!   I will join the event, too!

Question: According to Tom and Kana, what are the good points about the event on the Internet? Write them in English.

You have six minutes to write.   Now begin.

①

令和6年度

大阪府学力検査問題
（一般入学者選抜）

国　語
〔Ａ問題〕

（50分）

注　意

1　「開始」の合図があるまで開いてはいけません。

2　答えは、**解答用紙**に書きなさい。
　　ただし、問題五は**原稿用紙**に書きなさい。

　　・答えとして記号を選ぶ問題は、右の【解答例】にならい、すべて
　　　解答用紙の記号を○で囲みなさい。また、答えを訂正するときは、
　　　もとの○をきれいに消しなさい。

　　・答えの字数が指定されている問題は、句読点や「」などの符号も
　　　一字に数えなさい。

　　解答用紙の**採点者記入欄**には、何も書いてはいけません。

【解答例】
ア
イ
ウ
エ

3　問題は、中の用紙のＡ面に **一〜三**、Ｂ面に **四・五** があります。

4　「開始」の合図で、まず、解答用紙と原稿用紙に受験番号を書きなさい。

5　「終了」の合図で、すぐ鉛筆を置きなさい。

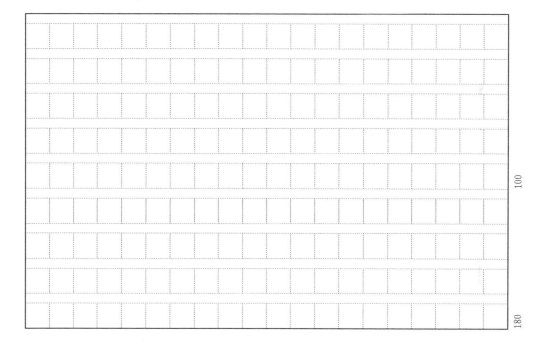

（原稿用紙）

受験番号

得点　／12

・原稿用紙の正しい使い方にしたがって書くこと。
・題名や名前は書かないで、本文から書き始めること。

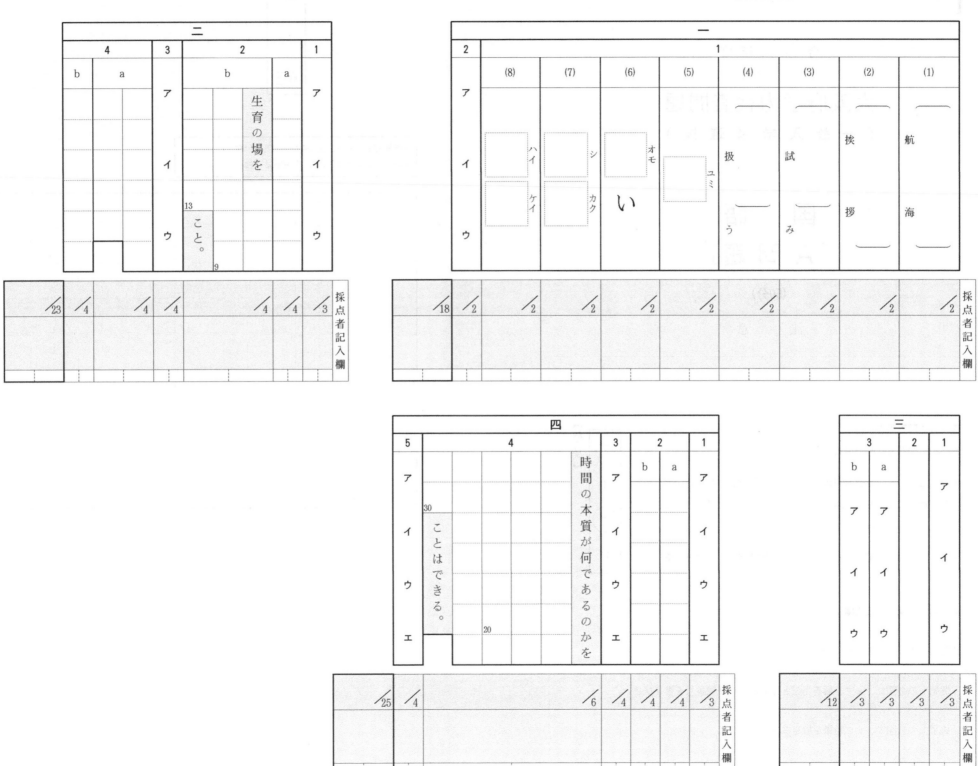

一　次の問いに答えなさい。

1　次の(1)～(4)の文中の傍線を付けたカタカナを漢字になおし、解答欄の枠内に書きなさい。また、(5)～(8)の文中の傍線を付けた漢字の読み方を書きなさい。ただし、漢字は楷書で、大きくていねいに書くこと。

(1) 長い航海を終えた。　　(2) 挨拶をする。
(3) 新しい試み。　　(4) 本を大切に扱う。
(5) ユミで矢を射る。　　(6) オモい荷物を持つ。
(7) 調理師のシカクを取得する。　(8) ハイケイに森を描く。

2　次の文中の傍線を付けたことばが「我を忘れて、ある物事に熱中して」という意味になるように、□□にあてはまる漢字一字を、あとのア～ウから一つ選び、記号を○で囲みなさい。

友人から借りた本が面白く、私は無我□□中で読んでしまった。

ア　無　　イ　霧　　ウ　夢

二　次の文章を読んで、あとの問いに答えなさい。

アサガオのタネをそのままにくと、発芽するまでに、長い日数がかかります。その理由は、アサガオのタネが、硬く厚い皮に包まれているためです。そこで、「タネが硬く厚い皮に覆われていることは、アサガオにとって、どんな利点があるのか」という〝ふしぎ〟が浮かびあがります。

タネの大切な役割の一つは、暑さや寒さなどの都合の悪い環境を耐えしのぐことです。硬く厚い皮は、暑さや寒さをしのぐのに役立ちます。そればかりでなく、ひどい乾燥を耐え抜くのにも役立ちます。それだけではなく、タネの大切な役割は、都合の悪い環境を変えたり、生育地を広げ

ではなく、動きまわることのない植物たちが生育する場所を耐えしのぐことだけではなく、自分

（略）

三　次の文章を読んで、あとの問いに答えなさい。

四

次の文章を読んで、あとの問いに答えなさい。

「時間」とは何でしょうか。このように問われたとしたら、皆さんはどうするでしょうか。腕を組み、あるいは顎に手を当てて、頭の中で「時間とは何か」とくりかえし唱えたところで先には進まないでしょう。このように「○○とは何か」という問いはあまりにも抽象的で漠然とした問いなので、この問いにいきなり向き合ってもすぐに回答することはおろか、大きな問いに対する回答の糸口さえつかめないものです。

② このようなときには、問いをより具体的な小さな問いへ置き換えてみると役に立つことがあります。ここで言う「小さな問い」とは、元々の「○○とは何か」という大きな問いに対して完全な回答を示すことを目指したものではないのですが、当のものごとがどのようなものごとであるかについて、ある具体的な切り口から迫っていくことによって、「当のものごとは少なくともこういうものである、あるいはこういうものではないということは言える」という回答を示すことによって、当のものごとの本質を部分的に明らかにすることを目指すような問いです。このような回答の糸口をつかむことによって、元々は哲学的な問いについて考えるための有効な方法の一つだと考えられます。それゆえこれは、完全な回答へと徐々に迫っていけるのではないかと期待されます。つまり、「○○とは何か」という問いに対する思考が漠然としているからであって、より具体的な小さな問いから始めることによって初めて、思考を一歩一歩着実に展開させていくことができるということです。

と言いながら、以上の説明はそれ自体とても抽象的なものでしたので、具体的に「時間」についてはどのような小さな問いを設定できるのかを見ていきましょう。考える一つの手掛かりは、時間がしばしば空間内の直線で表現されるということです。理科や物理の教科書などにはよく、時間軸が横軸の直線で表されているようなグラフが出てきますね。直線というものは文字どおりには空間内に位置づけられるものですから、それ自体は時間ではありません。時間を

直線で表すというのはある種の比喩だと理解するべきでしょう。このように時間を直線で喩えるということは、時間が空間内の直線のような性質をもつ空間の類似物だということを意味するのでしょうか。私たちは、直線の比喩をどこまで文字どおりに理解してよいのでしょうか。③

④ 時間が空間に類するものであるかどうか、この問いはまさに、時間に関する小さな問いの一例です。時間の本質が何であるかという問いに答える小さな問いでも十分に抽象的な問いがまさに、時間に関する小さな問いの一例です。もちろんこの小さな問いは、それ自体でも十分に抽象的な問いがまさに、「時間」という主題に「空間」という対比物をあてがうことによって問いを具体化し、私たちに考える糸口を与えてくれていると言うことはできるでしょう。⑤ とは、たとえばこのようなことを指しているのです。

（金杉武司『哲学するってどんなこと？』ちくまプリマー新書による）

1　本文中の ① ない と品詞が同じ「ない」を含む一文を次から一つ選び、記号を○で囲みなさい。
ア　雲一つない空。
イ　二度とない機会だ。
ウ　電車がなかなか来ない。
エ　読書に飽きることはない。

5　次のうち、本文中の ⑤ に入れるのに最も適しているものはどれか。一つ選び、記号を○で囲みなさい。
ア　小さな問いから大きな問いを生み出す
イ　大きな問いを小さな問いに置き換える
ウ　時間を空間内の直線に喩える
エ　時間に空間という対比物をあてがって具体化する

4　④ 時間が空間に類するものであるかどうか とあるが、この問いについて、本文で筆者が述べている内容を次のようにまとめた。この ［　］ に入る内容を、本文中のことばを使って二十字以上、三十字以内で書きなさい。

時間が空間に類するものであるかどうか、という問いに答えるだけでは、時間の本質が何であるのかを ［　］ ことはできる。

3　次のうち、本文中の ③ に入れるのに最も適していることばはどれか。一つ選び、記号を○で囲みなさい。
ア　または
イ　なぜなら
ウ　だから
エ　しかし

2　② このようなとき とあるが、これはどのようなときのことか。その内容についてまとめた次の文の ［a］、［b］ に入れるのに最も適しているひとつづきのことばを、それぞれ本文中から抜き出しなさい。ただし、［a］は十四字、［b］は十二字で抜き出し、それぞれ初めの六字を書きなさい。

「○○とは何か」というような ［a］ に対して、すぐに回答する ［b］ とき。

五

新しいことに挑戦するときに、あなたが大切にしたいと考えることはどのようなことですか。次の条件1・2にしたがって、あなたの考えを別の原稿用紙に書きなさい。

条件1　新しいことに挑戦するときに、あなたが大切にしたいと考えることを簡潔に述べたうえで、なぜそのように考えたのかを、具体例や自分の体験を挙げながら説明すること。
条件2　百八十字以内で書くこと。

Ｂ　面

令 和 6 年 度

大阪府学力検査問題

（ 一 般 入 学 者 選 抜 ）

国　語
〔Ｂ 問 題〕

（50分）

注　　意

1　「開始」の合図があるまで開いてはいけません。

2　答えは、**解答用紙**に書きなさい。

　　ただし、問題五は**原稿用紙**に書きなさい。

　　・答えとして記号を選ぶ問題は、右の【解答例】にならい、すべて
　　解答用紙の記号を○で囲みなさい。また、答えを訂正するときは、
　　もとの○をきれいに消しなさい。

　　・答えの字数が指定されている問題は、句読点や「」などの符号も
　　一字に数えなさい。

　　解答用紙の採点者記入欄には、何も書いてはいけません。

3　問題は、中の用紙のＡ面に **一～三**、Ｂ面に **四・五** があります。

4　「開始」の合図で、まず、解答用紙と原稿用紙に受験番号を書きなさい。

5　「終了」の合図で、すぐ鉛筆を置きなさい。

【解答例】

（原稿用紙）

番

受験番号

得点

・原稿用紙の正しい使い方にしたがって書くこと。
・題名や名前は書かないで、本文から書き始めること。

令和六年度大阪府学力検査問題　国語解答用紙　〔B問題〕

受験番号　番　　得点　　〈問題五を除く〉

○　※問題五と合わせて90点満点

○

一

(1)	(2)	(3)	(4)	(5)	(6)	(7)	(8)
挟まった	隔てる	悠久	厳粛	ハシラ	スアナ	アンガイ	ヤハン

採点者記入欄

/1 /1 /1 /1 /2 /2 /2 /12

二

1	2	3	4 a	4 b
アイウエ	アイウエ	アイウエ	15 10	

採点者記入欄

/3 /4 /4 /6 /4 /21

三

1	2	3	4 a	4 b
アイウエ	アイウエ	アイウエ	舞台において	30 20 ようにしている。

採点者記入欄

/2 /4 /4 /4 /6 /20

四

1	2	3	4
ABCD	アイウエ	詠み手が、 55 70 こと。	アイウエ

採点者記入欄

/3 /4 /8 /4 /19

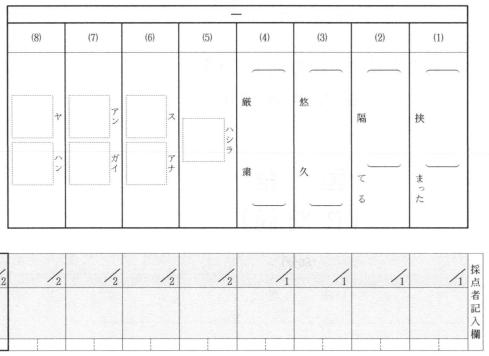
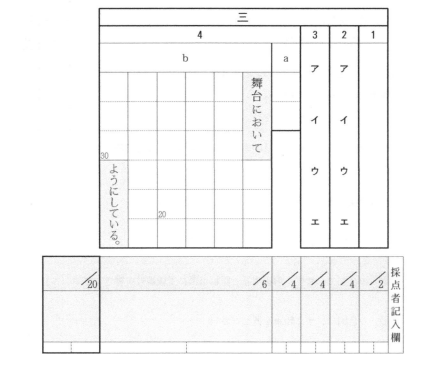

国　語　〔Ｂ問題〕　（一般　入学者選抜）

一　次の(1)～(4)の文中の傍線を付けた漢字の読み方を書きなさい。また、(5)～(8)の文中の傍線を付けたカタカナを漢字になおし、解答欄の枠内に書きなさい。ただし、漢字は楷書で、大きくていねいに書くこと。

(1) しおりが挟まったままの本。
(2) 悠久の歴史を感じる。
(3) チームのハシラとなる存在。
(4) この荷物はアンガイ軽かった。
(5) ついたてで部屋を隔てる。
(6) 厳粛な雰囲気。
(7) 動物がつくったスアナ。
(8) ヤバンに目を覚ます。

二　次の文章を読んで、あとの問いに答えなさい。

　独創性、オリジナリティとは何だろうか。①「人跡未踏」という言葉がある。誰もまだ踏み得ていない場所のことである。到達の困難な地に足跡を残すことは功績であり栄誉でもある。未踏の地は冒険家たちによって次々に踏破されてきたが、中国雲南省の梅里雪山とか、南極の分厚い氷の下に眠るボストーク湖など、未踏の地はまだまだある。月面はアポロ11号のアームストロング船長によって踏まれた。火星にはまだ人は到達していないが、往復に何年もかけてそれを踏みたがる者は哲学的な決断が必要であろう。しかし人類は踏んだことのない場所に行くには哲学的な決断が必要であろう。誰にでも分かりやすい明白なる達成がそこに刻印されるからだろう。創造や創発という行為が携えているイメージがそこに重なっているのかもしれない。

　しかし一方、昔の人が踏んだ足跡をことさら踏み重ねるようにして行う創造行為もある。和歌における「本歌取り」がそれである。これは先人が詠んだ古い歌を下敷きにし、一句から二句程度、古歌の言葉をそのまま使って歌を詠む方法をいう。

　本歌取りは、先人の作を、それを享受する人々が皆知っていることを前提とする創作である。和歌を詠む素養には、言葉を生み出す技術のみならず、過去に詠まれた歌に対する知識も含まれている。したがって先人の歌やそこに描かれた主題を、歌を詠む側も味わう側も共通知識として持っていることをそこに重ねて、新たな歌がそこに重ねられるのである。ここには普遍と個の問題が横たわっている。時代を経て人々の意識の中に残ってきたものに、自分という個を重ね合

②　ならこれは創造性がないということになるが、

わせていくことで見えてくる差異の中に、創造性を見出そうという着想がそこにある。

　別の例で言えば、轆轤を回して茶碗を作る情景を想像してほしい。そこに生じる相似と差異の中に創造性が見出される。先人の営みをそのまま踏襲し、茶碗を作る情景を想像してほしい。むしろ相似反復の中に茶碗が見出せるると言ってもいいかもしれない。先人の営みをそのまま踏襲し、茶碗を作る行為の中に、個の創造性が見立てられていく。多くの人々が認める普遍的な美がそこに見出されていく。個の創造性を超えた普遍的な意志がそこに働いている。

(注) 梅里雪山＝中国雲南省にある連山のこと。
轆轤＝陶器などを成形するときに用いる回転台。

1　次のうち、本文中の ① で囲みなさい。
ア 修繕　イ 避暑　ウ 送迎　エ 密封

2　次のうち、本文中の ② に入れるのに最も適していることばはどれか。一つ選び、記号を○で囲みなさい。
ア 古歌を重んずる
イ 古歌を軽んずる
ウ 独創を是とする
エ 独創を非とする

のみ価値を置いてはいない。自身の創作意欲を十全に発露しながらも、むしろさっぱりと個を始末し、普遍に手を伸ばそうとする姿勢である。同じ場所を同じように踏んでも足跡が完全に一致することはなく、必ず踏み方に違いが出る。だから先達の足跡に敬意を表しつつ、躊躇なく自分の足跡をそこに重ねられるのである。

3　次のうち、本文で述べられていることがらと内容の合うものはどれか。最も適しているものを一つ選び、記号を○で囲みなさい。
ア 本歌取りという方法があるように、和歌を詠むには、言葉を生み出す技術よりもむしろ、過去に詠まれた歌に対する知識の方が必要となる。
イ 本歌取りにおける創造性は、時代を経て人々の意識の中に残ってきたものに、個を重ね合わせていくことで見えてくる差異の中から見出される。
ウ 轆轤を回して茶碗を作る行為の中に生じた差異における創造性は、自ずと生まれてきた相似反復からではなく、その中に生じた差異の中から見出される。
エ 轆轤を回して茶碗を作る行為には、先達の足跡を踏襲しながらも、普遍的な美を超えた個の創造性が働いている。

4　日本文化の中に育まれてきた創造性 とあるが、日本文化の中に育まれてきた創造性について、本文中で筆者が述べている内容を次のようにまとめた。
a に入る内容を、本文中のことばを使って十字以上、十五字以内で書きなさい。また、 b に入れるのに最も適しているひとつづきのことばを、本文中から二十五字で抜き出し、初めの五字を書きなさい。

　日本文化の中に育まれてきた創造性は、 a というイメージが携えているのは、未踏の地を踏む手応えのようなものかもしれないが、日本文化の中に育まれてきた創造性は、先達の足跡に自分の足跡を重ねることで、創作意欲を発露しながらも、 b である。

(原研哉『白百』による)

三　次の文章を読んで、あとの問いに答えなさい。

　或芸者、藤十郎に問ひて曰く、我も人も、こなたは十日廿日も、仕なれたる狂言なるゆゑか、うろたゆる①やうなるに、我も初日は同、うろたゆる也。
　イ いか成る御心入りありてや承りたし。
　エ しかれども、よそめに仕
　ウ 我も初日は同、うろたゆる也。

(注) 芸者＝ここでは、能や狂言などを演じる役者のこと。
藤十郎＝元禄期を代表する役者。

1　問ひて曰く を現代かなづかいになおして、すべてひらがなで書きなさい。

2　本文中には「答へて曰く」ということばが入る。入る場所として最も適しているものを次の ア～エ から一つ選び、記号を○で囲みなさい。

3　②かねてせりふにたくみなし とあるが、このことばの本文中での意味として最も適しているものはどれか。一つ選び、記号を○で囲みなさい。
ア 言い方を工夫しなければきちんと伝わらない
イ 前もって言うことを考えるということはない
ウ 口に出す前に慎重に考えなければならない
エ あれこれ言おうとするのはみっともない

4　狂言のけいこや舞台の初日に、藤十郎が心がけていることについて、本文で述べられている内容を次のようにまとめた。 a に入る内容を、本文中のことばを使って、現代のことばで二十字以上、三十字以内で書きなさい。また、 b に入れるのに最も適しているひとつづきのことばを、本文中から二字で抜き出して書きなさい。

　狂言は、日常を a と考えるため、けいこの時にせりふをよく覚え、初日にはもとから忘れ、舞台において b ようにしている。

四 次の文章を読んで、あとの問いに答えなさい。

季語は歳時記に収録され、本意本情が解説されています。現代の歳時記には五千語を超える季語が収録され、本意本情が解説されています。互いに歳時記を参照することで詠み手と鑑賞者との間で季語の本意本情が共有され、短い言葉の中にA込められたさまざまな心情を伝えることができるのです。そして、新たに生まれたさまざまな作品や解釈を受け、歳時記に記載される季語やその意味も更新されていきます。十七音という短い言葉の中でさまざまな心情・風景を伝えるために、季語の本意本情は大きな役割を果たします。

俳句における季語の重要性について、人工知能研究の視点から考察してみたいと思います。通常コミュニケーションとは、何か伝えたいことを何らかの手段によって他人に伝えることを指します。言葉を介したコミュニケーションでは、伝えたいことをC言葉に変換して他人に伝えます。言葉の組み合わせで表現するという意味では、俳句はデジタルな情報であると言えます。　[ア]

デジタルな情報というと、漠然とコンピューターが扱う情報と理解している人が多いと思いますが、デジタルとは飛び飛びの値しかない整数のような値によって表現される情報のことを意味します。　[イ]

デジタルな情報の利点は、書き間違いなどをしない限り劣化することなく伝えることができることですが、有限の情報しか表現できず伝えられる内容が限定されるという欠点も併せ持ちます。　[ウ]

俳句をデジタルな情報として考えたとき、俳句に感じたアナログな情報を、デジタル情報である十七音の言葉に変換している操作がエンコーダーとして考えられます。アナログな情報はデジタルな情報と比べて連続した量をそのままの形で表せる一方で、情報を伝達するときにノイズなどの影響が原因で値がずれてしまうという特徴を持ちます。D有限な言葉の組み合わせで表現して他人に伝えるという意味では、俳句はデジタルな情報であると言えます。

温度や速度、電圧や電流のように連続した量を取るものをアナログと呼びます。アナログな情報はデジタルな情報と比べて連続した量をそのままの形で表せる一方で、情報を伝達するときにノイズなどの影響が原因で値がずれてしまう。　[エ]

つまり、俳句を通したコミュニケーションが成立するためには、世界や自分に関するアナログな情報をデジタル情報から世界や他者に関するアナログな情報を復元するデコーダーを持つ必要があることになります。音楽の例でいうと、空気の振動からなるアナログな情報をデジタルなデータに変換するエンコーダーによってデータを作成・保存し、デジタルなデータから最終的にスピーカーにより空気の振動に戻すデコーダーによって音楽が再現されることと同じようなことです。正確に情報を伝えるためには、①エンコーダーとデコーダーの情報変換規則ができるだけ齟齬がないことが条件となります。

また、俳句では制約された十七音という言葉しか使えないことを考えると、正確さを保ちながらもできるだけ多くの情報を伝えることを考えると、とても重要になってきます。使う言葉一つひとつの意味が多様性をもっていることに加えて、お互いに言葉の意味の多様性が共有されていることが重要となるのです。

つまり、俳句の詠み手、鑑賞者双方が多様な言葉の意味を知っていることはもちろんのこと、双方が互いに言葉の意味を知っていることが重要です。人工知能の分野ではこのような「全員がそのことを知っていること」、さらには「全員がそのことを知っていることを知っていること」、さらには「全員がそのことを知っていることを知っていることを知っていること」と無限に続く命題が成り立つとき、その事実は「共有知識」であると呼びます。

俳句において、歳時記で意味が解説されている季語を用いることを条件とすることにより、お互いが季語の本意本情を理解しているという共有知識が成り立ちます。これにより、正確で効率の良いコミュニケーションを成り立たせていると解釈することができると考えられます。このような理由から、わずか十七音で豊かな世界を表現する俳句には季語が必要なのではないでしょうか。

（川村秀憲・山下倫央・横山想一郎『人工知能が俳句を詠む』による）

(注) 本意本情＝ここでは、ある題材が本来備えている性質、意味やあり方のこと。

1 本文中のA〜Dの───を付けた語のうち、一つだけ他と活用形の異なるものがある。その記号を◯で囲みなさい。

2 本文中には次の一文が入る。入る場所として最も適しているものを本文中の[ア]〜[エ]から一つ選び、記号を◯で囲みなさい。

［したがって、文字で表現された内容もデジタルな情報であるのです。］

3 ①エンコーダーとデコーダー とあるが、本文中で筆者は、俳句を通したコミュニケーションにおいて、エンコーダーとデコーダーの役割は、具体的にどのようなことであると述べているか。その内容についてまとめた次の文の[　]に入る内容を、本文中のことばを使って五十五字以上、七十字以内で書きなさい。

詠み手が、[　　　　　]こと。

4 次のうち、本文中で述べられていることがらと内容の合うものはどれか。最も適しているものを一つ選び、記号を◯で囲みなさい。

ア 詠み手と鑑賞者との間で季語やその意味の本意本情を共有することができるのは、歳時記に記載される季語やその意味が、新たに生まれたさまざまな作品や解釈を受けて、変わることがないからである。

イ わずか十七音で豊かな世界が表現されるには、歳時記を参照し、そのうちのどの意味を知りながらも、そのうちのどの意味で詠まれた季語の本意本情を知らなかったとしても、十七音という短い言葉だけで、豊かな世界を伝えることができる。

ウ 歳時記に収録された季語の本意本情を用いることで、詠み手と鑑賞者の双方が季語の本意本情を理解していることを条件とすることで、詠み手と鑑賞者双方に共有知識が成り立つ。

エ 詠み手が歳時記を参照し、季語の本意本情を理解し、季語の本意本情を理解したうえで詠んだ俳句であれば、鑑賞者がその句に詠まれた季語の本意本情を知らなくても、十七音という短い言葉だけで、豊かな世界を伝えることができる。

五 合意の形成に向けての話し合いを行う際に、あなたが心がけたいと考えることはどのようなことですか。次の条件1・2にしたがって、あなたの考えを別の原稿用紙に書きなさい。

条件1　あなたが心がけたいと考えることはどのようなことかを示したうえで、なぜそのように考えたのかを説明すること。

条件2　二百六十字以内で書くこと。

令和6年度

大阪府学力検査問題

（ 一 般 入 学 者 選 抜 ）

国　語
〔Ｃ問題〕

(50分)

注　意

1　「開始」の合図があるまで開いてはいけません。

2　答えは、**解答用紙**に書きなさい。

　　ただし、問題五は**原稿用紙**に書きなさい。

・答えとして記号を選ぶ問題は、右の【解答例】にならい、すべて
解答用紙の記号を○で囲みなさい。また、答えを訂正するときは、
もとの○をきれいに消しなさい。

・答えの字数が指定されている問題は、**句読点や「 」などの符号**も
一字に数えなさい。

解答用紙の**採点者記入欄**には、何も書いてはいけません。

【解答例】

ア
イ
ⓦ
エ

3　問題は、中の用紙のＡ面に**一・二**、Ｂ面に**三～五**があります。

4　「開始」の合図で、まず、解答用紙と原稿用紙に受験番号を書きなさい。

5　「終了」の合図で、すぐ鉛筆を置きなさい。

（原　稿　用　紙）

受験番号　　番

得点　／20

・原稿用紙の正しい使い方にしたがって書くこと。
・題名や名前は書かないこと。本文から書き始めること。

受験番号　　　番　　得点
〈問題五を除く〉
※問題五と合わせて90点満点

二

3	2	1
師の歌に詠まれた内容と　　　　こと。	A　ア　イ　ウ　エ　B　ア　イ　ウ　エ　C　ア　イ　ウ　エ	ア　イ　ウ　エ

採点者記入欄　／4　／6　／14

一

4	3	2	1
ア　イ　ウ　エ	ア　イ　ウ　エ	季節を待ち望む気持ちを表現している。　ことにより再構成し、生命よみがえる	⊗で示した歌では、　　ア　イ　ウ　エ

採点者記入欄　／4　／8　／4　／5　／21

三

2	1						
水濁則無掉尾之魚。	(6)	(5)	(4)	(3)	(2)	(1)	
	コッ　シ	ホウ　じる	ソ　り	彫塑	呈　する	殊　に	

採点者記入欄　／1　／1　／2　／2　／2　／3　／12

四

5	4	3	2	1
ア　イ　ウ　エ	ものになるということ。	ア　イ　ウ　エ　歴史が	ア　イ　ウ　エ	A　B　C　D

採点者記入欄　／2　／4　／4　／8　／5　／23

2024(R6) 大阪府公立高　C
教英出版　国4の2

国　語　〔Ｃ問題〕　（一般入学者選抜）

一　次の文章を読んで、あとの問いに答えなさい。

梅の花咲ける岡辺に家居れば乏しくもあらず鴬の声
（万葉・巻10・一八二〇　作者不詳）──Ｘ

春たてば花とや見らむ白雪のかかれる枝に鴬の鳴く
（古今・春上　素性）──Ｙ

右の二首は、同じく早春の梅と鴬を組み合わせて詠んでいるのだが、その詠みぶりは根本的に異なっている。前者の『万葉』の歌は、梅の花の咲いている岡のあたりに住んでいるので、鴬の声の聞こえることが少なくない、の意。

これに対して後者の『古今』の歌は、春になったので鴬が雪を梅の花と見まちがえているのだろうか、白雪の降りかかっている梅の枝で鴬が鳴く、の意。実際には春まだ浅く、梅の白い花が咲く以前にその枝に雪が降りかかっているが、そこに早くも鴬がやってきて鳴いている、というのが実際の春のところである。それを理屈っぽく一ひねりしたのが、この『古今』の歌である。この時代よく用いられる見立てや擬人法を用いて、鴬を白梅と見まちがえたのだろうか、としている。

従来、『古今集』の歌の表現について、理屈っぽいという意味で理知的といわれたり、また感動の間接的な表現だとか、あるいは観念的な表現だとかいわれてきた。しかし、そうであるからとて、そのような表現には感動がこもっていないということには、けっしてならない。右の「春たてば」の歌にも、生命よみがえる季節を待ち望む気持ちがあふれているにすぎない。『万葉集』と『古今集』とでは、生命よみがえる季節を待ち望む気持ちが異なっているにすぎない。

鴬が春まだ浅いのに雪の降りかかる梅の枝で鳴いているという事実を、「……なので……なのだろうか」という理屈の枠組みにあてはめて表現していることになる。この歌ではなくて、待ちわびた春がもうそこまでやってきたという感動を表している。雪の底から春が芽生えてくる、というような感動的に歌いあげるのも、このような工夫が事実そのままとしてではなく、再構成されている

事実が事実そのままとしてではなく、再構成されている　②　という『古今』の歌の特徴の一つである。

これは、梅の花の香を、風を使者としてそれに添えてやり、まだ姿を現さない鴬を誘い出す案内役にしよう、ぐらいの意。ここでも、梅花の香ぐわしさや鴬を誘い出すことをそのまま言うのではなく、擬人法の技法によって本来無関係な人事と物象を結びつけ、人を誘うのに便りをもってする人間社会の慣習に照応させながら表現している。そして、梅と鴬の取り合わせがいかに抜きがたく重要であるか、その事柄の原因理由について述べているところから、あらためて自然界の道理を思うことになる。鴬の声を梅の花と見まちがえたり、不安な憂愁だけではなく、人間世界の深遠な理がかすかな翳りとして見つめられている。理知的といわれ、感動の間接的な表現も、感動は観念的な表現という特徴をよく示している。『古今』的表現の眼目でもある事実の再構成は、事柄がつねに、変化の動機や由因などの必然関係によって成り立つという認識、あるいは事実を生起死滅の一齣として動態的、歴史的にとらえようとする思考性が媒介に作用して、生動する万物の道理、千変万化を促すところの規矩を見定めようとする趣である。不安な憂愁のなかの変化という、運命にも似た不可知の事象が発見されているという趣である。静中の動、静止のなかの変化という、そのような思考の生み出す表現は、当然ながらきわめて観念的である。次のような光のどけき春の日に静心なく花の散るらむ──Ｚ

静心なく、そして「のどけき」という擬人法的な表現がない。作者の内面にはかすかながら、ひとり静心なく散らねばならぬ不可思議さをも、再構成による観念的な表現という特徴をよく示している。

そのような自然界の道理とみられる事実の再構成は、事柄がつねに、変化の動機や由因などの必然関係によって成り立つ動能的、歴史的にとらえようとするように仕組まれている。ともかく、事柄の再構成という思考性が媒介にして、生動する万物の道理、千変万化を促すところの規矩を見定めようとする趣である。不安な憂愁のなかの変化という、運命にも似た不可知の事象が発見されているという趣である。静中の動、静止のなかの変化という、そのような思考の生み出す表現は、当然ながらきわめて観念的である。

（鈴木日出男『古代和歌の世界』ちくま新書による）

（注）素性＝平安時代の歌人。　紀友則＝平安時代の歌人。
規矩＝規準。

1　次のうち、本文中の　①　に入れるのに最も適していることばはどれか。一つ選び、記号を○で囲みなさい。
ア　似通った題材で詠まれた二首の差を端的に示している
イ　春の情景に対して感動している理由が歌われている
ウ　梅と鴬の組み合わせの良さを暗に示している
エ　春の情景の実際がそのまま歌われている

3　次のうち、本文中の　③　に入れるのに最も適していることばはどれか。一つ選び、記号を○で囲みなさい。
ア　のどけき　イ　なびき　ウ　静心なく　エ　かかれる

《右ページ下・問いＢ》

次のうち、本文中の　Ｙ　で示した歌に自然界の道理を思うことになるのは、梅の花をあわせがいかに重要であるかということが感じられるためである。
ア　本文中の　Ｙ　で示した歌に自然界の道理を思うことになるのは、梅の花があわせがいかに重要であるかということが感じられるためである。
イ　本文中の　Ｚ　で示した歌は、その表現がきわめて観念的であり、爛漫の春を味わう悠々たる自然観照のかなたに、不安な憂愁だけではなく、人間世界の深遠な理がかすかな翳りとして見つめられている。
ウ　理知的といわれた、感動の間接的な表現も、感動は観念的な表現にすぎない。
エ　『古今』的表現の眼目でもある事実の再構成は、事柄がつねに、変化の動機や由因などの必然関係によって成り立つという認識や、事実を動態的、歴史的にとらえようとする思考へと連動する。

2　生命よみがえる季節を待ち望む気持ち、とあるが、この気持ちをどのように表現しているかということについて、本文で筆者が述べている内容を次のようにまとめた。　　　に入る内容を、本文中のことばを使って七十字以上、八十字以内で書きなさい。
②　　　　ことにより再構成し、生命よみがえる季節を待ち望む気持ちを表現している。

3　次のうち、本文中の　③　に入れるのに最も適切な歌はどれか。

4　次のうち、本文中で述べられていることがらと内容の合うものはどれか。最も適しているものを一つ選び、記号を○で囲みなさい。
ア　本文中の　Ｙ　で示した歌に自然界の道理を思うことになるのは、梅の花はあわせがいかに重要であるかということが感じられるためである。
イ　本文中の　Ｚ　で示した歌は、その表現がきわめて観念的であり、爛漫の春を味わう悠々たる自然観照のかなたに、不安な憂愁だけではなく、人間世界の深遠な理がかすかな翳りとして見つめられている。
ウ　理知的といわれる理は、感動の深遠な理がかすかな翳りとして見つめられている。
エ　『古今』的表現は、事実の再構成は、事柄がつねに、変化の動機や由因などの必然関係によって成り立つという認識や、事実を動態的、歴史的にとらえようとする思考へと連動する。

次のうち、本文中の　③　に入れるのに最も適しているものはどれか。一つ選び、記号を○で囲みなさい。
ア　重複的　イ　対照的　ウ　比喩的　エ　超越的

二　次の文章を読んで、あとの問いに答えなさい。

吾が師の歌に、

此のうた、さまでの秀逸ともおもはざりしに、いにし文化四年、おのれ伊豆の出で湯にて湯あみながら、熊坂の里なる竹村茂雄がもとへと心ざして

こころあてに見し白雪はふもとにて思ひはぬ空にはるる不二のね

旅たてる頃、熱海の出で湯をいでて、弦巻山の頂へかかりしに、浮き雲西の空にたちかさなりたりしかど、ともなへる人にむかひて、不二はいづくの雲のあなたりて見ゆると問ひしに、はるかにゆびざしに、あしこの雲のうちにこそといふほど、いつしか浮き雲はれのきけるに、其の指さしをしたる雲よりははるかに高く、空に聳えてふりあふぎ見るばかりなりしかば、さて其の時ぞ、②師の歌をおもひ出でめで聞こえたりき。

（注）不二＝富士。富士山。　竹村茂雄＝江戸時代の国学者。

1　①さまでの秀逸ともおもはざりしに、とあるが、次のうち、このことばの本文中での意味として最も適しているものはどれか。一つ選び、記号を○で囲みなさい。
ア　それほど秀逸であるとも思わなかった
イ　その歌ほど秀逸なものはないとも思ったが
ウ　それほど秀逸な歌ができるとは思わなかった
エ　それまでの歌と比べると秀逸であるとは思ったが

2　次のうち、本文中の　──　を付けたＡ～Ｃの動作を行っている人物として最も適しているものはそれぞれどれか。一つずつ選び、それぞれ記号を○で囲みなさい。なお、必要があれば同じ記号を何度選んでもよい。
ア　師　イ　竹村茂雄　ウ　ともなへる人　エ　筆者

3　②師の歌をおもひ出でめで聞こえたりき、とあるが、筆者はどのようなことから、師の歌を思い出し賞賛したのか。その内容を、本文中のことばで、まとめた次の文の　　　に入る内容を、本文中のことばを使って五字以上、十五字以内で書きなさい。
師の歌に詠まれた内容と　　　こと。

三　次の問いに答えなさい。

1　次の(1)～(3)の文中の傍線を付けた漢字の読み方を書きなさい。また、(4)～(6)の文中の傍線を付けたカタカナを漢字になおし、解答欄の枠内に書きなさい。ただし、漢字は楷書で、大きくていねいに書くこと。

(1) 今年の夏は殊に暑い。
(2) 疑問を呈する。
(3) 木材のソリを直す。
(4) ラジオが時をホウじる。
(5) 美術の授業で影塑の基本を学ぶ。
(6) 提案のコツを説明する。

2　「水濁れば則ち尾を掉ふの魚無し。」の読み方になるように、次の文に返り点をつけなさい。

水濁則無掉尾之魚。

四　次の文章を読んで、あとの問いに答えなさい。

歴史には、現在はっきり断ちきられることによって特別な意味をもってくるところがある。現在の私たちにとって特別な様相をもったものとしてあらわれてくるところがある。歴史が過去の出来事を現在と断ちきられたかたちで扱い描き出すことは、昔からよく人々の歴史への関心を、そこにこそあれ益のないものとする根拠にもされた。すなわち、歴史は私たちの関心を徒に過去に向かわせることで自分たちの生きる時代を忘れさせ、私たちを現実から徒に逃避させるものではなかろうか。しかも、事実そのままではなく空想によって着色され、歪められている。だから、私たちは歴史からなんらの知識をも得ることができないのではなかろうか。

もしも過去を現在とまったく無関係なものと考えれば、たしかにそうであろう。また、古典的な史書以来のいわゆる歴史叙述は現実からの逃避になるだろう。もしも、科学的な意味での厳密な知識を私たちに与えるものでなければならないだろう。そして、もしも過去の出来事についてそのような厳密な知識を得ようとするならば、科学に範をとった実証主義的な方法により確実な史料にもとづいて過去の事実のあれこれを突きとめ、それらを時間系列のうちに一回性をもった出来事として叙述することが要求されるだろう。近代実証史学が行ったのはまさにこのことであり、歴史的な事実や出来事はほとんど科学的な物体と同じように対象化されておよそイメージ的全体性を失ったものとしてとらえたのである。

① 、歴史が、一度現在と断ちきられることで、なぜ私たちにとって特別な様相をもったものになるのはそういう歴史のもっと立ち入った叙述は、私たちが一つの時代、一つの社会のなかに生きているということは、ただ物理的な意味での時間的・空間的にその時間、その場所に生きているということではない。そうではなくて、多かれ少なかれ、私たち一人一人が一つの時代にある社会を、つまりはそのなかでの自他の経験を内面化し、それを自分の問題として生きていくというそのことである。もとより、一人一人がそれぞれに自分の問題として生きているのは同じではない。しかし互いに通じ合い共通する自他の経験のなかに生きている。私たちにおいて経験は、さまざまの意識的・無意識的な制度を内面化して行われ、私たちは、さまざまな意識のなかに、そして、つぎつぎに新しい事実や出来事を生じさせている。そして、新しい経験と新しい事実や出来事は私たちの一人一人にいっそう多くの、いっそう込み入った問題を課するのだ。

そうしたなかで、私たちは、自分たちの時代や社会をよりよく認識するために、自分たちの問題、解決しにくい問題に対処していくためにも、自分たちの社会を自立的にして、また、自立した社会を求めるのだといってよい。歴史とは、私たち人間にとって、まずなによりもそういう鏡ではないだろうか。そして歴史は、このような鏡であるために、それ自身が多かれ少なかれそういう鏡の要素をもったものでなければならないし、また、現在とはつながらずにはっきり断ちきられた過去でなければならない。鏡は世界を映し出すものであり、イメージは鏡に宿るものである。へだたったもの、はっきりとした過去を映し出すのではなくて、自他の経験したものを映し出す。鏡は相接したものを映し出すものではなく、また、現在とはつながりながらはっきりとイメージ的な全体性をもったものになることができ、歴史は、この自立的なイメージとなることができ、自立的なイメージを映し出す鏡になるのである。

③ 、歴史が過去の事実や出来事の扱い方は歴史を科学的に学問化することにはなったが、私たちとの生きたつながりをもった歴史である。もっと立ち自立した現代と私たちの生き方のなんたるかを映し出す鏡になるのである。

そのような過去の事実や出来事の扱い方は歴史を科学的に学問化することにはなったが、私たちとの生きたつながりをもった歴史である。そうではなくて、多かれ少なかれ、出来事としての偶然性を孕んだ歴史である。歴史は、ある程度まで物語である。くり上げる歴史小説とは区別される。歴史上の事実や出来事をとらえる上でも、想像力が働かされなければならない。それらをことばで叙述し描き出す上でも、想像力によって華麗な物語をつくることはいうまでもないが、歴史の場合には、どこまでも史実そのものに語らせること、史実そのものの多義性をそなえたかたちで顕わす手助けをすることに、とどまるわけだ。

(中村雄二郎『哲学の現在』岩波新書による)

1　本文中のＡ～Ｄの ―― を付けた語のうち、一つだけ他と品詞の異なるものがある。その記号を○で囲みなさい。

2　次のうち、本文中の ① 、 ③ に入れることばの組み合わせとして最も適しているものはどれか。一つ選び、記号を○で囲みなさい。
ア　① たしかに　③ それにより
イ　① たしかに　③ それにしても
ウ　① もしくは　③ それにより
エ　① もしくは　③ それにしても

3　② 歴史を科学的に学問化することにはなった とあるが、本文で筆者は、過去の事実や出来事をどのように扱うことになったと述べているか。次のうち、最も適しているものを一つ選び、記号を○で囲みなさい。
ア　科学的な意味での厳密な知識を得ることにより、過去の事実や出来事を、明確に対象化され、イメージ的全体性を失ったものとして扱うこと。
イ　明確に対象化され、現在の事実と無関係なものととらえることによって、過去の事実や出来事を科学的に学問化すること。
ウ　過去の事実や出来事を、科学の対象である物体と同じように、明確に対象化して扱うこと。
エ　過去の事実や出来事を、一回性を失ったものとして扱うこと。

4　④ その結果、過去の歴史はさまざまな角度から現代と私たちの生き方のなんたるかを映し出す鏡になる とあるが、本文で筆者は、これは歴史がどのようなものになるということだと説明しているか。その内容についてまとめた次の文の　　に入る内容を、本文中のことばを使って五十字以上、六十字以内で書きなさい。

歴史が　　　　ものになるということ。

5　次のうち、本文中で述べられていることがらと内容の合うものはどれか。一つ選び、記号を○で囲みなさい。
ア　歴史がそこから知識を得ることができないものだとされてしまうのは、描き出された歴史が、空想によって着色され、歪められているからではなく、事実の一部分にすぎないからである。
イ　歴史小説は、史実にもとづいて描かれるものだが、歴史は、想像力は用いず、史実そのものに語らせ、史実そのものを多義性を持つことができるのは、空想によって着色され、物語をつくり上げるからである。
ウ　私たちが、互いに通じ合う部分を持つことができるのは、一つの社会のなかで、自他の経験を内面化し、それを自分たちに共通した経験から、新しい事実や出来事を生じさせるものであり、私たち一人一人は、新しい経験と新しい事実や出来事から、より多くの込み入った問題を課されることになる。
エ　一つの社会のなかで、互いに通じ合う部分として生きていこうとするからである。

五　次の資料Ａ、資料Ｂを読んで、あとの問いに答えなさい。ただし、あとの条件1・2にしたがって書くこと。

資料Ａ
良書を初めて読むときには新しい友を得たようである。
オリバー・ゴールドスミス

資料Ｂ
本は私たちの中にある凍りついた海を割る斧でなければならない。
フランツ・カフカ

(注) オリバー・ゴールドスミス＝イギリスの作家。
　　　フランツ・カフカ＝チェコの作家。

条件1　資料Ａ、資料Ｂの少なくとも一つについてふれること。
条件2　※二つの資料からどのようなことを考えたのかを明らかにして書くこと。
※ 二つの資料をそれぞれＡ、Ｂと表してもよい。

令和 6 年 度

大阪府学力検査問題

（ 一 般 入 学 者 選 抜 ）

数　学

〔Ａ 問 題〕

（50分）

注　　意

1　「開始」の合図があるまで開いてはいけません。

2　答えは、すべて**解答用紙**に書きなさい。

・答えとして記号を選ぶ問題は、下の【解答例】にならい、すべて**解答用紙**の記号を○で囲みなさい。また、答えを訂正するときは、もとの○をきれいに消しなさい。

【解答例】

ア	イ	ⓦ ウ	エ

・答えが根号を含む数になる場合は、根号の中をできるだけ小さい自然数にしなさい。

解答用紙の**採点者記入欄**には、何も書いてはいけません。

3　問題は、中の用紙のＡ面に 1・2、Ｂ面に 3・4 があります。

4　「開始」の合図で、まず、解答用紙に受験番号を書きなさい。

5　「終了」の合図で、すぐ鉛筆を置きなさい。

| 受験番号 | 番 | | 得点 | | |

※90点満点

令 和 6 年 度 大 阪 府 学 力 検 査 問 題

数 学 解 答 用 紙 〔A問題〕

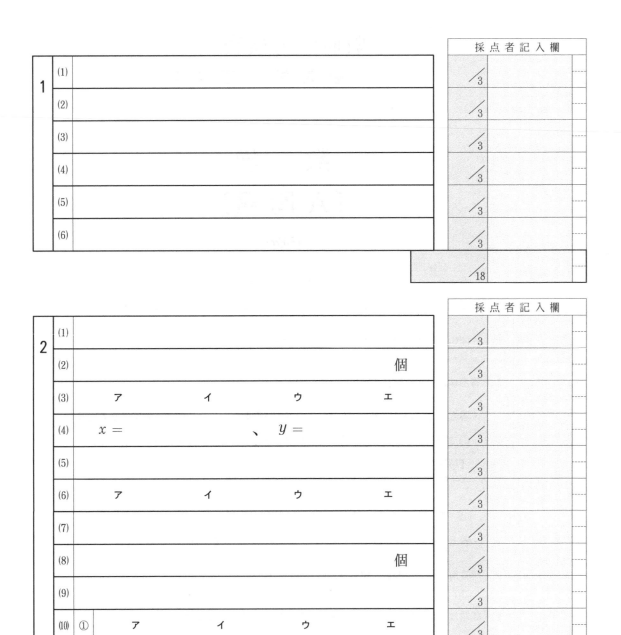

1

(1)		/3
(2)		/3
(3)		/3
(4)		/3
(5)		/3
(6)		/3
		/18

2

(1)		/3
(2)	個	/3
(3)	ア　　イ　　ウ　　エ	/3
(4)	$x =$ 、 $y =$	/3
(5)		/3
(6)	ア　　イ　　ウ　　エ	/3
(7)		/3
(8)	個	/3
(9)		/3
(10)	① ア　　イ　　ウ　　エ	/3
	② cm³	/3
		/33

3

(1)	(ア)	/3
	(イ)	/3
(2)	$y =$	/5
(3)		/5
		/16

4

(1)	ア　　イ　　ウ　　エ	/3
(2)	度	/3
(3)	ⓐ	/3
	ⓑ	/3
	ⓒ ア　　イ　　ウ	/3
(4)	(求め方)	
	cm	/8
		/23

1 次の計算をしなさい。

(1) $6 - (-1) \times 2$

(2) $9 \div \left(-\dfrac{3}{4}\right)$

(3) $5^2 + (-15)$

(4) $x - 3 + 4(x + 1)$

(5) $2xy \times 3x$

(6) $6\sqrt{2} - \sqrt{8}$

2 次の問いに答えなさい。

(1) $a = 6$ のとき、$3a - 5$ の値を求めなさい。

(2) -4.8 より大きく 2.2 より小さい整数の個数を求めなさい。

(3) 次の**ア～エ**の式のうち、「重さ a kg の荷物 1 個と重さ b kg の荷物 1 個の重さの合計は 5 kg より重い。」という数量の関係を正しく表しているものはどれですか。一つ選び、記号を〇で囲みなさい。

ア $ab > 5$ 　　**イ** $a + b > 5$ 　　**ウ** $a + b < 5$ 　　**エ** $a + b = 5$

(4) 連立方程式 $\begin{cases} 5x + 2y = 11 \\ x + 2y = 15 \end{cases}$ を解きなさい。

(5) 二つのさいころを同時に投げるとき、出る目の数の積が 6 である確率はいくらですか。1 から 6 までのどの目が出ることも同様に確からしいものとして答えなさい。

(6) a を正の定数とする。次の**ア～エ**のうち、関数 $y = \dfrac{a}{x}$ のグラフの一例が示されているものはどれですか。一つ選び、記号を〇で囲みなさい。

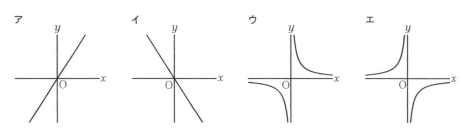

ア 　　**イ** 　　**ウ** 　　**エ**

(7) 二次方程式 $x^2 - 9x + 14 = 0$ を解きなさい。

(8) ある工場で生産された「製品 A」がたくさんある。それらのうちから 400 個を無作為に抽出して検査したところ 3 個の不良品が含まれていた。標本調査の考え方を用いると、この工場で生産された「製品 A」5000 個の中に含まれる不良品の個数はおよそ何個と推定できますか。答えは小数第 1 位を四捨五入して**整数**で書くこと。

(9) 右の図において、m は関数 $y = ax^2$（a は定数）のグラフを表す。A は m 上の点であり、その座標は（-4 , 5）である。a の値を求めなさい。

(10) 右の図において、立体 ABCD － EFGH は直方体であり、AB ＝ 6 cm、AD ＝ 5 cm、AE ＝ 7 cm である。C と F、C と H、F と H とをそれぞれ結ぶ。

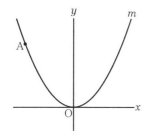

① 次の**ア～エ**のうち、辺 AB と平行な辺はどれですか。一つ選び、記号を〇で囲みなさい。

ア 辺 AD 　　**イ** 辺 BF 　　**ウ** 辺 FG 　　**エ** 辺 HG

② 立体 CGHF の体積を求めなさい。

3 Uさんの学校の文化祭では、各クラスの企画を紹介する垂れ幕を作って体育館に飾ることになった。生徒会の委員であるUさんは、垂れ幕の枚数と垂れ幕の列の長さとの関係について考えてみた。下の図は、1枚の幅が 90 cm の垂れ幕を 15 cm 間隔で飾ったときのようすを表す模式図である。「垂れ幕の枚数」が x 枚のときの「垂れ幕の列の長さ」を y cm とする。$x = 1$ のとき $y = 90$ であるとし、x の値が 1 増えるごとに y の値は 105 ずつ増えるものとする。

次の問いに答えなさい。

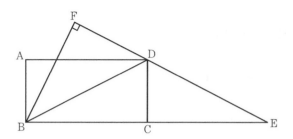

(1) 次の表は、x と y との関係を示した表の一部である。表中の(ア)、(イ)に当てはまる数をそれぞれ書きなさい。

x	1	2	$\cdots$	4	$\cdots$	7	$\cdots$
y	90	195	$\cdots$	(ア)	$\cdots$	(イ)	$\cdots$

(2) x を自然数として、y を x の式で表しなさい。

(3) $y = 2085$ となるときの x の値を求めなさい。

4 右の図において、四角形 ABCD は長方形であり、AB ＜ AD である。△DBE は DB ＝ DE の二等辺三角形であり、E は直線 BC 上にある。このとき、BC ＝ CE である。F は、B から直線 DE にひいた垂線と直線 DE との交点である。

次の問いに答えなさい。

(1) 次のア～エのうち、四角形 ABCD を直線 BC を軸として 1 回転させてできる立体の名称として正しいものはどれですか。一つ選び、記号を○で囲みなさい。

ア 四角柱　　イ 四角すい　　ウ 円柱　　エ 円すい

(2) △FBD の内角∠FBD の大きさを $a°$ とするとき、△FBD の内角∠BDF の大きさを a を用いて表しなさい。

(3) 次は、△FBE ∽ △ABD であることの証明である。　⑧ 、　⑥ に入れるのに適している「角を表す文字」をそれぞれ書きなさい。また、©〔　〕から適しているものを一つ選び、記号を○で囲みなさい。

（証 明）
△FBE と△ABD において
　BF ⊥ FE だから　∠BFE ＝ 90°……………………………………⑧
　四角形 ABCD は長方形だから　∠ ⑧ ＝ 90°………………………⑨
　⑧、⑨より　∠BFE ＝∠ ⑧ ……………………………………………⑪
　△DBE は DB ＝ DE の二等辺三角形だから　∠FEB ＝∠DBE………⑫
　AD ∥ BE であり、平行線の錯角は等しいから
　　∠ ⑥ ＝∠DBE ………………………………………………………⑬
　⑫、⑬より　∠FEB ＝∠ ⑥ ………………………………………………⑭
　⑪、⑭より、
　©〔　ア　1組の辺とその両端の角　　イ　2組の辺の比とその間の角　　ウ　2組の角　〕
がそれぞれ等しいから
　　△FBE ∽ △ABD

(4) AB ＝ 3 cm、AD ＝ 6 cm であるときの線分 FB の長さを求めなさい。答えを求める過程がわかるように、途中の式を含めた求め方も説明すること。

②

令和 6 年度

大阪府学力検査問題
(一 般 入 学 者 選 抜)

数　学
〔 B 問 題 〕

(50分)

注　　意

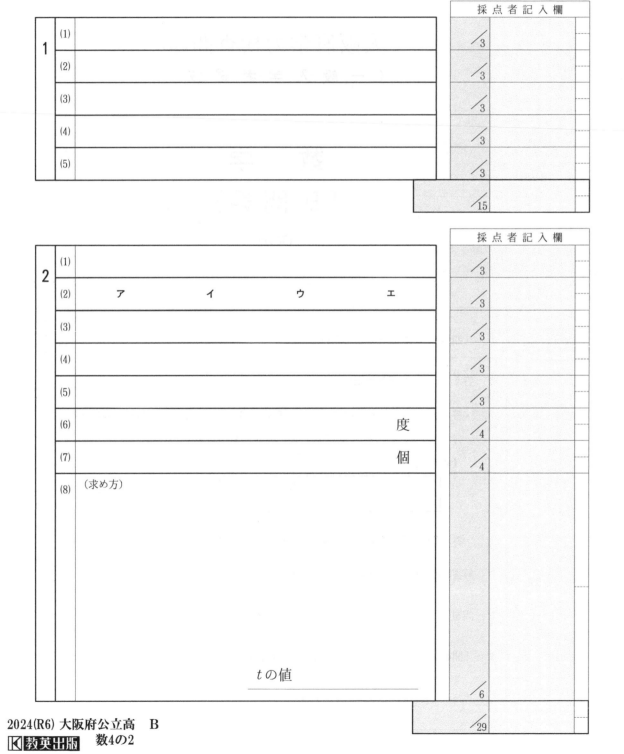

| 受験番号 | 番 | 得点 | | ※90点満点 |

令和 6 年度大阪府学力検査問題

数 学 解 答 用 紙 〔B問題〕

1
	採点者記入欄
(1)	/3
(2)	/3
(3)	/3
(4)	/3
(5)	/3
	/15

3
			採点者記入欄
(1)	①	(ア)	/3
		(イ)	/3
	②	$y =$	/3
	③		/3
(2)			/4
			/16

2
		採点者記入欄
(1)		/3
(2)	ア　イ　ウ　エ	/3
(3)		/3
(4)		/3
(5)		/3
(6)	度	/4
(7)	個	/4
(8)	(求め方)	
	tの値 _____	/6
		/29

4
			採点者記入欄
[I]	(1)	(証 明)	/7
	(2)	① cm	/5
		② cm	/5
[II]	(3)	ア　イ　ウ　エ　オ	/3
	(4)	① cm²	/5
		② cm³	/5
			/30

1 次の計算をしなさい。

(1) $(-1)^2 - 2 \times 3$

(2) $3(x - 9y) + 4(x + 7y)$

(3) $2b \times 6a^2 \div (-4a)$

(4) $(x + 3)(x - 3) - x(x - 2)$

(5) $(\sqrt{7} + 2\sqrt{2})^2$

2 次の問いに答えなさい。

(1) $a = -3$、$b = 4$ のとき、$8a + b^2$ の値を求めなさい。

(2) a を負の数とし、b を正の数とする。次の**ア〜エ**の式のうち、その値がつねに正になるものはどれですか。一つ選び、記号を○で囲みなさい。

　ア ab　　　**イ** $a + b$　　　**ウ** $-a + b$　　　**エ** $a - b$

(3) 二次方程式 $x^2 - 7x + 5 = 0$ を解きなさい。

(4) n を自然数とする。$\sqrt{44n}$ の値が自然数となる最も小さい n の値を求めなさい。

(5) 2から6までの自然数が書いてある5枚のカード $\boxed{2}$、$\boxed{3}$、$\boxed{4}$、$\boxed{5}$、$\boxed{6}$ が箱に入っている。この箱から2枚のカードを同時に取り出し、取り出した2枚のカードに書いてある数の和を a、積を b とするとき、$b - a$ の値が偶数である確率はいくらですか。どのカードが取り出されることも同様に確からしいものとして答えなさい。

(6) 右の図において、A、B、C、D、E は円 O の周上の異なる5点であり、この順に左回りに並んでいる。線分 AC は、円 O の直径である。A と E、B と E、B と D、C と D とをそれぞれ結ぶ。鋭角 $\angle AEB$ の大きさを $a°$ とするとき、鋭角 $\angle BDC$ の大きさを a を用いて表しなさい。

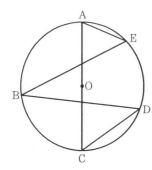

(7) 袋の中に赤色のビー玉だけがたくさん入っている。この袋に青色のビー玉を80個加えてよくかき混ぜた後、30個のビー玉を無作為に抽出したところ、4個が青色のビー玉であった。標本調査の考え方を用いると、袋の中には初めおよそ何個の赤色のビー玉が入っていたと推定できますか。

(8) 右の図において、m は関数 $y = \dfrac{7}{4}x^2$ のグラフを表し、ℓ は関数 $y = -2x - 1$ のグラフを表す。A は m 上の点であり、その x 座標は正である。A の x 座標を t とし、$t > 0$ とする。B は、A を通り y 軸に平行な直線と x 軸との交点である。C は、直線 AB と ℓ との交点である。線分 BC の長さが線分 AB の長さより 1 cm 長いときの t の値を求めなさい。答えを求める過程がわかるように、途中の式を含めた求め方も説明すること。ただし、原点 O から点 $(1, 0)$ までの距離、原点 O から点 $(0, 1)$ までの距離はそれぞれ 1 cm であるとする。

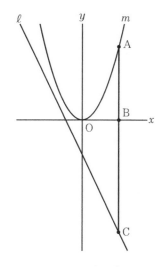

3　Uさんの学校の文化祭では、各クラスの企画を紹介する
垂れ幕を作って体育館に飾ることになった。生徒会の委員で
あるUさんは、垂れ幕の枚数と垂れ幕の列の長さとの関係に
ついて考えてみた。下の図は、同じ幅の垂れ幕を等間隔で飾った
ときのようすを表す模式図である。垂れ幕1枚の幅はすべて
90 cmであり、垂れ幕どうしの間隔はすべて a cmである。「垂れ
幕の枚数」が x 枚のときの「垂れ幕の列の長さ」を y cmとする。
$x = 1$ のとき $y = 90$ とし、x の値が1増えるごとに y の
値は $(a + 90)$ ずつ増えるものとする。
　　次の問いに答えなさい。

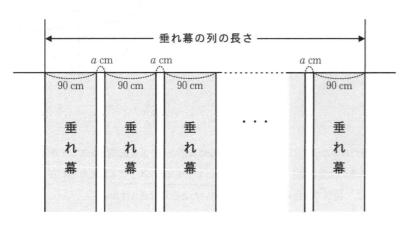

(1)　Uさんは、$a = 15$ である場合について考えた。

①　次の表は、x と y との関係を示した表の一部である。表中の(ア)、(イ)に当てはまる数をそれぞれ
書きなさい。

x	1	2	$\cdots$	4	$\cdots$	7	$\cdots$
y	90	195	$\cdots$	(ア)	$\cdots$	(イ)	$\cdots$

②　x を自然数として、y を x の式で表しなさい。

③　$y = 2085$ となるときの x の値を求めなさい。

(2)　Uさんは、21枚の垂れ幕を等間隔で飾ったときに、垂れ幕の列の長さが2130 cmになるように
しようと考えた。$x = 21$ のとき $y = 2130$ となる a の値を求めなさい。

4　次の〔Ⅰ〕、〔Ⅱ〕に答えなさい。

〔Ⅰ〕　図Ⅰにおいて、四角形 ABCD は1辺の長さが9 cmの正方形
である。△EFC は ∠EFC = 90°の直角三角形であり、
EF > FC である。F は、辺 AB 上にあって A、B と異なる。
G は、辺 EF と辺 AD との交点である。辺 EC は、辺 AD と
交わっている。H は、G を通り辺 FC に平行な直線と辺 EC
との交点である。I は、直線 GH と辺 DC との交点である。
　　次の問いに答えなさい。

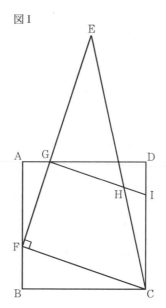

図Ⅰ

(1)　△GAF ∽ △FBC であることを証明しなさい。

(2)　FB = 3 cm、EF : FC = 5 : 3 であるとき、

①　線分 GF の長さを求めなさい。

②　線分 HI の長さを求めなさい。

〔Ⅱ〕　図Ⅱにおいて、立体 ABC－DEF は三角柱
である。△ABC は、AB = AC = 5 cmの
二等辺三角形である。△DEF ≡ △ABC で
ある。四角形 DEBA、FEBC、DFCA は
長方形であり、AD = 6 cmである。D と B、
D と C とをそれぞれ結ぶ。G は、線分 DB 上
の点である。H は、G を通り辺 BC に平行な
直線と線分 DC との交点である。A と G、
A と H とをそれぞれ結ぶ。
　　次の問いに答えなさい。

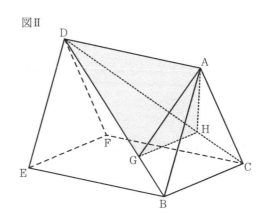

図Ⅱ

(3)　次のア〜オのうち、辺 AB とねじれの
位置にある辺はどれですか。すべて選び、
記号を○で囲みなさい。

ア　辺 AD　　　イ　辺 DE　　　ウ　辺 EF　　　エ　辺 CF　　　オ　辺 AC

(4)　BC = 4 cm、GH = 3 cmであるとき、

①　△ABC の面積を求めなさい。

②　立体 ADGH の体積を求めなさい。

令和 6 年度

大阪府学力検査問題

（ 一 般 入 学 者 選 抜 ）

数　学
〔Ｃ 問 題〕

（60分）

注　　意

1　「開始」の合図があるまで開いてはいけません。

2　答えは、すべて**解答用紙**に書きなさい。

　・答えとして記号を選ぶ問題は、下の【解答例】にならい、すべて**解答用紙**の記号を
　　○で囲みなさい。また、答えを訂正するときは、もとの○をきれいに消しなさい。

　【解答例】

　・答えが根号を含む数になる場合は、根号の中をできるだけ小さい自然数にしなさい。

　解答用紙の**採点者記入欄**には、何も書いてはいけません。

3　問題は、中の用紙のＡ面に１、Ｂ面に２・３があります。

4　「開始」の合図で、まず、解答用紙に受験番号を書きなさい。

5　「終了」の合図で、すぐ鉛筆を置きなさい。

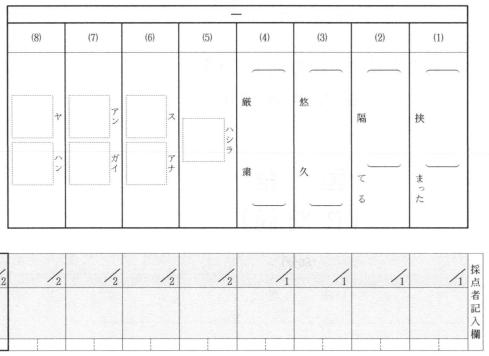

一

(8)	(7)	(6)	(5)	(4)	(3)	(2)	(1)
ヤ／ハン	アン／ガイ	ス／アナ	ハシラ	厳粛	悠久	隔てる	挟まった

採点者記入欄
／12　／2　／2　／2　／2　／1　／1　／1　／1

二

4		3	2	1
b	a	アイウエ	アイウエ	アイウエ
	15　　10			

採点者記入欄
／21　／4　／6　／4　／4　／3

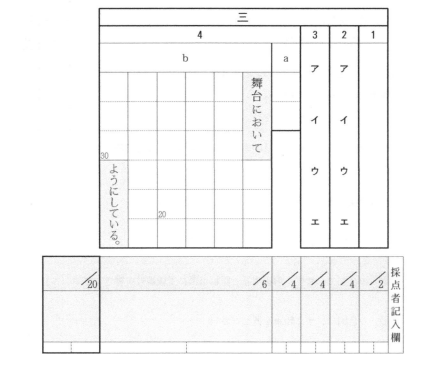

三

4		3	2	1
b	a	アイウエ	アイウエ	アイウエ
30　　　20 ようにしている。	舞台において			

採点者記入欄
／20　／6　／4　／4　／4　／2

四

4	3	2	1
アイウエ	詠み手が、　55　70　こと。	アイウエ	A B C D

採点者記入欄
／19　／4　／8　／4　／3

四　次の文章を読んで、あとの問いに答えなさい。

季語は歳時記に収録され、本意本情が解説されています。現代の歳時記には五千語を超える季語が収録され、本意本情が解説されています。互いに歳時記を参照することで詠み手と鑑賞者との間で季語の本意本情が共有され、短い言葉の中にＡ込められたさまざまな心情を伝えることができるのです。そして、新たに生まれたさまざまな作品や解釈を受け、歳時記に記載されるさまざまな季語やその意味も更新されていきます。十七音という短い言葉の中でさまざまな心情・風景を伝えるために、季語の本意本情はＢ大きな役割を果たします。

俳句における季語の重要性について、人工知能研究の視点から考察してみたいと思います。通常コミュニケーションとは、何かＣ伝えたいことを何らかの手段によって他人に伝えることを指します。言葉を介したコミュニケーションでは、伝えたいことを言葉に変換して他人に伝えます。

〔ア〕明確に区別できるＤ有限な言葉の組み合わせで表現して他人に伝えるという意味では、俳句はデジタルな情報と言えます。

デジタルな情報というと、漠然とコンピューターが扱う情報と理解している人が多いと思いますが、デジタルとは飛び飛びの値しかない整数のような値によって表現される情報のことを意味します。

〔イ〕デジタルな情報の利点は、書き間違いなどをしない限り劣化することなくその内容を伝えていくことができることですが、有限の情報しか表現できず伝えられる内容が限定されるという欠点も併せ持ちます。

〔ウ〕そして、温度や速度、電圧や電流のように連続した量を取るものをアナログと呼びます。

〔エ〕デジタルに対し、アナログな情報はデジタルな情報と比べて量をそのままの形で表せる一方で、情報を伝達するときにノイズなどの影響が原因で値がずれてしまうという特徴を持ちます。

つまり、俳句を通したコミュニケーションが成立するためには、世界や自分に関するアナログな情報をデジタル情報に変換するエンコーダーと、デジタル情報から世界や他者に関するアナログな情報を復元するデコーダーを持つ必要があることになります。音楽の例でいうと、空気の振動からなるアナログなデータをデジタルなデータに変換するエンコーダーによってデータを作成・保存し、デジタルなデータから最終的にスピーカーにより空気の振動に戻すデコーダーによって音楽が再現されることと同じようなことです。正確に情報を伝えるためには、①エンコーダーとデコーダーの情報変換規則ができるだけ齟齬がないことが条件となります。

また、俳句では制約された十七音という言葉しか使えないことを考えると、正確さを保ちながらもできるだけ多くの情報を伝えることも、とても重要になってきます。使う言葉一つひとつの意味が多様性をもっていることに加えて、お互いに言葉の意味の多様性が共有されていることが重要となるのです。

つまり、俳句の詠み手、鑑賞者双方が多様な言葉の意味を知っていることはもちろんのこと、双方が互いに言葉の意味を知っていることが重要です。人工知能の分野ではこのような「全員がそのことを知っていること」、さらには「全員がそのことを知っていることを知っていること」、さらには「全員がそのことを知っていることを知っていることを知っていること」と無限に続く命題が成り立つとき、その事実は「共有知識」であると呼びます。

俳句において、歳時記で意味が解説されている季語を用いることを条件とすることにより、お互いが季語の本意本情を理解しているという共有知識が成り立ちます。これにより、正確で効率の良いコミュニケーションを成り立たせていると解釈することができます。このような理由から、わずか十七音で豊かな世界を表現する俳句には季語が必要なのではないでしょうか。

（川村秀憲・山下倫央・横山想一郎『人工知能が俳句を詠む』による）

（注）本意本情＝ここでは、ある題材が本来備えている性質、意味やあり方のこと。

1　本文中のＡ〜Ｄの――を付けた語のうち、一つだけ他と活用形の異なるものがある。その記号を〇で囲みなさい。

2　本文中には次の一文が入る。入る場所として最も適しているものを本文中の〔ア〕〜〔エ〕から一つ選び、記号を〇で囲みなさい。

> したがって、文字で表現された内容もデジタルな情報であると言えるのです。

3　①エンコーダーとデコーダー とあるが、本文中で筆者は、俳句を通したコミュニケーションにおいて、エンコーダーとデコーダーの役割は、具体的にどのようなことであると述べているか。その内容についてまとめた次の文の　に入る内容を、本文中のことばを使って五十五字以上、七十字以内で書きなさい。

> 詠み手が、　　　　　　　こと。

4　次のうち、本文中で述べられていることがらと内容の合うものはどれか。最も適しているものを一つ選び、記号を〇で囲みなさい。

ア　詠み手と鑑賞者との間で季語やその意味の本意本情を共有することができるのは、歳時記に記載される季語の本意本情を、新たに生まれたさまざまな作品や解釈を受けて更新することがないからである。

イ　わずか十七音で豊かな世界が表現されるには、新たに生まれたさまざまな言葉の意味を知りながらも、そのうちのどの意味で詠み手と鑑賞者の双方が言葉を用いたのかを鑑賞者が正確に理解する必要がある。

ウ　歳時記に収録された季語の本意本情を用いることを条件とすることで、詠み手と鑑賞者の双方が季語の本意本情を理解しているという共有知識が成り立つ。

エ　詠み手が歳時記を参照し、季語の本意本情を理解したうえで詠んだ俳句であれば、鑑賞者がその句に詠まれた季語の本意本情を知らなかったとしても、十七音という短い言葉だけで、豊かな世界を伝えることができる。

五　合意の形成に向けての話し合いを行う際に、あなたが心がけたいと考えることはどのようなことですか。次の条件1・2にしたがって、あなたの考えを別の原稿用紙に書きなさい。

条件1　あなたが心がけたいと考えることはどのようなことかを示したうえで、なぜそのように考えたのかを説明すること。

条件2　二百六十字以内で書くこと。

受験番号　　番　　得点　　　　〈問題五を除く〉　　※問題五と合わせて90点満点

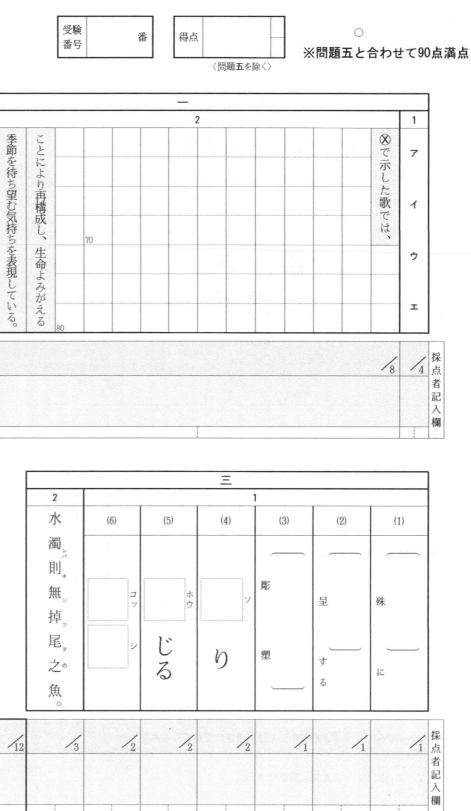

二

1　ア　イ　ウ　エ

2　A　ア　イ　ウ　エ
　B　ア　イ　ウ　エ
　C　ア　イ　ウ　エ

3　師の歌に詠まれた内容と　　　こと。

採点者記入欄　／14　／6　／4　／4

一

1　⊗で示した歌では、　ア　イ　ウ　エ

2　ことにより再構成し、生命よみがえる季節を待ち望む気持ちを表現している。

3　ア　イ　ウ　エ

4　ア　イ　ウ　エ

採点者記入欄　／21　／5　／4　／8　／4

三

1
(1)　殊　に
(2)　呈　する
(3)　彫塑
(4)　ソ　り
(5)　ホウ　じる
(6)　コッ　シ

2　水濁則無掉尾之魚。

採点者記入欄　／12　／3　／2　／2　／2　／1　／1　／1

四

1　A　B　C　D

2　ア　イ　ウ　エ

3　歴史が　ア　イ　ウ　エ

4　ものになるということ。

5　ア　イ　ウ　エ

採点者記入欄　／23　／5　／8　／4　／4　／2

三 次の問いに答えなさい。

1 次の(1)～(3)の文中の傍線を付けた漢字の読み方を書きなさい。また、(4)～(6)の文中の傍線を付けたカタカナを漢字になおし、解答欄の枠内に書きなさい。ただし、漢字は楷書で、大きくていねいに書くこと。

(1) 今年の夏は殊に暑い。
(2) 疑問を呈する。
(3) 美術の授業で彫塑の基本を学ぶ。
(4) 木材のソリを直す。
(5) ラジオが時を報じる。
(6) 提案のコツを説明する。

2 「水濁れば則ち尾を掉ふの魚無し。」の読み方になるように、次の文に返り点をつけなさい。

水濁則無掉尾之魚。

四 次の文章を読んで、あとの問いに答えなさい。

歴史には、現在はっきり断ちきられることによって特別な意味をもってくるところがある。現在の私たちにとって特別な様相をもったものとしてあらわれてくるところがある。

歴史が過去の出来事を現在と断ちきられたかたちで扱い描き出すことは、昔からよく人々の歴史への関心をそそってきた。すなわち、歴史は私たちの関心をこそあれ益のないものとする根拠にもされた。だから、私たちは歴史からなんらの知識をも得ることができないのではなかろうか。描き出された歴史は、事実の一部分にすぎない、歪められている。

① 、歴史が過去の出来事を現在ともったものとして格別な意味を事実から徒に逃避させるものではなくして、事実の一部分にすぎず、歪められている。だから、私たちは歴史からなんらの知識をも得ることができないのではなかろうか。

もしも過去を現在とまったく無関係なものと考えても、古典的な史書以来のいわゆる歴史叙述は、現実からの逃避になるだろう。また、古典的な史書以来のいわゆる歴史叙述は、科学的な意味での厳密な知識を私たちに与えるものでもないだろう。もしも過去の出来事についてそのような厳密な知識を得ようとするならば、科学に範をとった実証主義的な方法により確実な史料にもとづいて過去の事実のあれこれを突きとめ、それらを時間系列のうちに一回性をもった出来事として叙述することが要求されるだろう。近代実証史学が行ったのはまさにこのことであり、歴史的な事実や出来事はほとんど科学的な対象である物体と同じように明確に、しかしまったく対象化された物体と同じように叙述したものとしてとらえたのである。

このことから、②歴史を科学的に学問化することにはなったが、そこでは、歴史的な事実や出来事はまったく対象化されておよそイメージ的全体性を失ったものとしてとらえたのである。

そのような過去の事実や出来事の扱い方は歴史を科学的に学問化することにはなったが、私たちの生き方や歴史という点では、私たちとの生きたつながりをもった歴史である。もっと、私たちとの生きたつながりをもった歴史であり、そうではなくて、多かれ少なかれ、私たち一人一人が一つの時代のなかにある社会を、つまりはそれらを一つ一つの時代として生きていくという事実にもとづきながらも物語をつくり上げる歴史上の事実や想像力によって華麗な物語をつくり上げる歴史小説とは区別される。歴史上の偶然性を孕んだ物語を、ある程度まで史実に即しながらも想像力によって華麗な物語をつくり上げる歴史小説とは区別される。それらをことばで叙述し描き出す上でも、想像力が働かされなければならないことはいうまでもないが、歴史の場合には、どこまでも歴史そのものに語らせること、史実そのものをそなえたかたちで顕す手助けをすることに、史実そのものの多義性をそなえたかたちで顕す手助けをすることにとどまるわけだ。

③ 、歴史は、一度現在と断ちきられることで、なぜ私たちにとって特別な様相をもったものになるのだろうか。まず、私たちが一つの時代、一つの社会のなかに生きているということは、ただ物理的な意味での時間的・空間的にその時間、その場所に生きているということではなくて、多かれ少なかれ、私たち一人一人が一つの時代にある社会を、つまりはそのなかでの自他の経験を内面化し、それを自分の問題として生きていくということである。もとより、一人一人がそれぞれに自分の問題として生きていくという、人生のなかにある社会を、一人一人がそれぞれに自分の問題として生きていくということである。しかし互いに通じ合い共通した経験をもつのは、私たちにおいて経験は、さまざまの意識的・無意識的な制度を仲立ちにして行われ、しかもつぎつぎに新しい事実や出来事を生じさせているからだ。そして、新しい事実や出来事は私たちの一人一人にいっそう多くの、いっそう込み入った問題を課するだろう。

そうしたなかで、私たちは、新しい経験をできるだけ多角的に自分たちにある社会を、そのなかでの自他の経験を内面化するためにも、自分たちの時代、自分たちの社会をよりよく認識するためにも、自分たちの社会をできるだけ多角的に映し出す鏡を求めるのだといえよう。歴史とは、私たち人間にとって、まさによりもそういう鏡であるためには、それ自身が多かれ少なかれ自立したイメージ的な全体性をもったものでなければならないし、また、現在とはつねにつながりながらもはっきりと立ち向かい自立した過去でなければならない。鏡は相接した現代の生き方へだたりながら、ことばによって多義性を蔵した自立的なイメージをもつことができるような角度から現代と私たちの生き方のなんたるかを映し出す鏡になるのである。

このような鏡であるためには、それ自身が多かれ少なかれ自立したイメージ的な全体性をもったものでなければならないし、また、現在とはつねにつながりながらもはっきりと立ち向かい自立した過去でなければならない。鏡は世界を映し出すものではなくて、ヘメージは鏡に宿るものである。鏡は、はっきりと過去のなかにイメージ的な全体性を映し出すものであり、④その結果、過去の歴史はさまざまな角度から現代と私たちの生き方のなんたるかを映し出す鏡になるのである。

（中村雄二郎『哲学の現在』岩波新書による）

1 本文中の ―― を付けた語のＡ～Ｄのうち、一つだけ他と品詞の異なるものがある。その記号を○で囲みなさい。

2 次のうち、本文中の ① 、 ③ に入れることばの組み合わせとして最も適しているものはどれか。一つ選び、記号を○で囲みなさい。
ア ① たしかに ③ それにより
イ ① たしかに ③ それにしても
ウ ① もしくは ③ それにより
エ ① もしくは ③ それにしても

3 ②歴史を科学的に学問化することにはなった とあるが、本文で筆者は、過去の事実や出来事をどのようなものとして扱うことで、歴史を科学的に学問化することになったと述べているか。次のうち、最も適しているものを一つ選び、記号を○で囲みなさい。
ア 科学的な意味での厳密な知識を得ることにより、過去の事実や出来事を、明確に対象化され、イメージ的全体性を失ったものととらえること。
イ 明確に対象化され、現在の事実と無関係なものととらえることによって、過去の事実や出来事を、科学の対象である物体と同じものとして扱うこと。
ウ 過去の事実や出来事を、科学の対象である物体と同じように、明確に対象化され、イメージ的全体性を失ったものとして扱うこと。
エ 過去の事実や出来事を、一回性をもった出来事としてではなく、私たちとの生きたつながりをもったものとして扱うこと。

4 ④その結果、過去の歴史はさまざまな角度から現代と私たちの生き方のなんたるかを映し出す鏡になる とあるが、本文中で筆者は、これは歴史がどのようなものになるということだと説明しているか。その内容についてまとめた次の文の に入る内容を、本文中のことばを使って、五十字以上、六十字以内で書きなさい。

歴史が 〔　　　　　〕 ものになるということ。

5 次のうち、本文中で述べられていることがらと内容の合うものはどれか。一つ選び、記号を○で囲みなさい。
ア 歴史がそこから知識を得ることができないものだとされてしまうのは、描き出された歴史が、事実の一部分にすぎず、空想によって着色され、歪められているからである。
イ 歴史小説は、史実にまとめられた歴史だが、想像力は用いず、史実そのものに語らせるものである。
ウ 私たちが、互いに通じ合う部分を持つことが顕そうとするのは、一つの社会のなかで、自他の経験を内面化し、それを自分たちに合った問題として生きていくからである。
エ 経験は、さまざまな制度を仲立ちにして行われ、新しい事実や出来事を生じさせるものであり、私たち一人一人は、新しい経験と新しい事実や出来事から、より多くの込み入った問題を課されることになる。

五 次の資料Ａ、資料Ｂを読んで、「読書」とはどのようなものかということについてのあなたの考えを、別の原稿用紙に三百字以内で書きなさい。ただし、あとの条件1・2にしたがって書くこと。

資料Ａ
良書を初めて読むときには新しい友を得たようである。
オリバー・ゴールドスミス

資料Ｂ
本は私たちの中にある凍りついた海を割る斧でなければならない。
フランツ・カフカ

(注) オリバー・ゴールドスミス＝イギリスの作家。
フランツ・カフカ＝チェコの作家。

条件1 資料Ａ、資料Ｂの少なくとも一つについてふれること。
条件2 資料Ａ、資料Ｂからどのようなことを考えたのかを明らかにして書くこと。
※ 二つの資料をそれぞれＡ、Ｂと表してもよい。

受験番号	番	得点		※90点満点

令和6年度大阪府学力検査問題

数 学 解 答 用 紙 〔B問題〕

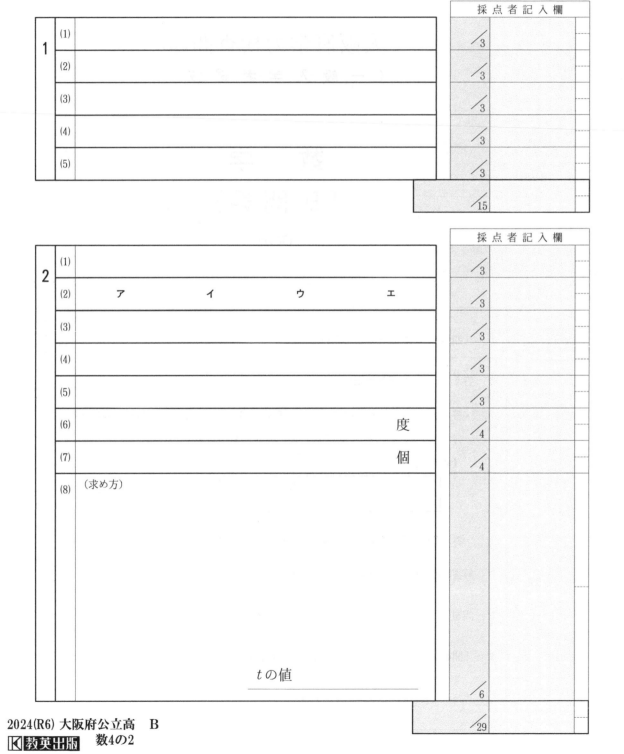

		採点者記入欄
1	(1)	/3
	(2)	/3
	(3)	/3
	(4)	/3
	(5)	/3
		/15

		採点者記入欄
2	(1)	/3
	(2) ア イ ウ エ	/3
	(3)	/3
	(4)	/3
	(5)	/3
	(6) 度	/4
	(7) 個	/4
	(8) (求め方) tの値	/6
		/29

				採点者記入欄
3	(1)	①	(ア)	/3
			(イ)	/3
		②	$y=$	/3
		③		/3
	(2)			/4
				/16

			採点者記入欄
4	[I]	(1) (証明)	/7
		(2) ① cm	/5
		② cm	/5
	[II]	(3) ア イ ウ エ オ	/3
		(4) ① cm^2	/5
		② cm^3	/5
			/30

令和6年度大阪府学力検査問題

数 学 解 答 用 紙 〔C問題〕

採点者記入欄

1

(1)		/4
(2)		/4
(3)		/5
(4)	a の値	b の値	/5
(5)		/6
(6)		/6
(7)		/6
(8)	(求め方)	

a の値　　　　、b の値

/8

/44

採点者記入欄

2

(1)	①	cm²	/4
	②	(証 明)	/8
(2)	①	cm	/4
	②	cm	/6

/22

採点者記入欄

3

(1)	①	cm³	/4
	②	cm	/4
	③	cm	/6
(2)	①	cm	/4
	②	cm³	/6

/24

受験番号　　　　番　　得点

令和6年度大阪府学力検査問題
数 学 解 答 用 紙 〔C問題〕

採 点 者 記 入 欄

1

(1)　　　　　　　　　　　　　　　／4

(2)　　　　　　　　　　　　　　　／4

(3)　　　　　　　　　　　　　　　／5

(4)　a の値　　　　　　　b の値　　　／5

(5)　　　　　　　　　　　　　　　／6

(6)　　　　　　　　　　　　　　　／6

(7)　　　　　　　　　　　　　　　／6

(8)　（求め方）

　　　　a の値　　　　　、b の値　　　　　／8

／44

採 点 者 記 入 欄

2

(1)　①　　　　　　　　　　　　cm²　　／4

　　②　（証　明）

　　　　　　　　　　　　　　　　　／8

(2)　①　　　　　　　　　　　　cm　　／4

　　②　　　　　　　　　　　　cm　　／6

／22

採 点 者 記 入 欄

3

(1)　①　　　　　　　　　　　　cm³　　／4

　　②　　　　　　　　　　　　cm　　／4

　　③　　　　　　　　　　　　cm　　／6

(2)　①　　　　　　　　　　　　cm　　／4

　　②　　　　　　　　　　　　cm³　　／6

／24

1 次の問いに答えなさい。

(1) $\dfrac{2x-3y}{4}+\dfrac{x+4y}{6}$ を計算しなさい。

(2) $(1+\sqrt{6})^2-\dfrac{\sqrt{8}+10\sqrt{3}}{\sqrt{2}}$ を計算しなさい。

(3) 二次方程式 $(x-7)^2-4(x-7)=0$ を解きなさい。

(4) a、b を定数とする。関数 $y=-\dfrac{1}{4}x^2$ について、x の変域が $-6\leqq x\leqq a$ のときの y の変域が $-16\leqq y\leqq b$ であるとき、a、b の値をそれぞれ求めなさい。

(5) x を有理数とする。$\dfrac{35}{12}x$ と $\dfrac{21}{20}x$ の値がともに自然数となる最も小さい x の値を求めなさい。

(6) 二つの箱 A、B がある。箱 A には奇数の書いてある 3 枚のカード $\boxed{1}$、$\boxed{3}$、$\boxed{5}$ が入っており、箱 B には偶数の書いてある 3 枚のカード $\boxed{4}$、$\boxed{6}$、$\boxed{8}$ が入っている。A、B それぞれの箱から同時にカードを 1 枚ずつ取り出し、箱 A の中に残っている 2 枚のカードに書いてある数の和を a、箱 B の中に残っている 2 枚のカードに書いてある数の和を b、箱 A から取り出したカードに書いてある数と箱 B から取り出したカードに書いてある数との和を c とする。このとき、$a<c<b$ である確率はいくらですか。A、B それぞれの箱において、どのカードが取り出されることも同様に確からしいものとして答えなさい。

(7) a を十の位の数が 0 でない 3 けたの自然数とし、b を a の百の位の数と十の位の数とを入れかえてできる 3 けたの自然数とする。ただし、b の一の位の数は a の一の位の数と同じとする。次の二つの条件を同時に満たす a の値を**すべて**求めなさい。

・$\sqrt{\dfrac{a-b}{2}}$ の値は自然数である。

・a の百の位の数と十の位の数と一の位の数との和は 20 である。

(8) a、b を正の定数とする。右の図において、m は関数 $y=ax^2$ のグラフを表し、n は関数 $y=\dfrac{b}{x}$ のグラフを表す。A は n 上の点であり、その x 座標は 1 である。B は m 上の点であり、その x 座標は -3 である。ℓ は、2 点 A、B を通る直線である。C は、B を通り y 軸に平行な直線と x 軸との交点である。D は、A を通り y 軸に平行な直線と直線 BO との交点である。C と D を結ぶ。ℓ の傾きは $-\dfrac{1}{2}$ であり、四角形 ABCD の面積は 17 cm² である。a、b の値をそれぞれ求めなさい。答えを求める過程がわかるように、途中の式を含めた求め方も説明すること。ただし、原点 O から点 $(1,0)$ までの距離、原点 O から点 $(0,1)$ までの距離はそれぞれ 1 cm であるとする。

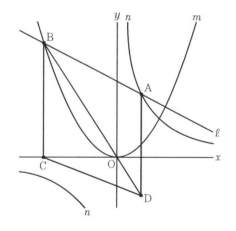

2 図Ⅰ、図Ⅱにおいて、△ABC は∠BAC = 90°の直角三角形であり、BC = 4 cm、AB < AC である。点 O は、3 点 A、B、C を通る円の中心である。このとき、O は辺 BC の中点である。△OAD は OA = OD の二等辺三角形であり、D は円 O の周上にあって直線 BC について A と反対側にある。半周より短い弧 $\overparen{AB}$、$\overparen{BD}$ について、$\overparen{AB} = 2\overparen{BD}$ である。E は、辺 AD と線分 BO との交点である。B と D とを結ぶ。円周率を π として、次の問いに答えなさい。

(1) 図Ⅰにおいて、

① 中心角の大きさが 180°より小さいおうぎ形 ODC について、中心角∠DOC の大きさを a°とするとき、おうぎ形 ODC の面積を a を用いて表しなさい。

図Ⅰ
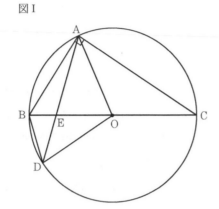

② △BDO ∽ △AEC であることを証明しなさい。

(2) 図Ⅱにおいて、BE = 1 cm である。F は、直線 DO と辺 AC との交点である。B と F とを結ぶ。

① 辺 AB の長さを求めなさい。

図Ⅱ
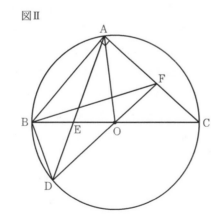

② 線分 BF の長さを求めなさい。

3 図Ⅰ、図Ⅱにおいて、立体 ABCD － EFGH は四角柱である。四角形 ABCD は AD∥BC の台形であり、∠ADC = ∠DCB = 90°である。AD = 2 cm、DC = BC = 4 cm である。四角形 EFGH ≡ 四角形 ABCD である。四角形 HGCD、GFBC は 1 辺の長さが 4 cm の正方形であり、四角形 HEAD、EFBA は長方形である。
次の問いに答えなさい。

(1) 図Ⅰにおいて、E と C、F と C とをそれぞれ結ぶ。I は、線分 EC 上の点である。J は、I を通り辺 EF に平行な直線と線分 FC との交点である。K は、J を通り辺 FB に平行な直線と辺 BC との交点である。

図Ⅰ
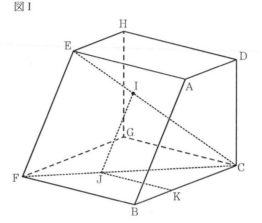

① △BCF を直線 FC を軸として 1 回転させてできる立体の体積は何 cm³ ですか。円周率を π として答えなさい。

② 線分 EC の長さを求めなさい。

③ EI = JK であるときの線分 EI の長さを求めなさい。

(2) 図Ⅱにおいて、L、M はそれぞれ辺 HG、DC 上の点であり、HL = MC = 1 cm である。L と M とを結ぶ。N は、L を通り辺 FG に平行な直線と辺 EF との交点である。O は、M を通り辺 BC に平行な直線と辺 AB との交点である。このとき、NL∥OM である。N と O とを結ぶ。

図Ⅱ
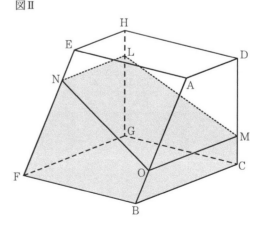

① 線分 OM の長さを求めなさい。

② 立体 OBCM － NFGL の体積を求めなさい。

令和 6 年度

大阪府学力検査問題

（ 一 般 入 学 者 選 抜 ）

英　語
〔Ａ 問 題〕

（40分）

注　　意

1　「開始」の合図があるまで開いてはいけません。

2　答えは、すべて**解答用紙**に書きなさい。

・答えとして記号を選ぶ問題は、下の【解答例】にならい、すべて**解答用紙の記号**を
○で囲みなさい。また、答えを訂正するときは、もとの○をきれいに消しなさい。

【解答例】

・答えの語数が指定されている問題は、**コンマやピリオドなどの符号**は語数に**含めない**
こと。

解答用紙の**採点者記入欄**には、何も書いてはいけません。

3　問題は、中の用紙のＡ面に**1・2**、Ｂ面に**3**があります。

4　「開始」の合図で、まず、解答用紙に受験番号を書きなさい。

5　「終了」の合図で、すぐ鉛筆を置きなさい。

6　放送による英語リスニングテストをこの検査終了後に行いますので、指示に従いなさい。

〇

受験番号		番	得点		

※リスニングと合わせて
90点満点

〈リスニングを除く〉

令和6年度大阪府学力検査問題

英 語 解 答 用 紙 〔A問題〕

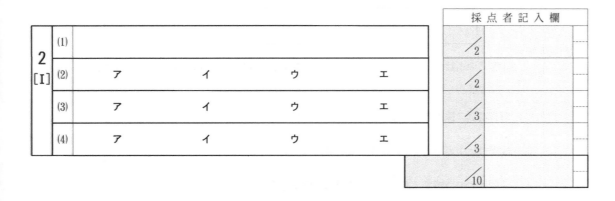

					採点者記入欄
1	(1)	ア	イ	ウ	/2
	(2)	ア	イ	ウ	/2
	(3)	ア	イ	ウ	/2
	(4)	ア	イ	ウ	/2
	(5)	ア	イ	ウ	/2
	(6)	ア	イ	ウ	/2
	(7)	ア	イ	ウ	/2
	(8)	ア	イ	ウ	/2
	(9)	ア	イ	ウ	/2
	(10)	ア	イ	ウ	/2
					/20

採点者記入欄

						採点者記入欄
2 [Ⅰ]	(1)					/2
	(2)	ア	イ	ウ	エ	/2
	(3)	ア	イ	ウ	エ	/3
	(4)	ア	イ	ウ	エ	/3
						/10

採点者記入欄

2 [Ⅱ]	①	_____ 5 _____	/3
	②	_____ 5 _____	/3
	③	_____ 5 _____	/4
			/10

採点者記入欄

						採点者記入欄
3	(1)	ア	イ	ウ	エ	/3
	(2)	My grandfather _____ _____ when I graduated from junior high school.				/3
	(3)	_____ that.				/3
	(4)	ア	イ	ウ	エ	/3
	(5)					/3
	(6)	ア	イ	ウ	エ	/3
	(7)	ア	イ	ウ	エ	/3
	(8) ①					/3
	②					/4
						/28

1 次の(1)～(10)の日本語の文の内容と合うように、英文中の（　　　　）内の**ア～ウ**からそれぞれ最も適しているものを一つずつ選び、記号を○で囲みなさい。

(1) 私は冷たい飲み物が欲しいです。
I want a （　**ア**　cold　　**イ**　hot　　**ウ**　sweet　） drink.

(2) 彼は映画が好きです。
He likes （　**ア**　books　　**イ**　games　　**ウ**　movies　）.

(3) 彼らは4月にアメリカに引っ越しました。
They moved to America in （　**ア**　April　　**イ**　May　　**ウ**　June　）.

(4) 彼女は夏休みの間じゅう、フランスに滞在するつもりです。
She will （　**ア**　come　　**イ**　play　　**ウ**　stay　） in France during the summer vacation.

(5) 私たちは昨日、夕食にカレーを食べました。
We （　**ア**　ate　　**イ**　eat　　**ウ**　eaten　） curry for dinner yesterday.

(6) あなたの姉はバスケットボールをしますか。
（　**ア**　Do　　**イ**　Does　　**ウ**　Is　） your sister play basketball?

(7) 何人かの生徒たちが、教室で絵を描いています。
Some students are （　**ア**　paint　　**イ**　painted　　**ウ**　painting　） pictures in the classroom.

(8) 私はその歌をスペイン語で歌うことができます。
I （　**ア**　can　　**イ**　must　　**ウ**　should　） sing the song in Spanish.

(9) あなたはもう宿題を終えましたか。
Have you （　**ア**　finish　　**イ**　finished　　**ウ**　finishing　） your homework yet?

(10) なんて高い建物なんでしょう。
（　**ア**　How　　**イ**　What　　**ウ**　Which　） a tall building!

2 麻衣（Mai）は日本の高校生です。次の［Ⅰ］、［Ⅱ］に答えなさい。

［Ⅰ］ 次は、麻衣が英語の授業で行ったマンホールのふた（manhole cover）に関するスピーチの原稿です。彼女が書いた原稿を読んで、あとの問いに答えなさい。

a manhole cover

Today, I'm going to talk about manhole covers. There are many manhole covers on the road. However, people don't usually pay attention to them. One day, I saw a girl taking a photo of a manhole cover in the street. The manhole cover had a design of the castle. I told her that the design was interesting. Then, she said that some foreign tourists visited Japan because Ⓐthey wanted to see manhole covers with interesting designs. After I talked with her, I became interested in manhole covers with interesting designs. So, I looked for information about them on the Internet.

I learned that many cities had manhole covers with various designs. 　①　 example, in one city, some manhole covers had a design of a character from a popular comic book. The writer of the comic book was born in the city. I thought that, from manhole covers, we could have a chance 　②　 more about each city.

Last weekend, I walked around and found manhole covers with various designs in my town. Some manhole covers had a design of the town's port in old times. From that design, I imagined that many ships visited the port in old times. Manhole covers in your town will tell you something interesting about your town.

（注）port 港

(1) 本文中の ⒶＴhey の表している内容に当たるものとして最も適しているひとつづきの**英語3語**を、本文中から抜き出して書きなさい。

(2) 次のうち、本文中の 　①　 に入れるのに最も適しているものはどれですか。一つ選び、記号を○で囲みなさい。

ア At　　　　**イ** For　　　　**ウ** On　　　　**エ** To

(3) 次のうち、本文中の 　②　 に入れるのに最も適しているものはどれですか。一つ選び、記号を○で囲みなさい。

ア learn　　　**イ** learns　　　**ウ** learned　　　**エ** to learn

(4) 次のうち、本文で述べられている内容と合うものはどれですか。一つ選び、記号を○で囲みなさい。

ア 麻衣は、城で写真を撮っていた女の子に、マンホールのふたについてたずねた。
イ 麻衣は、マンホールのふたが道路上にたくさんある理由について調べた。
ウ 麻衣は、さまざまなデザインのマンホールのふたを描いた人気の漫画があると知った。
エ 麻衣は、自分の町にあるマンホールのふたのデザインから、昔多くの船が港を訪れた様子を想像した。

［Ⅱ］ スピーチの後に、あなた（You）が麻衣と次のような会話をするとします。あなたならば、どのような話をしますか。あとの**条件1～3**にしたがって、（ ① ）～（ ③ ）に入る内容を、それぞれ**5語程度**の英語で書きなさい。解答の際には記入例にならって書くこと。

You: Hi, Mai. Your speech was great. （　①　） I want to see that manhole cover with the design of the town's port in old times.
Mai: You can find it near the department store.
You: Oh. （　②　） Can you visit there with me?
Mai: Sure. Now, let's decide when we will visit there!
You: OK. （　③　）
Mai: Sounds good!

<条件1> ①に、「私はそれをとても楽しみました。」と伝える文を書くこと。
<条件2> ②に、「私はそこを訪れたことがありません。」と伝える文を書くこと。
<条件3> ③に、前後のやり取りに合う内容を書くこと。

記　入　例			
What	time	is	it ?
Well ,	it's	11	o'clock.

3 次は、オランダ（the Netherlands）からの留学生のアダム（Adam）、高校生の花（Hana）、井田先生（Mr. Ida）の 3 人が学校の駐輪場で交わした会話の一部です。会話文を読んで、あとの問いに答えなさい。

Adam: Good morning, Hana. Is this bicycle ① ? It's nice.

Hana: Good morning, Adam. Yes, this is mine. ②

Adam: Oh, great! Do you like riding a bicycle?

Hana: Yes. I feel good when I am riding a bicycle. So, I often enjoy cycling when I have time. I see many people riding bicycles. Riding bicycles is popular in Japan.

Adam: ③ that.

Hana: How about people in your country? Do many people ride bicycles?

Adam: Yes, they do.

Mr. Ida: Good morning, Hana and Adam. What are you talking about?

Adam: Good morning, Mr. Ida. Hana tells me that many people ride bicycles in Japan. And now she wants to know the bicycle situation in my country.

Mr. Ida: In the Netherlands, bicycles are very popular, right? I hear the number of bicycles in the Netherlands is bigger than the number of people living there.

Hana: Wow! Is that true, Adam?

Adam: ④ About 17 million people live in the Netherlands, and they have about 23 million bicycles. In my country, many people go to work or go shopping by bicycle. They use bicycles in their daily lives. Most of the land in my country is flat, so moving around by bicycle is easy.

Hana: That's great! In Japan, the land is not flat in many places. There is a hill on my way to school, too. So, coming to school by bicycle is hard. When I have a lot of textbooks in my bag, Ⓐit is harder.

Mr. Ida: I come to school by bicycle, too, so I understand your feelings. In the hot summer, it is hard for me. I hear it's cool in summer in the Netherlands. ⑤

Adam: It's not very hot. And it doesn't rain a lot in summer. So, cycling is comfortable on most days even in summer.

Mr. Ida: Cycling in the Netherlands sounds nice.

Adam: Yes, it is nice. Many tourists also enjoy cycling there. They can see interesting buildings and beautiful flowers while they are riding bicycles.

Mr. Ida: I hear traveling around in the Netherlands by bicycle is very popular.

Adam: Yes. People bring their bicycles into trains or ships when they travel to far places in the Netherlands.

Hana: ⒷThat sounds convenient. So, they can go to various places in the Netherlands by bicycle. Visiting various places by bicycle sounds so nice. I want to visit the Netherlands in the future!

Adam: Please visit me and my family. Near my house, there is a beautiful park, and my family often go there by bicycle. If you visit us, we will take you to the park.

Hana: Fantastic!

（注）flat 平らな

(1) 次のうち、本文中の ① に入れるのに最も適しているものはどれですか。一つ選び、記号を○で囲みなさい。

　ア　your　　　　イ　yours　　　　ウ　who　　　　エ　whose

(2) 本文中の ② が、「私が中学校を卒業した時に、私の祖父が私にこの自転車をくれました。」という内容になるように、次の〔　〕内の語を並べかえて解答欄の＿＿＿に英語を書き入れ、英文を完成させなさい。

　My grandfather 〔 bicycle　me　gave　this 〕 when I graduated from junior high school.

(3) 本文中の '③ that.' が、「私はそれを知りませんでした。」という内容になるように、解答欄の＿＿＿に英語 3 語を書き入れ、英文を完成させなさい。

(4) 本文の内容から考えて、次のうち、本文中の ④ に入れるのに最も適しているものはどれですか。一つ選び、記号を○で囲みなさい。

　ア　Yes, it is.　　　　　　　　イ　No, it isn't.
　ウ　That sounds bad.　　　　　エ　That is a good plan.

(5) 本文中の Ⓐit の表している内容に当たるものとして最も適しているひとつづきの英語 5 語を、本文中から抜き出して書きなさい。

(6) 本文の内容から考えて、次のうち、本文中の ⑤ に入れるのに最も適しているものはどれですか。一つ選び、記号を○で囲みなさい。

　ア　How can we go there?
　イ　How big is the country?
　ウ　How is the weather there?
　エ　How far is the country from Japan?

(7) 次のうち、本文中の ⒷThat が表している内容として最も適しているものはどれですか。一つ選び、記号を○で囲みなさい。

　ア　enjoying comfortable cycling in summer
　イ　going to work and going shopping by bicycle
　ウ　bringing their bicycles when they ride a train or a ship
　エ　seeing interesting buildings and beautiful flowers while they are riding bicycles

(8) 本文の内容と合うように、次の問いに対する答えをそれぞれ英語で書きなさい。ただし、①は 3 語、②は 7 語の英語で書くこと。

　①　Does Mr. Ida come to school by bicycle?
　②　If Hana visits Adam's family, where will they take her?

③

令 和 6 年 度

大阪府学力検査問題

（ 一 般 入 学 者 選 抜 ）

英　語
〔Ｂ 問 題〕

（40分）

注　　意

令和6年度大阪府学力検査問題
英語解答用紙〔B問題〕

受験番号 ［ 　 　 ］番　　得点 ［ 　 　 ］

1							採点者記入欄
	(1)	ア	イ	ウ	エ		/2
	(2)	Then, ＿＿＿＿＿＿＿＿＿＿＿ come to school?					/3
	(3)	ア	イ	ウ	エ		/3
	(4)	ア	イ	ウ	エ		/3
	(5)	ア	イ	ウ	エ		/3
	(6)	If I used the same system to come to this school, coming to school ＿＿＿＿＿＿＿＿＿＿＿ .					/3
	(7)						/3
	(8)	ア	イ	ウ	エ		/3
	(9)	ア	イ	ウ	エ	オ	/6
							/29

2 [I]							採点者記入欄
	(1)	ア	イ	ウ	エ		/2
	(2)	ア	イ	ウ	エ		/3
	(3)						/3
	(4)	The things ＿＿＿＿＿＿＿＿＿＿＿ some hints.					/3
	(5)	ア	イ	ウ	エ		/3
	(6)	Let ＿＿＿＿＿＿＿＿＿＿＿ that means.					/3
	(7)	ア	イ	ウ	エ		/3
	(8)	ア	イ	ウ	エ		/3
	(9)	①					/3
		②					
							/29

2 [II]		採点者記入欄
	① ＿＿＿＿＿＿＿＿＿＿＿＿＿＿ 10	/4
	② ［ Yes, I do. ・ No, I don't. ］ ＿＿＿＿＿＿＿ 8 ＿＿＿＿＿＿＿ 16 ＿＿＿ 20	/6
		/10

1　次は、高校生の花 (Hana)、オランダ (the Netherlands) からの留学生のアダム (Adam)、井田先生 (Mr. Ida) の 3 人が学校の駐輪場で交わした会話の一部です。会話文を読んで、あとの問いに答えなさい。

Hana:　Good morning, Adam.　①　a hot day!

Adam:　Good morning, Hana.　Yes, it is hot.

Hana:　Oh, you came to school by bicycle.

Adam:　Yes! I like riding a bicycle.　You walk to school, right?

Hana:　Actually, I ride a bicycle to the station from home, park my bicycle there, and take the train. After getting off the train, I walk to school.

Adam:　I see.　②

Hana:　It takes about one hour.

Adam:　That's a long time.

Mr. Ida:　Good morning, Hana and Adam.　What are you talking about?

Adam:　Good morning, Mr. Ida.　We are talking about Hana's way to come to school.　She says that ③ .

Mr. Ida:　Oh, you live far from school, right?

Hana:　Yes, Mr. Ida.　Also, this school is a little far from the station, too.

Mr. Ida:　Yeah, you're right.

Hana:　Adam, now you come to school by bicycle, but how did you go to school in the Netherlands?

Adam:　I went to school by bicycle in the Netherlands, too.　In my country, many people ride bicycles to go to school or to go to work.　Bicycles are very popular there.

Mr. Ida:　I have heard about that before.　The number of bicycles in the Netherlands　④　the number of people living there, right?

Adam:　That's right.　About 17 million people live in the Netherlands, and they have more than 17 million bicycles.　Surprisingly, they have about 23 million bicycles.

Hana:　Oh, really?　ア　Why are bicycles so popular there?

Adam:　I think, in the Netherlands, moving around by bicycle is very convenient.　For example, people can bring their bicycles into trains.

Hana:　Wow!　イ　Also, they can use their bicycles after getting off the train.　I'm sure that is a convenient system.　I wish we had the same system in this area.　If I used the same system to come to this school, coming to school　⑤　.

Adam:　Also, in the Netherlands, there are many roads only for bicycles and ⒜they are connected to each city.　They are convenient for people who travel to far places by bicycle.　The number of such roads has been increasing.

Hana:　I see.　ウ　People can go to various places in the Netherlands by bicycle.

Adam:　That's right.　By the way, on roads both bicycles and cars can use, you will often find signs with an interesting phrase.　In English, it means that cars are guests.　And, the phrase, "cars are guests," tells people that cars may use the road as guests.　For example, on the roads, car drivers should wait until bicycles pass by.

Hana:　I see.　エ　But I still don't understand what "as guests" means.

Mr. Ida:　Well, how about thinking in this way?　Imagine you are in someone's house as a guest.　You will not do the things you want to do without thinking about the people living there.　You will think you should respect their feelings, right?　So, maybe the phrase tells people that car drivers should think in the same way on the road.

Hana:　Do you mean that　⑥　?

Mr. Ida:　Yeah, that is the thing I thought.

Adam:　I think you are right.

Hana:　Oh, that makes sense!　The sign is interesting!

Adam:　That's good!　I was wondering how I could explain the phrase on the sign.　Thank you, Mr. Ida.

Hana:　Adam, it was interesting to learn that the roads in the Netherlands were designed to make moving around by bicycle convenient.　Thank you for telling me about that.　Someday, I'd like to visit the Netherlands and travel around there by bicycle.

Adam:　I will guide you to various interesting places!

fietsstraat

auto te gast

自転車優先で
あることを示す
オランダの道路標識

（注）park　（自転車などを）とめる

(1)　次のうち、本文中の　①　に入れるのに最も適しているものはどれですか。一つ選び、記号を○で囲みなさい。

　ア　How　　　　　イ　What　　　　　ウ　When　　　　　エ　Which

(2)　本文中の　②　が、「そうすると、学校に来るのにどれくらい時間がかかるのですか。」という内容になるように、次の〔　　〕内の語を並べかえて解答欄の＿＿＿＿に英語を書き入れ、英文を完成させなさい。

　　Then,〔 does　how　it　long　take　to 〕come to school?

(3)　本文の内容から考えて、次のうち、本文中の　③　に入れるのに最も適しているものはどれですか。一つ選び、記号を○で囲みなさい。

　ア　she walks from home to school

　イ　she rides a bicycle from home to school

　ウ　she uses both a bicycle and the train to come to school

　エ　she walks to the station from home, takes the train, and walks to school again

(4)　本文の内容から考えて、次のうち、本文中の　④　に入れるのに最も適しているものはどれですか。一つ選び、記号を○で囲みなさい。

　ア　is larger than　　　　　　　　イ　is as large as

　ウ　is smaller than　　　　　　　　エ　is not as large as

(5)　本文中には次の英文が入ります。本文中の　ア　～　エ　から、入る場所として最も適しているものを一つ選び、ア～エの記号を○で囲みなさい。

　　That means there is no need to park their bicycles before taking the train.

(6)　本文中の 'If I used the same system to come to this school, coming to school　⑤　.' が、「もし私がこの学校に来るのに同じシステムを使ったら、学校に来るのがより簡単でしょうに。」という内容になるように、解答欄の＿＿＿＿に英語3語を書き入れ、英文を完成させなさい。

(7)　本文中の ⒜they の表している内容に当たるものとして最も適しているひとつづきの英語5語を、本文中から抜き出して書きなさい。

(8)　本文の内容から考えて、次のうち、本文中の　⑥　に入れるのに最も適しているものはどれですか。一つ選び、記号を○で囲みなさい。

　ア　people riding bicycles should wait until cars pass by

　イ　guests can park their car in front of the house they visit

　ウ　car drivers should respect the feelings of people riding bicycles on the road

　エ　guests can do anything in the house they visit without thinking about the people living there

(9)　次のうち、本文で述べられている内容と合うものはどれですか。二つ選び、記号を○で囲みなさい。

　ア　In the Netherlands, Adam went to school by train because trains were very convenient.

　イ　Mr. Ida first heard that bicycles were very popular in the Netherlands when Adam talked about that.

　ウ　Adam says that the signs with an interesting phrase can be found on roads both bicycles and cars can use.

　エ　Adam asked Mr. Ida how he could explain the phrase on the signs on the roads in the Netherlands.

　オ　Hana learned that the design of the roads in the Netherlands made moving around by bicycle convenient.

2 高校生の理香（Rika）が英語の授業でスピーチを行いました。次の［Ⅰ］、［Ⅱ］に答えなさい。

［Ⅰ］ 次は、理香が行ったスピーチの原稿です。彼女が書いた原稿を読んで、あとの問いに答えなさい。

Last summer, I visited a city in Saitama Prefecture to see my grandparents. During my stay, they took me to a museum about a man from the city. His name is *Honda Seiroku*. By learning about him at the museum, I found that he did many great things. I want more people ① about him, so I chose the person as my topic for today's speech. I hope you will become interested in this person by listening to my speech.

Honda Seiroku was born into a farmer's family in 1866, at the end of the *Edo* period. He studied hard and entered a school of forestry in Tokyo when he was 17 years old. As he kept studying about forestry, he started to feel that he wanted to study abroad to learn more. His hope came true and ②. After returning to Japan, he wrote more than 50 books about forestry and taught forestry at a university. Also, in those days, projects for designing parks were planned in Japan. He worked on many of ₐthem. So, he is now known as the "father of parks" in Japan. He worked on designing more than a hundred parks including some parks in Osaka.

Honda Seiroku
（本多静六）

He also did other things which supported the society. One of these remains in the Tohoku area. In the late 19th century, the rail operation first started in the area. However, there was one serious problem. In the area, it snowed a lot in winter. Because of heavy snow, the operation of trains was often canceled or trains could not move between stations for many hours. When he heard about the problem, he remembered he saw a similar situation overseas. ③ Thanks to those hints, he suggested a good solution. It was to plant trees along the railroad tracks. He knew that the problem was often caused by snow blown by strong winds from the side. ④ This simple solution actually worked well. The system of protecting railroad tracks with trees spread to many areas which had heavy snow in winter. In a town in the Tohoku area, the trees planted along railroad tracks have been protecting them from snow for more than 100 years.

The system of protecting railroad tracks with trees was amazing. And, surprisingly, the system was also financially sustainable. Let ⑤ that means. He taught people not only the system of protecting railroad tracks with trees but also the way to keep the system for a long time. Trees planted along railroad tracks grew as time went by. Then, some of the trees could be cut and sold. ⑥ could be used to plant trees in another area or to support the operation of trains in the area. Like this, he created a way to get money for keeping the system. When he suggested the system of protecting railroad tracks, he also tried to make the system sustainable. Through learning about the system he suggested, I am now interested in systems which support the society. I think great systems for the society don't mean systems which are effective just for a short while. They mean systems which stay effective for many years. Thank you for listening.

（注） Saitama Prefecture　埼玉県　　　　forestry　林学（森林および林業に関する学問）
　　　 the Tohoku area　東北地方　　　　rail　鉄道　　　　　　　　　operation　運行、運転
　　　 railroad track　線路　　　　　　 financially　経済的に

(1) 次のうち、本文中の ① に入れるのに最も適しているものはどれですか。一つ選び、記号を○で囲みなさい。

　ア know　　　　イ knew　　　　ウ known　　　　エ to know

(2) 本文の内容から考えて、次のうち、本文中の ② に入れるのに最も適しているものはどれですか。一つ選び、記号を○で囲みなさい。

　ア he went to Germany to learn about the latest forestry
　イ he studied in Germany though he didn't want to go abroad
　ウ he could finally travel to Japan from Germany to study forestry
　エ he studied in Germany because he never learned about forestry in Japan

(3) 本文中の ₐthem の表している内容に当たるものとして最も適しているひとつづきの**英語４語**を、本文中から抜き出して書きなさい。

(4) 本文中の ③ が、「彼が見たものが彼にいくつかの手がかりを与えました。」という内容になるように、次の〔　　〕内の語を並べかえて解答欄の＿＿＿＿に英語を書き入れ、英文を完成させなさい。

　The things 〔 gave　he　him　saw 〕 some hints.

(5) 本文中の ④ に、次の（ⅰ）～（ⅲ）の英文を適切な順序に並べかえ、前後と意味がつながる内容となるようにして入れたい。あとのア～エのうち、英文の順序として最も適しているものはどれですか。一つ選び、記号を○で囲みなさい。

（ⅰ） However, by planting trees along the railroad tracks, the trees could protect the railroad tracks from snow blown by the winds.
（ⅱ） The winds carried a large amount of snow over the railroad tracks.
（ⅲ） That meant the trees could decrease the amount of snow which covered the railroad tracks.

　ア （ⅱ）→（ⅰ）→（ⅲ）　　　　イ （ⅱ）→（ⅲ）→（ⅰ）
　ウ （ⅲ）→（ⅰ）→（ⅱ）　　　　エ （ⅲ）→（ⅱ）→（ⅰ）

(6) 本文中の 'Let ⑤ that means.' が、「それが何を意味するか私に説明させてください。」という内容になるように、解答欄の＿＿＿＿に**英語３語**を書き入れ、英文を完成させなさい。

(7) 本文の内容から考えて、次のうち、本文中の ⑥ に入れるのに最も適しているものはどれですか。一つ選び、記号を○で囲みなさい。

　ア The way to choose the trees
　イ The money received by selling the trees
　ウ The trees cut to build the railroad tracks
　エ The operation of trains in a different area

(8) 次のうち、本文で述べられている内容と合うものはどれですか。一つ選び、記号を○で囲みなさい。

　ア *Honda Seiroku* entered a school of forestry because he wanted to find a way to protect railroad tracks in the Tohoku area.
　イ *Honda Seiroku* met a man called the "father of parks" and learned how to protect railroad tracks from him.
　ウ *Honda Seiroku* suggested a system of protecting railroad tracks before the rail operation in the Tohoku area started.
　エ *Honda Seiroku* taught people both a system of protecting railroad tracks and a way of keeping the system.

(9) 本文の内容と合うように、次の問いに対する答えをそれぞれ英語で書きなさい。ただし、①は**３語**、②は**９語**の英語で書くこと。

　① Did Rika go to a museum with her grandparents?
　② According to Rika, what do great systems for the society mean?

［Ⅱ］ スピーチの後に、あなた（You）と理香が、次のような会話をするとします。あなたならば、どのような話をしますか。あとの**条件１・２**にしたがって、（ ① ）、（ ② ）に入る内容をそれぞれ英語で書きなさい。解答の際には記入例にならって書くこと。文の数はいくつでもよい。

　You:　 Rika, your speech was interesting. （　　① 　　）
　Rika:　I'm glad to hear that. He tried many things which were new at that time. Do you want to try things that you have never done before?
　You:　 （　　② 　　）
　Rika:　I see.

＜条件１＞ ①に、「それはその人について学ぶ良い機会でした。」と伝える文を、10語程度の英語で書くこと。
＜条件２＞ ②に、解答欄の〔　　〕内の、Yes, I do. または No, I don't. のどちらかを○で囲み、そのあとに、その理由を20語程度の英語で書くこと。

記 入 例			
When	is	your	birthday?
Well ,	it's	April	11

3

令和 6 年度

大阪府学力検査問題
（ 一 般 入 学 者 選 抜 ）

英　語
〔Ｃ 問 題〕

（30分）

注　　意

○
受験番号　　　番
得点
〈リスニングを除く〉
※リスニングと合わせて
90点満点
○
令 和 6 年 度 大 阪 府 学 力 検 査 問 題
英 語 解 答 用 紙 〔C問題〕

採 点 者 記 入 欄

1	(1)	ア	イ	ウ	エ	/2	
	(2)	ア	イ	ウ	エ	/2	
	(3)	ア	イ	ウ	エ	/2	
	(4)	ア	イ	ウ	エ	/2	
	(5)	ア	イ	ウ	エ	/2	
	(6)	ア	イ	ウ	エ	/2	
2	(1)	ア	イ	ウ	エ	/2	
	(2)	ア	イ	ウ	エ	/2	
	(3)	ア	イ	ウ	エ	/2	
3	(1)	ア	イ	ウ	エ	/2	
	(2)	ア	イ	ウ	エ	/2	
	(3)	ア	イ	ウ	エ	/2	
	(4)	ア	イ	ウ	エ	/2	
	(5)	ア	イ	ウ	エ	/2	
4	(1)	ア	イ	ウ	エ	/2	
	(2)	ア	イ	ウ	エ	/2	
	(3)	ア	イ	ウ	エ	/2	
	(4)	ア	イ	ウ	エ	/2	
	(5)	ア	イ	ウ	エ	/2	

/38

採 点 者 記 入 欄

5	(1)	ア	イ	ウ	エ	/2	
	(2)	ア	イ	ウ	エ	/2	
	(3)	ア	イ	ウ	エ	/2	
	(4)	ア	イ	ウ	エ	/2	
	(5)	ア	イ	ウ	エ	/2	
	(6)	ア	イ	ウ	エ	/2	

/12

採 点 者 記 入 欄

6

/10

/10

1 Choose the phrase that best completes each sentence below.

(1) You can (　　　).

　　ア help with stronger others feel from　　　イ help others with feel stronger from
　　ウ feel stronger with help from others　　　エ feel help from others stronger with

(2) This book (　　　).

　　ア is full of words that encouraged me　　　イ is full words that of encouraged me
　　ウ encouraged me is full of that words　　　エ encouraged words that is full of me

(3) The man (　　　) your brother.

　　ア sitting close the window must be to　　　イ sitting close to the window must be
　　ウ must be close sitting to the window　　　エ must be sitting close to the window

(4) We (　　　) a larger box.

　　ア could carry everything put here if we had　　　イ could put everything here if we had carry
　　ウ had put here if we could carry everything　　　エ had everything carry here if we could put

(5) I (　　　).

　　ア wonder is this one gold watch whose　　　イ wonder this gold watch whose one is
　　ウ wonder this one gold watch is whose　　　エ wonder whose watch this gold one is

(6) The picture (　　　) the old days.

　　ア of Paris reminded in me I took　　　イ of Paris I took me reminded in
　　ウ I took in Paris reminded me of　　　エ I took reminded of Paris me in

2 Read the passage and choose the answer which best completes each blank ① and ②, and choose the answer which best completes sentence (3).

　　In 2022, the Japanese government did research on media usage to know how it changed, as the number of people who used smartphones and social media increased. 1,500 people who were between 13 years old and 69 years old were asked some questions about their media usage. One of the questions in the research was, "Which media do you use to get reliable information about events and news in society?" To answer this question, the respondents chose one answer from 7 choices: "TV," "radio," "newspapers," "magazines," "books," "the Internet," and "others." The following table shows what the respondents in each age group chose as their answer.

　　There are several things we can learn from the table. First, please look at the percentages of respondents who were 13-69 years old in the table. More than half of those respondents chose "TV" as their answer. 　　①　　, so more than 80% of those respondents chose one of these two answers. Next, if we compare the percentages of the respondents who were 　　②　　, the percentage of the respondents who chose "newspapers" as their answer is higher than the percentage of the respondents who chose "the Internet" as their answer.

【Table】

Question: "Which media do you use to get reliable information about events and news in society?"							
ages answers	13-69 years old	13-19 years old	20-29 years old	30-39 years old	40-49 years old	50-59 years old	60-69 years old
TV	53.1 %	55.7 %	43.8 %	46.5 %	50.2 %	57.7 %	63.2 %
radio	0.8 %	0.0 %	0.5 %	0.8 %	0.6 %	1.0 %	1.5 %
newspapers	12.7 %	10.7 %	7.4 %	10.2 %	11.9 %	16.0 %	17.3 %
magazines	0.3 %	0.0 %	0.0 %	0.4 %	0.3 %	0.7 %	0.4 %
books	1.3 %	0.7 %	2.3 %	2.4 %	0.9 %	0.3 %	1.1 %
the Internet	30.8 %	32.1 %	44.2 %	37.6 %	34.8 %	24.4 %	15.8 %
others	1.1 %	0.7 %	1.8 %	2.0 %	1.3 %	0.0 %	0.7 %

（総務省情報通信政策研究所「令和4年度情報通信メディアの利用時間と情報行動に関する調査」（令和5年度）」により作成）

（注）　media　メディア　　　　　　　　　usage　利用
　　　social media　ソーシャルメディア（SNS など、利用者が情報を発信し形成していくメディア）
　　　reliable　信頼できる　　　　　　respondent　回答者

(1) ①　ア Less than 1% of those respondents chose "radio" as their answer
　　　　イ Less than 3% of those respondents chose one from "radio," "magazines" or "books" as their answer
　　　　ウ More than 30% of those respondents chose "the Internet" as their answer
　　　　エ The percentage of respondents who didn't choose "TV" as their answer was less than 50% of those respondents

(2) ②　ア 30-39 years old
　　　　イ 40-49 years old
　　　　ウ 50-59 years old
　　　　エ 60-69 years old

(3) According to the passage and the table,

　　ア the research was done to know changes in media usage as a result of changes in the number of people who used smartphones and social media.
　　イ the respondents chose one answer or more from 7 choices including "others" to answer the question in the table.
　　ウ in every age group in the table, the percentage of the respondents who chose "TV" was the highest.
　　エ no respondents who were 20 years old or older than 20 years old chose "magazines" to answer the question in the table.

3 Read the passage and choose the answer which best completes each sentence (1)〜(5).

Honda Seiroku was a man who studied forestry and did many things which supported the society. He was born into a farmer's family in Japan in 1866. At the age of 17, he entered a school of forestry in Tokyo, and after graduating from the school, he went to Germany for further study. After returning to Japan, he wrote many books about forestry and taught forestry at a university.

Honda Seiroku
(本多静六)

One of the things he did to support the society remains in the Tohoku area. In the late 19th century, the rail operation first started in the area. However, there was one serious problem. Because the area had heavy snow in winter, the operation of trains was often canceled or trains could not move between stations for many hours. When he heard about the problem, he ① a similar problem he saw in Canada. On the way back from Germany to Japan, he visited Canada and saw that the railroad tracks there faced a problem with snow. He learned how people handled the problem then. The things he learned in Canada led him to offer a solution of planting trees along the railroad tracks in the Tohoku area. He knew that the problem the railroad tracks had was often caused by snow blown by strong winds from the side. The winds carried a large amount of snow over the railroad tracks. However, by planting trees along the railroad tracks, the trees could protect the railroad tracks from snow blown by the winds. As a result, ② could be reduced. This simple solution actually worked well and spread to many areas which had heavy snow in winter.

When *Honda Seiroku* suggested the system of protecting railroad tracks, he also made the system financially work for a long time. After trees planted along railroad tracks grew, some of the trees could be cut and sold. The money received by selling the trees could be used to plant trees in another area or to support the operation of trains in the area. In this way, the system of protecting railroad tracks with trees became financially ③ . He taught people not only the system of protecting railroad tracks but also the way to make the system effective for a long time.

(注) forestry　林学（森林および林業に関する学問）　　　　the Tohoku area　東北地方
　　 rail　鉄道　　　　　　　operation　運行、運転　　　railroad track　線路
　　 financially　経済的に

(1) The word which should be put in ① is

　ア affected.　　イ changed.　　ウ hid.　　エ remembered.

(2) The phrase which should be put in ② is

　ア the amount of snow covering the railroad tracks.
　イ the number of railroad tracks people had to build.
　ウ the number of the trees needed to protect the railroad tracks.
　エ the operation of trains in the area.

(3) The word which should be put in ③ is

　ア impossible.　　イ memorial.　　ウ similar.　　エ sustainable.

(4) According to the passage, planting trees along railroad tracks was a solution

　ア *Honda Seiroku* brought to other countries such as Germany and Canada.
　イ *Honda Seiroku* could suggest thanks to things he learned in Canada.
　ウ *Honda Seiroku* introduced to the Tohoku area before the rail operation in the area started.
　エ *Honda Seiroku* learned when he was a student of a school of forestry in Tokyo.

(5) According to the passage,

　ア *Honda Seiroku* first studied forestry in Germany and taught forestry there.
　イ *Honda Seiroku* tried to solve a problem of snow influencing the operation of trains.
　ウ the problem of railroad tracks in the Tohoku area made *Honda Seiroku* want to study abroad.
　エ the system *Honda Seiroku* suggested was improved to work financially well by people he met in Germany.

4 Read the passage and choose the answer which best completes each sentence (1)〜(5).

Origami is famous as one part of the Japanese culture and many people in Japan have experiences of folding paper in various ways. Some researchers apply their experience in *origami* to their research.

Here's one example of research helped by a researcher's experience in *origami*. A researcher in the field of space development was studying structures which could be folded and spread easily in space. During his research, he created a special folding pattern by getting hints from his experience in *origami*. By using this special folding pattern, even a large piece of paper can be quickly folded by pushing two diagonal corners toward the center of the paper at the same time. Then, that folded paper can be quickly spread again by pulling the same two corners. This folding pattern became famous in the world after it was ① in an English magazine.

Later, the special folding pattern was used for solar panels for a satellite which was sent to space in the late 1990's. Solar panels are large structures which are used to get light from the sun to produce energy for a satellite. ☐A☐ Before a satellite is sent to space, solar panels should be folded and put into a small place in a satellite. ☐B☐ If they can't be spread, it can't get enough energy to work in space. ☐C☐ While they are in space, it is not easy to help them spread even if problems happen to them. ☐D☐ So, a folding pattern used for solar panels must achieve two things. One is folding them to fit a small place in a satellite and the other is spreading them in space without problems. The special folding pattern was chosen as a folding pattern which would make Ⓐboth possible.

The special folding pattern is now used for products we use, such as maps, too. Other folding patterns have also been applied to various fields, such as product design and the medical field. Those folding patterns have been helping people create new products or technologies which improve people's lives.

(注) *origami*　折り紙　　　　　　apply 〜 to …　〜を…に生かす　　structure　構造、構造物
　　 folding pattern　折り方　　　diagonal　対角線上の　　　　　　solar panel　太陽光パネル
　　 satellite　人工衛星　　　　　achieve　達成する

(1) A piece of paper folded by the special folding pattern can be quickly

　ア folded again by getting hints from *origami*.　イ folded again by pushing its center.
　ウ spread by using another folding pattern.　エ spread by pulling its two diagonal corners.

(2) The word which should be put in ① is

　ア introduced.　　イ invented.　　ウ removed.　　エ searched.

(3) The sentence "However, after it reaches space, they should be spread without problems." should be put in

　ア ☐A☐.　　イ ☐B☐.　　ウ ☐C☐.　　エ ☐D☐.

(4) The word Ⓐboth refers to

　ア folding solar panels in space and spreading them after they come back to the earth.
　イ producing large solar panels for a satellite and sending them to space without problems.
　ウ receiving light from the sun and producing energy from it to help a satellite work in space.
　エ folding solar panels to fit a small place in a satellite and spreading them in space without problems.

(5) According to the passage,

　ア the researcher created the special folding pattern when he was inventing a new paper product.
　イ a folding pattern used for a satellite sent to space in the late 1990's gave the researcher a hint to create the special folding pattern.
　ウ the special folding pattern which was used for solar panels is also used for other products now.
　エ new technologies in various fields have provided new folding patterns for *origami*.

5 Read the passage and choose the answer which best completes each sentence (1), (2), (5) and (6), and choose the answer to the question (3) and (4).

Many of us can imagine how dinosaurs looked. We can never actually see real living dinosaurs, but we can learn what features dinosaurs had from pictures in books and TV programs, and statues in museums. Such pictures and statues are called dinosaur reconstructions, and they are made with the help of research done by many scientists.

In the 1850's, one artist made statues of dinosaurs in a park in London. The statues he made were the first full-scale reconstructions of dinosaurs in the world. To make them, the artist got advice from some scientists who had the latest information about dinosaurs at that time. However, it was very difficult to make dinosaur reconstructions because there were only a few dinosaur fossils found at that time, and even the scientists knew only a few things about dinosaurs. The scientists were sure that dinosaurs were reptiles. Also, they knew that dinosaurs were huge because the fossils showed that their body parts were huge. Many people didn't even know that the huge reptiles existed in prehistoric times. Under such a situation, the statues made in London were a great surprise to people. Now in London, we can still see the statues made in the 1850's and can find that they are different from modern reconstructions. If we ① those statues and modern reconstructions, it is possible to learn that ideas about dinosaurs have changed in many ways.

One of the statues the artist made in the 1850's in London is a statue of Megalosaurus. We can find ② . For example, the statue made in the 1850's has a small head like a crocodile and looks like a huge lizard walking with four big legs. However, a modern reconstruction of Megalosaurus shows the dinosaur had a bigger head and walked with two legs. These differences appeared for the following reason.

a modern reconstruction of Megalosaurus

In the 1850's, a lot of information about the bodies of dinosaurs was missing. Also, there was almost no information about the environment around dinosaurs. To help the artist complete the statues, the scientists needed to use the little information they had and imagine how the body parts of dinosaurs looked. ③ This was actually the best way to make reconstructions at that time. Even now, scientists also use information of animals which live on the earth now to make reconstructions of dinosaurs. This helps scientists imagine some specific body parts of dinosaurs when they can't find information about those parts from fossils found so far. So, the ways the scientists used to complete the statues in the 1850's and the ways modern scientists use to make reconstructions are ⒶA on that point. On the other hand, the situations of the scientists in the 1850's and modern scientists are ⒷB . Though the scientists in the 1850's had few fossils to study and little information, modern scientists can get more information from many fossils, and new technology helps their research.

Thanks to a lot of new information about dinosaurs, we now know that some ideas about dinosaurs in the 1850's are wrong. However, the statues helped many people who knew nothing about dinosaurs get some information about dinosaurs at that time. The statues also help us learn what ideas about dinosaurs the scientists at that time had. Since the 1990's, scientists have found some fossils which show that some kinds of dinosaurs had feathers. New information has been changing our ideas about dinosaurs. People in the future may believe something very different from the things we believe now.

(注) dinosaur 恐竜　　　　　　reconstruction 復元像　　　　full-scale 実物大の
fossil 化石　　　　　　　　reptile ハ虫類　　　　　　　exist 存在する
prehistoric times 太古の昔　Megalosaurus メガロサウルス　crocodile ワニ
lizard トカゲ　　　　　　　missing 欠けている　　　　　feather 羽毛

(1) The word which should be put in ① is
ア cause.　　　　イ compare.　　　　ウ develop.　　　　エ waste.

(2) The phrase which should be put in ② is
ア materials the artist in the 1850's used to make the statue.
イ fossils the scientists in the 1850's studied to help the artist make the statue.
ウ some differences between the statue and a modern reconstruction of Megalosaurus.
エ some information about animals which lived with dinosaurs in prehistoric times.

(3) The following passages （ⅰ） ～ （ⅲ） should be put in ③ in the order that makes the most sense.
（ⅰ） He completed the statues with the body parts he created in that way.
（ⅱ） The thing they did was to use some features of reptiles which lived on the earth in the 1850's, such as crocodiles and lizards, because they knew dinosaurs were reptiles.
（ⅲ） With their advice, the artist changed the size of the body parts of such reptiles to fit the size of dinosaurs, and created body parts for the statues.

Which is the best order?
ア （ⅱ）→（ⅰ）→（ⅲ）　　　　イ （ⅱ）→（ⅲ）→（ⅰ）
ウ （ⅲ）→（ⅰ）→（ⅱ）　　　　エ （ⅲ）→（ⅱ）→（ⅰ）

(4) Which is the best pair of words which should be put in Ⓐ and Ⓑ in the passage?
ア Ⓐ － different　　　　Ⓑ － the same
イ Ⓐ － different　　　　Ⓑ － different
ウ Ⓐ － the same　　　　Ⓑ － different
エ Ⓐ － the same　　　　Ⓑ － the same

(5) According to the passage, the scientists in the 1850's
ア thought that dinosaurs weren't reptiles because they were huge.
イ knew how huge dinosaurs were because they saw the full-scale reconstructions of dinosaurs.
ウ taught people that the statues an artist made showed wrong ideas about dinosaurs.
エ gave advice about dinosaurs to help an artist make the dinosaur reconstructions.

(6) According to the passage,
ア it was difficult to make dinosaur reconstructions in the 1850's because artists at that time didn't have the skill to make statues which were as big as real dinosaurs.
イ the dinosaur statues made in the 1850's helped many people at that time learn the differences between the statues and real dinosaurs.
ウ from the dinosaur statues made in the 1850's, we can find that the scientists at that time didn't have any information about dinosaurs.
エ scientists have been getting new information which influences our ideas about dinosaurs, so ideas which people in the future will have may be different from ours.

6 Read the following sentences and write your answer in English.

Think about your experience of making an effort to achieve your goal. What is an important thing to achieve a goal? Write your idea and, from your experience, explain why you think so.

(注) achieve 達成する

3

令和 6 年度

大阪府学力検査問題
（ 一 般 入 学 者 選 抜 ）

英語リスニング
〔Ａ問題・Ｂ問題〕

（15分）

注　　意

1　放送の指示があるまで開いてはいけません。

2　答えは、下の【解答例】にならい、すべて**解答欄の記号**を○で囲みなさい。

　また、答えを訂正するときは、もとの○をきれいに消しなさい。

【解答例】

解答欄	ア	イ	⃝ウ	エ

解答用紙の**採点者記入欄**には、何も書いてはいけません。

3　問題は、**1**から**6**まであります。

4　放送の指示に従い、解答用紙に受験番号を書きなさい。

5　放送を聞きながらメモを取ってもかまいません。

6　放送の指示に従い、書くのをやめなさい。

※**筆記**と合わせて
90点満点

○

令和6年度大阪府学力検査問題

英語リスニング解答用紙〔A問題・B問題〕

1 ティムと美香との会話を聞いて、美香のことばに続くと考えられるティムのことばとして、次の**ア～エ**のうち最も適しているものを一つ選び、**解答欄の記号**を○で囲みなさい。

ア It was fun.　　イ Three times.　　ウ Yes, I am.　　エ No, it didn't.

解答欄	ア　イ　ウ　エ	採点者記入欄

2 英語の授業でグリーン先生が写真の説明をしています。グリーン先生が説明している写真として、次の**ア～エ**のうち最も適していると考えられるものを一つ選び、**解答欄の記号**を○で囲みなさい。

解答欄	ア　イ　ウ　エ	採点者記入欄

3 エリックと舞香との会話を聞いて、舞香が飼っている犬の数として、次の**ア～エ**のうち最も適していると考えられるものを一つ選び、**解答欄の記号**を○で囲みなさい。

ア One.　　イ Two.　　ウ Three.　　エ Four.

解答欄	ア　イ　ウ　エ	採点者記入欄

4 エイミーと健太との会話を聞いて、彼らの学校の次週の予定として、次の**ア～エ**のうち最も適しているものを一つ選び、**解答欄の記号**を○で囲みなさい。

ア
	月	火	水	木	金	土
午前	祝日	授業	授業	授業	授業準備	運動会
午後		授業	授業	授業		

イ
	月	火	水	木	金	土
午前	祝日	授業	授業	準備	運動会	休み
午後		授業	授業	準備		

ウ
	月	火	水	木	金	土
午前	授業	授業	授業	授業	授業	運動会
午後	授業	授業	授業	準備	準備	

エ
	月	火	水	木	金	土
午前	祝日	授業	授業	授業	運動会	休み
午後		授業	授業	準備		

解答欄	ア　イ　ウ　エ	採点者記入欄

5 高校生の恵介のスピーチを聞いて、それに続く二つの質問に対する答えとして最も適しているものをそれぞれ**ア～エ**から一つずつ選び、**解答欄の記号**を○で囲みなさい。

(1) ア He was moved by a present he got when he left Japan for America.
　　イ He played the trumpet when he was a junior high school student.
　　ウ His friends in Japan visited him when he was in America.
　　エ One of his friends became a famous musician in America.

解答欄	ア　イ　ウ　エ	採点者記入欄

(2) ア Stars are always in the sky and people can always see them.
　　イ Good friends often meet and experience many things together.
　　ウ Friends can stay friends forever even if they can't see each other.
　　エ People in different countries can be friends because they can see the same stars.

解答欄	ア　イ　ウ　エ	採点者記入欄

6 アマンダと健斗との会話を聞いて、それに続く二つの質問に対する答えとして最も適しているものをそれぞれ**ア～エ**から一つずつ選び、**解答欄の記号**を○で囲みなさい。

(1) ア Finding a unique topic.　　イ Telling his own ideas to other people.
　　ウ Working together with other students.　　エ Using devices to get useful information.

解答欄	ア　イ　ウ　エ	採点者記入欄

(2) ア The Internet.　　イ Paper.　　ウ Language.　　エ Smartphones.

解答欄	ア　イ　ウ　エ	採点者記入欄

令 和 6 年 度

大阪府学力検査問題
（ 一 般 入 学 者 選 抜 ）

英語リスニング
〔 C 問 題 〕

（25分）

※教英出版注
音声は，解答集の書籍ＩＤ番号を
教英出版ウェブサイトで入力して
聴くことができます。

注　　意

1　放送の指示があるまで開いてはいけません。

2　答えとして記号を選ぶ問題は、下の【解答例】にならい、すべて**解答欄の記号を**
　○で囲みなさい。また、答えを訂正するときは、もとの○をきれいに消しなさい。
　【解答例】

解答欄	ア	イ	（ウ）	エ

解答用紙の**採点者記入欄**には、何も書いてはいけません。

3　問題は、**Part A** から **Part C** まであります。

4　放送の指示に従い、解答用紙に受験番号を書きなさい。

5　放送を聞きながらメモを取ってもかまいません。

6　放送の指示に従い、書くのをやめなさい。

【 Part C 】

Presentation Activity in the English Class

Topic: One important thing that humans invented

- You will do a presentation with a partner.
- In the presentation, you should explain why you think the thing you chose is an important thing that humans invented.

【Memo】

James	Erika

受験番号　　　番　　　得点　　　※筆記と合わせて
90点満点

【 Part A 】

1　ア　He couldn't find the museum.
　イ　He thought the museum was great.
　ウ　He couldn't see the art works he wanted to see.
　エ　He wanted to express how nice Erika was to him.

| 解答欄 | ア | イ | ウ | エ |

採点者記入欄

2　ア　Erika underlined the wrong information.
　イ　Erika drew lines under the parts she changed.
　ウ　Erika marked words which had spelling mistakes.
　エ　Erika asked James to change the size of the poster.

| 解答欄 | ア | イ | ウ | エ |

採点者記入欄

3　ア　Erika's grandfather thinks it is important to have a strong will.
　イ　Erika's grandfather goes jogging with Erika to make her a strong runner.
　ウ　Erika's grandfather records how many kilometers he has jogged every day.
　エ　Erika's grandfather will stop jogging every day when he reaches the age of 70.

| 解答欄 | ア | イ | ウ | エ |

採点者記入欄

4　ア　Four.
　イ　Six.
　ウ　Seven.
　エ　Nine.

| 解答欄 | ア | イ | ウ | エ |

採点者記入欄

5　ア　The person taught Erika math in America.
　イ　The person worked on a space project as a researcher.
　ウ　The person was the first woman who went to space.
　エ　The person gave Erika good advice when they were together.

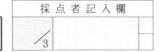

| 解答欄 | ア | イ | ウ | エ |

採点者記入欄

【 Part B 】

6　(1)　ア　The original idea of World Music Day was born after a survey showed how many people in France played a musical instrument.
　　イ　World Music Day was set to let young people learn about traditional music.
　　ウ　In the first year of World Music Day, only professional musicians played music.
　　エ　A music festival held in France in 1982 was the first event of World Music Day.

| 解答欄 | ア | イ | ウ | エ |

採点者記入欄

(2)　ア　World Music Day is celebrated in about 120 countries including France, the U.S., Australia and India.
　　イ　Public places such as streets and parks are used for music events on World Music Day.
　　ウ　On World Music Day, there are many concerts which are free for the audience.
　　エ　Online events only provide music shows recorded before the World Music Day of that year.

| 解答欄 | ア | イ | ウ | エ |

採点者記入欄

【 Part C 】

採点者記入欄

令和６年度　一般入学者選抜—英語リスニング・スクリプト（Ａ問題・Ｂ問題）

1　　Tim:　Hi, Mika.　I went to the piano concert yesterday.
　　Mika:　How was the concert, Tim?

2　　Look at this picture.　I visited this place during the vacation.　I enjoyed being in nature. In the picture, you can see high mountains and many trees.　There are no cars and no buildings in it.

3　　Eric:　Hi, Maika.　Is that brown dog yours?
　　Maika:　Hi, Eric.　Yes, she is a very cute dog, right?　I got her last month on my birthday.
　　Eric:　She is so cute!　But I think you have another dog.　You have a big, white one, right?
　　Maika:　Yes, and actually I have one more now.　I got a black one from my uncle.　He moved abroad and couldn't keep his dog anymore.

4　　Amy:　Kenta, can I ask you about our school plan for next week?
　　Kenta:　Of course, Amy.　You had a cold and you weren't at school for a few days.　Ask me anything you want to know.
　　Amy:　Thank you.　We will have classes both in the morning and in the afternoon until Wednesday.　Is that right?
　　Kenta:　That's correct.
　　Amy:　So, that means there is nothing special from Monday to Wednesday.
　　Kenta:　Oh, we don't have school on Monday, because it's a national holiday.
　　Amy:　Oh, that's right.　And, if I'm correct, on Thursday and Friday, we will have classes only in the morning, right?
　　Kenta:　It is correct about Thursday.　In the afternoon, we'll prepare for the sports day which will be held on the following day.
　　Amy:　Oh, you made me realize my mistake.　I thought it would be held on Saturday.
　　Kenta:　We will have no classes and no events on Saturday.
　　Amy:　Thank you, Kenta.

5　　Hello, I'm Keisuke.　I will tell you about a present which made me very happy.　When I was a junior high school student, I lived in America.　I joined the brass band club at school and some members and I became good friends.　We all played the trumpet.　Before coming back to Japan, I received the present from them on my last day in America.　The present was a card with a message.　The message says, "Good friends are like stars.　Though you can't see stars during the day, they are always in the sky."　When I read the message, I was moved.　I think my friends wanted to tell me that we would be friends forever though we would live far away and would not meet.　We can stay friends by thinking about each other.　I haven't visited them again since I came back to Japan, but we sometimes send messages online and share stories about each other's lives.　The present they gave me taught me an important thing about friendship.

Question 1:　What is the thing Keisuke said?
Question 2:　According to Keisuke, what is the meaning of the message on the card?

6　　Amanda:　What are you doing, Kento?
　　Kento:　Hi, Amanda.　I'm preparing for a presentation for my English class.　The presentation should be about one important thing humans invented.　I'm trying to choose a topic for my presentation.
　　Amanda:　Do you have any ideas?
　　Kento:　Well, my first choice is the Internet, because I can't get information easily without it.　But I feel many other students may choose it, too.　So, now, I'm thinking of something that was invented in old times.
　　Amanda:　You mean something such as paper?
　　Kento:　Wow, surprisingly, that is exactly my second choice.　It has helped people share their ideas with many others, right?
　　Amanda:　That's interesting, but I feel language is the thing which made sharing ideas with others possible.　Even if we have paper, it's not easy to share our ideas without language, right?
　　Kento:　You may be right.　Oh, it's difficult to choose a topic.
　　Amanda:　Well, Kento, maybe you don't have to change your choice.　I think it's OK to keep your first choice.　Even if other students and you choose the same topic, it's not a big problem.　I think the important thing for your presentation is to talk about your own ideas to others, right?
　　Kento:　You're right.　OK, I decided to choose the first one.　Smartphones or tablets are not useful without it.　It is certainly an important thing that humans invented. Thank you so much, Amanda!
　　Amanda:　My pleasure!

Question 1:　According to Amanda, what is important for Kento's presentation?
Question 2:　Which did Kento finally choose as a topic for his presentation?

Please look at Part A. In this part of the listening test, you will hear five conversations between Erika and James. You will hear each conversation twice. After listening to each conversation twice, you will hear a question. Each question will be read only once and you must choose one answer. Now begin.

1　Erika: James, I heard you finally went to the art museum you wanted to visit. How was it?
　James: Well, Erika, it was so good that I couldn't find words to express how good it was.

　Question: What does James mean?

2　James: Erika, thank you for checking the poster I made for the event. Is there anything I should improve?
　Erika: It looks quite attractive, James. But it will be better if you change some parts.
　James: Please let me know which parts I should change.
　Erika: I underlined a few parts. I think the size of the letters in those parts should be larger, because those parts include important information. I also circled words with spelling mistakes.

　Question: Which is true about this conversation?

3　James: Erika, the man jogging over there is your grandfather, right?
　Erika: Yes, James. He goes jogging every morning. I can't believe he is 70.
　James: Wow, I will probably not be able to run when I reach that age.
　Erika: He says age doesn't count. He says having a strong will counts.
　James: I really respect him.

　Question: Which is true about this conversation?

4　Erika: James, I'm sorry I couldn't join the volunteer activity on Sunday.
　James: It's OK, Erika. You couldn't miss your sister's piano concert.
　Erika: Yeah. Did all the other friends you invited come to the activity?
　James: Well, I asked six other friends in my class, but Lisa and Kent couldn't come. The other four came.
　Erika: Oh, you needed more people for the activity. You said you needed more than six people for the activity, right?
　James: Oh, actually, three of my friends from the soccer team also came.
　Erika: That's good. I will certainly join next time.

　Question: How many friends of James came to the volunteer activity on Sunday?

5　James: What are you doing, Erika?
　Erika: Hi, James. I'm making a speech for my English class.
　James: Oh, I'm sorry if I stopped your work.
　Erika: No problem. Well, if you have time, can you help me organize my ideas?
　James: I'm happy to help you.
　Erika: Thank you. I'm going to talk about a person I respect. I've chosen a woman my classmates probably don't know. I have several things that I want to say about her, but I'm not sure they include enough information.
　James: Well, why don't you tell me about her?
　Erika: OK. This person was very good at math at school. She later became a researcher and worked on a space project in America. Though she never went to space as an astronaut, she played an important role for astronauts who would go to space.
　James: She sounds like a great person. I think your speech will be better with some examples. I also want to know why you respect the person in detail.

　Question: Which is told by Erika about the person she respects?

Please look at Part B. In this part of the listening test, you will hear a part of a radio program. It will be spoken twice. After listening to it twice, you will hear two questions. Each question will be read only once and you must choose one answer. Now begin.

6　Hello, everyone. Thank you for listening to our program today. It's June 21st today and do you know what is special about today? Well, today is World Music Day. It's a day to enjoy various kinds of music. It's celebrated in more than 1,000 cities in about 120 countries. The countries include France, the U.S., Australia and India. Today, you can enjoy a variety of music in streets, parks and other public places. In various places, many free concerts are held for the audience.

　Now, let's learn about the history of World Music Day. You may think it's a new event. Actually, the original idea of setting a day to celebrate music was suggested in France in 1976. Later, a survey showed that about 5 million people in France played a musical instrument. The number was about 9 percent of the population of the country at that time. The French government tried to find a way to let those people enjoy playing their music to other people. In 1982, France started a music festival which was open to all musicians including both professional musicians and people who were not professional. This was the first event of World Music Day.

　You can join not only an event for World Music Day in your town but also one of the events held online. Online events let you experience live music shows that musicians are performing at that moment. You can probably find and enjoy a new kind of music that you have never heard before at the World Music Day event you join.

　Question 1: Which is true about the history of World Music Day?
　Question 2: Which is not true about the things the radio program said?

Please look at the test paper of Part C.　First, please read the information about a presentation activity in the English class.　You have half a minute.　Now, begin to read.

【 half a minute to read 】

Stop reading.　Now you are going to hear the conversation between James and Erika.　They are talking about a presentation activity in the English class.　You will hear their conversation and the question about it twice.　When you are listening, you can take notes on the test paper about the things they say about a presentation activity in the English class.　Now, listen to the conversation.

James:　Hi, Erika.　I'm your partner for the presentation activity in the English class, right?

Erika:　Yes, James.　Let's decide what to choose for the topic and prepare for the presentation.

James:　Yeah, let's start now.　First, what should we choose for the topic?　Do you have any ideas?

Erika:　Well, I have some ideas such as the Internet or computers, but many other students may choose those modern technologies.

James:　You may be right.　Why don't we choose something invented in old times?

Erika:　That's a good idea.　Oh, what do you think about paper?

James:　Sounds interesting, but why do you think paper is an important thing that humans invented?

Erika:　Well, thanks to paper, people can keep a record easily.

James:　Oh, that's right.　By making a record on paper, people don't have to remember everything. They can make records about things which happened or things which they heard.

Erika:　I agree.　So, this is one point to choose paper.

James:　Yes.　Also, paper made sharing ideas among people easier.

Erika:　That's another point which explains why paper is an important thing that humans invented. Paper is light, so it's easy to carry it.　Especially in old times, without paper, it was difficult to send their ideas to others who lived far away.

James:　Exactly.　These days we have devices like smartphones, but people didn't have such devices in old times.

Erika:　I agree.　For the third point, paper has become the material used for making products we often use.

James:　Oh, that's true.　For example, boxes made of paper are used everywhere.　Our lives wouldn't be convenient if we didn't use paper as the material for such products.　OK, I think we have enough points to explain why paper is an important thing.　So, let's choose paper for the topic.

Erika:　Yes.　Paper is our choice.　Now let's organize our ideas for the presentation.

Question:　What is the thing James and Erika chose for the topic for their presentation?　And, why do they think the thing is an important thing that humans invented?　Write your answers for both questions in English.

You have six minutes to write.　Now begin.

④

令 和 6 年 度

大阪府学力検査問題
（ 一 般 入 学 者 選 抜 ）

理　科

（40分）

注　　意

令和6年度大阪府学力検査問題

理 科 解 答 用 紙

○

1

採点者記入欄

(1)	ⓐ　ア　　イ　　ⓑ　ウ　　エ	/2
(2)	ア　　イ　　ウ　　エ	/2
(3)	の層	/2
(4)	ア　イ　ウ　エ　オ　カ	/2
(5) ①	化石	/2
(5) ②	ア　　イ　　ウ　　エ	/3
(6)	ⓔ　　　m　ⓕ　　　m	/3
(7)		/3
(8)	m	/3

/22

3

採点者記入欄

(1)	ア　　イ　　ウ　　エ	/2
(2)	ア　　イ　　ウ　　エ	/2
(3) ①		/2
(3) ②	ア　　イ　　ウ　　エ	/2
(4)		/3
(5)	ア　　イ　　ウ　　エ	/3
(6)	ア　　イ　　ウ　　エ	/3
(7)	ア　　イ　　ウ　　エ	/3
(8)	ア　イ　ウ　エ　オ	/3

/23

2

採点者記入欄

(1)	ア　　イ　　ウ	/2
(2)	N	/2
(3)		/2
(4)	m/s	/2
(5) ①	J	/3
(5) ②	ⓐ　ア　イ　ⓑ　ウ　エ　オ	/3
(6) ①	ア　　イ　　ウ　　エ	/3
(6) ②		/3
(7)		/3

/23

4

採点者記入欄

(1)	ア　　イ　　ウ　　エ	/2
(2)		/2
(3)	個	/3
(4)	ア　　イ　　ウ　　エ	/3
(5)		/3
(6)	ⓓ　ア　イ　ⓔ　ウ　エ　オ	/3
(7)	ア　　イ　　ウ　　エ	/3
(8)		/3

/22

1 地層の広がりに興味をもったUさんは、ある地域において、がけの表面に露出している地層をK先生と一緒に観察し、次に、ボーリング試料をもとにつくられた柱状図について調べた。Uさんは、地層の観察や柱状図から得られた情報を用いて、その地域の地層の広がりについて考察した。次の問いに答えなさい。

(1) 河川を流れる水のはたらきについて述べた次の文中の ⓐ〔　　　〕、ⓑ〔　　　〕から適切なものをそれぞれ一つずつ選び、記号を○で囲みなさい。

　河川を流れる水によって下流へ運ばれた土砂は、水の流れが ⓐ〔　**ア** ゆるやかに　　**イ** 速く　〕なったところに堆積しやすく、河口に到達した土砂は、粒の ⓑ〔　**ウ** 小さい　　**エ** 大きい　〕ものほど河口からさらに遠いところまで運ばれて、陸から離れた海底に堆積しやすい。

(2) 海底などに堆積した堆積物は、その上に積み重なる堆積物の重みなどによって長い年月をかけて固まると堆積岩となる。次の**ア〜エ**のうち、堆積岩に分類される岩石を一つ選び、記号を○で囲みなさい。

　ア 玄武岩　　**イ** 花こう岩　　**ウ** せん緑岩　　**エ** チャート

【Uさんが調べた地域】
・図Ⅰは、Uさんが地層について調べた地域の地図である。
・この地域は、川の流れによって地層が侵食されており、がけの表面に地層が露出しているところがある。
・A点からみて、B点、C点はいずれも真東に位置しており、C点からみて、D点は真南に位置している。
・図Ⅰにおいて、BC間の距離と、CD間の距離は等しい。
・A〜D点の地表面の標高は、それぞれ、A点が33 m、B点が40 m、C点が42 m、D点が40 mである。

図Ⅰ　　地層が露出しているところ

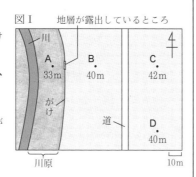

【UさんがK先生と行った地層の観察】
・図Ⅰ中のA点から真東を向くと、ほぼ垂直に切り立ったがけの表面に地層が露出しているようすがみられた。
・図Ⅱは、がけの表面に露出している地層の一部を観察したときのようすを模式的に表したものである。
・ⓐ地層をつくる粒の大きさは、れきの層、砂の層、泥の層でそれぞれ異なっていた。
・火山灰の層は、他の層と比べて、厚さが薄く、色が黒っぽかった。
・石灰岩の層には、ⓘサンゴの化石が含まれていた。
・地層の境界面が、南に向かって一定の傾きで下がっているようすがみられた。

図Ⅱ

北←　　→南

A点の地表面からの高さ〔m〕

れきの層
砂の層
泥の層
石灰岩の層
火山灰の層

(3) 図Ⅱに示された地層のうち、形成された時期が最も新しい地層はどの層か。名称を書きなさい。ただし、図Ⅱに示された地層について、地層の上下が入れ替わるような大地の変動は起こっていないものとする。

(4) 下線部ⓐについて、次の文は、れき、砂、泥について述べたものである。あとの**ア〜カ**のうち、文中の ⓒ 、 ⓓ に入れるのに適している語の組み合わせはどれか。一つ選び、記号を○で囲みなさい。

　れき、砂、泥のうち、粒の大きさが最も小さいものは ⓒ であり、粒の大きさが最も大きいものは ⓓ である。

　ア ⓒ れき　ⓓ 砂　　**イ** ⓒ れき　ⓓ 泥　　**ウ** ⓒ 砂　ⓓ れき
　エ ⓒ 砂　ⓓ 泥　　**オ** ⓒ 泥　ⓓ れき　　**カ** ⓒ 泥　ⓓ 砂

(5) 下線部ⓘについて、サンゴの化石は地層が堆積した当時の環境を推定する手がかりとなる。

① 地層が堆積した当時の環境を推定する手がかりとなる化石は、何と呼ばれる化石か、書きなさい。

② 次の**ア〜エ**のうち、一般に、サンゴ礁をつくるサンゴが生息する環境として最も適しているものを一つ選び、記号を○で囲みなさい。

　ア 冷たくて深い海　　**イ** あたたかくて浅い海
　ウ 冷たくて深い湖　　**エ** あたたかくて浅い湖

【UさんがB点とC点の柱状図について調べたこと】
・図Ⅲは、図Ⅰ中のB点とC点の柱状図である。
・B点とC点における、地表面の標高を比べると、B点の方が ⓔ m 低い。また、B点とC点における、れきの層と砂の層との境界面の地表面からの深さを比べると、B点の方が ⓕ m 浅い。
・B点とC点における、れきの層と砂の層との境界面の標高は、B点の方が1 m 高いことが分かる。
・A点から真東を向いたときに、がけの表面にみられた地層だけでなく、B点とC点の柱状図においても、火山灰の層がみられた。これらの火山灰の層は、いずれも同時期に堆積したものであることが分かっている。
・ⓢこの地域に火山灰をもたらした火山の噴火は、砂の層が堆積していた期間に起こったと考えられる。

図Ⅲ

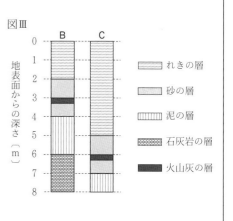

地表面からの深さ〔m〕

れきの層
砂の層
泥の層
石灰岩の層
火山灰の層

(6) 上の文中の ⓔ 、 ⓕ に入れるのに適している数をそれぞれ書きなさい。答えは**整数**で書くこと。

(7) 次の文は、Uさんが下線部ⓢのように考えた理由について述べたものである。文中の ⓖ に入れるのに適している内容を簡潔に書きなさい。

　図Ⅱや図Ⅲにおいて、火山灰の層が ⓖ ため。

(8) Uさんが調べた地域では、BC間の地層の境界面は、東に向かって一定の傾きで下がっており、CD間の地層の境界面は、南に向かって一定の傾きで下がっていることが分かっている。BC間の地層の境界面の傾きの角度と、CD間の地層の境界面の傾きの角度が等しいと仮定した場合、図Ⅰ中のD点では、地表面から何m真下に掘り進めれば、火山灰の層が現れると考えられるか、求めなさい。答えは**整数**で書くこと。ただし、れきの層を除いたすべての地層について、それぞれの厚さはB点、C点、D点の各地点で同じであり、この地域には断層などによる地層のずれやしゅう曲はないものとする。

2　Rさんは、S先生と一緒に、物体にはたらく力と物体の運動についての実験を行い、力学的エネルギーと仕事について考察した。次の問いに答えなさい。ただし、物体にはたらく摩擦や空気抵抗は考えないものとする。

(1) 物体には、真下の向きに重力がはたらく。次の**ア〜ウ**のうち、物体にはたらく重力の向きと、物体の運動の向きが同じものはどれか。一つ選び、記号を○で囲みなさい。

(2) 図Ⅰのように、点Pに対して左向きに3.4 N、右向きに6.0 Nの力がはたらいているとき、これらの2力の合力は、右向きに何Nか、求めなさい。ただし、これらの2力は一直線上にあるものとする。

図Ⅰ

3.4 N ←———●———→ 6.0 N
　　　　　　P

(3) 水平面上にある物体を軽くはじいたところ、物体は一定の速さで一直線上を運動した。このように、一定の速さで一直線上を動く物体の運動は何と呼ばれる運動か、**漢字6字**で書きなさい。

【**実験1**】Rさんは、図Ⅱのように、ある物体が水平な床を一直線上に進むコースをつくった。図Ⅱ中のA、B、Cは、それぞれコース上の点を示しており、AB間の距離と、BC間の距離は、いずれも1.2 mである。Rさんは、図Ⅱのように物体の前面をAに合わせて静止させた。その後、Cに向かって、物体を力F₁で水平方向に押し続けた。物体は力F₁の向きに進み、物体が動き始めてから1.6秒後に、図Ⅲのように物体の前面がCを通過した。物体の前面がAからCに移動する間、物体の速さはしだいに速くなっていき、図Ⅲのように物体の前面がCを通過したときの物体の速さは3.0 m/sであった。ただし、物体の前面がAからCに移動する間、力F₁の大きさは一定であったものとする。

図Ⅱ

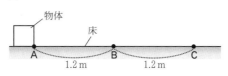

図Ⅲ

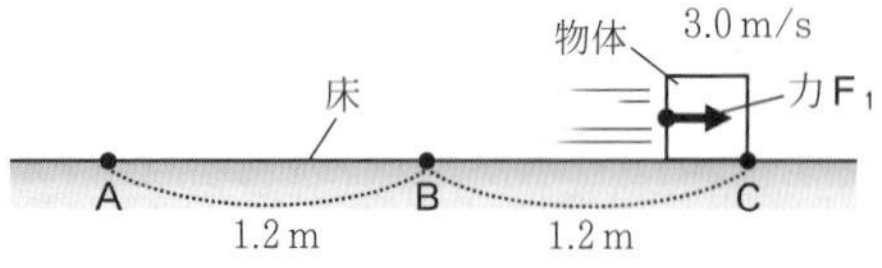

(4) 物体の前面がAから動き始めてCに移動する間における、物体の平均の速さは何 m/sか、求めなさい。

(5) 物体の前面がAからBに移動する間に力F₁が物体にした仕事と、物体の前面がBからCに移動する間に力F₁が物体にした仕事は等しい。

① 力F₁の大きさが1.8 Nであった場合、物体の前面がAからBに移動する間に力F₁が物体にした仕事は何Jか、求めなさい。答えは小数第2位を四捨五入して**小数第1位**まで書くこと。

② 物体の前面がAからBに移動する間に力F₁が物体にした仕事の仕事率をK〔W〕、物体の前面がBからCに移動する間に力F₁が物体にした仕事の仕事率をL〔W〕とする。KとLの大きさの関係について述べた次の文中の ⓐ〔　　〕、ⓑ〔　　〕から適切なものをそれぞれ一つずつ選び、記号を○で囲みなさい。

　物体の速さはしだいに速くなっていったため、物体の前面がAからBに移動するのにかかった時間は、物体の前面がBからCに移動するのにかかった時間よりもⓐ〔　**ア** 短い　　**イ** 長い　〕と考えられる。そのため、ⓑ〔　**ウ** K ＜ L　　**エ** K ＝ L　　**オ** K ＞ L　〕の関係があると考えられる。

【**実験2**】Rさんは、天井に固定された滑車に糸をかけ、糸の一端に**実験1**で用いた物体をつないだ。そして、糸のもう一端を力F₂で引いて、図Ⅳのように、物体の底面が床から1.0 mの位置にくるようにして、物体を静止させた。Rさんが糸から手を離すと、物体は真下に落下した。図Ⅴのように物体の速さが図Ⅲの物体の速さと同じ3.0 m/sになったとき、物体の底面は床に達していなかった。ただし、糸の質量や、糸と滑車の間の摩擦は考えないものとする。

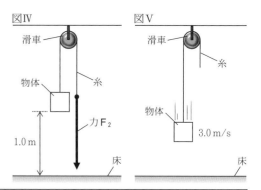

図Ⅳ　　　　図Ⅴ

【**RさんとS先生の会話1**】

S先生：**実験2**の図Ⅳでは、静止している物体にどのような力がはたらいているか考えてみましょう。

Rさん：図Ⅳのとき、糸の一端を引っ張ることによって、物体には真上の向きに力がはたらいています。

S先生：物体にはたらく力は真上の向きの力だけですか。

Rさん：物体には真下の向きに重力もはたらいています。そうか、ⓐ物体が静止しているのは、物体にはたらく力がつり合っているからですね。

S先生：その通りです。一方、**実験1**で物体の速さがしだいに速くなっていったのは、水平方向において、物体の進む向きにだけ力がはたらいており、物体にはたらく力がつり合っていなかったからです。

---

(6) 下線部ⓐについて、**実験2**の図Ⅳのとき、物体にはたらく2力がつり合っている。

① 物体にはたらく力について述べた次の文中の ⓒ〔　　〕から適切なものを一つ選び、記号を○で囲みなさい。

　実験2の図Ⅳのとき、物体にはたらく2力は、つり合いの条件から考えると、重力とⓒ〔　**ア** Rさんが糸を引く力　　**イ** 糸がRさんを引く力　　**ウ** 糸が物体を引く力　　**エ** 物体が糸を引く力　〕である。

② 次の文中の ⓓ に入れるのに適している語を書きなさい。

　物体にはたらく力がつり合っていて、それらの力の合力の大きさが0Nであったり、物体に力がはたらいていなかったりすると、物体がもつ ⓓ と呼ばれる性質によって、運動している物体はいつまでも一定の速さで一直線上を運動し続け、静止している物体はいつまでも静止し続ける。これを ⓓ の法則という。

【**RさんとS先生の会話2**】

S先生：物体がもつ力学的エネルギーを比較することによって、物体が他の物体に対して仕事をする能力を比較することができます。例えば、**実験1**の図Ⅲのときと、**実験2**の図Ⅴのときで、それぞれの物体がもつ力学的エネルギーを比較してみましょう。床を基準面（基準とする面）とし、物体が床にあるときに物体がもつ位置エネルギーを0Jとした場合、それぞれの物体がもつ位置エネルギーを比較してみてください。

Rさん：**実験1**の図Ⅲのときと、**実験2**の図Ⅴのときを比較すると、それぞれの物体がもつ位置エネルギーは、**実験2**の図Ⅴのときの方が大きいことが分かります。

S先生：その通りです。では、それぞれの物体がもつ運動エネルギーも比較してみてください。

Rさん：**実験1**の図Ⅲのときと、**実験2**の図Ⅴのときを比較すると、それぞれの物体がもつ ⓔ ことが分かります。したがって、**実験2**の図Ⅴのときの方が、物体がもつ力学的エネルギーは大きいことが分かります。

S先生：その通りです。このことから、**実験2**の図Ⅴのときの物体の方が、他の物体に対して仕事をする能力は大きいことが分かります。

---

(7) 上の文中の ⓔ に入れるのに適している内容を簡潔に書きなさい。

3 技術の授業で作物の栽培について学習し、栽培して得られる果実の色の違いに興味
をもったEさんは、2023年に学校で育てたカボチャ（ペポカボチャ）について調べた
ことをまとめた。また、育てたカボチャの栽培記録について、EさんはG先生と一緒に
考察した。次の問いに答えなさい。ただし、この問題における「カボチャの色」は、「カ
ボチャの果実の皮の色」を表すものとする。

ペポカボチャの果実

【Eさんが2023年に学校で育てたカボチャについて調べたこと】
・カボチャは⑤被子植物の一種である。学校で育てた品種のものは、図Ⅰ
のように一つの個体にいくつかの雄花と雌花がそれぞれ咲
き、野生ではハチなどの⑥昆虫類が受粉を助けていることが多
い。また、この品種は人工的に受粉させることが容易である。
・⑤受粉すると、約1か月かけて雌花の子房は成長し、果実をつく
る。その中には多数の種子ができる。
・学校で育てた品種のカボチャの色には、黄色と緑色がある。これらのカボチャの色は対立形質であり、
黄色が顕性形質（顕性の形質）、緑色が潜性形質（潜性の形質）である。
・学校で育てた品種のカボチャの色は、⑥メンデルがエンドウを用いた実験から見いだした遺伝の規則
性に従って子に伝わるため、カボチャの色を黄色にする遺伝子をA、緑色にする遺伝子をaとして、
子における遺伝子の組み合わせや形質を推定することができる。

図Ⅰ　　　　　雌花

雄花

(1) 下線部⑤について、次のア〜エのうち、被子植物に分類されるものを一つ選び、記号を○で囲みなさい。

ア　ゼニゴケ　　イ　サクラ　　ウ　マツ　　エ　スギナ

(2) 下線部⑥について、次のア〜エのうち、昆虫類に分類されるものを一つ選び、記号を○で囲みなさい。

ア　マイマイ　　イ　ミミズ　　ウ　クモ　　エ　バッタ

(3) 下線部⑤について、カボチャのような被子植物は、受粉した後に精細胞と卵細胞が受精する。

① 植物の受精について述べた次の文中の 　X 　 に入れるのに適している語を書きなさい。

カボチャのような被子植物の受精では、花粉でつくられた精細胞の核と 　X 　 の中にある卵細胞の
核が合体することで受精卵ができる。その後、 　X 　 は種子になる。

② 受精卵は胚になり、個体としての体のつくりができていく。この過程は何と呼ばれているか。次のア
〜エのうち、最も適しているものを一つ選び、記号を○で囲みなさい。

ア　進化　　イ　減数分裂　　ウ　発生　　エ　無性生殖

(4) 下線部⑥について、メンデルはいくつかの対立形質に着目することで遺伝の規則性を見いだした。次
の文中の 　　Y 　　 に入れるのに適している内容を簡潔に書きなさい。

エンドウの種子には、丸形のものとしわ形のものがあり、これらの形質は一つの種子に 　　Y 　　 と
いう性質をもつ。このような性質がある形質の対は対立形質と呼ばれており、メンデルは、着目した対立
形質それぞれの純系をかけ合わせて得た子の形質から、顕性形質と潜性形質の関係を見いだした。

(5) カボチャの色の遺伝子の組み合わせがAaであるカボチャの雄花から得られた花粉を、遺伝子の組み
合わせがAaの雌花に受粉させると、多数の種子（子にあたる個体）が得られた。得られた多数の種子に
おけるカボチャの色の遺伝子の組み合わせについて述べた次の文中の 　Z 　 に入れるのに、最も適し
ていると考えられる数を、あとのア〜エから一つ選び、記号を○で囲みなさい。

Aaの雄花の花粉をAaの雌花に受粉させて得られた多数の種子のうち、遺伝子の組み合わせがAa
となるものは、全体の約 　Z 　 ％であると考えられる。

ア　100　　イ　75　　ウ　50　　エ　25

【2023年に学校で育てたカボチャの栽培記録】
図Ⅱのように、⑥カボチャの色が黄色になる純系の個体に咲い
た雄花から得られた花粉を、カボチャの色が緑色になる純系の
個体に咲いた雌花に受粉させると、約1か月かけて子房を含む
　　　の部分が成長し、カボチャの果実（果実Ⅰ）がつくられた。
果実Ⅰの皮の色はすべて緑色であった。なお、受粉させる際に雌
花を観察すると、すでにめしべに花粉がついている雌花は一つ
もみられなかった。

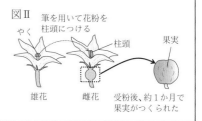

図Ⅱ　筆を用いて花粉を
柱頭につける

やく　　柱頭　　果実

雄花　　雌花　　受粉後、約1か月で
果実がつくられた

(6) 下線部⑥に示す雄花が咲いた個体における、カボチャの色の遺伝子の組み合わせとして正しいものは
どれか。次のア〜エから一つ選び、記号を○で囲みなさい。

ア　AA　　イ　Aa　　ウ　aa　　エ　AAとAa

【EさんとG先生の会話】
Eさん：カボチャの色について、黄色が顕性形質で緑色が潜性形質であるということから、「2023年に
得られる果実Ⅰの皮の色は、すべて黄色である。」と予想したのですが、受粉させて約1か月後
に得られた果実Ⅰの皮の色はすべて緑色でした。なぜでしょうか。
G先生：いい点に気付きましたね。今回のカボチャの色の遺伝について整理しましょう。カボチャでは
受粉後に、精細胞と卵細胞が受精することで新たな遺伝子の組み合わせをもつ受精卵ができま
す。そして⑥受精卵は細胞分裂を行って成長し、種子の一部になります。一方、果実は図Ⅱに
示すように、受粉後に点線で囲んだ部分が成長してつくられます。果実をつくる細胞は生殖細
胞ではないため、果実をつくる細胞がもつ遺伝子は受精の前と後とで変わることはありません。
Eさん：そういうことでしたか。果実Ⅰの皮の色がすべて緑色になった理由が分かりました。先生のお
話をふまえると、⑥皮の色が黄色の果実のみを得たい場合、どのような個体を用いて受粉させれ
ばよいかが分かるのですね。
G先生：その通りです。Eさんが興味をもった果実の形質について、遺伝の規則性を参考にすることで
予想できるのです。次のカボチャの栽培も楽しみですね。

(7) 下線部⑥について、図Ⅲはカボチャの受精卵を模式的に表したものであ
り、染色体K、L、Mには卵細胞から伝わった遺伝子が、染色体K'、L'、
M'には精細胞から伝わった遺伝子が含まれている。次のア〜エのうち、
図Ⅲの受精卵が細胞分裂を終えた直後の2個の細胞を模式的に表した図と
して、最も適しているものはどれか。一つ選び、記号を○で囲みなさい。

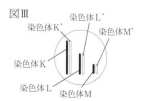

図Ⅲ　　　　　染色体L'
染色体K'　　　　染色体M'

染色体K

染色体L　　染色体M

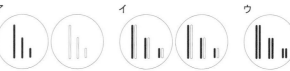

ア　　　　　イ　　　　　ウ　　　　　エ

(8) 下線部⑥について、次のア〜オに示した人工的な受粉のうち、受粉の約1か月後に得られる果実の皮
の色がすべて黄色になると考えられるものはどれか。すべて選び、記号を○で囲みなさい。ただし、AA、
Aa、aaは、カボチャの色の遺伝子の組み合わせを示しているものとする。

ア　AAの個体に咲いた雄花の花粉を、Aaの個体に咲いた雌花に受粉させる。
イ　Aaの個体に咲いた雄花の花粉を、AAの個体に咲いた雌花に受粉させる。
ウ　aaの個体に咲いた雄花の花粉を、Aaの個体に咲いた雌花に受粉させる。
エ　Aaの個体に咲いた雄花の花粉を、aaの個体に咲いた雌花に受粉させる。
オ　aaの個体に咲いた雄花の花粉を、aaの個体に咲いた雌花に受粉させる。

4 電気回路につないだ電池が電流をつくり出すしくみを調べ、電池の内部で起こる化学変化に興味をもったHさんは、T先生と一緒に実験を行い、考察した。次の問いに答えなさい。

【Hさんが調べたこと】

- 電池に接続した⌀導線とモーターに電流が流れ、モーターが回転するようすを表すと、図Ⅰのようになる。
- 電池の＋極では⌀電子を受け取る化学変化が起こり、電池の－極では電子を放出する化学変化が起こる。これらの化学変化には⌀イオンが関わっている。
- 電池には、亜鉛と銅のイオンへのなりやすさの違いが利用されているものがある。

図Ⅰ
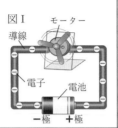

(1) 下線部⌀について、一般に導線には金属が用いられている。次の**ア～エ**のうち、金属であるものはどれか。一つ選び、記号を○で囲みなさい。

ア 水素 **イ** 炭素 **ウ** ポリエチレン **エ** アルミニウム

(2) 下線部⌀について、図Ⅱに示した原子の模式図のように、電子は原子核とともに原子を構成している。原子の構造について述べた次の文中の ⓐ に入れるのに適している語を書きなさい。

図Ⅱ

電子 陽子 原子核 X

図Ⅱ中のXは、一般に陽子とともに原子核を構成するもので、 ⓐ と呼ばれている。

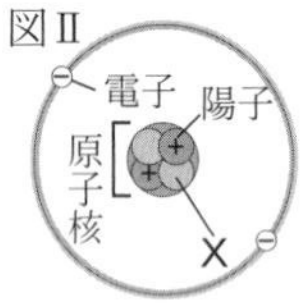

(3) 下線部⌀について、マグネシウム原子 Mg とマグネシウムイオン Mg^{2+} について述べた次の文中の ⓑ に入れるのに適している数を書きなさい。

マグネシウム原子 Mg の原子核中には、陽子が12個含まれている。マグネシウムイオン Mg^{2+} は、原子核の周りに電子を ⓑ 個もっている。

【亜鉛と銅のイオンへのなりやすさを比べる実験】

図Ⅲのように、試験管に亜鉛 Zn または銅 Cu の金属板を1枚入れ、硫酸亜鉛 $ZnSO_4$ 水溶液または硫酸銅 $CuSO_4$ 水溶液を加えて観察する実験を、金属板と水溶液の組み合わせを変えて4回行い、**実験①～実験④**とした。
表Ⅰは、**実験①～実験④**において、水溶液を加えてから、1時間後に金属板を観察した結果をまとめたものである。

図Ⅲ

水溶液
金属板

表Ⅰ

	金属板	水溶液	金属板の変化
実験①	Zn	$ZnSO_4$	なし
実験②	Zn	$CuSO_4$	表面に赤い物質がついた
実験③	Cu	$ZnSO_4$	なし
実験④	Cu	$CuSO_4$	なし

【HさんとT先生の会話1】

Hさん：**実験①**、**実験③**、**実験④**では変化がありませんでした。**実験②**では、⌀亜鉛板の表面に赤い物質が付着しました。この赤い物質は、水溶液中の銅イオンが変化したものでしょうか。

T先生：はい。電子1個を⊖と表すと、**実験②**の亜鉛板の表面では、表Ⅱ中の化学変化が起こり銅が付着しています。図Ⅳは、**実験②**において、銅イオンが亜鉛板から電子を受け取るようすや、亜鉛原子が亜鉛板に電子を放出するようすを表しています。

Hさん：亜鉛原子が放出した電子の移動に着目すると、銅イオンと亜鉛原子の間で、亜鉛板の中を電流が流れているといえますね。

T先生：その通りです。次は、この電流を取り出す装置を作りましょう。

表Ⅱ

実験②で起こった化学変化
$Cu^{2+} + ⊖⊖ → Cu$
$Zn → Zn^{2+} + ⊖⊖$

図Ⅳ
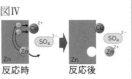
反応時　反応後

---

(4) 下線部⌀について、次の**ア～エ**の原子やイオンのうち、**実験②**を開始してから終えるまでの間、試験管内で数が減少していったと考えられるものはどれか。**すべて**選び、記号を○で囲みなさい。

ア Zn **イ** Zn^{2+} **ウ** Cu **エ** Cu^{2+}

(5) 亜鉛と銅のイオンへのなりやすさについて述べた次の文中の ⓒ に入れるのに適している内容を、「電子」「陽イオン」の2語を用いて簡潔に書きなさい。

表Ⅰ、表Ⅱから、銅よりも亜鉛の方が ⓒ になりやすい金属であると考えられる。

(6) HさんとT先生は、導線を用いてモーターの二つの端子の一方には亜鉛板を、他方には銅板を接続し、これらの金属板を図Ⅴのように硫酸銅水溶液に入れた。するとモーターは回転し始め、10分後にはいずれの金属板の表面にも銅が付着していた。1時間後には、モーターは停止しており、いずれの金属板の表面においても、付着した銅の量は増加していた。これらの結果から考えられることについて述べた次の文中の ⓓ〔 〕、ⓔ〔 〕から適切なものをそれぞれ一つずつ選び、記号を○で囲みなさい。

図Ⅴ

モーター
亜鉛 Zn　銅 Cu
硫酸銅$CuSO_4$水溶液

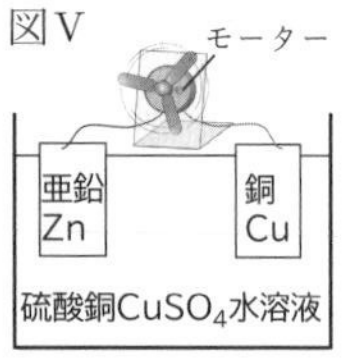

亜鉛板と銅板の間で、導線に電流が流れていたことは、ⓓ〔 **ア** 亜鉛板の表面に銅が付着　**イ** モーターが回転 〕していたことから分かる。この間、銅イオンが電子を受け取る変化は、ⓔ〔 **ウ** 亜鉛板の表面のみ　**エ** 銅板の表面のみ　**オ** 亜鉛板と銅板の両方の表面 〕で起こっていたと考えられる。

【HさんとT先生の会話2】

Hさん：図Ⅴの装置で短時間しか電流を取り出せなかったのは、両方の金属板の表面に銅が付着したことが原因の一つなのでしょうか。

T先生：その通りです。では、電流を長時間取り出せるように、図Ⅴの装置に改良を加えましょう。図Ⅵのように、素焼きの板またはセロハン（セロファン）の膜でできた仕切りで容器を区切り、亜鉛板と銅板、硫酸亜鉛水溶液と硫酸銅水溶液を用いると、ダニエル電池ができます。図Ⅵ中のAの板を－極にする場合、A、B、Y、Zの物質は何であればよいですか。

Hさん： ⓕ であればよいと思います。

T先生：その通りです。

Hさん：ところで、なぜ仕切りには素焼きの板やセロハンの膜が用いられるのでしょうか。

T先生：電流を取り出す化学変化が長時間続くようにするためです。実は、硫酸亜鉛水溶液や硫酸銅水溶液それぞれの中で亜鉛イオン、銅イオン、硫酸イオンの数が調整されないと、電流を取り出す化学変化が起こらなくなってしまうのです。

Hさん：そうか、2種類の水溶液を分けている素焼きの板やセロハンの膜は、 ⓖ ことができるので、これらを仕切りに用いることでそれぞれの水溶液中のイオンの種類と数が調整されるようになるのですね。

T先生：その通りです。

Hさん：ダニエル電池で長時間電流を取り出すためには、仕切りの材料も重要なのですね。

図Ⅵ
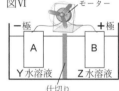
－極　モーター　＋極
A　B
Y水溶液　Z水溶液
仕切り

(7) 次の**ア～エ**のうち、上の文中の ⓕ に入れる内容として最も適しているものを一つ選び、記号を○で囲みなさい。

ア Aは銅、Bは亜鉛、Yは硫酸銅、Zは硫酸亜鉛
イ Aは銅、Bは亜鉛、Yは硫酸亜鉛、Zは硫酸銅
ウ Aは亜鉛、Bは銅、Yは硫酸銅、Zは硫酸亜鉛
エ Aは亜鉛、Bは銅、Yは硫酸亜鉛、Zは硫酸銅

(8) 上の文中の ⓖ に入れるのに適している内容を、「水溶液中のイオン」の語を用いて簡潔に書きなさい。

5

令和 6 年度

大阪府学力検査問題

（ 一 般 入 学 者 選 抜 ）

社 会

（40分）

注 意

1 「開始」の合図があるまで開いてはいけません。

2 答えは、すべて**解答用紙**に書きなさい。

答えとして記号を選ぶ問題は、下の【解答例】にならい、すべて解答用紙の記号を
○で囲みなさい。また、答えを訂正するときは、もとの○をきれいに消しなさい。

【解答例】

ア	イ	ⓦ	エ

解答用紙の**採点者記入欄**には、何も書いてはいけません。

3 問題は、中の用紙のA面に**1**、B面に**2**、C面に**3**、D面に**4**があります。

4 「開始」の合図で、まず、解答用紙に受験番号を書きなさい。

5 「終了」の合図で、すぐ鉛筆を置きなさい。

○

受験番号	番

得点	

※90点満点

○

令和 6 年度大阪府学力検査問題

社 会 解 答 用 紙

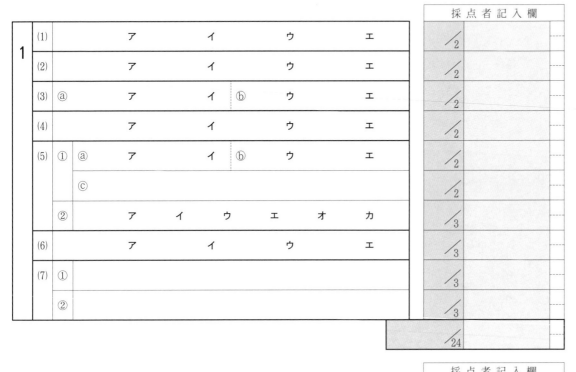

1

(1)		ア イ ウ エ	/2
(2)		ア イ ウ エ	/2
(3)	ⓐ	ア イ ⓑ ウ エ	/2
(4)		ア イ ウ エ	/2
(5)	① ⓐ	ア イ ⓑ ウ エ	/2
	ⓒ		/2
	②	ア イ ウ エ オ カ	/3
(6)		ア イ ウ エ	/3
(7)	①		/3
	②		/3

採点者記入欄 /24

2

(1)	①	ア イ ウ エ	/2
	②	ア イ ウ エ	/2
(2)	①		/2
	② ⓐ	ア イ ⓑ ウ エ	/2
	③	ア イ ウ エ	/3
(3)	① ⓐ	ア イ ウ ⓑ エ オ カ	/3
	②	ア イ ウ エ	/3
	③		/3
(4)		ア イ ウ エ	/3

採点者記入欄 /23

3

(1)	①	ア イ ウ エ	/2
	②		/2
(2)	①	ア イ ウ エ	/2
	②		/2
	③	(a)	/2
		(b)	/2
(3)	① ⓐ	ア イ ⓑ ウ エ	/2
	②	(a) ア イ ウ エ	/3
		(b) ア イ ウ エ	/3
	③		/3

採点者記入欄 /23

4

(1)	①	ア イ ウ エ	/2
	②	ア イ ウ エ	/2
	③ ⓐ	ア イ ウ ⓑ	/2
(2)	① ⓐ	ア イ ⓑ ウ エ	/2
	②		/2
(3)		ア イ ウ エ	/2
(4)	ⓐ	ア イ ウ ⓑ エ オ	/2
(5)	ⓐ	ア イ ウ エ ⓑ オ カ キ ク	/3
	ⓒ		/3

採点者記入欄 /20

1　さまざまな形で残っている資料は、歴史を知る手がかりとなる。次の問いに答えなさい。

(1) 歴史書である『日本書紀』の編集が始まったのは、壬申の乱に勝利して即位した天皇が中央集権を進めた時期とされている。次のア〜エのうち、壬申の乱に勝利して即位した天皇はだれか。一つ選び、記号を○で囲みなさい。

　ア　桓武天皇　　イ　持統天皇　　ウ　天智天皇　　エ　天武天皇

(2) 『紫式部日記』は、11世紀に書かれたものであり、その当時の貴族などの生活のようすが記されている。次の文は、11世紀のわが国のようすについて述べたものである。あとのア〜エのうち、文中の　A　、　B　に当てはまる語の組み合わせとして正しいものはどれか。一つ選び、記号を○で囲みなさい。

> ・藤原氏が、幼い天皇のかわりに政治を行う職や成人した天皇を補佐する職に任命されて政治を動かす　A　を行っていた。
> ・浄土信仰（浄土の教え）が広まり、平等院鳳凰堂が　B　によって建てられた。

　ア　A　摂関政治　　B　藤原道長　　　イ　A　執権政治　　B　藤原道長
　ウ　A　摂関政治　　B　藤原頼通　　　エ　A　執権政治　　B　藤原頼通

(3) 右の絵は、13世紀後半に元の皇帝が派遣した軍が九州の北部に襲来したようすを描いた絵巻の一部である。次の文は、13世紀後半の日本のようすについて述べたものである。文中のⓐ〔　　〕、ⓑ〔　　〕から適切なものをそれぞれ一つずつ選び、記号を○で囲みなさい。

> ・鎌倉幕府は、モンゴル帝国の皇帝であり国名を元と定めたⓐ〔　ア　チンギス＝ハン　　イ　フビライ＝ハン　〕からの国交に関する要求を拒否した。このことにより、元の皇帝が派遣した軍が九州の北部に2度にわたって襲来した。
> ・元の襲来があったころ、近畿地方を中心に、荘園の領主や幕府の命令に従わず、武装して荘園の領主や幕府に反抗したⓑ〔　ウ　悪党　　エ　防人　〕と呼ばれる人々が活動していた。

(4) 16世紀の戦国大名である大友義鎮が記した手紙には、鉄砲のことが「種子島筒」と記載されている。次のア〜エの地図のうち、鉄砲が伝来した種子島が含まれる地図はどれか。一つ選び、記号を○で囲みなさい。

　ア　　　　　イ　　　　　ウ　　　　　エ

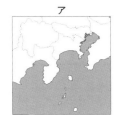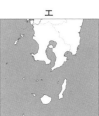

（……は県界を示す）

(5) 江戸幕府で公的な記録として作成された業務日誌から、江戸時代の政治のしくみを知ることができる。

① 次の文は、江戸幕府のしくみについて述べたものである。文中のⓐ〔　　〕、ⓑ〔　　〕から適切なものをそれぞれ一つずつ選び、記号を○で囲みなさい。また、文中の　ⓒ　に当てはまる語を漢字2字で書きなさい。

> ・江戸幕府の政治は、将軍が任命した老中を中心に行われた。必要な場合には、臨時の職としてⓐ〔　ア　大目付　　イ　大老　〕がおかれた。この職についた人物に井伊直弼がいる。
> ・朝廷や公家を監視する権限をもつⓑ〔　ウ　大阪城代　　エ　京都所司代　〕がおかれた。
> ・重要な都市には江戸幕府によって奉行がおかれた。そのうちの一つである長崎奉行によって貿易が管理され、大名や大商人は将軍から発行された　ⓒ　状を用いて、　ⓒ　船貿易を行った。しかし、後にこの貿易は鎖国と呼ばれる体制のもとで行われなくなった。

② 次の（ⅰ）〜（ⅲ）は、18世紀後半以降の財政が悪化する中で江戸幕府によって行われた改革について述べた文である。（ⅰ）〜（ⅲ）をできごとが起こった順に並べかえると、どのような順序になるか。あとのア〜カから正しいものを一つ選び、記号を○で囲みなさい。

（ⅰ）水野忠邦が、倹約の奨励や風紀の統制を行ったり、江戸に出ていた農民を故郷に帰らせたりした。
（ⅱ）松平定信が、武士に対して朱子学を奨励したり、旗本や御家人の借金を帳消しにしたりした。
（ⅲ）田沼意次が、株仲間を奨励したり、長崎における貿易を盛んにしようとしたりした。

　ア　（ⅰ）→（ⅱ）→（ⅲ）　　イ　（ⅰ）→（ⅲ）→（ⅱ）　　ウ　（ⅱ）→（ⅰ）→（ⅲ）
　エ　（ⅱ）→（ⅲ）→（ⅰ）　　オ　（ⅲ）→（ⅰ）→（ⅱ）　　カ　（ⅲ）→（ⅱ）→（ⅰ）

(6) 19世紀後半、明治政府は海外に外交官を派遣するようになり、外交官が世界のようすについて記録したものが残っている。次のア〜エのうち、19世紀後半の世界のようすについて述べた文として正しいものはどれか。二つ選び、記号を○で囲みなさい。

　ア　朝鮮半島では、農民が外国勢力の追放や政治改革を求めた甲午農民戦争が起こった。
　イ　インドでは、ガンディーの指導によって、非暴力・不服従の運動が起こった。
　ウ　ビスマルクが首相を務めるプロイセン王国を中心に、ドイツ帝国が成立した。
　エ　フランスで革命が起こり、自由や平等などを主張した人権宣言が発表された。

(7) わが国の歴代の首相の中には、在任中のできごとを日記に残した人がいる。

① 原敬の日記には、原敬が内閣を組織したことが記されている。次の文は、原敬が組織した内閣について述べたものである。文中の　C　に当てはまる語を漢字2字で書きなさい。

> 原敬内閣の大臣のうち、陸軍・海軍・外務の3大臣以外のすべてが、当時の衆議院で最も議席数の多い立憲政友会の党員であったため、原敬内閣は初めての本格的な　C　内閣と呼ばれている。

② 1982（昭和57）年から1987（昭和62）年まで首相を務めた中曽根康弘の日記には、当時の国際社会で生じていた経済摩擦と呼ばれる問題について記されている。図Ⅰは、1982年から1987年までの期間における日本の貿易額のうち、アメリカ合衆国への日本の輸出額の推移と、アメリカ合衆国からの日本の輸入額の推移を示したものである。次の文は、図Ⅰをもとに、日本とアメリカ合衆国との間の貿易上の問題の一部についてまとめたものである。文中の（　　）に入れるのに適している内容を、「黒字」の語を用いて簡潔に書きなさい。

図Ⅰ　日本とアメリカ合衆国の貿易額

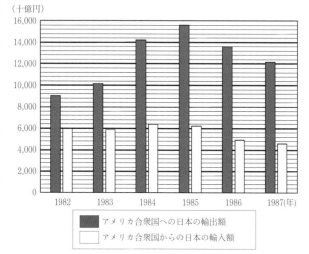

（『新版日本長期統計総覧』により作成）

> 図Ⅰより、1985（昭和60）年を境として、日本とアメリカ合衆国との間の貿易額の傾向が異なることが分かる。アメリカ合衆国への日本の輸出額の推移とアメリカ合衆国からの日本の輸入額の推移をみると、1982年から1985年までは、（　　　　）といえる。このような状況から生じていた経済摩擦の解決に向けて、1985年に国際的な合意がなされた。

2 Eさんのクラスは、班に分かれて、「主要国首脳会議」（サミット）と呼ばれる国際会議の参加国について調べた。次の問いに答えなさい。

(1) Eさんの班は、2023（令和5）年にサミットが開催された広島県について調べた。

① 広島県の県庁所在地は広島市である。次の**ア〜エ**のうち、県名とその県の県庁所在地の都市名の組み合わせとして正しいものはどれか。一つ選び、記号を○で囲みなさい。
ア 青森県−弘前市　**イ** 沖縄県−那覇市　**ウ** 静岡県−浜松市　**エ** 長野県−松本市

② 広島県は、農業用のため池の数が多い。表Iは、2022（令和4）年におけるため池の数の多い上位3県を示したものである。これら3県には、いずれも瀬戸内の気候の特徴をもつ地域が含まれる。次の**ア〜エ**のうち、瀬戸内の気候の特徴を述べたものとして最も適しているものはどれか。一つ選び、記号を○で囲みなさい。

表I

都道府県	ため池の数
兵庫県	22,047
広島県	18,155
香川県	12,269

（農林水産省の資料により作成）

ア 1年を通して雨が降り、年間の降水量が多い。
イ 冬には、北西から吹く季節風と暖流の影響を受け、雨や雪が多く降る。
ウ 海から遠く離れた内陸部にみられ、標高が高い山地に囲まれていることから、年間の降水量が少ない。
エ 南と北にある山地によって夏冬ともに季節風による雨や雪の影響を受けにくく、年間の降水量が少ない。

(2) 2023年のサミットには、「G7」と呼ばれているフランス、アメリカ合衆国、イギリス、ドイツ、日本、イタリア、カナダの7か国が参加した。Fさんの班は、「G7」と呼ばれている7か国のうち、日本以外の6か国について調べた。

① 1981（昭和56）年にカナダの首都でサミットが開催された。カナダの首都名を書きなさい。

② アメリカ合衆国は、世界有数の工業国である。次の文は、アメリカ合衆国の産業について述べたものである。文中の@〔　　〕、ⓑ〔　　〕から適切なものをそれぞれ一つずつ選び、記号を○で囲みなさい。

・19世紀後半から五大湖周辺で重工業がさかんになり、デトロイトでは、@〔**ア** 自動車　**イ** 航空機　〕産業が流れ作業による大量生産方式によって発展した。
・現在、北緯37度付近よりⓑ〔**ウ** 北　**エ** 南　〕の地域はサンベルトと呼ばれており、ICT産業などが発展している。

③ フランス、イギリス、ドイツ、イタリアはヨーロッパ州に位置する。図Iは、2023年5月における、ヨーロッパ連合に加盟している国の一部と、ユーロを導入している国の一部を示したものである。次の**ア〜エ**のうち、図Iから読み取れることとして正しいものを一つ選び、記号を○で囲みなさい。

ア オランダはヨーロッパ連合に加盟していない。
イ スペインとポルトガルはヨーロッパ連合に加盟しているが、ユーロを導入していない。
ウ スウェーデンはヨーロッパ連合に加盟しているが、ユーロを導入していない。
エ フランス、イギリス、ドイツ、イタリアは、いずれの国もヨーロッパ連合に加盟しているがイギリスのみユーロを導入していない。

図I

■ ヨーロッパ連合に加盟しており、ユーロを導入している
▨ ヨーロッパ連合に加盟しているが、ユーロを導入していない
□ ヨーロッパ連合に加盟しておらず、ユーロを導入していない

（……は国界を示す）

(3) Gさんの班は、2023年のサミットに招待されて参加した、ブラジルとインドについて調べた。

① ブラジルはさまざまな農産物や鉱産資源を生産、輸出している。次の文は、ブラジルの輸出品について述べたものである。文中の@〔　　〕、ⓑ〔　　〕から適切なものをそれぞれ一つずつ選び、記号を○で囲みなさい。

・2020（令和2）年にブラジルが生産量世界第1位であった@〔**ア** コーヒー豆　**イ** 小麦　**ウ** バナナ　〕は、ブラジルの主要な輸出品の一つである。
・ブラジルは日本に多くの鉱産資源を輸出している。2019（令和元）年に日本が輸入したⓑ〔**エ** 石炭　**オ** 石油（原油）　**カ** 鉄鉱石　〕のうち、ブラジルからの輸入量はオーストラリアからの輸入量に次いで2番目に多い。

② 図IIは、インドのデリーを中心とし、中心からの距離と方位が正しくなるように描かれた地図である。図II中の**ア〜エ**で示した大陸のうち、ブラジルが位置する大陸はどれか。一つ選び、記号を○で囲みなさい。

③ 図IIIは、2020年における、ある農産物の生産量の多い上位5か国を示したものである。この農産物は何か。**漢字1字**で書きなさい。

図II

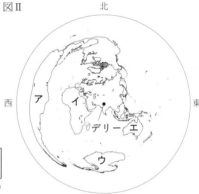

図III

| 中国 42.3% | インド 20.3% | ケニア 8.1% | スリランカ 4.0% | その他 20.5% |
アルゼンチン 4.8%

（『世界国勢図会』2022/23年版により作成）

(4) Hさんの班は、「G7」と呼ばれている7か国（以下「G7」という。）と、「G7」以外の国々（以下「G7以外」という。）のGDP（国内総生産）について調べた。図IVは、2000（平成12）年と2020年における、世界のGDPの総額に占める「G7」と「G7以外」のGDPの割合をそれぞれ示したものである。表IIは、2000年と2020年における「G7」と「G7以外」の人口をそれぞれ示したものである。あとの**ア〜エ**のうち、図IV、表IIから読み取れる内容についてまとめたものとして正しいものはどれか。**すべて**選び、記号を○で囲みなさい。ただし、「ドル」は「アメリカドル」を意味するものとする。

図IV 世界のGDPの総額に占める「G7」と「G7以外」のGDPの割合

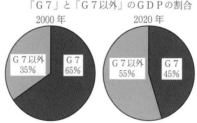

2000年　総額33.6兆ドル
G7以外 35%　G7 65%

2020年　総額85.3兆ドル
G7以外 55%　G7 45%

（『世界国勢図会』2021/22年版、2022/23年版により作成）

表II 「G7」と「G7以外」の人口（百万人）

	G7	G7以外	世界全体
2000年	696	5,453	6,149
2020年	773	7,068	7,841

（『世界国勢図会』2022/23年版により作成）

ア GDPと人口について、2000年と2020年を比べると、GDPの総額は2倍以上に増加しており、世界全体の人口も20億人以上増加している。
イ GDPについて、2000年と2020年を比べると、「G7以外」は「G7」より増加額が大きく、「G7以外」のGDPの額は50兆ドル以上増加している。
ウ 人口について、2000年と2020年を比べると、「G7」と「G7以外」のいずれも増加しており、世界全体に占める「G7以外」の割合は増加している。
エ 一人当たりのGDPの額について、2000年と2020年を比べると、「G7」と「G7以外」のいずれも増加しているが、いずれの年も「G7以外」は「G7」より少ない。

3 経済活動にかかわる次の問いに答えなさい。

(1) 経済活動の自由は、日本国憲法において保障されている。

① 次の**ア～エ**のうち、日本国憲法に記されている経済活動の自由の内容に関する記述として最も適しているものはどれか。一つ選び、記号を○で囲みなさい。

ア すべて国民は、健康で文化的な最低限度の生活を営む権利を有する。
イ 思想及び良心の自由は、これを侵してはならない。
ウ 財産権は、これを侵してはならない。
エ 義務教育は、これを無償とする。

② 経済活動の自由は、公共の福祉による制限を受けることがある。次の文は、公共の福祉にかかわることについて記されている日本国憲法の条文である。文中の **A** の箇所に用いられている語を書きなさい。

> 「すべて国民は、個人として尊重される。生命、自由及び **A** に対する国民の権利については、公共の福祉に反しない限り、立法その他の国政の上で、最大の尊重を必要とする。」

(2) 私たちはさまざまな財（モノ）やサービスを消費して生活しており、経済活動の単位として、個人や家庭は家計と呼ばれる。人々が求める財（モノ）やサービスを作り出す生産は、企業を中心に行われている。

① 次の**ア～エ**のうち、1962 年に、安全を求める権利（安全である権利）や知らされる権利（知る権利）など「消費者の四つの権利」を提唱したアメリカ合衆国の大統領はだれか。一つ選び、記号を○で囲みなさい。

ア リンカン（リンカーン）　　**イ** ウィルソン　　**ウ** ワシントン　　**エ** ケネディ

② わが国では、消費者の生活を守るための法律の制定や整備が行われている。製品の欠陥により消費者が被害を受けた場合、生産者である企業の過失を証明しなくとも消費者が企業に対して賠償を請求できることなどを内容とし、ＰＬ法とも呼ばれている法律は何か。**漢字 6 字**で書きなさい。

③ 企業が生産活動を行うために必要なものの一つとして資金がある。

(a) 企業の資金調達の方法には、金融機関からお金を借りるという方法がある。次の文は、金融について述べたものである。文中の **B** に当てはまる語を書きなさい。

> 家計や企業の間で行われるお金の貸し借りなど、お金を融通するしくみを金融という。金融のうち、銀行などの金融機関がお金を借りる側と貸す側との仲介を行い、貸す側からお金を集めて、借りる側にお金を融通することを **B** 金融という。

(b) わが国の企業の多くは株式会社である。株式会社は、資金調達の方法の一つとして株式を発行して個人や法人などの出資者から会社の活動資金を集める。次の文は、出資者について述べたものである。文中の **C** に当てはまる語を**漢字 2 字**で書きなさい。

> 株式を購入し、所有する出資者のことを **C** という。**C** は株式を所有する株式会社の経営方針などを決める **C** 総会に出席して議決に参加したり、配当を受け取ったりすることができる。

(3) 政府は、家計や企業から税金を集めて、人々にさまざまな財（モノ）やサービスを提供している。こうした政府の経済活動を財政といい、財政は 1 年間の歳入（収入）、歳出（支出）の計画である予算にもとづいて行われる。

① わが国の歳入は原則として税金によってまかなわれている。次の文は、税金の種類について述べたものである。文中の ⓐ〔 　 〕、ⓑ〔 　 〕から適切なものをそれぞれ一つずつ選び、記号を○で囲みなさい。

> わが国の税金は国に納められる国税と地方公共団体に納められる地方税に分類される。例えば、国税に分類されるものとして、ⓐ〔 **ア** 固定資産税　　**イ** 所得税 〕があり、地方税に分類されるものとして、ⓑ〔 **ウ** 自動車税　　**エ** 相続税 〕がある。

② わが国の予算は内閣で作成され、国会で審議して議決される。

(a) 次の**ア～エ**のうち、内閣において行うことができるものはどれか。一つ選び、記号を○で囲みなさい。

ア 憲法改正の発議　　**イ** 国政調査権の行使　　**ウ** 条約の締結　　**エ** 法律の制定

(b) 国会は、衆議院と参議院の二つの議院から構成されており、日本国憲法において、予算の議決などについて、衆議院の優越が認められている。次の文は、予算の議決における衆議院の優越について述べたものである。文中の〔 　 〕から適切なものを一つ選び、記号を○で囲みなさい。

> 予算の議決について、参議院が衆議院と異なる議決をした場合に、〔 **ア** 閣議　　**イ** 公聴会　　**ウ** 本会議　　**エ** 両院協議会 〕を開いても意見が一致しないとき、または参議院が衆議院の可決した議案を受け取った後、国会休会中の期間を除いて 30 日以内に議決しないときは、衆議院の議決を国会の議決とする。

③ Ｊさんは、わが国の歳出のうち社会保障にかかわる割合が高いことを知り、社会保障給付費について調べてみた。次は、Ｊさんが【調べた内容】と【調べた資料】である。あとの文は、Ｊさんが【調べた内容】と【調べた資料】をもとに、わが国の【社会保障について考察した内容】である。文中の（ 　 ）に入れるのに適している内容を、15 ～ 64 歳の人口の変化にふれて、「負担」の語を用いて簡潔に書きなさい。

【調べた内容】
・社会保障給付費とは、社会保障制度を通じて国民に給付される金銭またはサービスの総額のことである。
・社会保障給付費の財源の大部分は、社会保険料と税金でまかなわれており、おもに 15 ～ 64 歳の世代が負担している。

【調べた資料】

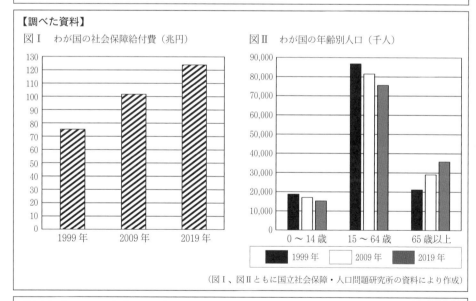

図Ⅰ　わが国の社会保障給付費（兆円）

図Ⅱ　わが国の年齢別人口（千人）

（図Ⅰ、図Ⅱともに国立社会保障・人口問題研究所の資料により作成）

【社会保障について考察した内容】
　1999（平成 11）年から 2019（令和元）年において、わが国の社会保障給付費は増加傾向にある。おもに 15 ～ 64 歳の世代が社会保障給付費の財源を負担して社会保障制度を支えていることから、1999 年から 2019 年において（ 　 ）ことが分かる。

4 Kさんは、わが国の「地域おこし」について調べた。次の [A] ～ [C] のカードは、Kさんが調べた内容をまとめたものである。あとの問いに答えなさい。

[A] 「地域おこし」とは何か
「地域おこし」とは、⒜地方公共団体などが、地域の経済・産業・文化の活性化を図り、発展させる活動のことである。具体的な活動の内容として、地域の⒤観光資源の活用やイベントの開催などを通して観光客を呼び寄せることがあげられる。また、都市部からの移住を促す取り組みも行われている。

[B] 京都府の伊根町の取り組み
日本海に面する⒥伊根町では、漁港に舟屋と呼ばれる建物が並んでおり、舟屋を活用した宿泊体験などによる「地域おこし」が行われている。また、伊根町の見どころの一つとして、⒠浦島伝説を伝える神社が紹介されている。

[C] 北海道の厚真町の取り組み
厚真町は、子育て支援や住環境の整備、起業者への支援に力を入れていることから、町外からの移住者が増えている。また、農業のまちとして、高齢化や後継者不足を解消するために、新規就農者に対して、資金の援助や⒡農業経営の相談といったサポートを行うなどの「地域おこし」に取り組んでいる。

(1) カード [A] 中の⒜地方公共団体には、地方議会と首長がおかれ、住民のための政治が行われる。

① 地方公共団体の首長は、住民による直接選挙で選ばれる。都道府県の首長である都道府県知事の被選挙権を有する者の資格のうち、年齢に関する要件は何歳以上か。次のア～エから一つ選び、記号を〇で囲みなさい。

ア　18歳以上　　イ　20歳以上　　ウ　25歳以上　　エ　30歳以上

② 地方公共団体の歳入の中には、国から配分される資金がある。次のア～エのうち、国から地方公共団体に配分される資金で、教育や公共事業などの特定の事業の実施を目的として、使い方が限定されている資金に当たるものはどれか。一つ選び、記号を〇で囲みなさい。

ア　公債金　　イ　国庫支出金　　ウ　地方交付税交付金（地方交付税）　　エ　地方債

③ 地方自治法では、直接請求にかかわることについて定められている。次の文は、地方議会の解散を請求する直接請求権について述べたものである。文中の⒜〔　〕から最も適しているものを一つ選び、記号を〇で囲みなさい。また、文中の　⒝　に当てはまる語を漢字4字で書きなさい。

　　地方議会の解散を請求する際は、原則として地方公共団体の住民がその地方公共団体の選挙権を有する者の⒜〔　ア　3　　イ　4　　ウ　50　〕分の1以上の署名を集めることが必要であり、必要署名数を集めることで選挙管理委員会へ地方議会の解散を請求できる。請求後は、地方議会の解散についての　⒝　が行われ、　⒝　において過半数の賛成があれば解散となる。

(2) カード [A] 中の⒤観光資源の一つに、世界遺産がある。

① わが国の世界遺産の一つに、百舌鳥・古市古墳群がある。次の文は、古墳時代の大和政権（ヤマト王権）について述べたものである。文中の⒜〔　〕、⒝〔　〕から適切なものをそれぞれ一つずつ選び、記号を〇で囲みなさい。

　　・大和政権（ヤマト王権）の大王は、東アジアにおける国際的な地位を高めるために、中国の⒜〔　ア　北朝　　イ　南朝　〕の歴代の皇帝にたびたび使いを送っていることが、中国の歴史書に記載されている。
　　・「獲加多支鹵大王」という漢字が刻まれた鉄剣が、埼玉県の⒝〔　ウ　稲荷山古墳　　エ　江田船山古墳　〕から出土している。このことから、大和政権（ヤマト王権）の影響が現在の関東地方にまで広がっていたと考えられる。

② 世界遺産の保護を行っている機関は、ユネスコ（UNESCO）と呼ばれている。ユネスコが専門機関の一つになっている、世界の平和と安全の維持などをおもな目的として1945（昭和20）年に発足した国際機関は何と呼ばれているか。漢字4字で書きなさい。

(3) カード [B] 中の⒥伊根町では古くから、ぶり漁業が行われている。表Ⅰは、2020（令和2）年におけるわが国のぶり類の海面漁業による漁獲量と海面養殖業による収獲量の多い上位5道県を表したものである。次のP、Qの文は、表Ⅰから読み取れる内容についてまとめたものである。P、Qの文の内容について正誤を判定し、あとのア～エから適しているものを一つ選び、記号を〇で囲みなさい。

表Ⅰ　ぶり類の漁獲量と収獲量（千kg）

海面漁業		海面養殖業	
都道府県	漁獲量	都道府県	収獲量
北海道	15,344	鹿児島県	43,113
長崎県	12,397	愛媛県	20,706
島根県	10,713	大分県	20,004
岩手県	8,424	宮崎県	11,915
千葉県	6,369	長崎県	9,830
その他	48,145	その他	31,943
全国	101,392	全国	137,511

（注）海面漁業＝沿岸漁業、沖合漁業、遠洋漁業など海面で行う漁業。表Ⅰでは、海面漁業に海面養殖業を含まない。

（『データでみる県勢』2023年版により作成）

P　海面漁業によるぶり類の漁獲量が多い上位5道県には、日本海に面している道県が含まれており、海面養殖業によるぶり類の収獲量が多い上位5県には、瀬戸内海に面している県が含まれている。

Q　ぶり類の全国の漁獲量と収獲量をみると、海面養殖業によるぶり類の収獲量は海面漁業によるぶり類の漁獲量よりも多く、海面養殖業によるぶり類の収獲量のうち、半分以上を九州地方の県が占めている。

ア　P、Qともに正しい。　　　　　イ　Pは正しいが、Qは誤っている。
ウ　Pは誤っているが、Qは正しい。　　エ　P、Qともに誤っている。

(4) カード [B] 中の⒠浦島伝説は、奈良時代から知られている伝説である。次の文は、浦島伝説について述べたものである。文中の⒜〔　〕、⒝〔　〕から適切なものをそれぞれ一つずつ選び、記号を〇で囲みなさい。

　　・奈良時代に大伴家持らが、天皇や貴族、民衆などがよんだ歌をまとめたとされる⒜〔　ア　万葉集　　イ　古今和歌集　　ウ　新古今和歌集　〕に浦島伝説が記載されている。
　　・室町時代に絵入りの物語（絵本）として楽しまれた⒝〔　エ　お伽草子　　オ　浮世草子　〕には、浦島伝説を題材としたものがある。

(5) カード [C] 中の⒡農業経営に興味をもったKさんは、北海道の農業経営について調べた。表Ⅱと図Ⅰは、2005（平成17）年から2020年までの5年ごとにおける、北海道の農業経営体の数と経営耕地面積とをそれぞれ示したものである。あとの文は、表Ⅱと図Ⅰをもとに、Kさんが北海道の農業経営についてまとめたものの一部である。文中の⒜〔　〕、⒝〔　〕から適切なものをそれぞれ一つずつ選び、記号を〇で囲みなさい。また、文中の（　⒞　）に入れるのに適している内容を簡潔に書きなさい。

表Ⅱ　農業経営体の数

	総数 （百経営体）	「個人」 （百経営体）	「団体」 （百経営体）
2005年	547	512	35
2010年	466	430	36
2015年	407	367	40
2020年	349	306	43

（注）農業経営体＝一定の規模で農産物の生産活動を行う事業体。
　　・「個人」＝個人（世帯）で事業を行う農業経営体。
　　・「団体」＝会社や組合などで事業を行う農業経営体。

図Ⅰ　経営耕地面積（万ha）

2005年　107.2
2010年　106.8
2015年　105.0
2020年　102.8

（表Ⅱ、図Ⅰともに農林水産省の資料により作成）

　　・表Ⅱより、2005年から2020年までの農業経営体について、総数と「個人」の数が減少している一方で「団体」の数が増加している。総数に占める「団体」の割合が最も高い年は⒜〔　ア　2005年　　イ　2010年　　ウ　2015年　　エ　2020年　〕であり、このとき、「団体」の割合は⒝〔　オ　約6％　　カ　約8％　　キ　約10％　　ク　約12％　〕であると分かる。
　　・表Ⅱ、図Ⅰより、2005年から2020年において、農業経営体の数の変化と経営耕地面積の変化から、一経営体当たりの（　⒞　）ことが分かる。